Ergänzungsbilanzen anlässlich eines entgeltlichen Gesellschafterwechsels

Europäische Hochschulschriften
Publications Universitaires Européennes
European University Studies

Reihe V
Volks- und Betriebswirtschaft

Série V   Series V
Sciences économiques, gestion d'entreprise
Economics and Management

Bd./Vol. 2770

PETER LANG
Frankfurt am Main · Berlin · Bern · Bruxelles · New York · Oxford · Wien

Matthias Ising

Ergänzungsbilanzen anlässlich eines entgeltlichen Gesellschafterwechsels

PETER LANG
Europäischer Verlag der Wissenschaften

Die Deutsche Bibliothek - CIP-Einheitsaufnahme

Ising, Matthias:

Ergänzungsbilanzen anlässlich eines entgeltlichen
Gesellschafterwechsels / Matthias Ising. - Frankfurt am Main ;
Berlin ; Bern ; Bruxelles ; New York ; Oxford ; Wien : Lang, 2001
(Europäische Hochschulschriften : Reihe 5, Volks- und
Betriebswirtschaft ; Bd. 2770)
Zugl.: Mainz, Univ., Diss., 2000
ISBN 3-631-37733-9

Gedruckt auf alterungsbeständigem,
säurefreiem Papier.

D 77
ISSN 0531-7339
ISBN 3-631-37733-9

© Peter Lang GmbH
Europäischer Verlag der Wissenschaften
Frankfurt am Main 2001
Alle Rechte vorbehalten.

Printed in Germany 1 2 3 4 5 7

www.peterlang.de

V

Vorwort

Die vorliegende Arbeit wurde im Wintersemester 2000/2001 vom Fachbereich Rechts- und Wirtschaftswissenschaften der Johannes Gutenberg-Universität Mainz als Dissertation angenommen.

Für die geduldige Förderung meines Promotionsvorhabens danke ich insbesondere meinem Doktorvater Herrn Univ.-Prof. Dr. Roland Euler sowie Herrn Univ.-Prof. Dr. Joachim Knoth für die Übernahme des Zweitgutachtens.

Danken möchte ich zudem Herrn Dipl.-Kfm. Jan Mildenberger für seine Hilfe bei der Vorbereitung des Rigorosums und meinen Eltern für ihre ausdauernde und verständnisvolle Unterstützung.

Hackenheim, im März 2001

Matthias Ising

Inhaltsübersicht

VII

Inhaltsverzeichnis

Abkürzungsverzeichnis

a.A.	anderer Auffassung
a.a.O.	am angegebenen Ort
Abs.	Absatz
AcP	Archiv für die civilistische Praxis (Zeitschrift)
ADHGB	Allgemeines Deutsches Handelsgesetzbuch
aF	alte Fassung
AfaA	Absetzung für außergewöhnliche Abnutzung
AfA	Absetzung für Abnutzung
AktG	Aktiengesetz
Anm.	Anmerkung
AO	Abgabenordnung
Art.	Artikel
Aufl.	Auflage
BB	Betriebs-Berater (Zeitschrift)
Bd.	Band
BFuP	Betriebswirtschaftliche Forschung und Praxis (Zeitschrift)
BFHE	Sammlung der Entscheidungen des Bundesfinanzhofs
BFH/NV	Sammlung der nichtveröffentlichten Entscheidungen des Bundesfinanzhofs
BGB	Bürgerliches Gesetzbuch
BGBl.	Bundesgesetzblatt
BGHZ	Sammlung der Entscheidungen des Bundesgerichtshofs in Zivilsachen
BMF	Bundesministerium der Finanzen
BStBl.	Bundessteuerblatt
BuW	Betrieb und Wirtschaft (Zeitschrift)
BVerfG	Bundesverfassungsgericht
DB	Der Betrieb (Zeitschrift)
Diss.	Dissertation
DStJG	Deutsche Steuerjuristische Gesellschaft
DStR	Deutsches Steuerrecht (Zeitschrift)
DStRE	Deutsches Steuerrecht Entscheidungsdienst (Zeitschrift)

DStZ	Deutsche Steuerzeitung (Zeitschrift)
EFG	Sammlung der Entscheidungen der Finanzgerichte
ErbStG	Erbschaftsteuergesetz
EStG	Einkommensteuergesetz
f.	die folgende (Seite); der folgende (Paragraph)
ff.	die folgenden (Seiten); die folgenden (Paragraphen)
FR	Finanzrundschau (Zeitschrift)
GbR	Gesellschaft bürgerlichen Rechts
GG	Grundgesetz
GmbHR	GmbH-Rundschau (Zeitschrift)
GoB	Grundsätze ordnungsmäßiger Buchführung/Bilanzierung
GewStG	Gewerbesteuergesetz
GrEStG	Grunderwerbsteuergesetz
GrS	Großer Senat
GVR	Gewinn- und Verlustrechnung
HGB	Handelsgesetzbuch
hrsg.	herausgegeben
Hrsg.	Herausgeber
h.S.	hier Seite
h.Sp.	hier Spalte
i.e.S.	im engen Sinn
InVZulG	Investitionszulagengesetz
i.V.m.	in Verbindung mit
i.w.S.	im weiten Sinn
JbFSt	Jahrbuch der Fachanwälte für Steuerrecht
Jg.	Jahrgang
KG	Kommanditgesellschaft
KÖSDI	Kölner Steuerdialog (Zeitschrift)
m.E.	meines Erachtens
m.w.N.	mit weiteren Nachweisen
nF	neue Fassung
NJW	Neue Juristische Wochenschrift (Zeitschrift)
Nr.	Nummer
o.Ä.	oder Ähnliches

OFH	Oberster Finanzgerichtshof
OHG	Offene Handelsgesellschaft
RAP	Rechnungsabgrenzungsposten
RFH	Reichsfinanzhof
RFHE	Sammlung der Entscheidungen des Reichsfinanzhofs
Rn.	Randnummer
RStBl.	Reichssteuerblatt
S.	Seite
Sp.	Spalte
StBp	Die steuerliche Betriebsprüfung (Zeitschrift)
Stbg.	Die Steuerberatung (Zeitschrift)
StbJb	Steuerberater-Jahrbuch
StStud	Steuer und Studium (Zeitschrift)
StuW	Steuer und Wirtschaft (Zeitschrift)
u.a.	und andere/und andernorts
u.Ä.	und Ähnliches
UmwG	Umwandlungsgesetz
UmwStG	Umwandlungsteuergesetz
u.U.	unter Umständen
v.	von/vom
vgl.	vergleiche
v.H.	vom Hundert
WPg	Die Wirtschaftsprüfung (Zeitschrift)
ZfB	Zeitschrift für Betriebswirtschaft
ZfbF	Zeitschrift für betriebswirtschaftliche Forschung
ZGR	Zeitschrift für Unternehmens- und Gesellschaftsrecht
ZHR	Zeitschrift für das gesamte Handels- und Wirtschaftsrecht
ZIP	Zeitschrift für Wirtschaftsrecht

Literaturverzeichnis

Ameely, Ludwig: Die Bilanzbündeltheorie im Lichte der neueren Rechtsprechung, in: FR, 40. Jg. (1958), S. 296-299.

Arnold, Hans-Joachim: Die Bilanzierung des Geschäfts- oder Firmenwerts in der Handels-, Steuer- und Ergänzungsbilanz, Frankfurt/M. 1997.

Auler, Wilhelm: Der Unternehmungsmehr- und -minderwert in der Bilanz, in: ZfB, 4. Jg. (1927), S. 839-850.

Authenrieth, Karlheinz: Gewerbesteuerliche Auswirkungen von Ergänzungs- und Sonderbilanzen, in: DStZ, 76. Jg. (1988), S. 120-125.

Bachem, Rolf Georg: Berücksichtigung negativer Geschäftswerte in Handels-, Steuer- und Ergänzungsbilanz, in: BB, 48. Jg. (1993), S. 967-973.

Baetge, Jörg; Fey, Dirk; Weber, Claus-Peter: § 248 HGB, in: Handbuch der Rechnungslegung, hrsg. v. Karlheinz Küting u.a., 4. Aufl., Stuttgart 1995.

Ballwieser, Wolfgang: Eine neue Lehre der Unternehmensbewertung?, in: DB, 50. Jg. (1997), S. 185-191.

Bauer, Karl-Heinz M.: Geschäftswert, Kundenstamm und Wettbewerbsverbot im Steuerrecht, in: DB, 42. Jg. (1989), S. 1051-1055.

Becker, Enno: Die Entwicklung des Steuerrechts durch die Rechtsprechung seit 1926, in: StuW, 5. Jg. (1928), Sp. 855-908.

Becker, Enno: Die Grundlagen der Einkommensteuer, München u.a. 1940, Reprintausgabe, Berlin 1982.

Beierl, Otto: Die Einkünftequalifikation bei gemeinsamer wirtschaftlicher Betätigung im Einkommensteuerrecht, Berlin 1987.

Beisse, Heinrich: Handelsbilanzrecht in der Rechtsprechung des Bundesfinanzhofes, in: BB, 35. Jg. (1980), S. 637-646.

Beisse, Heinrich: Die wirtschaftliche Betrachtungsweise bei der Auslegung der Steuergesetze in der neueren deutschen Rechtsprechung, in: StuW, 58. Jg. (1981), S. 1-14.

Beisse, Heinrich: Zum Verhältnis von Bilanzrecht und Betriebswirtschaftslehre, in: StuW, 61. Jg. (1984), S. 1-13.

Beisse, Heinrich: Rechtsfragen der Gewinnung von GoB, in: BFuP, 42. Jg. (1990), S. 499-514.

Beisse, Heinrich: Zum neuen Bild des Bilanzrechtssystems, in: Bilanzrecht und Kapitalmarkt, Festschrift für Adolf Moxter, hrsg. v. Wolfgang Ballwieser u.a., Düsseldorf 1994, S. 5-31.

Beuthien, Volker; Ernst, Astrid: Die Gesellschaft bürgerlichen Rechts als Mitglied einer eingetragenen Genossenschaft, in: ZHR, Bd. 156 (1992), S. 227-247.

Benesch, Renate: Die Einsatzmöglichkeiten von steuerlichen Ergänzungs-Bilanzen, Diss., Wien 1970.

Best, Michael: „Durchstockung" bei Erwerb von Anteilen an doppelstöckigen Personengesellschaften, in: DStZ, 79. Jg. (1991), S. 418-420.

Birke, Alfons: Die Behandlung von Barabfindungen an ausscheidende Gesellschafter (§§ 738 ff. BGB) im Jahresabschluß der Personenhandelsgesellschaft nach Handels- und Steuerrecht, Pfaffenweiler 1990.

Bise, Wilhelm: Schwierigkeiten mit dem „lästigen Gesellschafter", in: StbJb 1986/87, hrsg. im Auftrag des Fachinstituts der Steuerberater, Köln 1987, S. 109-128.

Bitz, Horst: Teilwertabschreibungen in Ergänzungsbilanzen von Personengesellschaften anläßlich eines Gesellschafterwechsels, in: DB, 45. Jg. (1992), S. 394-395.

Bodden, Guido: Die einkommensteuerrechtliche Subjektfähigkeit der Personengesellschaft, in: DStZ, 84. Jg. (1996), S. 73-83.

Böcking, Hans-Joachim: Bilanzrechtstheorie und Verzinslichkeit, Wiesbaden 1988.

Böcking, Hans-Joachim: Verbindlichkeitsbilanzierung – Wirtschaftliche versus formalrechtliche Betrachtungsweise, Wiesbaden 1994.

Böttcher, Conrad: Zum Wirtschafts- und Steuerrecht der Familienunternehmen, in: StbJb 1953/54, hrsg. im Auftrag des Fachinstituts der Steuerberater, Köln 1954, S. 239-288.

Breidenbach, Berthold; Niemeyer, Markus: Der Auftragsbestand als Wirtschaftsgut, in: DB, 44. Jg. (1991), S. 2500-2503.

Breidert, Ulrike: Grundsätze ordnungsmäßiger Abschreibungen auf abnutzbare Anlagegegenstände, Düsseldorf 1994.

Breuer, Claudia: Beteiligungen an Personengesellschaften in der Handelsbilanz, Düsseldorf 1994.

Brezing, Klaus: Durchsäuerungstheorie contra Bilanzbündeltheorie?, in: FR, 56. Jg. (1974), S. 499-505.

Bürkle, Thomas; Knebel, Andreas: Bilanzierung von Beteiligungen an Personengesellschaften, in: DStR, 36. Jg. (1998), S. 1067-1072.

Bürkle, Thomas; Knebel, Andreas: Bilanzierung von Beteiligungen an Personengesellschaften, in: DStR, 36. Jg. (1998), S. 1890-1892.

Carlé, Dieter: Gesellschafterwechsel bei Personengesellschaften im Zivil- und Steuerrecht, in: KÖSDI 3/1992, S. 8868-8874.

Cattelaens, Heiner: § 6 EStG, in: Littmann/Bitz/Hellwig: Das Einkommensteuerrecht, 15. Aufl., Stand: Januar 1999, Stuttgart 1999.

Ciric, Dejan: Grundsätze ordnungsmäßiger Wertaufhellung, Düsseldorf 1995.

Clemm, Hermann; Fitzner, Gisela: § 247 HGB, in: Beck'scher Bilanz-Kommentar, 3. Aufl., München 1995.

Clemm, Hermann; Nonnenmacher, Rolf: § 253 HGB, in: Beck'scher Bilanz-Kommentar, 3. Aufl., München 1995.

Curtius-Hartung, Rudolf: Immaterielle Werte – ohne Firmenwert – in der Ertragsteuerbilanz, in: StbJb 1969/70, hrsg. im Auftrag des Fachinstituts der Steuerberater, Köln 1970, S. 325-347.

Döllerer, Georg: Die Maßgeblichkeit der Handelsbilanz für die Steuerbilanz, in: BB, 24. Jg. (1969), S. 501-507.

Döllerer, Georg: Maßgeblichkeit der Handelsbilanz in Gefahr?, in: BB, 26. Jg. (1971), S. 1333-1335.

Döllerer, Georg: Die Steuerbilanz der Personenhandelsgesellschaft als konsolidierte Bilanz einer wirtschaftlichen Einheit, in: DStZ, 62. Jg. (1974), S. 211-220.

Döllerer, Georg: Neuere Entwicklungen im Steuerrecht der Personengesellschaft, in: DStZ, 64. Jg. (1976), S. 435-441.

Döllerer, Georg: Die Beteiligung einer Kapitalgesellschaft an einer Personenhandelsgesellschaft nach Handelsrecht und Steuerrecht, in: DStZ, 65. Jg. (1977), S. 139-145.

Döllerer, Georg: Zur Realteilung bei Personenhandelsgesellschaften, in: DStZ, 70. Jg. (1982), S. 267-272.

Döllerer, Georg: Neues Steuerrecht der Personengesellschaft, in: DStZ, 71. Jg. (1983), S. 179-184.

Döllerer, Georg: Verdeckte Gewinnausschüttungen und verdeckte Einlagen bei Kapitalgesellschaften, 2. Aufl., Heidelberg 1990.

Dreissig, Hildegard: Ausgewählte Probleme bei Ergänzungsbilanzen, in: BB, 45. Jg. (1990), S. 958-962.

Dreissig, Hildegard: Ergänzungsbilanzen – steuerliche Zweifelsfragen und wirtschaftliche Auswirkungen, in: StbJb 1990/91, hrsg. im Auftrag des Fachinstituts der Steuerberater, Köln 1991, S. 221-246.

Drenseck, Walter: § 7 EStG, in: Schmidt, Ludwig (Hrsg.): EStG-Kommentar, 18. Aufl., München 1999.

Eibelshäuser, Manfred: Immaterielle Anlagewerte in der höchstrichterlichen Finanzrechtsprechung, Wiesbaden 1983.

Eibelshäuser, Manfred: Abschreibungen und Realisationsprinzip, in: Handelsbilanzen und Steuerbilanzen, Festschrift für Heinrich Beisse, hrsg. v. Wolfgang Dieter Budde u.a., Düsseldorf 1997, S. 153-169.

Elschen, Rainer: Entscheidungsneutralität, Allokationseffizienz und Besteuerung nach der Leistungsfähigkeit, in: StuW, 68. Jg. (1991), S. 102-108.

Erdweg, Anton: § 16 EStG, in: Herrmann/Heuer/Raupach: Einkommensteuer- und Körperschaftsteuergesetz, 21. Aufl., Köln 1996.

Ernstning, Ingo: Zur Bilanzierung eines negativen Geschäfts- oder Firmenwerts nach Handels- und Steuerrecht, in: WPg, 51. Jg. (1998), S. 405-421.

Euler, Roland: Grundsätze ordnungsmäßiger Gewinnrealisierung, Düsseldorf 1989.

Euler, Roland: Der Ansatz von Rückstellungen für drohende Verluste aus schwebenden Dauerrechtsverhältnissen, in: ZfbF, 42. Jg. (1990), S. 1036-1056.

Euler, Roland: Zur Verlustantizipation mittels des niedrigeren beizulegenden Wertes und des Teilwertes, in: ZfbF, 43. Jg. (1991), S. 191-212.

Euler, Roland: Das System der Grundsätze ordnungsmäßiger Bilanzierung, Stuttgart 1995.

Euler, Roland: Bilanzrechtstheorie und internationale Rechnungslegung, in: Handelsbilanzen und Steuerbilanzen, Festschrift für Heinrich Beisse, hrsg. v. Wolfgang Dieter Budde u.a., Düsseldorf 1997, S. 171-188.

Euler, Roland: Steuerbilanzielle Konsequenzen der internationalisierten Rechnungslegung, in: StuW, 75. Jg. (1998), S. 15-24.

Falterbaum, Hermann; Beckmann, Heinz: Buchführung und Bilanz, 16. Aufl., Bonn 1996.

Fellmeth, Peter: Gesellschaftsanteile an einer Personengesellschaft im Bilanzsteuerrecht, in: BB, 47. Jg. (1992), S. 885-890.

Fink, Hansludwig: Ist die Bilanzbündeltheorie noch haltbar?, in: StbJb 1953/54, hrsg. im Auftrag des Fachinstituts der Steuerberater, Köln 1954, S. 525-557.

Fischer, Peter: § 39 AO, in: Hübschmann/Hepp/Spitaler: Kommentar zur Abgabenordnung und Finanzgerichtsordnung, 10. Aufl., Köln 1995.

Fischer, Elke; Olkus, Glenn: Der Einfluß steuerlicher Ergänzungsbilanzen bei der formwechselnden Umwandlung einer Personengesellschaft in eine Kapitalgesellschaft, in: DB, 51. Jg. (1998), S. 2191-2194, h.S. 2191.

Flies, Rolf: Auftragsbestand und Firmenwert, in: DB, 49. Jg. (1996), S. 846-848.

Flies, Rolf: Gibt es einen „negativen Geschäftswert"?, in: DStZ, 85. Jg. (1997), S. 660-665.

Flume, Werner: Gesellschaft und Gesamthand, in: ZHR, 136. Bd. (1972), S. 177-207.

Flume, Werner: Allgemeiner Teil des Bürgerlichen Rechts: Erster Teil: Die Personengesellschaft, Berlin u.a. 1977.

Flume, Werner: Die Steuerrechtsprechung zur Gewinnverteilung in Familien-Personengesellschaften und die Legitimität der Rechtsprechung, in: StbJb, hrsg. im Auftrag des Fachinstituts der Steuerberater, Köln 1977, S. 43-73.

Flume, Werner: Der Entwurf eines Gepräge-Rechtsprechungs-Gesetzes, in: DB, 38. Jg. (1985), S. 1152-1155.

Förschle, Gerhart; Kropp, Manfred: D. Eröffnungsbilanz der Personengesellschaft, in: Budde, Wolfgang Dieter; Förschle, Gerhart: Sonderbilanzen, 2. Aufl., München 1999, S. 57-112.

Gänger, Hartmut: § 16 EStG, in: Hartmann/Böttcher/Nissen/Bordewin: Kommentar zum Einkommensteuergesetz, hrsg. v. Arno Bordewin, Stand: Februar 1999, Heidelberg 1999.

Gassner, Bruno; Haug, Wolfgang; Lempenau, Gerhard: Die Personengesellschaft und ihre Gesellschafter, in: DStZ, 65. Jg. (1977), S. 339-348.

Gail, Winfried: Ausgewählte Fragen des Bilanzsteuerrechts, in: StbJb 1982/83, hrsg. im Auftrag des Fachinstituts der Steuerberater, Köln 1983, S. 285-312.

Geiger, Andreas: Interpretation des negativen Geschäftswerts im Rahmen einer ökonomischen Analyse, in: DB, 49. Jg. (1996), S. 1533-1535.

Gierke, Otto von: Das deutsche Genossenschaftsrecht, Bd. II, Berlin 1873, unveränderter Nachdruck, Graz 1954.

Gießler, Oliver S.: Der „passive Ausgleichsposten" in der Bilanz – nichts anderes als ein negativer Geschäftswert?, in: DStR, 33. Jg. (1995), S. 699-702.

Gießler, Oliver S.: Der negative Geschäftswert in Handels-, Steuer- und Ergänzungsbilanz, Frankfurt/M. 1996.

Glanegger, Peter: § 6 EStG, in: Schmidt, Ludwig (Hrsg.): EStG-Kommentar, 18. Aufl., München 1999.

Gosch, Dietmar: Steuerlicher Zugriff auf Gesellschafter von Personen- und Kapitalgesellschaften, in: DStZ, 84. Jg. (1996), S. 417-425.

Greve, D.: Zur Existenzberechtigung des „negativen Geschäftswerts" in: DB, 29. Jg. (1976), S. 1262.

Groh, Manfred: § 39 AO und die Gewinnermittlung für Mitunternehmer, in: JbFSt 1983/84, hrsg. v. Deutschen Anwaltsinstitut e.V., Herne u.a. 1983, S. 255-267.

Groh, Manfred: Das Steuerrecht als unerwünschte Quelle des Gesellschaftsrechts, in: BB, 39. Jg. (1984), S. 304-309.

Groh, Manfred: Sondervergütungen in der doppelstöckigen Personengesellschaft, in: DB, 44. Jg. (1991), S. 879-884.

Groh, Manfred: Negative Geschäftswerte in der Bilanz, in: Steuerrecht, Verfassungsrecht, Finanzpolitik: Festschrift für Franz Klein, hrsg. v. Paul Kirchhof, Köln 1994, S. 815-826.

Groh, Manfred: Die Bilanzen der Mitunternehmerschaft, in: StuW, 72. Jg. (1995), S. 383-389.

Groh, Manfred: Probleme der negativen Ergänzungsbilanz, in: Steuerrecht und Gesellschaftsrecht als Gestaltungsaufgabe, in: Freundesgabe für Franz Josef Haas, hrsg. v. Georg Crezelius u.a., Herne u.a. 1996, S. 139-148.

Groh, Manfred: Trennungs- und Transparenzprinzip im Steuerrecht der Personengesellschaften, in: ZIP, 19. Jg. (1998), S. 89-95.

Groh, Manfred: Steuerentlastungsgesetz 1999/2000/2002: Imparitätsprinzip und Teilwertabschreibung, in: DB, 52. Jg. (1999), S. 978-984.

Gruber, Thomas: Der Bilanzansatz in der neueren BFH-Rechtsprechung, Stuttgart 1991.

Gschwendtner, Hubert: Ergänzungsbilanz und Sonderbilanz II in der Rechtsprechung des Bundesfinanzhofes, in: DStR, 31. Jg. (1993), S. 817-825.

Gschwendtner, Hubert: Die Personengesellschaft als Steuerrechtssubjekt im Einkommensteuerrecht nach der Rechtsprechung des Großen Senats des BFH, in: Steuerrecht, Verfassungsrecht, Finanzpolitik: Festschrift für Franz Klein, hrsg. v. Paul Kirchhof, Köln 1994, S. 751-779.

Günkel, Manfred; Fenzl, Barbara: Ausgewählte Fragen zum Steuerentlastungsgesetz: Bilanzierung und Verlustverrechnung, in: DStR, 37. Jg. (1999), S. 649-660.

Haas, Franz Josef: Ist die Bilanzbündeltheorie tatsächlich überholt?, in: DStR, 35. Jg. (1997), S. 1706-1712.

Hahn, Hartmut: Offene und verdeckte zivilrechtliche Prämissen im Beschluß des BFH vom 25. Februar 1991 zur sog. doppelstöckigen GmbH & Co. KG, in: DStZ, 80. Jg. (1992), S. 161-169.

Hartung, Werner: Negative Firmenwerte als Verlustrückstellungen, in: Handelsbilanzen und Steuerbilanzen, Festschrift für Heinrich Beisse, hrsg. v. Wolfgang Dieter Budde u.a., Düsseldorf 1997, S. 235-249.

Hebeler, Christian: Verlustanteile aus der Beteiligung an Personengesellschaften in den Bilanzen einer Kapitalgesellschaft, in: BB, 53. Jg. (1998), S. 206-210.

Heinze, Gerhard B.; Roolf, Willy: Die Behandlung des derivativen negativen Geschäftswerts in der Handels- und Steuerbilanz sowie bei der Einheitsbewertung, in: DB 29. Jg. (1976), S. 214-218.

Helbling, Carl: Unternehmensbewertung und Steuern, 8. Aufl., Düsseldorf 1995.

Henning, Michael; Hundsdoerfer, Jochen; Schult, Eberhard: Die Progressionsglättung für außerordentliche Einkünfte nach § 34 Abs. 1 EStG-Entwurf: Steuersätze bis zu 265 %, in: DStR, 37. Jg. (1999), S. 131-136.

Herzig, Norbert: Steuerorientierte Grundmodelle des Unternehmenskaufs, in: DB, 43. Jg. (1990), S. 133-138.

Herzig, Norbert; Förster, Guido: Steuerentlastungsgesetz 1999/2000/2002: Die Änderung von § 17 und § 34 EStG, in: DB, 52. Jg. (1999), S. 711-718.

Heuer, Gerhard: § 7 EStG, in: Herrmann/Heuer/Raupach: Einkommensteuer- und Körperschaftsteuergesetz, 21. Aufl., Köln 1996.

Heurung, Rainer: Der negative Geschäftswert im Bilanzrecht, in: DB, 48. Jg. (1995), S. 385-392.

Hörger, Helmut: § 16 EStG, in: Littmann/Bitz/Hellwig: Das Einkommensteuerrecht, 15. Aufl., Stand: Januar 1999, Stuttgart 1999.

Hörger, Helmut; Mentel, Thomas; Schulz, Andreas: Ausgewählte Fragen zum Steuerentlastungsgesetz 1999/2000/2002: Unternehmensumstrukturierungen, in: DStR, 37. Jg. (1999), S. 565-576.

Hörger, Helmut; Stobbe, Thomas: Die Zuordnung stiller Reserven beim Ausscheiden eines Gesellschafters einer Personengesellschaft, in: DStR, 29. Jg. (1991), S. 1230-1235.

Hötzel, Oliver: Unternehmenskauf und Steuern, 2. Aufl., Düsseldorf 1997.

Hoffmann, Wolf-Dieter: Die Bilanzierung von Beteiligungen an Personenhandelsgesellschaften, in: BB, 43. Jg. (1988), Beilage 2 zu Heft 9/1988.

Hoffmann, Wolf-Dieter: Die Beteiligung an Personenhandelsgesellschaften in der Steuerbilanz, in: BB, 46. Jg. (1991), S. 448-452.

Hoffmann, Wolf-Dieter: Zur ertragsteuerlichen Behandlung eines negativen Kaufpreises bzw. Geschäftswertes, in: DStR, 32. Jg. (1994), S. 1762-1766.

Hofians, Robert: Immaterielle Werte in Jahresabschluß, Steuerbilanz und Einheitswertermittlung, Wien 1992.

Hommel, Michael: Grundsätze ordnungsmäßiger Bilanzierung für Dauerschuldverhältnisse, Wiesbaden 1992.

Hommel, Michael: Bilanzierung immaterieller Anlagewerte, Stuttgart 1998.

Huber, Ulrich: Vermögensanteil, Kapitalanteil und Gesellschaftsanteil an Personengesellschaften des Handelsrechts, Heidelberg 1970.

Huber, Ulrich: Gesellschafterkonten in der Personengesellschaft, in: ZGR, 17. Jg. (1988), S. 1-103.

IDW (Hrsg.): Stellungnahme HFA 3/1976: Zur Bilanzierung von Beteiligungen an Personenhandelsgesellschaften nach aktienrechtlichen Grundsätzen, in: WPg, 29. Jg. (1976), S. 591-594.

IDW (Hrsg.): Stellungnahme HFA 2/1983: Grundsätze zur Durchführung von Unternehmensbewertungen, in: WPg, 36. Jg. (1983), S. 468-479.

IDW (Hrsg.): Steuerliche Ergänzungs- und Sonderbilanzen, in: IDW-Fachnachrichten 3/1990, S. 80a-80m.

IDW (Hrsg.): Stellungnahme HFA 1/1991: Zur Bilanzierung von Anteilen an Personengesellschaften, in: WPg, 44. Jg. (1991), S. 334-335.

Jäger, Rainer: Grundsätze ordnungsmäßiger Aufwandsperiodisierung, Wiesbaden 1996.

Jakob, Wolfgang: Steuern von Einkommen I, Stuttgart u.a. 1980.

Jakob, Wolfgang; Gies, Reinhold: Die bilanzielle Durchsetzbarkeit der (gewinneutralen) Realteilung von Mitunternehmerschaften, in: BB, 42. Jg. (1987), S. 2400-2412.

Jakob, Wolfgang; Hörmann, Norbert: Zur Einkünfteerzielungsabsicht bei gemeinsamer wirtschaftlicher Betätigung, in: FR, 72. Jg. (1990), S. 33-39.

Jakob, Wolfgang; Hörmann, Norbert; Wittmann, Rolf: Die Realteilung von Mitunternehmerschaften – Ein Gestaltungsauftrag an den Gesetzgeber, in: DStR, 30. Jg. (1992), S. 1149-1156.

Janke, Madeleine: Periodisierung, Objektivierung und Vorsicht bei Vermögensgegenständen und Schulden, in: StuW, 71. Jg. (1994), S. 214-231.

Jüttner, Uwe: Einzelbewertungsgrundsatz und Imparitätsprinzip, Frankfurt/M. u.a. 1993.

Kählert, Jens-Peter; Lange, Sabine: Zur Abgrenzung immaterieller von materiellen Wirtschaftsgütern, in: BB, 48. Jg. (1993), S. 613-618.

Karrenbauer, Michael: Die Abschreibung im Einkommen- und Bilanzsteuerrecht, Stuttgart 1993.

Kellersmann, Dietrich: Korrespondierende Fortschreibung von Ergänzungsbilanzen nach der Einbringung in eine Personengesellschaft?, in: DB, 50. Jg. (1997), S. 2047-2052.

Kemper, Nicolas; Beyschlag, Georg: Abkehr von der Maßgeblichkeit – Änderungen des Bilanzsteuerrechts und ihre Auswirkungen auf die Personengesellschaft, in: DStR, 37. Jg. (1999), S. 737-742.

Kempermann, Michael: Einheit der Gesellschaft – Vielheit der Gesellschafter, in: DStZ, 83. Jg. (1995), S. 225-230.

Kempf, Andreas; Obermann, Achim: Offene Fragen zur Abstockung beim Kauf von Anteilen an Personengesellschaften, in: DB, 51. Jg. (1998), S. 545-547.

Kirchhof, Paul: Die Steuerrechtsordnung als Wertordnung, in: StuW, 73. Jg. (1996), S. 3-11.

Knobbe-Keuk, Brigitte: Die gesellschaftsvertragliche Gewinnverteilung und die Gewerbesteuerbelastung bei Personengesellschaften, in: StuW, 62. Jg. (1985), S. 382-389.

Knobbe-Keuk, Brigitte: Bilanz- und Unternehmenssteuerrecht, 9. Aufl., Köln 1993.

Kobs, Erwin: Bilanzen und Ergänzungsbilanzen bei Personengesellschaften, 7. Aufl., Herne u.a. 1982.

Köhler, Stefan: Die Behandlung des Auftragsbestands beim Unternehmenskauf in Handels- und Steuerbilanz, in: DStR, 35. Jg. (1997), S. 297-302.

Kraft, Cornelia: Entwicklungstendenzen in der Besteuerungskonzeption für Personengesellschaften, in: DStR, 33. Jg. (1995), S. 921-927.

Krah, R.: Bedeutung von Ergänzungsbilanzen im Einkommensteuerrecht, in: INF, 18. Jg. (1962), S. 245-246.

Krah, R.: Geschäftswert und ähnliche Wirtschaftsgüter des Gewerbebetriebs, in: INF, 21. Jg. (1965), S. 1-6.

Kraus-Grünewald, Marion: Steuerbilanzen – Besteuerung nach der Leistungsfähigkeit contra Vorsichtsprinzip?, in: Handelsbilanzen und Steuerbilanzen, Festschrift für Heinrich Beisse, hrsg. v. Wolfgang Dieter Budde u.a., Düsseldorf 1997, S. 285-297.

Kronner, Markus: GoB für immaterielle Anlagewerte und Tauschgeschäfte, Düsseldorf 1995.

Kübler, Friedrich: Gesellschaftsrecht, 4. Aufl., Heidelberg 1994.

Küting, Karlheinz: Ein erneutes Plädoyer für eine Einheitsbesteuerung, in: DB, 43. Jg. (1990), S. 489-497.

Küting, Karlheinz; Kessler, Harald: Zur geplanten Reform des bilanzsteuerlichen Rückstellungsrechts nach dem Entwurf des Steuerentlastungsgesetzes 1999/2000/2002, in: DStR, 36. Jg. (1998), S. 1937-1946.

Kurth, Hans: Irrwege zur Bilanzbündeltheorie – Wege zur Beitragstheorie, in: StuW, 55. Jg. (1978), S. 1-22.

Larenz, Karl: Allgemeiner Teil des deutschen Bürgerlichen Rechts, 7. Aufl., München 1988.

Larenz, Karl: Methodenlehre der Rechtswissenschaft, 6. Aufl., Berlin u.a. 1991.

Leffson, Ulrich: Die Grundsätze ordnungsmäßiger Buchführung, 7. Aufl., Düsseldorf 1987.

Ley, Ursula: Bilanzierungsfragen beim Ausscheiden eines Mitunternehmers und bei Übertragung eines Mitunternehmeranteils, in: KÖSDI 11/1992, S. 9152-9161.

Ley, Ursula: Gesellschafterkonten der OHG und KG: Gesellschaftsrechtliche und steuerrechtliche Charakterisierung und Bedeutung, in: KÖSDI 10/1994, S. 9972-9988.

Liepelt, Wolfgang: Nochmals: Geschäftswert und Auftragsbestand, in: DStZ, 73. Jg. (1985), S. 424-426.

Lion, Max: Die Besteuerung des Geschäftswerts, in: StuW, 2. Jg. (1925), Sp. 725-776.

Maas, Hans F.: Zur Existenzberechtigung des „negativen Geschäftswerts", in: DB, 29. Jg. (1976), S. 553-554.

Marx, Franz Jürgen: Ergänzungsbilanzen bei schenkweiser Beteiligung an Kommanditgesellschaften, in: FR, 73. Jg. (1991), S. 3-6.

Marx, Franz Jürgen: Steuerliche Ergänzungsbilanzen, in: StuW, 71. Jg. (1994), S. 191-203.

Marx, Franz Jürgen: Objektivierungserfordernisse bei der Bilanzierung immaterieller Anlagewerte, in: BB, 49. Jg. (1994), S. 2379-2388.

Mathiak, Walter: Maßgeblichkeit der tatsächlichen Handelsbilanzansätze für die Steuerbilanz und umgekehrte Maßgeblichkeit, in: StbJb 1986/87, hrsg. im Auftrag des Fachinstituts der Steuerberater, Köln 1987, S. 79-107.

Mathiak, Walter: Rechtsprechung zum Bilanzsteuerrecht, in: StuW, 59. Jg. (1982), S. 81-86.

Mathiak, Walter: Rechtsprechung zum Bilanzsteuerrecht, in: DStR, 30. Jg. (1992), S. 449-458.

Meier, Norbert: Übertragung eines Mitunternehmeranteils gegen Abfindung über dem Buchwert des Kapitalkontos − Zur Bestimmung des angemessenen Unternehmerlohns im Rahmen der Ermittlung des Geschäftswerts, in: FR, 73. Jg. (1991), S. 261-262.

Mellwig, Winfried: Beteiligungen an Personengesellschaften in der Handelsbilanz, in: BB, 45. Jg. (1990), S. 1162-1172.

Meßmer, Kurt: Die Bilanzbündeltheorie − Eine meisterhafte Schöpfung der Rechtsprechung?, in: StbJb 1972/73, hrsg. im Auftrag des Fachinstituts der Steuerberater, Köln 1973, S. 127-206.

Meyer, Hartwig: Der Geschäfts- oder Firmenwert im Unternehmenskaufvertrag, Hamburg 1991.

Möhrle, Martin: Bilanzierung des derivativen Geschäftswertes im Lichte der Investitionstheorie, Hamburg 1999.

Möhrle, Martin: Ökonomische Interpretation und bilanzielle Behandlung eines negativen derivativen Geschäftswertes, in: DStR, 37. Jg. (1999), S. 1414-1420.

Mössner, J.M.: Ist die Maßgeblichkeit tot?, in: Stbg, 41. Jg. (1998), S. 145-150.

Moxter, Adolf: Die Aktivierungsvoraussetzung „entgeltlicher Erwerb" im Sinne von § 5 Abs. 2 EStG, in: DB, 31. Jg. (1978), S. 1804-1809.

Moxter, Adolf: Aktivierungsgrenzen bei „immateriellen Anlagewerten", in: BB, 33. Jg. (1978), S. 821-825.

Moxter, Adolf: Immaterielle Anlagewerte im neuen Bilanzrecht, in: BB, 34. Jg. (1979), S. 1102-1109.

Moxter, Adolf: Betriebswirtschaftliche Gewinnermittlung, Tübingen 1982.

Moxter, Adolf: Bilanzlehre, Bd. I: Einführung in die Bilanztheorie, 3. Aufl., Wiesbaden 1984.

Moxter, Adolf: Grundsätze ordnungsmäßiger Unternehmensbewertung, 2. Aufl., Wiesbaden 1983, Nachdruck 1990.

Moxter, Adolf: Das Realisationsprinzip – 1884 und heute, in: BB, 39. Jg. (1984), S. 1780-1786.

Moxter, Adolf: Bilanzlehre, Bd. II: Einführung in das neue Bilanzrecht, 3. Aufl., Wiesbaden 1986.

Moxter, Adolf: Selbständige Bewertbarkeit als Aktivierungsvoraussetzung, in: BB, 42. Jg. (1987), S. 1846-1851.

Moxter, Adolf: Das System der handelsrechtlichen Grundsätze ordnungsmäßiger Bilanzierung, in: Der Wirtschaftsprüfer im Schnittpunkt nationaler und internationaler Entwicklungen, Festschrift für Klaus von Wysocki, hrsg. v. Gerhard Gross, Düsseldorf 1985, S. 17-28.

Moxter, Adolf: Zum Sinn und Zweck des handelsrechtlichen Jahresabschlusses nach neuem Recht, in: Bilanzrecht und Konzernrecht, Festschrift für Reinhard Goerderler, hrsg. v. Hans Havermann, Düsseldorf 1987, S. 361-373.

Moxter, Adolf: Zur wirtschaftlichen Betrachtungsweise im Bilanzrecht, in: StuW, 66. Jg. (1989), S. 232-241.

Moxter, Adolf: Periodengerechte Gewinnermittlung und Bilanz im Rechtssinne, in: Handelsrecht und Steuerrecht, Festschrift für Georg Döllerer, hrsg. v. Brigitte Knobbe-Keuk u.a., Düsseldorf 1988, S. 447-458.

Moxter, Adolf: Bilanzrechtliche Abzinsungsgebote und -verbote, in: Ertragsbesteuerung, Festschrift für Ludwig Schmidt, hrsg. v. Arndt Raupach u.a., München 1993, S. 195-207.

Moxter, Adolf: Bilanzrechtliche Probleme beim Geschäfts- oder Firmenwert, in: Festschrift für Johannes Semler: Unternehmen und Unternehmensführung im Recht, hrsg. v. Marcus Bierich, Berlin u.a. 1993, S. 853-861.

Moxter, Adolf: Zum Verhältnis von Handelsbilanz und Steuerbilanz, in: BB, 52. Jg. (1997), S. 195-199.

Moxter, Adolf: Zur Abgrenzung von Verbindlichkeitsrückstellungen und (künftig grundsätzlich unzulässigen) Verlustrückstellungen, in: DB, 50. Jg. (1997), S. 1477-1480.

Moxter, Adolf: Grundwertungen in Bilanzrechtsordnungen – ein Vergleich von überkommenen deutschen Bilanzrecht und Jahresabschlußrichtlinie, in: Handelsbilanzen und Steuerbilanzen, Festschrift für Heinrich Beisse, hrsg. v. Wolfgang Dieter Budde u.a., Düsseldorf 1997, S. 347-361.

Moxter, Adolf: Künftige Verluste in der Handels- und Steuerbilanz, in: DStR, 36. Jg. (1998), S. 509-515.

Moxter, Adolf: Bilanzrechtsprechung, 5. Aufl., Tübingen 1999.

Moxter, Adolf: Abgewürgte Teilwertabschreibungen, in: BB, 54. Jg. (1999), S. I.

Müller, H.; Rebensburg, M.: Die Problematik der Fortentwicklung von Ergänzungsbilanzen bei Buchwerteinbringung eines Betriebes gem. § 24 UmwStG, in: DB, 40. Jg. (1987), S. 68-71.

Mujkanovic, Robin: Vermögenskauf einer Unternehmung in der Steuerbilanz, Wiesbaden 1994.

Mujkanovic, Robin: Der negative Geschäftswert in der Steuerbilanz des Erwerbers eines Betriebs oder Mitunternehmeranteils, in: WPg, 47. Jg. (1994), S. 522-528.

Neumann, Steffen: Einkünfteermittlung und Bilanzierung in Personengesellschaften, in: GmbHR, 88. Jg. (1997), S. 621-630.

Nieskens, Hans: Die Bilanzierung und Bewertung von Beteiligungen an Personenhandelsgesellschaften im handelsrechtlichen Jahresabschluß, in: WPg, 41. Jg. (1988), S. 493-502.

Offerhaus, Klaus: Negative Ergänzungsbilanzen bei Einbringung eines Betriebs zu Buchwerten (§ 24 UmwStG), in: Gedächtnisschrift für Brigitte Knobbe-Keuk, hrsg. v. Wolfgang Schön, Köln 1997, S. 499-513.

Ossadnik, Wolfgang: Zur Diskussion um den „negativen Geschäftswert", in: BB, 49. Jg. (1994), S. 747-752.

Paus, Bernhard: Gewerblicher Grundstückshandel durch Beteiligung an Personengesellschaften – Einschränkung der Einheitstheorie, in: DStZ, 84. Jg. (1996), S. 172-176.

Peemöller, Volker H.; Bömelburg, Peter; Denkmann, Andreas: Unternehmensbewertung in Deutschland, in: WPg, 47. Jg. (1994), S. 741-749.

Pfeiffer, Thomas: Begriffsbestimmung und Bilanzfähigkeit des immateriellen Wirtschaftsgutes, in: StuW, 61. Jg. (1984), S. 326-339.

Pickardt, Natalie: Die Bilanzierung des negativen Geschäfts- oder Firmenwerts in Handels- und Steuerbilanz, in: DStR, 35. Jg. (1997), S. 1095-1100.

Pöllath, Reinhard: Unternehmenskauf, in: StbJb 1989/90, hrsg. im Auftrag des Fachinstituts der Steuerberater, Köln 1990, S. 295-315.

Prinz, Ulrich; Thiel, Uwe: Zur Anbindung von Ergänzungsbilanzen bei mehrstufigen Personengesellschaften, in: FR, 74. Jg. (1992), S. 192-195.

Pusecker, Dagmar; Schruff, Lothar: Anschaffungswertprinzip und „negativer Geschäftswert", in: BB, 51. Jg. (1996), S. 735-742.

Raupach, Arndt: Gewinnanteil und Sondervergütungen der Gesellschafter von Personengesellschaften, in: StuW, 68. Jg. (1991), S. 278-283.

Regniet, Michael: Ergänzungsbilanzen bei der Personengesellschaft, Köln 1990.

Reiß, Wolfram: Ertragsteuerliche Behandlung von Gesamthandsbeteiligungen und Beteiligungserträgen, in: StuW, 63. Jg. (1986), S. 232-255.

Reiß, Wolfram: Bilanzierung von Beteiligungen an Personengesellschaften, in: DStR, 36. Jg. (1998), S. 1887-1890.

Reiß, Wolfram: § 15 EStG, in: Kirchhof/Söhn: Einkommensteuergesetz, Stand: Januar 1999, Heidelberg 1999.

Reiß, Wolfram: § 16 EStG, in: Kirchhof/Söhn: Einkommensteuergesetz, Stand: Januar 1999, Heidelberg 1999.

Reuleaux, Susanne: Immaterielle Wirtschaftsgüter: Begriff, Arten und Darstellung im Jahresabschluß, Wiesbaden 1987.

Rückle, Dieter: Jahresabschlußaufstellung und -feststellung bei Personengesellschaften, in: Handelsbilanzen und Steuerbilanzen, Festschrift für Heinrich Beisse, hrsg. v. Wolfgang Dieter Budde u.a., Düsseldorf 1997, S. 433-449.

Saage, Joachim: Die Besteuerung der Veräußerungsgewinne und der Ausgleich steuerlicher Vorbelastungen, in: StuW, 75. Jg. (1998), S. 231-239.

Sauer, Otto: Negativer Geschäftswert in der Steuerbilanz?, in: FR, 56. Jg. (1974), S. 125-128.

Schellein, Horst: Bilanzierung von Beteiligungen an Personengesellschaften, in: IDW (Hrsg.): Personengesellschaft und Bilanzierung, Düsseldorf 1990, S. 193-207.

Schellhorn, Mathias: Aufteilung der stillen Reserven beim Gesellschafterwechsel, in: BuW, 50. Jg. (1996), S. 420-422.

Schiffers, Joachim: Steuergestaltung durch Aufdeckung stiller Reserven, Wiesbaden 1994.

Schmid, Ulrich: Die Problematik der Ergänzungsbilanz im Rahmen der Bilanzbündeltheorie, Diss., Innsbruck 1975.

Schmidt, Karsten: Die Personengesellschaft als Rechtsträger, in: IDW (Hrsg.): Personengesellschaft und Bilanzierung, Düsseldorf 1990, S. 41-63.

Schmidt, Karsten: Gesellschaftsrecht, 3. Aufl., Köln u.a. 1997.

Schmidt, Ludwig: Anmerkung zum BFH-Urteil vom 23. Juli 1975, in: FR, 58. Jg. (1976), S. 21.

Schmidt, Ludwig: Ertragsteuerrechtliche Probleme des Gesellschafterwechsels bei Personengesellschaften, in: FR, 60. Jg. (1978), S. 353-367.

Schmidt, Ludwig: Die doppelstöckige Personengesellschaft nach dem Beschluß des Großen Senats, in: DStR, 29. Jg. (1991), S. 505-506.

Schmidt, Ludwig: Steuerrechtliche Gewinnermittlung und -zurechnung bei doppelstöckigen Personengesellschaften – Versuch einer Bestandsaufnahme für die Praxis –, in: Bilanzrecht und Kapitalmarkt: Festschrift für Adolf Moxter, hrsg. v. Wolfgang Ballwieser u.a., Düsseldorf 1994, S. 1109-1125.

Schmidt, Ludwig: § 15 EStG, in: Schmidt, Ludwig (Hrsg.): EStG-Kommentar, 16. Aufl., München 1997.

Schmidt, Ludwig: § 15 EStG, in: Schmidt, Ludwig (Hrsg.): EStG-Kommentar, 17. Aufl., München 1998.

Schmidt, Ludwig: § 15 EStG, in: Schmidt, Ludwig (Hrsg.): EStG-Kommentar, 18. Aufl., München 1999.

Schmidt, Ludwig: § 16 EStG, in: Schmidt, Ludwig (Hrsg.): EStG-Kommentar, 17. Aufl., München 1998.

Schmidt-Liebig, Axel: Der Beschluß des Großen Senats zum „gewerblichen Grundstückshandel" vom 3. 7. 1995 (Teil I und II), in: INF, 52. Jg. (1996), S. 65-69 und S. 107-109.

Schneider, Dieter: Abschreibungsverfahren und Grundsätze ordnungsmäßiger Buchführung, in: WPg, 27. Jg. (1974), S. 365-376.

Schneider, Dieter: Steuerbilanzen, Rechnungslegung als Messung steuerlicher Leistungsfähigkeit, Wiesbaden 1978.

Schneider, Dieter: Abbau von Steuervergünstigungen durch Skalpierung der Maßgeblichkeit und Verlustverrechnung als „Stärkung der Investitionskraft"?, in: DB, 52. Jg. (1999), S. 105-110.

Schön, Wolfgang: Gewinnübertragungen bei Personengesellschaften nach § 6 b EStG, Köln 1986.

Schön, Wolfgang: Zum Stande der Lehre vom Sonderbetriebsvermögen, in: DStR, 31. Jg. (1993), S. 185-194.

Schön, Wolfgang: Die Steuerbilanz zwischen Handelsrecht und Grundgesetz, in: StuW, 72. Jg. (1995), S. 366-377.

Schön, Wolfgang: Der Große Senat des Bundesfinanzhofs und die Personengesellschaft, in: StuW, 73. Jg. (1996), S. 275-288.

Schoor, Hans Walter: Veränderungen im Gesellschafterbestand von Personengesellschaften, in: StBp, 35. Jg. (1995), S. 154-161.

Schulze zur Wiesche, Dieter: Betriebsveräußerung, Gesellschafterwechsel und Betriebsaufgabe im Steuerrecht, 6. Aufl., Heidelberg 1996.

Schulze zur Wiesche, Dieter: Mitunternehmerschaft und Mitunternehmerstellung, in: DB, 50. Jg. (1997), S. 244-247.

Schulze zur Wiesche, Dieter: Vermögensübertragungen im Rahmen einer Personengesellschaft nach den Änderungen durch das Steuerentlastungsgesetz 1999/2000/2002, in: DStR, 37. Jg. (1999), S. 917-922.

Schulze-Osterloh, Joachim: Der Beschluß des Großen Senats des Bundesfinanzhofs GrS 4/82 vom 25. Juni 1984, in: JbFSt 1985/86, hrsg. vom Deutschen Anwaltsinstitut e.V., Herne u.a. 1985, S. 231-264.

Schulze-Osterloh, Joachim: Handelsrechtliche Ergänzungsbilanzen der Gesellschafter einer Personengesellschaft, in: ZGR, 20. Jg. (1991), S. 488-516.

Schulze-Osterloh, Joachim: Verfassungswidrigkeit der Kodifikation der Abfärbetheorie (§ 15 Abs. 3 Nr. 1 EStG), in: Gedächtnisschrift für Brigitte Knobbe-Keuk, hrsg. v. Wolfgang Schön, Köln 1997, S. 531-539.

Schwichtenberg, Knut W.: Gesprochenes Recht oder Gesetztes Recht?, in: WPg, 43. Jg. (1990), S. 72-76.

Seer, Roman: Die ertragsteuerliche Behandlung der doppelstöckigen Personengesellschaft unter besonderer Berücksichtigung des Steueränderungsgesetzes 1992, in: StuW, 69. Jg. (1992), S. 35-47.

Seibold, Felix: Zur Anwendung des § 15 a EStG bei doppelstöckigen Personengesellschaften, in: DStR, 36. Jg. (1998), S. 438-442.

Sieben, Günter: Unternehmensbewertung, in: Handwörterbuch der Betriebswirtschaftslehre, Bd. III, hrsg. von Waldemar Wittmann u.a., 5. Aufl., Stuttgart 1993, Sp. 4315-4331.

Siegel, Theodor: Stille Reserven beim Unternehmens- oder Anteilsverkauf, Geschäftswert und Teilwert, in: DStR, 29. Jg. (1991), S. 1477-1481.

Siegel, Theodor: Saldierungsprobleme bei Rückstellungen und die Subventionswirkung des Maßgeblichkeitsprinzips, in: BB, 49. Jg. (1994), S. 2237-2245.

Siegel, Theodor: Zum Geheimnis des „negativen Geschäftswerts", in: StuW, 72. Jg. (1995), S. 390-400.

Siegel, Theodor: Der Auftragsbestand – Immaterieller Vermögensgegenstand oder schwebendes Geschäft?, in: DB, 50. Jg. (1997), S. 941-943.

Siegel, Theodor; Bareis, Peter: Der „negative Geschäftswert" – eine Schimäre als Steuersparmodell?, in: BB, 48. Jg. (1993), S. 1477-1485.

Siegel, Theodor; Bareis, Peter: Zum „negativen Geschäftswert" in Realität und Bilanz, in: BB, 49. Jg. (1994), S. 317-322.

Soethe, Robert: Das Übermaß an Maßgeblichkeit am Beispiel des § 6b EStG, in: DB, 52. Jg. (1999), S. 2137-2139.

Sommer, Josef: Bilanzierung von Anteilen an Personengesellschaften in Handels- und Steuerbilanz, Bergisch-Gladbach u.a. 1996.

Söffing, Andreas: Fremdbestimmte Steuerwirkungen bei doppelstöckigen Personengesellschaften, in: DStZ, 81. Jg. (1993), S. 587-591.

Söffing, Günter: Zur Abkehr der Rechtsprechung von der Bilanzbündeltheorie, in: StbJb 1976/77, hrsg. im Auftrag des Fachinstituts der Steuerberater, Köln 1977, S. 241-288.

Söffing, Günter: Mittelbare Beteiligung bei Personengesellschaften, in: Steuerrecht, Verfassungsrecht, Finanzpolitik: Festschrift für Franz Klein, hrsg. v. Paul Kirchhof, Köln 1994, S. 737-750.

Söffing, Günter: § 15 EStG, in: Lademann/Söffing/Brockhoff: Kommentar zum Einkommensteuergesetz, 4. Aufl., Stuttgart u.a. 1997.

Söffing, Günter: § 16 EStG, in: Lademann/Söffing/Brockhoff: Kommentar zum Einkommensteuergesetz, 4. Aufl., Stuttgart u.a. 1997.

Steinberg, Wilhelm: Die Rechtsprechung des Bundesverfassungsgerichts zum Verhältnis des Steuerrechts zum Zivilrecht, in: DB, 41. Jg. (1988), S. 72-77.

Stöcker, Ernst Eberhard: Geschäftswert und Auftragsbestand, in: DStZ, 71. Jg. (1983), S. 465-466.

Strahl, Martin: Abzustockende Wirtschaftsgüter bei Abfindung von Mitunternehmern unter Buchwert, in: DStR, 36. Jg. (1998), S. 515-518.

Stüdemann, Klaus: Allgemeine Betriebswirtschaftslehre, 3. Aufl., München u.a. 1993.

Stuhrmann, Gerd: § 16 EStG, in: Blümich: EStG/KStG/GewStG, hrsg. v. Klaus Ebling, Stand: Januar 1999, München 1999.

Theis, Jakob: Die einkommensteuerliche Beurteilung der Realteilung von Unternehmen, in: FR, 45. Jg. (1963), S. 220-223.

Tipke, Klaus: Die Steuerrechtsordnung, Bd. 1: Wissenschaftsorganisatorische, systematische und grundrechtlich-rechtsstaatliche Grundlagen, Köln 1993.

Tipke, Klaus; Kruse, Heinrich Wilhelm: § 39 AO, in: Tipke, Klaus; Kruse, Heinrich Wilhelm: Abgabenordnung – Finanzgerichtsordnung, 13. Aufl., Köln 1988.

Tipke, Klaus; Lang, Joachim: Steuerrecht, 16. Aufl., Köln 1998.

Thömmes, Otmar: Die Auswirkungen des Eintritts und Ausscheidens von Gesellschaftern in Personenhandelsgesellschaften auf die Handelsbilanz, Herne u.a. 1991.

Trompeter, Frank: Die Anschaffungskosten bei vorweggenommener Erbfolge von Betrieben und Mitunternehmeranteilen, in: BB, 51. Jg. (1996), S. 2494-2501.

Tuhr, Andreas von: Der Allgemeine Teil des Deutschen Bürgerlichen Rechts, Bd. I, Leipzig 1910.

Uelner, Adalbert: Ergänzungs- und Sonderbilanzen, in: Probleme des Steuerbilanzrechts, hrsg. im Auftrag der Deutschen Steuerjuristischen Gesellschaft e.V. von Werner Doralt, Köln 1991, S. 139-159.

Urban, Johannes: Der Antrag nach § 34 EStG 1999 als Steuerfalle, in: FR, 81. Jg. (1999), S. 781-787.

Wacker, Roland: § 16 EStG, in: Schmidt, Ludwig (Hrsg.): EStG-Kommentar, 18. Aufl., München 1999.

Wagner, Franz W.; Schlecht, Michael: Zur steuerlichen Behandlung der Abfindung lästiger Gesellschafter, in: StuW, 62. Jg. (1985), S. 108-114.

Wahl, Adalbert: Einkommensteuerliche Gleichwertigkeit von Mitunternehmerschaften mit und ohne Gesamthandsvermögen?, in: Handelsbilanzen und Steuerbilanzen, Festschrift für Heinrich Beisse, hrsg. v. Wolfgang Dieter Budde u.a., Düsseldorf 1997, S. 521-528.

Weber-Grellet, Heinrich: Die Gesamthand – Ein Mysterienspiel?, in: AcP, 182. Bd. (1982), S. 316-334.

Weber-Grellet, Heinrich: Die Gesamthand im Einkommensteuerrecht (II. Teil), in: DStR, 21. Jg. (1983), S. 16-23.

Weber-Grellet, Heinrich: Maßgeblichkeitsschutz und eigenständige Zielsetzung der Steuerbilanz, in: DB, 47. Jg. (1994), S. 288-291.

Weber-Grellet, Heinrich: Anmerkung zum BFH-Beschluß vom 3. Juli 1995 GrS 1/93, in: DStR, 33. Jg. (1995), S. 1341-1342.

Weber-Grellet, Heinrich: § 5 EStG, in: Schmidt, Ludwig (Hrsg.): EStG-Kommentar, 18. Aufl., München 1999.

Werndl, Josef: § 7 EStG, in: Kirchhof/Söhn: Einkommensteuergesetz, Stand: Januar 1999, Heidelberg 1999.

Westermann, Harry: Personengesellschaftsrecht, 4. Aufl., Köln 1979.

Wismeth, Siegfried: Ausscheiden aus einer Personengesellschaft gegen Entgelt, in: DB, 29. Jg. (1976), S. 790-795.

Woerner, Lothar: Mitunternehmerbegriff und Bilanzbündeltheorie bei der Gewerbesteuer, in: BB, 29. Jg. (1974), S. 592-598.

Woerner, Lothar: Verfassungsrecht und Methodenlehre im Steuerrecht, in: FR, 74. Jg. (1992), S. 226-233.

Wrede, Friedrich: Beteiligungen an Personengesellschaften in der Handelsbilanz und der Steuerbilanz, in: FR, 72. Jg. (1990), S. 293-302.

Wündisch, Fritz: Die „Bilanzbündeltheorie" ist tot. Was nun?, in: FR, 60. Jg. (1978), S. 204-208.

Zeitler, Franz-Christoph: Der Firmenwert und verwandte immaterielle Wirtschaftsgüter in der Bilanz, in: DStR, 26. Jg. (1988), S. 303-308.

Zeitler, Franz-Christoph: „Konservative Bilanzierung" versus IAS – ein verlorener Kampf?, in: Handelsbilanzen und Steuerbilanzen, Festschrift für Heinrich Beisse, hrsg. v. Wolfgang Dieter Budde u.a., Düsseldorf 1997, S. 599-608.

Zezschwitz, Friedrich von: Die Bilanzbündeltheorie – ein brüchiger Torso (Teil I und II), in: FR, 52. Jg. (1970), S. 133-140 und S. 158-165.

Zöllner, Wolfgang: Rechtssubjektivität von Personengesellschaften?, in: Festschrift für Joachim Gernhuber, hrsg. v. Hermann Lange, Tübingen 1993, S. 563-578.

Rechtsprechungsverzeichnis

Entscheidungen des Reichsfinanzhofs:

RFH-Urteil vom 15. Oktober 1924 VIe A 174/24, RFHE 15, S. 5-8.

RFH-Urteil vom 20. Juni 1928 VI A 281/28, in: StuW, 5. Jg. (1928), Sp. 940-945.

RFH-Urteil vom 17. Dezember 1930 VI A 1452/28, RStBl. 1931, S. 254-257.

RFH-Urteil vom 23. März 1938 VI 704/37, RStBl. 1938, S. 639-640.

RFH-Urteil vom 27. April 1938 VI 208/38, RStBl. 1938, S. 662-664.

RFH-Urteil vom 30. November 1938 VI 704/38, RStBl. 1939, S. 251-255.

RFH-Urteil vom 14. Januar 1942 VI 129/41, RStBl. 1942, S. 314-315.

RFH-Urteil vom 18. Juni 1942 III 146/41, RStBl. 1942, S. 884-886.

Entscheidungen des Obersten Finanzgerichtshofs:

OFH-Urteil vom 7. Dezember 1949 I 18/48, StuW 1950, Sp. 76-78.

Entscheidungen des Bundesfinanzhofs:

BFH-Urteil vom 11. Dezember 1956 I 194/56, BFHE 64, S. 275-278.

BFH-Urteil vom 15. November 1957 VI 43/56 U, BFHE 66, S. 171-174.

BFH-Urteil vom 14. Januar 1958 I 159/57 U, BFHE 66, S. 193-197.

BFH-Urteil vom 29. November 1960 I 117/60 S, BFHE 72, S. 500-505.

BFH-Urteil vom 2. Mai 1961 I 33/60 S, BFHE 73, S. 267-272.

BFH-Urteil vom 20. März 1962 I 63/61 U, BFHE 74, S. 626-632.

BFH-Urteil vom 3. Juni 1965 IV 351/64 U, BFHE 83, S. 207-213.

BFH-Urteil vom 22. Juni 1965 I 405/61 U, BFHE 82, S. 651-654.

BFH-Urteil vom 12. Juli 1967 I 204/64, BFHE 90, S. 122-125.

BFH-Urteil vom 28. März 1966 VI 320/64, BFHE 85, S. 433-437.

BFH-Urteil vom 12. Juli 1968 III 181/64, BFHE 93, S. 323-332.

BFH-Beschluss vom 3. Februar 1969 GrS 2/68, BFHE 95, S. 31-37.

BFH-Urteil vom 18. September 1969 IV 338/64, BFHE 97, S. 19-21.

BFH-Urteil vom 11. Dezember 1969 IV R 92/68, BFHE 99, S. 192-196.

BFH-Urteil vom 21. Mai 1970 IV R 131/68, BFHE 99, S. 526-531.

BFH-Urteil vom 5. August 1970 I R 180/66, BFHE 100, S. 89-93.

BFH-Urteil vom 16. September 1970 I R 196/67, BFHE 101, S. 76-79.

BFH-Beschluss vom 19. Oktober 1970 GrS 1/70, BFHE 101, S. 62-65.

BFH-Urteil vom 21. Januar 1971 IV 123/65, BFHE 102, S. 464-468.

BFH-Urteil vom 19. Januar 1972 I 114/65, BFHE 104, S. 422-435.

BFH-Urteil vom 31. Mai 1972 I R 49/69, BFHE 106, S. 71-74.

BFH-Urteil vom 31. Januar 1973 I R 197/70, BFHE 108, S. 509-513.

BFH-Urteil vom 14. Februar 1973 I R 89/71, BFHE 109, S. 222-224.

BFH-Urteil vom 11. Juli 1973 I R 126/71, BFHE 110, S. 402-405.

BFH-Urteil vom 30. Januar 1974 IV R 109/73, BFHE 111, S. 483-485.

BFH-Urteil vom 14. Mai 1974 VIII R 95/72, BFHE 112, S. 546-567.

BFH-Urteil vom 31. Juli 1974 I R 226/70, BFHE 113, S. 428-434.

BFH-Urteil vom 11. Dezember 1974 II R 30/69, BFHE 115, S. 140-142.

BFH-Urteil vom 26. Februar 1975 I R 72/73, BFHE 115, S. 243-249.

BFH-Urteil vom 12. Juni 1975 IV R 129/71, BFHE 116, S. 335-341.

BFH-Urteil vom 23. Juli 1975 I R 165/73, BFHE 117, S. 30-33.

BFH-Urteil vom 28. Januar 1976 I R 84/74, BFHE 119, S. 234-239.

BFH-Urteil vom 29. September 1976 I R 171/75, BFHE 120, S. 222-225.

BFH-Urteil vom 9. Februar 1977 I R 130/74, BFHE 121, S. 436.

BFH-Urteil vom 26. Januar 1978 IV R 97/76, BFHE 124, S. 516-520.

BFH-Urteil vom 12. Juni 1978 GrS 1/77, BFHE 125, S. 516-528.

BFH-Urteil vom 25. Januar 1979 IV R 56/75, BFHE 127, S. 32-37.

BFH-Urteil vom 14. März 1979 I R 37/75, BFHE 127, S. 386-393.

BFH-Urteil vom 28. Mai 1979 I R 1/76, BFHE 128, S. 367-375.

BFH-Urteil vom 8. November 1979 IV R 145/77, BFHE 129, S. 260-262.

BFH-Urteil vom 17. Januar 1980 IV R 156/77, BFHE 130, S. 258-261.

BFH-Urteil vom 3. Juli 1980 IV R 31/77, BFHE 131, S. 229-234.

BFH-Urteil vom 10. Juli 1980 IV R 136/77, BFHE 131, S. 313-324.

BFH-Urteil vom 6. November 1980 IV R 5/77, BFHE 132, S. 241-244.

BFH-Beschluss vom 10. November 1980 GrS 1/79, BFHE 132, S. 245-257.

BFH-Urteil vom 22. Januar 1981 IV R 160/76, BFHE 132, S. 538-542.

BFH-Urteil vom 19. Februar 1981 IV R 41/78, BFHE 133, S. 510-513.

BFH-Urteil vom 25. November 1981 I R 54/77, BFHE 134, S. 434-438.

BFH-Urteil vom 19. Januar 1982 VIII R 21/77, BFHE 135, S. 282-289.

BFH-Urteil vom 24. März 1983 IV R 123/80, BFHE 138, S. 337-342.

BFH-Urteil vom 13. April 1983 I R 63/79, BFHE 138, S. 541-545.

BFH-Urteil vom 19. Januar 1984 IV R 224/80, BFHE 140, S. 270-273.

BFH-Urteil vom 25. Januar 1984 I R 7/80, BFHE 140, S. 449-456.

BFH-Urteil vom 22. Mai 1984 VIII R 35/84, BFHE 142, S. 28-32.

BFH-Urteil vom 24. Mai 1984 I R 166/78, BFHE 141, S. 176-184.

BFH-Urteil vom 7. Juni 1984 IV R 79/82, BFHE 141, S. 148-154.
BFH-Beschluss vom 25. Juni 1984 GrS 4/82, BFHE 141, S. 405-443.
BFH-Urteil vom 25. April 1985 IV R 83/83, BFHE 144, S. 25-31.
BFH-Urteil vom 20. Juni 1985 IV R 36/83, BFHE 144, S. 230-233.
BFH-Urteil vom 6. November 1985 I R 242/81, BFHE 145, S. 359-363.
BFH-Urteil vom 7. November 1985 IV R 7/83, BFHE 145, S. 194-198.
BFH-Urteil vom 23. Januar 1986 IV R 335/84, BFHE 146, S. 236-241.
BFH-Urteil vom 23. Oktober 1986 IV R 352/84, BFHE 148, S. 49-54.
BFH-Urteil vom 30. Juni 1987 VIII R 353/82, BFHE 151, S. 360-366.
BFH-Urteil vom 13. August 1987 VIII B 179/86, BFHE 150, S. 438-441.
BFH-Beschluss vom 26. Oktober 1987 GrS 2/86, BFHE 151, S. 523-544.
BFH-Urteil vom 11. Dezember 1987 III R 266/83, BFHE 152, S. 128-131.
BFH-Urteil vom 19. Januar 1989 IV R 2/87, BFHE 155, S. 491-496.
BFH-Urteil vom 1. Februar 1989 VIII R 361/83, BFH/NV 1989, S. 778-779.
BFH-Urteil vom 25. August 1989 III R 95/87, BFHE 158, S. 58-64.
BFH-Urteil vom 12. Oktober 1989 IV R 5/86, BFHE 158, S. 64-79.
BFH-Urteil vom 14. Dezember 1989 IV R 117/88, BFHE 159, S. 528-535.
BFH-Urteil vom 26. Juni 1990 VIII R 81/85, BFHE 161, S. 472-479.
BFH-Urteil vom 28. September 1990 III R 178/86, BFHE 162, S. 177-181.
BFH-Beschluss vom 25. Februar 1991 GrS 7/89, BFHE 163, S. 1-24.
BFH-Urteil vom 26. Juli 1991 VI R 82/89, BFHE 165, S. 378-387.
BFH-Urteil vom 29. Oktober 1991 VIII R 148/85, BFHE 167, S. 309-316.
BFH-Urteil vom 10. Dezember 1991 VIII R 69/86, BFHE 166, S. 476-490.
BFH-Urteil vom 26. August 1992 I R 24/91, BFHE 169, S. 163-171.
BFH-Urteil vom 18. Februar 1993 IV R 40/92, BFHE 171, S. 422-428.
BFH-Urteil vom 30. März 1993 VIII R 63/91, BFHE 171, S. 213-220.
BFH-Beschluss vom 3. Mai 1993 GrS 3/92, BFHE 171, S. 246-271.
BFH-Urteil vom 4. Mai 1993 VIII R 14/90, BFHE 172, S. 128-131.
BFH-Urteil vom 3. August 1993 VIII R 37/92, BFHE 174, S. 31-40.
BFH-Urteil vom 15. Dezember 1993 X R 102/92, BFH/NV 1994, S. 543-546.
BFH-Urteil vom 16. Februar 1994 XI R 50/88, BFHE 173, S. 374-378.
BFH-Urteil vom 21. April 1994 IV R 70/92, BFHE 174, S. 413-422.
BFH-Urteil vom 14. September 1994 II R 95/92, BFHE 176, S. 44-47.
BFH-Urteil vom 8. März 1995 II R 10/92, BFHE 177, S. 132-139.
BFH-Urteil vom 18. Mai 1995 IV R 20/94, BFHE 178, S. 390-394.

BFH-Beschluss vom 3. Juli 1995 GrS 1/93, BFHE 178, S. 86-98.
BFH-Urteil vom 6. Juli 1995 IV R 30/93, BFHE 178, S. 176-180.
BFH-Urteil vom 28. September 1995 IV R 57/94, BFHE 179, S. 84-88.
BFH-Urteil vom 7. Dezember 1995 IV R 78 81/94, BFH/NV 1996, S. 535-536.
BFH-Urteil vom 12. Dezember 1996 IV R 77/93, BFHE 183, S. 379-385.
BFH-Urteil vom 19. November 1997 X R 78/94, in: DStR, 36. Jg. (1998), S. 198-200.
BFH-Urteil vom 22. April 1998 IV B 19/98, in: BB, 53. Jg. (1998), S. 1143-1145.
BFH-Urteil vom 24. Februar 1999 IV B 73/98, NV, in: DStRE, 3. Jg. (1999), S. 621-623.

Entscheidungen der Finanzgerichte:
FG Baden-Württemberg, Außensenate Freiburg, Urteil vom 27. Mai 1981 II 102/79, EFG 1982, S. 121-122.
FG Berlin, Urteil vom 25. September 1985 II 172/82, EFG 1986, S. 389-390.
FG Niedersachsen, Urteil vom 24. Oktober 1991 XII 706/84, EFG 1993, S. 15-18.

Entscheidungen des Bundesgerichtshofs:
BGH-Urteil vom 8. November 1978 VIII ZR 190/77, BGHZ 72, S. 267-273.
BGH-Urteil vom 6. April 1981 II ZR 186/80, BGHZ 80, S. 357-360.
BGH-Urteil vom 31. Januar 1983 II ZR 288/81, BGHZ 86, S. 367-372.
BGH-Urteil vom 18. Mai 1989 V ZB 4/89, BGHZ 107, S. 268-273.
BGH-Urteil vom 7. Oktober 1987 IVa ZR 67/86, in: NJW, 41. Jg. (1988), S. 556-557.
BGH-Urteil vom 24. Januar 1990 IV ZR 270/88, BGHZ 110, S. 127-130.
BGH-Urteil vom 2. Oktober 1997 II ZR 249/96, in: NJW, 51. Jg. (1998), S. 376-377.

Entscheidungen des Bundesverfassungsgerichts:
BVerfG-Urteil vom 24. Januar 1962 1 BvR 854/58, BVerfGE 13, S. 331-355.
BVerfG-Beschluss vom 27. Dezember 1991 – 2 BvR 72/90 –, BStBl. II 1992, S. 212-215.

Erlasse der Finanzverwaltung/Schreiben des BMF:
OFD München vom 30. April 1999, in: DB, 52. Jg. (1999), S. 1352.

BMF-Schreiben vom 15. Juni 1999 IV D 6 – S 1551 – 45/99, in: DStR, 37. Jg. (1999), S. 1112.

Gesetze

Abgabenordnung vom 16. März 1976, BGBl. 1976 I, S. 613, berichtigt BGBl. 1977 I, S. 269.

Bürgerliches Gesetzbuch vom 18. August 1896, RGBl. 1896, S. 195, in der Fassung der Bekanntmachung vom 25. August 1998, BGBl. 1998 I, S. 2489.

Einkommensteuergesetz 1997 in der Fassung der Bekanntmachung vom 16. April 1997, BGBl. 1997 I, S. 821.

Gewerbesteuergesetz in der Fassung der Bekanntmachung vom 21. März 1991, BGBl. 1991 I, S. 814.

Grundgesetz für die Bundesrepublik Deutschland vom 23. Mai 1949, BGBl. 1949 I, S. 1, in der Fassung der Bekanntmachung vom 16. Juli 1998, BGBl. 1998 I, S. 1822.

Grunderwerbsteuergesetz in der Fassung der Bekanntmachung vom 26. Februar 1997, BGBl. 1997 I, S. 418, berichtigt S. 1804.

Handelsgesetzbuch vom 10. Mai 1897, RGBL. 1897, S. 219, in der Fassung der Bekanntmachung vom 25. Juni 1998, BGBL. 1998 I, S. 1588.

Investitionszulagengesetz 1996 in der Fassung der Bekanntmachung vom 22. Januar 1996, BGBl. 1996 I, S. 60.

Körperschaftsteuergesetz 1996 in der Fassung der Bekanntmachung vom 22. Februar 1996, BGBl. 1996 I, S. 341.

Steuerentlastungsgesetz 1999/2000/2002 vom 24. März 1999, BGBl. 1999 I, S. 402.

Umwandlungsgesetz vom 28. Oktober 1994, BGBl. 1994 I, S. 3210, berichtigt BGBL. 1995 I, S. 428.

Umwandlungsteuergesetz (UmwStG) vom 28. Oktober 1994, BGBl. 1994 I, S. 3267.

Problemstellung

Kommt es im Gesellschafterkreis einer Personengesellschaft zu Umstrukturierungen, so wird steuerrechtlich häufig die Aufstellung einer Ergänzungsbilanz erforderlich. Diese ist stets dann notwendig, wenn im Zuge eines entgeltlichen Gesellschafterwechsels ein Kaufpreis für einen Mitunternehmeranteil geleistet wird, der von dem Buchwert des zu übernehmenden steuerlichen Kapitalkontos differiert.

Der Kaufpreis für den Mitunternehmeranteil und der Buchwert des Kapitalkontos werden in der Regel nicht übereinstimmen, weil beide Größen auf unterschiedliche Bewertungsverfahren zurückzuführen sind: Bei dem Kaufpreis handelt es sich um das Ergebnis direkter Verhandlungen zwischen Käufer und Verkäufer. Dieser Verhandlungsprozess wird maßgeblich von den jeweiligen Grenzpreisen der Vertragspartner determiniert,[1] wobei diese Grenzpreisbildung wiederum auf der Basis der diskontierten, zukünftigen Ertragserwartungen für den Mitunternehmeranteil erfolgt.[2] Der letztlich vereinbarte Kaufpreis spiegelt damit den Ertragswert des Mitunternehmeranteils wider. Demgegenüber repräsentiert der Buchwert des zu übernehmenden Kapitalkontos lediglich den Substanzwert des Mitunternehmeranteils.

Da die Abbildung derart begründeter Differenzbeträge in der Steuerbilanz der Gesellschaft unmöglich ist,[3] benötigt man hierzu ein zusätzliches Rechenwerk, nämlich die Ergänzungsbilanz anlässlich eines entgeltlichen Gesellschafterwechsels. Ihre Aufgabe ist es, diese Unterschiedsbeträge für steuerliche Zwecke festzuhalten und fortzuentwickeln;[4] übersteigt der Kaufpreis für den Mitunternehmeranteil den Buchwert des Kapitalkontos, so geschieht dies mit Hilfe einer positiven, im umgekehrten Fall mit Hilfe einer negativen Ergänzungsbilanz.

Obwohl es sich bei einer solchen positiven oder negativen Ergänzungsbilanz um „eine häufige Begleiterin der Steuerbilanz einer bilanzierenden Personengesellschaft"[5] handelt, bestehen hinsichtlich der konzeptionellen Grundlagen dieses Rechenwerkes beträchtliche Unsicherheiten. Umstritten ist insbesondere, worin der exakte Bilanzinhalt der Ergänzungsbilanz zu sehen ist: Die Rechtsprechung vertritt hierzu traditionell die Auffassung, dass die Ergänzungsbilanz (ideelle) Anteile an den Wirtschaftsgütern des Gesellschaftsvermögens aus-

---

1 Vgl. Moxter, Adolf: Grundsätze ordnungsmäßiger Unternehmensbewertung, 2. Aufl., Wiesbaden 1983, Nachdruck 1990, S. 9-11. Siehe detaillierter 2. Kapitel E. I. 3) b).

2 Vgl. Moxter, Adolf: Grundsätze ordnungsmäßiger Unternehmensbewertung, a.a.O., S. 75-84.

3 Siehe ausführlich 2. Kapitel A. II. 2).

4 Siehe ausführlich 2. Kapitel A. II. 3).

5 Groh, Manfred: Probleme der negativen Ergänzungsbilanz, in: Steuerrecht und Gesellschaftsrecht als Gestaltungsaufgabe, in: Freundesgabe für Franz Josef Haas, hrsg. v. Georg Crezelius u.a., Herne u.a. 1996, S. 139-148, h.S. 140.

weist.[6] *Gschwendtner* hingegen definiert die Beteiligung an der Personengesellschaft selbst als das Bilanzierungsobjekt der Ergänzungsbilanz.[7] Im übrigen Schrifttum wird inzwischen mehrheitlich ein vermittelnder Ansatz favorisiert, wonach die Ergänzungsbilanz als eine reine Wertkorrekturbilanz zu begreifen ist.[8]

Darüber hinaus ist festzustellen, dass viele Detailfragen der Aufstellung und Fortentwicklung der Ergänzungsbilanz bislang nicht befriedigend gelöst werden konnten, da unklar ist, nach welchen Bilanzierungsgrundsätzen hier zu verfahren ist.[9] Auch *Offerhaus* gelangt noch jüngst zu der Einschätzung, dass „die Einzelheiten der Fortschreibung der positiven Ergänzungsbilanz – etwa zu den Absetzungen für Abnutzung (AfA) bei in der Gesellschaftsbilanz bilanzierten oder nicht bilanzierten Wirtschaftsgütern, der Behandlung von geringwertigen Wirtschaftsgütern und vor allem zur Bemessungsgrundlage der Teilwertabschreibung – (...) weitgehend ungeklärt"[10] sind.

Dass bislang weder über die theoretische Konzeption der Ergänzungsbilanz noch über die hier anzuwendenden Bilanzierungsgrundsätze Übereinstimmung erzielt werden konnte, ist umso verwunderlicher, wenn man die relativ große Anzahl einschlägiger Veröffentlichungen betrachtet.[11] Analysiert man, welche

---

6   Vgl. BFH-Urteil vom 26. Januar 1978 IV R 97/76, BFHE 124, S. 516-520, h.S. 518 f. Ausführlich siehe 2. Kapitel B. II. 4) bzw. 2. Kapitel C. I.

7   Vgl. Gschwendtner, Hubert: Ergänzungsbilanz und Sonderbilanz II in der Rechtsprechung des Bundesfinanzhofes, in: DStR, 31. Jg. (1993), S. 817-825, h.S. 823. Ausführlich siehe 2. Kapitel B. II. 6) bzw. 2. Kapitel C. II.

8   Vgl. Regniet, Michael: Ergänzungsbilanzen bei der Personengesellschaft, Köln 1990, S. 13. Ausführlich siehe 2. Kapitel B. II. 6) bzw. 2. Kapitel C. III.

9   Siehe z.B. die Diskussion über die Fortentwicklung positiver Ergänzungsbilanzen 2. Kapitel E. II.

10   Offerhaus, Klaus: Negative Ergänzungsbilanzen bei Einbringung eines Betriebs zu Buchwerten (§ 24 UmwStG), in: Gedächtnisschrift für Brigitte Knobbe-Keuk, hrsg. v. Wolfgang Schön, Köln 1997, S. 499-513, h.S. 504.

11   Vgl. in zeitlicher Reihenfolge: Benesch, Renate: Die Einsatzmöglichkeiten von steuerlichen Ergänzungs-Bilanzen, Diss., Wien 1970; Schmid, Ulrich: Die Problematik der Ergänzungsbilanz im Rahmen der Bilanzbündeltheorie, Diss., Innsbruck 1975; Kobs, Erwin: Bilanzen und Ergänzungsbilanzen bei Personengesellschaften, 7. Aufl., Herne u.a. 1982; Regniet, Michael: Ergänzungsbilanzen bei der Personengesellschaft, Köln 1990; IDW (Hrsg.): Steuerliche Ergänzungs- und Sonderbilanzen, in: IDW-Fachnachrichten 3/1990, S. 80a-80m; Dreissig, Hildegard: Ergänzungsbilanzen – steuerliche Zweifelsfragen und wirtschaftliche Auswirkungen, in: StbJb 1990/91, hrsg. im Auftrag des Fachinstituts der Steuerberater, Köln 1991, S. 221-246; Dreissig, Hildegard: Ausgewählte Probleme bei Ergänzungsbilanzen, in: BB, 45. Jg. (1990), S. 958-962; Uelner, Adalbert: Ergänzungs- und Sonderbilanzen, in: Probleme des Steuerbilanzrechts, hrsg. im Auftrag der Deutschen Steuerjuristischen Gesellschaft e.V. von Werner Doralt, Köln 1991, S. 139-159; Bitz, Horst: Teilwertabschreibungen in Ergänzungsbilanzen von Personengesellschaften anläßlich eines Gesellschafterwechsels, in: DB, 45. Jg. (1992),

Ursachen hierfür verantwortlich sein könnten, so ist insbesondere auf zwei Aspekte hinzuweisen:

Einerseits handelt es sich dabei um die Tatsache, dass die Ergänzungsbilanz anlässlich eines entgeltlichen Gesellschafterwechsels nicht über eine positivrechtliche Fundierung verfügt. Gesetzlich werden Ergänzungsbilanzen nur in einem anderen Zusammenhang, nämlich in § 4 Abs. 6 UmwStG sowie in § 24 Abs. 3 UmwStG erwähnt; detailliertere Hinweise fehlen allerdings auch hier. Aus der nicht vorhandenen Legaldefinition der Ergänzungsbilanz anlässlich eines entgeltlichen Gesellschafterwechsels entsteht zwangsläufig ein relativ großer Spielraum für unterschiedliche Interpretationen dieses Rechenwerks.[12]

Andererseits ist zu bedenken, dass die Ergänzungsbilanz anlässlich eines entgeltlichen Gesellschafterwechsels zu den Bilanzen der Mitunternehmerschaft gehört.[13] Folglich wird diese auch in erheblichem Maße von den Entwicklungen auf dem Gebiet der Mitunternehmerschaftsbesteuerung beeinflusst.[14] Die steuerliche Behandlung von Mitunternehmerschaften hat sich in der Vergangenheit aber mehrfach gewandelt: Die ursprünglich vom RFH entwickelte Bilanzbündeltheorie wurde Mitte der siebziger Jahre vom BFH durch das „Neue Steuerrecht der Personengesellschaft"[15] und die Einheitsbetrachtung ersetzt.[16] Die Reichweite der Einheitsbetrachtung wurde bis zum Beginn der neunziger Jahre stetig erweitert; erst in den letzten Jahren ist es zu einer erneuten und überraschenden Einschränkung dieser Betrachtungsweise gekommen.[17] Für die Ergänzungsbilanz sind diese Entwicklungen von großer Bedeutung, da die hier existenten Zweifelsfragen oftmals auf der Grundlage des jeweils geltenden Leitbildes der Mitunternehmerschaftsbesteuerung beantwortet wurden. Der häufige Wandel auf dem Gebiet der Mitunternehmerschaftsbesteuerung ist daher zu-

---

S. 394-395; Gschwendtner, Hubert: Ergänzungsbilanz und Sonderbilanz II in der Rechtsprechung des Bundesfinanzhofes, in: DStR, 31. Jg. (1993), S. 817-825; Marx, Franz Jürgen: Steuerliche Ergänzungsbilanzen, in: StuW, 71. Jg. (1994), S. 191-203; Groh, Manfred: Die Bilanzen der Mitunternehmerschaft, in: StuW, 72. Jg. (1995), S. 383-389. Es sei allerdings darauf hingewiesen, dass insbesondere in den älteren Veröffentlichungen, wie z.B. in den Monographien von *Benesch* und *Schmid*, entsprechend der früher üblichen Terminologie unter dem Begriff Ergänzungsbilanz auch die Bilanzierung des Sonderbetriebsvermögens dargestellt wird.

12 Insbesondere im Zusammenhang mit der Erklärung der Ergänzungsbilanz als Wertkorrekturbilanz werden in Literatur sehr unterschiedliche Konzeptionen der Ergänzungsbilanz vorgetragen. Ausführlich siehe 2. Kapitel C. III.

13 Vgl. Groh, Manfred: Die Bilanzen der Mitunternehmerschaft, a.a.O., S. 383 f.

14 Siehe ausführlich 2. Kapitel B. II.

15 So auch der Titel eines Aufsatzes von Döllerer, Georg: Neues Steuerrecht der Personengesellschaft, in: DStZ, 71. Jg. (1983), S. 179-184.

16 Siehe ausführlich 2. Kapitel B. II. 3) bzw. 2. Kapitel B. II. 5).

17 Vgl. BFH-Beschluss vom 3. Juli 1995 GrS 1/93, BFHE 178, S. 86-98, h.S. 97. Ausführlich siehe 2. Kapitel B. II. 7).

meist auch mit einer veränderten Sichtweise der Ergänzungsbilanz gekoppelt.[18] Es ist evident, dass diese Interdependenz für die Etablierung eines konsensfähigen Erklärungskonzepts der Ergänzungsbilanz von Nachteil ist.

Die Intention dieser Untersuchung liegt allerdings nicht nur darin, die Diskussion über die theoretische Konzeption der Ergänzungsbilanz sowie der hier anzuwendenden Bilanzierungsgrundsätze nachzuzeichnen und vor dem Hintergrund der aktuellen Entwicklungen kritisch zu würdigen. Vielmehr gilt es darüber hinaus auch auf ein grundlegendes Versäumnis hinzuweisen: In der bisherigen Auseinandersetzung wurde nur unzureichend beachtet, dass die in der Ergänzungsbilanz zu lösenden Probleme in vielen Fällen deckungsgleich sind mit denjenigen, die sich in der Steuerbilanz, mithin der Bilanz im Rechtssinne, stellen. Es ist daher zu prüfen, ob die Ergänzungsbilanz nicht in erster Linie von den allgemeinen steuerbilanzrechtlichen Prinzipien, Normen und Wertungsgrundsätzen geprägt wird, und andere Einflussfaktoren wie z.B. der Streit um das Bilanzierungsobjekt oder die Implikationen der Einheitsbetrachtung demgegenüber nachrangig sind.[19] Sollte sich herausstellen, dass die Ergänzungsbilanz letztlich nur einen Spezialfall der Bilanz im Rechtssinne repräsentiert, könnte dies einen Weg zu konsensfähigen und systematisch zuverlässigen Lösungen aufzeigen.

Um diese Ziele erreichen und um eine prägnante Darstellung gewährleisten zu können, ist es allerdings erforderlich, die Betrachtung auf den Grundfall des entgeltlichen Gesellschafterwechsels zu reduzieren. Vorgänge wie die entgeltliche Änderung der Gewinnverteilung, d.h. die Änderung der Beteiligungsverhältnisse bei gleichbleibender Zusammensetzung des Gesellschafterkreises, sowie die Veräußerung eines Bruchteils eines Mitunternehmeranteils, die zum Teil ebenfalls unter dem Begriff Gesellschafterwechsel subsumiert werden,[20] werden deshalb hier nicht behandelt. Unter einem entgeltlichen Gesellschafterwechsel wird zudem – eng definiert – nur die Situation verstanden, dass der Veräußerer des Mitunternehmeranteils vollständig und endgültig aus der Gesellschaft ausscheidet und es sich bei dem Erwerber des Mitunternehmeranteils um einen fremden Dritten handelt, der bislang in keiner gesellschaftsrechtlichen Beziehung zu dem Unternehmen stand.

Teilentgeltliche oder unentgeltliche Gesellschafterwechsel bleiben ebenfalls unberücksichtigt,[21] d.h. es wird stets von einem vollentgeltlichen Gesellschaf-

---

18 Siehe ausführlich 2. Kapitel B. II. 4), 6), 8).

19 Siehe ausführlich 2. Kapitel D.

20 Vgl. Schulze zur Wiesche, Dieter: Betriebsveräußerung, Gesellschafterwechsel und Betriebsaufgabe im Steuerrecht, 6. Aufl., Heidelberg 1996, S. 59 f.

21 Gute Übersichten zu der Problematik des teilentgeltlichen bzw. unentgeltlichen Gesellschafterwechsels finden sich bei Hörger, Helmut: § 16 EStG, in: Littmann/Bitz/Hellwig: Das Einkommensteuerrecht, 15. Aufl., Stand: Januar 1999, Stuttgart 1999, Rn. 147 f.,

terwechsel ausgegangen. Das dabei zu entrichtende Entgelt soll im Erwerbszeitpunkt bar geleistet werden. Von der Zahlung des Entgelts durch Sachwerte, durch die Vereinbarung von Tauschgeschäften, durch Schuldenübernahme oder durch künftige Gewinnabtretungen wird abgesehen; auch die verschiedenen denkbaren Zahlungsmodalitäten wie Raten- oder Rentenzahlung werden nicht näher betrachtet.[22]

Den in dieser Untersuchung zu analysierenden Ergänzungsbilanzen anlässlich eines entgeltlichen Gesellschafterwechsels wird also stets ein vollentgeltlicher Gesellschafterwechsel gegen Barzahlung zugrunde gelegt. Bevor die sich hierbei stellenden Probleme im Rahmen des 2. Kapitels eingehend erörtert werden, soll im 1. Kapitel kurz skizziert werden, welche zusätzlichen Einsatzgebiete für Ergänzungsbilanzen im Schrifttum genannt werden. Die Funktion dieses Kapitels liegt insbesondere darin, die verschiedenen Ergänzungsbilanzen gegeneinander abzugrenzen, da dies in der Literatur oftmals nur unzureichend geschieht.[23]

---

sowie bei Schoor, Hans Walter: Veränderungen im Gesellschafterbestand von Personengesellschaften, in: StBp, 35. Jg. (1995), S. 154-161, h.S. 154-157.

22 Vgl. hierzu Meyer, Hartwig: Der Geschäfts- oder Firmenwert im Unternehmenskaufvertrag, Hamburg 1991, S. 177-200; Wacker, Roland: § 16 EStG, in: Schmidt, Ludwig (Hrsg.): EStG-Kommentar, 18. Aufl., München 1999, Rn. 265-285.

23 Siehe ausführlich 1. Kapitel A.

6

1. Kapitel
Die Einsatzgebiete von Ergänzungsbilanzen im Überblick

A. Ergänzungsbilanzen anlässlich der Einbringung von Betriebsvermögen

Nach § 24 UmwStG besteht, falls ein Betrieb, Teilbetrieb oder Mitunternehmeranteil in eine Personengesellschaft eingebracht und der Einbringende zugleich Mitunternehmer der Gesellschaft wird, für den Einbringenden ein Wahlrecht, diesen Vorgang erfolgsneutral oder erfolgswirksam zu gestalten.[1] Konkret ermöglicht es § 24 UmwStG, das eingebrachte Betriebsvermögen in der Bilanz der Personengesellschaft mit dem Buchwert oder einem höheren Wert, höchstens jedoch mit dem Teilwert, anzusetzen. Sowohl der Ansatz des eingebrachten Betriebsvermögens in der Bilanz der Personengesellschaft zu Buchwerten als auch zu Teilwerten bzw. Zwischenwerten erfordert die Aufstellung von Ergänzungsbilanzen; dabei müssen beide Alternativen hinsichtlich Gesamtgewinnauswirkung und Gewinnverteilung zu identischen steuerlichen Ergebnissen führen.[2]

Wird das eingebrachte Vermögen in der Gesellschaftsbilanz zu Teilwerten bzw. Zwischenwerten angesetzt,[3] kann für den Einbringenden die Entstehung eines Einbringungsgewinns mittels einer negativen Ergänzungsbilanz vermieden werden. Durch die negative Ergänzungsbilanz erfolgt eine Korrektur der Wertansätze der Wirtschaftsgüter auf den Buchwert. Dadurch wird es möglich, eine Einheitsbilanz für handels- und steuerrechtliche Zwecke aufzustellen, und für den Einbringenden trotzdem die Buchwerte fortzuführen.[4]

Werden in der Gesellschaftsbilanz dagegen die Buchwerte des eingebrachten Betriebsvermögens fortgeführt, sind Ergänzungsbilanzen erforderlich, um eine Verschiebung stiller Reserven zwischen dem neuen Gesellschafter und den Altgesellschaftern zu verhindern. Dies gelingt, indem für den übernehmenden Ge-

---

1 Unter anderem fällt auch der Eintritt eines weiteren Gesellschafters in eine bestehende Personengesellschaft in den Regelungsbereich des § 24 UmwStG. Vgl. Schoor, Hans Walter: Veränderungen im Gesellschafterbestand von Personengesellschaften, a.a.O., S. 158.

2 Vgl. Reiß, Wolfram: § 15 EStG, in: Kirchhof/Söhn: Einkommensteuergesetz, Stand: Januar 1999, Heidelberg 1999, E 284.

3 Der Ansatz der Wirtschaftsgüter zu Teilwerten ist handelsrechtlich und zivilrechtlich anzustreben, da die Einlage des Gesellschafters dann in Höhe ihres tatsächlichen Wertes festgehalten wird. Dies bietet hinsichtlich des Verhältnisses zwischen den Gesellschaftern bei einer späteren Liquidation des Unternehmens, bei dem Ausscheiden von Gesellschaftern und bei der handelsrechtlichen Gewinnverteilung beträchtliche Vorteile. Vgl. Reiß, Wolfram: § 15 EStG, a.a.O., E 279.

4 Vgl. Reiß, Wolfram: § 15 EStG, a.a.O., E 281.

sellschafter eine positive, für die abgebenden Gesellschafter jeweils eine entsprechende negative Ergänzungsbilanz aufgestellt wird.[5]

Mittels eines Analogieschlusses aus § 24 UmwStG war darüber hinaus bis vor kurzem auch die erfolgsneutrale Einbringung von Einzelwirtschaftsgütern in eine Personengesellschaft mit Hilfe von Ergänzungsbilanzen möglich.[6] Durch das Steuerentlastungsgesetz 1999/2000/2002 ist in dieser Hinsicht jedoch eine Veränderung eingetreten: Seit dem 1. Januar 1999 ist die übernehmende Personengesellschaft gemäß § 6 Abs. 5 EStG prinzipiell zur Aufdeckung der stillen Reserven verpflichtet, d.h. das eingebrachte Wirtschaftsgut ist zum Teilwert zu bilanzieren.[7]

Ebenso wie die Ergänzungsbilanzen anlässlich eines entgeltlichen Gesellschafterwechsels sind die nach § 24 UmwStG erstellten Ergänzungsbilanzen periodisch fortzuentwickeln.[8] Die hierbei auftretenden Probleme weisen gewisse Ähnlichkeiten mit den Zweifelsfragen auf, die in den Ergänzungsbilanzen anlässlich eines entgeltlichen Gesellschafterwechsels zu klären sind. Im Schrifttum wird daher mitunter von einer Kongruenz beider Sachverhalte ausgegangen; Argumente aus beiden Rechtsgebieten beherrschen die Diskussion um die in der Ergänzungsbilanz anzuwendenden Bilanzierungsregeln.[9] Dabei wird häufig übersehen, dass trotz der formalen Ähnlichkeiten erhebliche Unterschiede zwischen den beiden Rechenwerken bestehen. Dies zeigt sich insbesondere anhand der vielfältigen Spezifika, die sich bei der Erstellung von Ergänzungsbilanzen gemäß § 24 UmwStG ergeben, wie z.B. dem Problem der korrespondierenden Fortentwicklung positiver und negativer Ergänzungsbilanzen bei Buchwertfortführung oder der Frage, wie eine Einbringung mit Zuzahlung in das Privatvermögen des Einbringenden zu behandeln ist.[10] Schon aus diesem Grund ist der in der Literatur bislang nur vereinzelt geäußerten Auffassung zuzustimmen, dass „die häufig anzutreffende Gleichsetzung der verschiedenen Ergän-

---

5   Vgl. Reiß, Wolfram: § 15 EStG, a.a.O., E 284.

6   Vgl. Reiß, Wolfram: § 15 EStG, a.a.O., E 290.

7   Vgl. Hörger, Helmut; Mentel, Thomas; Schulz, Andreas: Ausgewählte Fragen zum Steuerentlastungsgesetz 1999/2000/2002: Unternehmensumstrukturierungen, in: DStR, 37. Jg. (1999), S. 565-576, h.S. 572; Schulze zur Wiesche, Dieter: Vermögensübertragungen im Rahmen einer Personengesellschaft nach den Änderungen durch das Steuerentlastungsgesetz 1999/2000/2002, in: DStR, 37. Jg. (1999), S. 917-922, h.S. 919.

8   Vgl. Müller, H.; Rebensburg, M.: Die Problematik der Fortentwicklung von Ergänzungsbilanzen bei Buchwerteinbringung eines Betriebes gem. § 24 UmwStG, in: DB, 40. Jg. (1987), S. 68-71, h.S. 69-71.

9   So auch Kellersmann, Dietrich: Korrespondierende Fortschreibung von Ergänzungsbilanzen nach der Einbringung in eine Personengesellschaft, in: DB, 50. Jg. (1997), S. 2047-2052, h.S. 2049.

10   Vgl. stellvertretend Offerhaus, Klaus: Negative Ergänzungsbilanzen bei Einbringung eines Betriebs zu Buchwerten (§ 24 UmwStG), a.a.O., S. 506-512.

zungsbilanzen (...) nicht zutreffend"[11] ist. Angesichts ihrer heterogenen Zielsetzungen,[12] ist vielmehr eine strenge begriffliche und inhaltliche Trennung zwischen den einzelnen Ergänzungsbilanzen anzumahnen; der jeweilige Gesetzeszusammenhang muss stärker berücksichtigt werden. Für die im Hauptteil dieser Untersuchung schwerpunktmäßig zu analysierenden Ergänzungsbilanzen anlässlich eines entgeltlichen Gesellschafterwechsels wird daher auf eine Analogiebildung zu anderen Ergänzungsbilanztypen verzichtet.

B. Ergänzungsbilanzen beim Übergang des Vermögens einer Kapitalgesellschaft auf eine Personengesellschaft

Bei bestimmten Umwandlungsvorgängen von Kapitalgesellschaften in Personengesellschaften ist es nach den Vorschriften des UmwStG ebenfalls möglich, dass die übernehmende Personengesellschaft die bisherigen Buchwerte der untergehenden Kapitalgesellschaft fortführt. Diese Option besteht bei der Umwandlung einer Kapitalgesellschaft durch Verschmelzung in eine neu gegründete oder bereits bestehende Personengesellschaft nach den §§ 2 ff. UmwG sowie bei formwechselnder Umwandlung einer Kapitalgesellschaft in eine Personengesellschaft nach den §§ 190 ff. UmwG.[13]

Ergänzungsbilanzen werden hier dazu genutzt, Übernahmeverluste, die sich aus der Buchwertfortführung bei der übernehmenden Personengesellschaft ergeben können, für die früheren Anteilseigner der untergehenden Kapitalgesellschaft, die zugleich zu Gesellschaftern der fortbestehenden Personengesellschaft werden, zu eliminieren. Hierzu werden in Ergänzungsbilanzen für diese Gesellschafter Aufstockungen auf die Wertansätze der von der Kapitalgesellschaft auf die Personengesellschaft übergegangenen Wirtschaftsgüter bis zur Höhe der Teilwerte vorgenommen. Auch diese Ergänzungsbilanzen sind an nachfolgenden Bilanzstichtagen fortzuentwickeln.[14]

Ein interessantes Sonderproblem stellt sich überdies bei der formwechselnden Umwandlung einer Personengesellschaft in eine Kapitalgesellschaft. Da die Führung von Ergänzungsbilanzen anlässlich eines entgeltlichen Gesellschafterwechsels bei der Kapitalgesellschaft unmöglich ist,[15] müssen etwaige bei der

---

11 Kellersmann, Dietrich: Korrespondierende Fortschreibung von Ergänzungsbilanzen nach der Einbringung in eine Personengesellschaft?, a.a.O., S. 2050. So auch Hötzel, Oliver: Unternehmenskauf und Steuern, 2. Aufl., Düsseldorf 1997, S. 15, der im Zusammenhang mit der Stufentheorie den mitunter erfolgenden Rückgriff auf spezialgesetzliche Regelungen wie § 4 Abs. 6 UmwStG zu Recht für untauglich erachtet.

12 Vgl. Regniet, Michael: Ergänzungsbilanzen bei der Personengesellschaft, a.a.O., S. 14.

13 Vgl. Schmidt, Ludwig: § 15 EStG, in: Schmidt, Ludwig (Hrsg.): EStG-Kommentar, 18. Aufl., München 1999, Rn. 473.

14 Vgl. Schmidt, Ludwig: § 15 EStG, a.a.O., Rn. 473, m.w.N.

15 Vgl. Regniet, Michael: Ergänzungsbilanzen bei der Personengesellschaft, a.a.O., S. 62-70, sowie unten 2. Kapitel B. I. 3) a) β).

Personengesellschaft bestehende Ergänzungsbilanzen infolge eines Formwechsels aufgelöst werden.[16] In der Steuerbilanz der neu entstandenen Kapitalgesellschaft sind daher die Buchwerte der steuerlichen Schlussbilanz der Personengesellschaft einschließlich der Wertansätze aus den untergehenden Ergänzungsbilanzen anzusetzen.[17] Hieraus folgt, dass künftig nicht nur die Gesellschafter, für die eine Ergänzungsbilanz geführt wurde, sondern sämtliche Gesellschafter der neuen Kapitalgesellschaft von dem erhöhten Abschreibungspotential profitieren; es bietet sich an, diese Verwerfungen – wie in ähnlichen Fällen auch – durch zivilrechtliche Vereinbarungen zu kompensieren.[18]

C. Ergänzungsbilanzen zur Erfassung personenbezogener Steuervergünstigungen

Die höchstrichterliche Finanzrechtsprechung verwendet Ergänzungsbilanzen zudem als ein technisches Hilfsmittel, um im Rahmen der steuerlichen Gewinnermittlung personenbezogene Steuervergünstigungen abzubilden, sofern nicht bei allen Gesellschaftern der Personengesellschaft die entsprechenden persönlichen Voraussetzungen gegeben sind. Angesprochen sind dabei Vorschriften, die subventionell erhöhte Abschreibungen (z.B. die §§ 7c, 7d, 7f, 7g, 7h, 7i, 7k EStG) erlauben, sowie Vorschriften, die den Gesellschaftern die Möglichkeit zur Bildung steuerfreier Rücklagen (z.B. die §§ 6b aF, 7g Abs. 3 EStG) einräumen, oder aber steuerbefreite Zulagen (z.B. nach § 10 InvZulG) gewähren. Aus diesem sehr umfangreichen Katalog von Tatbeständen sollen aber im strengen Sinne nur die Vergünstigungen mittels Ergänzungsbilanzen abgebildet werden, die tatsächlich an persönliche Eigenschaften des Steuerpflichtigen anknüpfen. Für rein sachliche Subventionsvorschriften, die ein bestimmtes Verhalten des Steuerpflichtigen voraussetzen, gilt dies dagegen nicht.[19]

Die Abbildung personenbezogener Steuervergünstigungen mittels Ergänzungsbilanzen ist im Grundsatz unproblematisch; einzig die Behandlung des § 6b aF EStG bereitete bislang gewisse Schwierigkeiten: Die Rechtsprechung hat sich dabei mehrfach dafür ausgesprochen, dass § 6b aF EStG als personenbezogene Vorschrift zu betrachten sei.[20] Demgegenüber wird im Schrifttum die Auffassung vertreten, dass § 6b aF EStG gesellschaftsbezogen auszulegen sei,

16 Vgl. Fischer, Elke; Olkus, Glenn: Der Einfluß steuerlicher Ergänzungsbilanzen bei der formwechselnden Umwandlung einer Personengesellschaft in eine Kapitalgesellschaft, in: DB, 51. Jg. (1998), S. 2191-2194, h.S. 2191.
17 Vgl. Fischer, Elke; Olkus, Glenn: Der Einfluß steuerlicher Ergänzungsbilanzen bei der formwechselnden Umwandlung einer Personengesellschaft in eine Kapitalgesellschaft, a.a.O., S. 2192.
18 Siehe unten 1. Kapitel G. bzw. 2. Kapitel G.
19 Vgl. Reiß, Wolfram: § 15 EStG, a.a.O., E 297.
20 Vgl. stellvertretend BFH-Urteil vom 13. August 1987 VIII B 179/86, BFHE 150, S. 438-441, h.S. 439 f.

d.h. die Gesellschaft selbst könne die Vergünstigungen des § 6b aF EStG in Anspruch nehmen.[21] Dieser Konflikt ist bislang ungelöst geblieben.

Darüber hinaus ist strittig, wie das Verhältnis dieser Ergänzungsbilanzen zur Handelsbilanz der Gesellschaft, insbesondere hinsichtlich der umgekehrten Maßgeblichkeit, zu bestimmen ist. Die Finanzverwaltung hat den Grundsatz der umgekehrten Maßgeblichkeit dabei mitunter sehr weit interpretiert und möchte die Inanspruchnahme des § 6b aF EStG davon abhängig machen, ob in der Handelsbilanz des jeweiligen Mitunternehmers entsprechend verfahren wird.[22] Berücksichtigt man allerdings, dass die Vergünstigungsvorschrift des § 6b aF EStG steuerrechtlich zwingend mittels einer Ergänzungsbilanz abzubilden ist, eine solche Ergänzungsbilanz nach herrschender Meinung handelsrechtlich aber nicht existiert,[23] so folgt daraus, dass der Grundsatz der umgekehrten Maßgeblichkeit in diesem Spezialfall nicht greifen kann.[24]

Die zuvor dargestellten Zusammenhänge sind gleichwohl nur noch bei Altfällen, d.h. bei Veräußerungen, die vor dem 1. Januar 1999 erfolgt sind, von Belang. Der durch das Steuerentlastungsgesetz 1999/2000/2002 neu gefasste § 6b EStG begünstigt dagegen im Wesentlichen nur noch Gewinne aus der Veräußerung von Grund und Boden; zudem nimmt § 6b nF EStG nunmehr eindeutig eine rechtsträgerbezogene Betrachtung vor, d.h. die Vergünstigungen können künftig nur noch für die Personengesellschaft selbst, nicht wie bisher von den steuerpflichtigen Gesellschaftern in Anspruch genommen werden.[25] § 6b nF EStG scheidet daher aus dem Kreis der mittels einer Ergänzungsbilanz abzubildenden personenbezogenen Steuervergünstigungen aus.[26]

D. Die Bilanzierung von notwendigem Privatvermögen mittels Ergänzungsbilanzen

Sofern Wirtschaftsgüter des Gesamthandsvermögens im Laufe der Zeit ihre Bestimmung wechseln und zu notwendigem Privatvermögen werden, können diese nicht mehr im steuerlichen Betriebsvermögen der Gesellschaft ausgewiesen werden; steuerrechtlich ist eine solche Nutzungsänderung als Entnahmevor-

21 Vgl. Knobbe-Keuk, Brigitte: Bilanz- und Unternehmenssteuerrecht, 9. Aufl., Köln 1993, S. 417 f.; Schön, Wolfgang: Gewinnübertragungen bei Personengesellschaften nach § 6 b EStG, Köln 1986, S. 11-18.

22 Vgl. OFD München vom 30. April 1999, in: DB, 52. Jg. (1999), S. 1352.

23 Zu den potentiellen Einsatzgebieten handelsrechtlicher Ergänzungsbilanzen siehe 1. Kapitel H.

24 Vgl. Glanegger, Peter: § 6b EStG, in: Schmidt, Ludwig: EStG-Kommentar, 18. Aufl., München 1999, Rn. 8; Soethe, Robert: Das Übermaß an Maßgeblichkeit am Beispiel des § 6b EStG, in: DB, 52. Jg. (1999), S. 2137-2139, h.S. 2138-2139.

25 Vgl. Glanegger, Peter: § 6b EStG, a.a.O., Rn. 9a.

26 Vgl. Schmidt, Ludwig: § 15 EStG, a.a.O., Rn. 474.

gang zu werten.[27] Als Beispiel für eine derartige Situation kann ein ursprünglich Gesellschaftszwecken dienendes Grundstück, das künftig von einem Gesellschafter ausschließlich privat genutzt werden soll, angeführt werden.[28] Zur bilanztechnischen Bewältigung eines solchen Sachverhalts wird einerseits eine neben der Handelsbilanz aufzustellende spezielle Steuerbilanz,[29] andererseits eine Lösung mittels Ergänzungsbilanzen vorgeschlagen. Die Ergänzungsbilanzlösung sieht dabei vor, dass das nicht mehr zum Betriebsvermögen gehörige Wirtschaftsgut durch eine negative Ergänzungsbilanz zur Gesellschaftsbilanz neutralisiert wird.[30]

Der Vorteil dieser Bilanzierungsweise ist darin zu sehen, dass auch weiterhin Übereinstimmung zwischen der Handels- und der Steuerbilanz der Gesellschaft besteht; dem Maßgeblichkeitsprinzip wird damit Genüge getan. Durch den Einsatz der Ergänzungsbilanz wird das zivilrechtlich abgegrenzte Gesamthandsvermögen in das steuerrechtliche Betriebsvermögen transformiert; die unterschiedliche handelsbilanzrechtliche und steuerbilanzrechtliche Würdigung des obigen Sachverhalts wird überbrückt.[31] Insgesamt ist diese Lösung daher zu befürworten.

Dennoch gilt es im Vergleich zu den vorstehend erörterten Einsatzgebieten von Ergänzungsbilanzen und auch zu den Ergänzungsbilanzen anlässlich eines entgeltlichen Gesellschafterwechsels auf einen wesentlichen Unterschied hinzuweisen: Die Bilanzierung von notwendigem Privatvermögen mittels Ergänzungsbilanzen lässt sich explizit weder aus dem Gesetz noch aus der ständigen Rechtsprechung des BFH ableiten. Dieser Ergänzungsbilanztyp ist also – ebenso wie die nachfolgend noch darzustellenden Ergänzungsbilanzen – nicht rechtsverbindlich, d.h. die Lösung des jeweiligen Bilanzierungsproblems muss nicht zwingend mit Hilfe einer Ergänzungsbilanz erfolgen. Die einzelnen Ergänzungsbilanzlösungen sind daher danach zu beurteilen, ob sie eine plausiblere, einfachere oder transparentere Lösung des jeweiligen Sachverhalts erlauben.

---

27 Vgl. Regniet, Michael: Ergänzungsbilanzen bei der Personengesellschaft, a.a.O., S. 190.
28 Vgl. Falterbaum, Hermann; Beckmann, Heinz: Buchführung und Bilanz, 16. Aufl., Bonn 1996, S. 1032 f.
29 Vgl. Falterbaum, Hermann; Beckmann, Heinz: Buchführung und Bilanz, a.a.O., S. 1032 f.
30 Vgl. Falterbaum, Hermann; Beckmann, Heinz: Buchführung und Bilanz, a.a.O., S. 1032 f. *Regniet* nennt als weiteren Anwendungsfall das Vorliegen einer Bürgschaftsverpflichtung der Gesellschaft für private Schulden eines ihrer Gesellschafter. Vgl. Regniet, Michael: Ergänzungsbilanzen bei der Personengesellschaft, a.a.O., S. 191 f.
31 Vgl. Regniet, Michael: Ergänzungsbilanzen bei der Personengesellschaft, a.a.O., S. 190 f.

E. Die Ergänzungsbilanzmethode bei gewinnneutraler Realteilung

Die Realteilung einer Mitunternehmerschaft konnte bislang grundsätzlich steuerneutral vorgenommen werden, sofern die spätere steuerliche Erfassung der stillen Reserven gewährleistet blieb.[32] Der BFH hatte dies bereits seit langem dadurch ermöglicht, dass den sich trennenden Gesellschaftern ein Wahlrecht zur Buchwertfortführung eingeräumt wurde.[33] Als Rechtsgrundlage dieses Vorgehens diente die Interpretation der Realteilung als „Ausbringung", mithin als umgekehrten Fall einer Einbringung im Sinne des § 24 UmwStG.[34] Durch das Steuerentlastungsgesetz 1999/2000/2002 wurde die Realteilung in § 16 Abs. 3 Satz 2 EStG jedoch auf eine neue gesetzliche Grundlage gestellt, d.h. die reziproke Anwendung des § 24 UmwStG ist damit hinfällig. Nach der Neuregelung des § 16 Abs. 3 Satz 2 EStG ist eine steuerneutrale Realteilung ab dem 1. Januar 1999 zudem nur noch für in Teilbetriebe gegliederte Personengesellschaften zulässig.[35] Da es hier jedoch vornehmlich darum geht, die Diskussion um die Einsatzbereiche von Ergänzungsbilanzen nachzuzeichnen, wird eine auf der alten Rechtslage basierende Ergänzungsbilanzlösung dennoch dargestellt, zumal noch nicht abschließend geklärt ist, wie die Neuregelung zu handhaben ist und die Grundproblematik auch künftig fortbestehen wird.[36]

Obwohl die steuerneutrale Realteilung hinsichtlich ihrer prinzipiellen Berechtigung weitgehend anerkannt war, bereitete ihre bilanztechnische Durchführung beträchtliche Schwierigkeiten. Probleme ergaben sich vor allem dann, wenn die Summe der Buchwerte der einem Gesellschafter zugeordneten Wirtschaftsgüter nicht mit der Höhe seines Kapitalkontos übereinstimmte, d.h. die Bilanz des Nachfolgebetriebs nicht zum Ausgleich kam.[37] Als Lösungsansätze wurden die Buchwertanpassungsmethode und die Kapitalkontenanpassungsmethode disku-

---

32 Ein durch den Ansatz der Wirtschaftsgüter zum Teilwert entstehender Aufgabegewinn ist dabei nach § 16 Abs. 3 EStG zu versteuern. Vgl. BFH-Urteil vom 10. Dezember 1991 VIII R 69/86, BFHE 166, S. 476-490, h.S. 479.

33 Vgl. BFH-Urteil vom 19. Januar 1982 VIII R 21/77, BFHE 135, S. 282-289, h.S. 286 f. Die Auffassung der Rechtsprechung entsprach damit bereits zum damaligen Zeitpunkt der zwischenzeitlich vom Gesetzgeber in den Regelungen des UmwStG umfassend niedergelegten Maxime, die Rechtsformwahl nicht durch steuerliche Belastungen zu behindern.

34 Vgl. BFH-Urteil vom 10. Dezember 1991 VIII R 69/86, BFHE 166, S. 476-490, h.S. 480.

35 Vgl. Schulze zur Wiesche, Dieter: Vermögensübertragungen im Rahmen einer Personengesellschaft nach den Änderungen durch das Steuerentlastungsgesetz 1999/2000/2002, a.a.O., S. 921.

36 Vgl. auch die an Zweifelsfragen reiche Analyse der neuen Rechtslage bei Hörger, Helmut; Mentel, Thomas; Schulz, Andreas: Ausgewählte Fragen zum Steuerentlastungsgesetz 1999/2000/2002: Unternehmensumstrukturierungen, a.a.O., S. 565-568.

37 Vgl. BFH-Urteil vom 10. Dezember 1991 VIII R 69/86, BFHE 166, S. 476-490, h.S. 483.

13

tiert; beide Verfahren wiesen jedoch, insbesondere hinsichtlich der Verteilung von stillen Reserven, gravierende Nachteile auf. So hatte die Buchwertanpassungsmethode zur Folge, dass stille Reserven nicht mehr den Wirtschaftsgütern zugeordnet wurden, bei denen sie ursprünglich entstanden waren;[38] nachfolgende Periodenergebnisse konnten dadurch, vor allem wenn es zu einer Verschiebung von stillen Reserven zwischen lang- und kurzlebigen Wirtschaftsgütern kam, erheblich verzerrt werden. Die Kapitalkontenanpassungsmethode führte dagegen dazu, dass stille Reserven zwischen den Gesellschaftern verschoben wurden, und begünstigte damit Steuersparmodelle.[39]

Diese Nachteile zu vermeiden, war das erklärte Ziel der insbesondere von *Jakob et. al.* propagierten Ergänzungsbilanzmethode.[40] Der Ausgangspunkt dieser Konzeption war die Interpretation der Realteilung als umgekehrten Fall der Einbringung; dementsprechend sollten die bilanziellen Probleme durch die Verwendung von „reziproken Ergänzungsbilanzen" gelöst werden.[41] Die Aufgabe dieser „reziproken Ergänzungsbilanzen" lag darin, „die materiell-rechtlich gebotenen Buchwert-Ansätze in der Realteilungsbilanz auf solche im Interesse der Gesellschafter liegenden Wertansätze hinzuführen, die ihre ursprünglichen Anteile an den stillen Reserven der Wirtschaftsgüter vor Realteilung widerspiegeln."[42] In den Folgeperioden waren die Ergänzungsbilanzposten fortzuent-

---

38 Vgl. Jakob, Wolfgang; Hörmann, Norbert; Wittmann, Rolf: Die Realteilung von Mitunternehmerschaften – Ein Gestaltungsauftrag an den Gesetzgeber, in: DStR, 30. Jg. (1992), S. 1149-1156, h.S. 1150 f.; BFH-Urteil vom 10. Dezember 1991 VIII R 69/86, BFHE 166, S. 476-490, h.S. 484.

39 Vgl. BFH-Urteil vom 10. Dezember 1991 VIII R 69/86, BFHE 166, S. 476-490, h.S. 484; Jakob, Wolfgang; Hörmann, Norbert; Wittmann, Rolf: Die Realteilung von Mitunternehmerschaften – Ein Gestaltungsauftrag an den Gesetzgeber, a.a.O., S. 1150.

40 Vgl. Jakob, Wolfgang; Gies, Reinhold: Die bilanzielle Durchsetzbarkeit der (gewinneutralen) Realteilung von Mitunternehmerschaften, in: BB, 42. Jg. (1987), S. 2400-2412; Jakob, Wolfgang; Hörmann, Norbert; Wittmann, Rolf: Die Realteilung von Mitunternehmerschaften – Ein Gestaltungsauftrag an den Gesetzgeber, a.a.O., S. 1149-1156. Die Ergänzungsbilanzmethode basierte dabei zum Teil auf einem bereits früher diskutierten Verfahren (der so genannten Kapitalausgleichspostenmethode), das mit der Bildung von Ausgleichsposten arbeitete. Vgl. Theis, Jakob: Die einkommensteuerliche Beurteilung der Realteilung von Unternehmen, in: FR, 18. Jg. (1963), S. 220-223, h.S. 223.

41 Vgl. Jakob, Wolfgang; Gies, Reinhold: Die bilanzielle Durchsetzbarkeit der (gewinneutralen) Realteilung von Mitunternehmerschaften, a.a.O., S. 2409; Jakob, Wolfgang; Hörmann, Norbert; Wittmann, Rolf: Die Realteilung von Mitunternehmerschaften – Ein Gestaltungsauftrag an den Gesetzgeber, a.a.O., S. 1151.

42 Jakob, Wolfgang; Gies, Reinhold: Die bilanzielle Durchsetzbarkeit der (gewinneutralen) Realteilung von Mitunternehmerschaften, a.a.O., S. 2409.

wickeln; bei vorzeitiger Realisierung der stillen Reserven, z.B. durch Verkauf, waren diese aufzulösen.[43]

Der Ergänzungsbilanzmethode war eine zutreffende Lösung der Probleme hinsichtlich der personellen, gegenständlichen und zeitlichen Zuordnung der stillen Reserven zu attestieren.[44] Das Verfahren war daher sowohl der Buchwertanpassungs- als auch der Kapitalkontenanpassungsmethode deutlich überlegen. Zu kritisieren war allerdings, dass die Durchführung des Verfahrens wenig transparent war, falls bei der Realteilung viele Gesellschafter oder umfangreiche Realteilungsmassen berücksichtigt werden mussten. Die korrespondierende Fortentwicklung bzw. die Auflösung der Posten der reziproken Ergänzungsbilanz bei Realisation der stillen Reserven war in derartigen Fällen ausgesprochen aufwendig.[45]

Angesichts dieser Defizite war dem BFH zuzustimmen, der die Ergänzungsbilanzmethode in seinem Urteil vom 10. Dezember 1991 als die „bei weiten unpraktikabelste"[46] Methode verworfen hatte und – trotz aller damit verbundenen Probleme – die Kapitalkontenanpassungsmethode angewendet sehen wollte.[47]

F. Ergänzungsbilanzen zur Korrektur der Gewinnverteilung in Familienpersonengesellschaften

Die Rechtsprechung hat an die steuerliche Anerkennung von Familienpersonengesellschaften zahlreiche Bedingungen geknüpft, da vermutet wird, dass Familienpersonengesellschaften häufig einzig zur Reduzierung der Steuerlast gegründet werden.[48] Zudem fehlt im Vergleich zu Gesellschaftsverhältnissen zwischen Fremden die Kontrollfunktion des natürlichen Interessengegensatzes, wodurch die betriebliche Veranlassung des Gesellschaftsverhältnisses fraglich wird; die Gewinnverteilung innerhalb der Gesellschaft ist somit u.U. dem Be-

---

43 Vgl. Jakob, Wolfgang; Hörmann, Norbert; Wittmann, Rolf: Die Realteilung von Mitunternehmerschaften – Ein Gestaltungsauftrag an den Gesetzgeber, a.a.O., S. 1153.

44 Siehe die vergleichende Übersicht bei Jakob, Wolfgang; Hörmann, Norbert; Wittmann, Rolf: Die Realteilung von Mitunternehmerschaften – Ein Gestaltungsauftrag an den Gesetzgeber, a.a.O., S. 1152 f.

45 Vgl. Jakob, Wolfgang; Hörmann, Norbert; Wittmann, Rolf: Die Realteilung von Mitunternehmerschaften – Ein Gestaltungsauftrag an den Gesetzgeber, a.a.O., S. 1153 f.

46 BFH-Urteil vom 10. Dezember 1991 VIII R 69/86, BFHE 166, S. 476-491, h.S. 489. Außerdem befürchtete der BFH, dass es bei der Auflösung der Ausgleichsposten, infolge der Realisierung stiller Reserven, zu einem Verstoß gegen das Realisationsprinzip kommen könnte.

47 Auch im BFH-Urteil vom 18. Mai 1995 IV R 20/94, BFHE 178, S. 390-394, h.S. 390, wurde von der Anwendung der Kapitalkontenanpassungsmethode ausgegangen.

48 Vgl. Schmidt, Ludwig: § 15 EStG, a.a.O., Rn. 740. Einkommensteuerliche Vorteile resultieren dabei z.B. bereits aus der zu erwartenden Progressionsabschwächung bei der Verlagerung von Einkommensteilen auf die Kinder.

reich der Einkommensverwendung zuzurechnen.[49] Aus diesen Gründen unterziehen Rechtsprechung und Finanzverwaltung die zivilrechtlichen Grundlagen der Familienpersonengesellschaften einer sehr gründlichen Prüfung.[50] Darüber hinaus wird nur eine angemessene Gewinnverteilung anerkannt, die bei schenkweise begründeten Kommanditanteilen minderjähriger Kinder derzeit mit einer Rendite von 15 v.H. des Realwertes der Beteiligung angesetzt wird; höhere Beträge werden dem oft als Komplementär auftretenden Elternteil zugewiesen.[51]

Die Renditebegrenzung in Höhe von 15 v.H. wird in der Literatur häufig als willkürlich kritisiert.[52] *Marx* hält eine Korrektur der Gewinnverteilung nur für berechtigt, sofern „sie die Umverteilung angewachsener stiller Rücklagen betrifft"[53]; er schlägt weiter vor, diese Korrektur künftig durch Ergänzungsbilanzen vorzunehmen.[54] Der Ausgangspunkt seiner Überlegungen ist die These, dass die schenkweise Beteiligung von Familienangehörigen mit der Beteiligung fremder Dritter an der Personengesellschaft steuerlich gleichzustellen sei. Da ein fremder Dritter bei Eintritt in eine Gesellschaft mit seiner Einlage nicht nur das Kapitalkonto, sondern auch seinen zukünftigen Anteil an den stillen Reserven des Gesellschaftsvermögens vergüte, müsse die Gewinnverteilung bei schenkweise Beteiligten korrigiert werden, falls Gewinnanteile aus der Umverteilung von hier nicht vergüteten stillen Reserven stammen.[55] *Marx* hält es also für notwendig, auch im Falle der schenkweisen Beteiligung die Umverteilung der stillen Reserven abzubilden; dies soll mittels der Aufstellung einer negativen Ergänzungsbilanz für den Altgesellschafter (also dem schenkenden Elternteil) sowie einer positiven Ergänzungsbilanz für den Neugesellschafter (dem beschenkten Kind) erfolgen. Die Wertansätze dieser Ergänzungsbilanzen sind dabei in den Folgeperioden korrespondierend fortzuentwickeln. Gewinnanteile,

---

49 Vgl. Schmidt, Ludwig: § 15 EStG, a.a.O., Rn. 740.

50 Hierbei wird die zivilrechtliche Wirksamkeit des Gesellschaftsvertrags und dessen tatsächliche Durchführung überprüft. Außerdem muss die Ausgestaltung des Gesellschaftsverhältnisses dem Kriterium des Fremdvergleichs genügen. Vgl. Tipke, Klaus; Lang, Joachim: Steuerrecht, 16. Aufl., Köln 1998, S. 399.

51 Vgl. Schmidt, Ludwig: § 15 EStG, a.a.O:, Rn. 776.

52 Vgl. stellvertretend Flume, Werner: Die Steuerrechtsprechung zur Gewinnverteilung in Familien-Personengesellschaften und die Legitimität der Rechtsprechung, in: StbJb 1976/77, hrsg. im Auftrag des Fachinstituts der Steuerberater, Köln 1977, S. 43-73, h.S. 49-59.

53 Marx, Franz Jürgen: Ergänzungsbilanzen bei schenkweiser Beteiligung an Kommanditgesellschaften, in: FR, 73. Jg. (1991), S. 3-6, h.S. 4.

54 Vgl. Marx, Franz Jürgen: Ergänzungsbilanzen bei schenkweiser Beteiligung an Kommanditgesellschaften, a.a.O., S. 3-6.

55 Vgl. Marx, Franz Jürgen: Ergänzungsbilanzen bei schenkweiser Beteiligung an Kommanditgesellschaften, a.a.O., S. 4.

die nicht aus der Umverteilung von stillen Reserven stammen, sind auf einen günstigen Geschäftsverlauf zurückzuführen und bedürfen keiner Korrektur.[56] Es sei zunächst noch einmal betont, dass es sich bei der von *Marx* vorgetragenen Konzeption um einen de lege ferenda-Vorschlag handelt. Mit der derzeitigen Rechtsauffassung von Rechtsprechung und Finanzverwaltung ist dieses Vorgehen nicht vereinbar, da den schenkweise Beteiligten mit der Begründung eines günstigen Geschäftsverlaufs u.U. Gewinnanteile zugeordnet werden, die über die Renditebegrenzung hinausgehen. Darüber hinaus erscheint es zweifelhaft, ob das Verfahren in dieser Form überhaupt praktikabel ist. *Marx* vergleicht die schenkweise Beteiligung mit dem Eintritt eines fremden Dritten in die Gesellschaft – dieser Vergleich versagt aber in einem entscheidenden Punkt: Da der schenkweise Beteiligte für den Erwerb des Kommanditanteils kein Entgelt entrichtet, fehlt es an einem über den Marktprozess objektivierten Ertragswert des Kommanditanteils. Diesem objektivierten Ertragswert kommt aber – in vergleichbaren Situationen – die Funktion eines Begrenzungswertes zu;[57] eine Aufdeckung stiller Reserven ist nur bis zu dieser Obergrenze zulässig. Ohne den mittels des Kaufpreises objektivierten Ertragswert droht aber eine willkürliche Aufdeckung stiller Reserven und damit auch eine willkürliche Ermittlung künftiger Periodenergebnisse und Steuerzahlungen. Dieser Tatbestand ist mit einem rechtsstaatlichen System der Ertragsbesteuerung, das stets auf ein gewisses Mindestmaß an Objektivierung angewiesen ist,[58] unvereinbar. Der Vorschlag von *Marx* ist daher als ungeeignet abzulehnen.[59]

G. Ergänzungsbilanzen bei Mitunternehmerschaften ohne Gesamthandsvermögen

Regniet hält Ergänzungsbilanzen auch zur bilanziellen Darstellung von Mitunternehmerschaften ohne Gesamthandsvermögen für erforderlich.[60] Dabei benennt er für die atypische stille Gesellschaft zwei Anwendungsfälle: So soll die Einlage des atypischen stillen Gesellschafters in einer für ihn aufzustellenden Ergänzungsbilanz unter einem Posten „stille Beteiligung" ausgewiesen werden. Dadurch soll erreicht werden, dass das sonst in der Steuerbilanz des Geschäftsinhabers nicht erscheinende Kapitalkonto des stillen Gesellschafters mittels spiegelbildlicher Bilanzierung dargestellt wird. Dieses Vorgehen sei notwendig,

---

56 Vgl. Marx, Franz Jürgen: Ergänzungsbilanzen bei schenkweiser Beteiligung an Kommanditgesellschaften, a.a.O., S. 4 f.

57 So auch im Zusammenhang mit einem entgeltlichen Gesellschafterwechsel. Siehe ausführlich 2. Kapitel E. I. 1) a) bzw. 2. Kapitel E. I. 5) a).

58 Vgl. 2. Kapitel D. II. 1).

59 Kritisch auch Reiß, Wolfram: § 15 EStG, a.a.O., E 240, der bezweifelt, dass das Verfahren im Vergleich zu dem traditionellen Vorgehen einen Vorteil erbringt.

60 Vgl. Regniet, Michael: Ergänzungsbilanzen bei der Personengesellschaft, a.a.O., S. 201-213.

da die Einlage des atypischen stillen Gesellschafters aus steuerrechtlicher Sicht Eigenkapital repräsentiere, diese in der Steuerbilanz des Geschäftsinhabers aber nach herrschender Meinung als Verbindlichkeit auszuweisen ist.[61] Zudem soll auch die Bilanzierung und Fortentwicklung von Mehr- oder Minderanschaffungskosten für den Erwerber des gesamten Unternehmens in einer Ergänzungsbilanz vorgenommen werden, falls die atypischen stillen Beteiligungen auch nach dem Wechsel des Geschäftsinhabers fortbestehen. Die Bilanzierung der Mehr- oder Minderanschaffungskosten in der Steuerbilanz soll vermieden werden, da ansonsten die stillen Gesellschafter an der Fortentwicklung der modifizierten Wertansätze partizipieren und es zu unzutreffenden steuerlichen Ergebnissen kommen würde.[62]

Die von *Regniet* vorgetragenen Anwendungsfälle für Ergänzungsbilanzen im Zusammenhang mit atypischen stillen Beteiligungen überzeugen nur bedingt: Bei dem erstgenannten Einsatzgebiet wird nicht deutlich, worin der materielle Vorteil der Abbildung der Einlage als Eigenkapital in einer Ergänzungsbilanz liegen soll. Sinnvoll und notwendig ist die Bildung einer Ergänzungsbilanz für einen atypischen stillen Gesellschafter erst dann, wenn es innerhalb der atypischen stillen Gesellschaft zu einem Gesellschafterwechsel gekommen ist. Wurden dabei Mehr- oder Minderanschaffungskosten geleistet, so sind diese entsprechend des allgemeinen Vorgehens in einer Ergänzungsbilanz für den atypischen stillen Gesellschafter zu fixieren und fortzuentwickeln.[63] Solange es aber nicht zu einem Gesellschafterwechsel kommt, scheint die Bildung einer Ergänzungsbilanz zwecks Ausweis der Einlage des atypischen stillen Gesellschafters entbehrlich zu sein.

Auch im zweiten Fall zieht *Regniet* eine Parallele zu der bilanziellen Behandlung des entgeltlichen Gesellschafterwechsels. Dabei ist zunächst zu berücksichtigen, dass im Schrifttum zum Teil explizit angezweifelt wird, ob die Aufstellung von Ergänzungsbilanzen für den Inhaber des Handelsgewerbes bei gleichzeitigem Bestehen einer atypischen stillen Gesellschaft überhaupt zulässig ist.[64] So formuliert z.B. *Wahl* ganz allgemein, „(...) daß bei der atypischen stillen Gesellschaft für Ergänzungsbilanzen des Inhabers des Handelsgeschäfts kein Raum ist"[65]. Diese Aussage bezieht sich allerdings nur auf Ergänzungsbi-

---

61 Vgl. Regniet, Michael: Ergänzungsbilanzen bei der Personengesellschaft, a.a.O., S. 209.

62 Vgl. Regniet, Michael: Ergänzungsbilanzen bei der Personengesellschaft, a.a.O., S. 209.

63 Vgl. Wahl, Adalbert: Einkommensteuerliche Gleichwertigkeit von Mitunternehmerschaften mit und ohne Gesamthandvermögen?, in: Handelsbilanzen und Steuerbilanzen, Festschrift für Heinrich Beisse, hrsg. v. Wolfgang Dieter Budde u.a., Düsseldorf 1997, S. 521-528, h.S. 524.

64 Vgl. Wahl, Adalbert: Einkommensteuerliche Gleichwertigkeit von Mitunternehmerschaften mit und ohne Gesamthandvermögen?, a.a.O., S. 521-528, h.S. 527, m.w.N.

65 Wahl, Adalbert: Einkommensteuerliche Gleichwertigkeit von Mitunternehmerschaften mit und ohne Gesamthandvermögen?, a.a.O., S. 527.

lanzen zur atypischen stillen Gesellschaft selbst; diese könne es nicht geben, da die atypische stille Gesellschaft kein Gesamthandsvermögen besitze.[66] *Regniet* betrachtet dagegen eine andere Fallkonstellation, nämlich dass es gegen Zahlung eines Mehr- oder Minderkaufpreises zu einem Wechsel des Inhabers des Handelsgeschäftes kommt; bei dem Inhaber des Handelsgeschäftes soll es sich nach *Regniet* zudem um einen Einzelunternehmer handeln.[67] Unter diesen Voraussetzungen erscheint es allerdings ebenfalls fraglich, ob die Erstellung einer Ergänzungsbilanz notwendig ist, da es sich bei der Bilanz des Inhabers des Handelsgeschäftes wiederum nicht um eine Gesamthandsbilanz handelt. Die Fixierung individueller Anschaffungskosten wäre hier – anders als bei einem entgeltlichen Gesellschafterwechsel in einer Gesamthandsgesellschaft –[68] auch direkt in der Steuerbilanz des Einzelunternehmers möglich. Die Partizipation der stillen Gesellschafter an dem erhöhten Abschreibungspotential könnte – ähnlich wie dies bei fremdbestimmten Steuerwirkungen in doppelstöckigen Mitunternehmerschaften geschieht –[69] auch mit Hilfe entsprechender zivilrechtlicher Ausgleichsvereinbarungen verhindert werden.

H. Handelsrechtliche Ergänzungsbilanzen

Ergänzungsbilanzen werden in der Regel als originär steuerrechtliche Instrumente betrachtet. Die Anwendung von Ergänzungsbilanzen für handelsrechtliche Zwecke ist bislang nur selten erörtert worden und wurde in der Vergangenheit oftmals ausdrücklich abgelehnt.[70]

Diese Diskussion hat jedoch Auftrieb erhalten durch einen Beitrag *Schulze-Osterlohs,*[71] der die Aufstellung von handelsrechtlichen Ergänzungsbilanzen in drei Situationen befürwortet: Im Rahmen der Ergebnisverteilung sol-

---

66   Vgl. Wahl, Adalbert: Einkommensteuerliche Gleichwertigkeit von Mitunternehmerschaften mit und ohne Gesamthandsvermögen?, a.a.O., S. 527.

67   Vgl. Regniet, Michael: Ergänzungsbilanzen bei der Personengesellschaft, a.a.O., S. 210-213.

68   Siehe ausführlich 2. Kapitel A. II. 2).

69   Siehe ausführlich 2. Kapitel G.

70   Ablehnend: Regniet, Michael: Ergänzungsbilanzen bei der Personengesellschaft, a.a.O., S. 70 f.; Schön, Wolfgang: Gewinnübertragungen bei Personengesellschaften nach § 6 b EStG, a.a.O., S. 41. Demgegenüber hält *Mathiak* bei einem entgeltlichen Gesellschafterwechsel Ergänzungsbilanzen auch handelsrechtlich für erforderlich, da er, bei ausschließlich steuerlicher Berücksichtigung dieser Rechenwerke, Umgehungen des Maßgeblichkeitsprinzips befürchtet. Konkrete Beispiele hierfür nennt er allerdings nicht. Vgl. Mathiak, Walter: Maßgeblichkeit der tatsächlichen Handelsbilanzansätze für die Steuerbilanz und umgekehrte Maßgeblichkeit, in: StbJb 1986/87, hrsg. im Auftrag des Fachinstituts der Steuerberater, Köln 1987, S. 79-107, h.S. 106.

71   Vgl. Schulze-Osterloh, Joachim: Handelsrechtliche Ergänzungsbilanzen der Gesellschafter einer Personengesellschaft, in: ZGR, 20. Jg. (1991), S. 488-516.

len diese dazu dienen, im Verhältnis der Gesellschafter untereinander, zwischen der Ausschüttung von durch die Gesellschaft erwirtschafteten Gewinnen und bloßen Kapitalrückflüssen zu unterscheiden.[72] Weiterhin sollen handelsrechtliche Ergänzungsbilanzen ein geeignetes Mittel darstellen, bei der Liquidation von Personengesellschaften zwischen Liquidationsgewinn und Einlagenrückgewähr zu trennen.[73] Als drittes Anwendungsgebiet wird angeführt, dass durch handelsrechtliche Ergänzungsbilanzen bei einer KG die Auszahlung von Gewinnanteilen zulasten der Haftsumme des Kommanditisten verhindert werden könne. Hierzu kann es vor allem durch die Realisierung erworbener oder bei Einbringung einer Sacheinlage gebildeter stiller Reserven kommen; es handelt sich damit nicht um das Ergebnis einer Vermögensmehrung aus der Zeit der Mitgliedschaft des Kommanditisten in der KG und damit auch nicht um Gewinn.[74]

Die Thesen von *Schulze-Osterloh* sind im Schrifttum eher verhalten aufgenommen worden, wobei die ablehnenden Stellungnahmen überwiegen.[75] *Reiß* kommt zu dem Ergebnis, dass die Existenz von Ergänzungsbilanzen im Handelsrecht zwar grundsätzlich möglich sei, die konkreten Anwendungsbeispiele *Schulze-Osterlohs* aber einer zutreffenden zivilrechtlichen Sachverhaltswürdigung entbehren.[76] *Gschwendtner* hält handelsrechtliche Ergänzungsbilanzen nur dann für berücksichtigungsfähig, wenn der Gesellschaftsvertrag entsprechende Vereinbarungen enthält.[77]

Im Hinblick auf den Untersuchungsgegenstand des nachfolgenden Kapitels sei an dieser Stelle darauf hingewiesen, dass auch nach den Vorstellungen *Schulze-Osterlohs* ein handelsrechtliches Pendant zu den steuerrechtlichen Ergänzungsbilanzen anlässlich eines entgeltlichen Gesellschafterwechsels nicht existiert; seine Ausführungen beschränken sich vielmehr auf bestimmte haftungsrechtliche Sonderprobleme bei Personengesellschaften. Die Erstellung

---

72 Vgl. Schulze-Osterloh, Joachim: Handelsrechtliche Ergänzungsbilanzen der Gesellschafter einer Personengesellschaft, a.a.O., S. 498-507.

73 Vgl. Schulze-Osterloh, Joachim: Handelsrechtliche Ergänzungsbilanzen der Gesellschafter einer Personengesellschaft, a.a.O., S. 507-509.

74 Vgl. Schulze-Osterloh, Joachim: Handelsrechtliche Ergänzungsbilanzen der Gesellschafter einer Personengesellschaft, a.a.O., S. 509-514.

75 Ablehnend Reiß, Wolfram: § 15 EStG, a.a.O., E 306-309; ablehnend wohl auch Gschwendtner, Hubert: Ergänzungsbilanz und Sonderbilanz II in der Rechtsprechung des Bundesfinanzhofes, a.a.O., S. 818. Zustimmend wohl Förschle, Gerhart; Kropp, Manfred: D. Eröffnungsbilanz der Personengesellschaft, in: Budde, Wolfgang Dieter; Förschle Gerhart: Sonderbilanzen, 2. Aufl., München 1999, S. 57-112, h.S. 73 f., zur Vermeidung der Rückzahlung von Gesellschafterbeiträgen als Gewinnanteil.

76 Vgl. Reiß, Wolfram: § 15 EStG, a.a.O., E 309. Siehe auch oben 1. Kapitel C.

77 Vgl. Gschwendtner, Hubert: Ergänzungsbilanz und Sonderbilanz II in der Rechtsprechung des Bundesfinanzhofes, a.a.O., S. 818.

handelsrechtlicher Ergänzungsbilanzen anlässlich eines entgeltlichen Gesellschafterwechsels ist nicht erforderlich, da den Mehr- oder Minderaufwendungen des Erwerbers im Verhältnis zu den Mitgesellschaftern wie auch für Haftungsfragen gegenüber Dritten keine zivilrechtliche Bedeutung zukommt.[78]

---

78 So auch Reiß, Wolfram: § 15 EStG, a.a.O., E 307.

2. Kapitel
Ergänzungsbilanzen anlässlich eines entgeltlichen Gesellschafterwechsels

A. Die zivilrechtliche und ertragsteuerrechtliche Behandlung des entgeltlichen Gesellschafterwechsels
I. Der Gesellschafterwechsel im Zivilrecht

Die zivilrechtliche Behandlung des Gesellschafterwechsels bei Personengesellschaften unterlag bereits vor geraumer Zeit einem grundlegenden Wandel. Während der Gesellschafterwechsel früher als ein Prozess der Anwachsung und Abwachsung des Gesellschaftsanteils im Rahmen der Theorie des Doppelvertrages begriffen wurde, geht man heute von einer unmittelbaren Übertragung des Gesellschaftsanteils des ausscheidenden Gesellschafters auf den Erwerber aus.[1]

Dabei verfügen die betroffenen Gesellschafter über den Gesellschaftsanteil als solchen; eine Übertragung von Bruchteilen an den einzelnen Gegenständen des Gesellschaftsvermögens findet nicht statt, da dies nicht mit der Vorstellung einer gesamthänderischen Bindung des Gesellschaftsvermögens vereinbar wäre. Im Zuge der Anteilsübertragung wird somit über ein einziges verselbständigtes Recht disponiert, nämlich über die durch den Gesellschaftsanteil repräsentierte Mitgliedschaft in der Personengesellschaft. Der Gesellschaftsanteil verkörpert einen selbständigen Gegenstand des Rechtsverkehrs, der sowohl veräußert als auch erworben werden kann.[2]

Zivilrechtlich führt die Veräußerung des Gesellschaftsanteils zu der Übertragung der Gesellschafterstellung des veräußernden Gesellschafters auf den Erwerber. Der Erwerber tritt in die Rechtsposition des früheren Gesellschafters ein, d.h. es ändert sich lediglich die personelle Zusammensetzung des Gesellschafterkreises. Das Verhältnis der Gesellschafter untereinander und das in der Gesamthandsbilanz abgebildete Gesellschaftsvermögen werden von dem Gesellschafterwechsel nicht tangiert; der eintretende Gesellschafter übernimmt vielmehr unverändert den in der Gesamthandsbilanz ausgewiesenen gesetzlichen Kapitalanteil des ausscheidenden Gesellschafters.[3]

---

1 Vgl. Carlè, Dieter: Gesellschafterwechsel bei Personengesellschaften im Zivil- und Steuerrecht, in: KÖSDI 3/1992, S. 8868-8874, h.S. 8869. Voraussetzung für die Veräußerung des Gesellschaftsanteils und den Eintritt eines neuen Gesellschafters in die Rechtsposition des Veräußerers ist allerdings die Zustimmung der übrigen Gesellschafter der Gesamthandsgemeinschaft oder eine entsprechende Bestimmung im Gesellschaftsvertrag.

2 Vgl. Schmidt, Karsten: Gesellschaftsrecht, 3. Aufl., Köln u.a. 1997, S. 1316-1321.

3 Vgl. Carlè, Dieter: Gesellschafterwechsel bei Personengesellschaften im Zivil- und Steuerrecht, a.a.O., S. 8869; Thömmes, Otmar: Die Auswirkungen des Eintritts und Aus-

II. Der Gesellschafterwechsel im Steuerrecht

1) Die Besteuerung des Gesellschafterwechsels gemäß der §§ 16, 34 EStG

Die ertragsteuerrechtliche Behandlung des entgeltlichen Gesellschafterwechsels wird von § 16 Abs. 1 Nr. 2 EStG geregelt. Dieser Paragraph ergänzt die auf die Ermittlung des laufenden Gewinns aus einer Mitunternehmerschaft bezogenen Bestimmungen des § 15 Abs. 1 Nr. 2 EStG, indem Gewinne aus der Veräußerung von Mitunternehmeranteilen erfasst und ebenfalls als gewerbliche Einkünfte qualifiziert werden.[4] Erst im Verbund gelingt es diesen beiden Vorschriften eine lückenlose Ertragsbesteuerung des gesamten Lebenszyklus einer Mitunternehmerschaft sicherzustellen.[5]

Als Veräußerungsgewinn i.S.d. § 16 Abs. 1 Nr. 2 EStG definiert § 16 Abs. 2 EStG „den Betrag, um den der Veräußerungspreis nach Abzug der Veräußerungskosten (...) den Wert des Anteils am Betriebsvermögen (...) übersteigt" und fordert zugleich, dass „der Wert des Anteils (...) für den Zeitpunkt der Veräußerung nach § 4 Abs. 1 oder nach § 5 zu ermitteln sei." Die Ermittlung dieses Veräußerungsgewinns setzt also die Gegenüberstellung von Veräußerungspreis und dem Wert des Anteils am Betriebsvermögen voraus. Dabei ist die Bestimmung des Veräußerungspreises weitgehend problemlos, da dieser als Ergebnis der Verkaufsverhandlungen zwischen Erwerber und Veräußerer exogen vorgegeben ist. Der Wert des Anteils am Betriebsvermögen ist dagegen im Einzelfall schwieriger zu bestimmen, weil hier z.B. auch bereits bestehende Ergänzungsbilanzen sowie das Sonderbetriebsvermögen des ausscheidenden Gesellschafters zu berücksichtigen sind: Allgemein gültig formuliert, ergibt sich der Wert des Anteils am Betriebsvermögen im Veräußerungszeitpunkt[6] als die Summe aus dem Buchwert des gesetzlichen Kapitalanteils des Gesellschafters in der Steuerbilanz der Gesellschaft zuzüglich des Buchwerts einer potentiell bestehenden Ergänzungsbilanz sowie des Buchwerts des Sonderbetriebsvermö-

---

scheidens von Gesellschaftern in Personenhandelsgesellschaften auf die Handelsbilanz, Herne u.a. 1991, S. 35-39.

4   Vgl. Reiß, Wolfram: § 16 EStG, in: Kirchhof/Söhn: Einkommensteuergesetz, Stand: Januar 1999, Heidelberg 1999, C 1.

5   Nach herrschender Meinung kommt der Regelung des § 16 EStG allerdings nur eine klarstellende, keine rechtsbegründende Bedeutung zu, d.h. auch ohne diese Regelung müssten Veräußerungsgewinne als gewerbliche Einkünfte erfasst und besteuert werden. Vgl. Gänger, Hartmut: § 16 EStG, in: Hartmann/Böttcher/Nissen/Bordewin: Kommentar zum Einkommensteuergesetz, hrsg. v. Arno Bordewin, Stand: Februar 1999, Heidelberg 1999, Rn. 2.

6   Vgl. Gänger, Hartmut: § 16 EStG, a.a.O., Rn. 97. Erfolgt der Gesellschafterwechsel nicht zum Bilanzstichtag, so ist der Wert mittels einer Zwischenbilanz oder durch Schätzung zu ermitteln. Von einer gesetzlichen Verpflichtung zur Erstellung einer Veräußerungsbilanz ist allerdings nicht auszugehen. Vgl. Wacker, Roland: § 16 EStG, a.a.O., Rn. 463; Hörger, Helmut: § 16 EStG, a.a.O., Rn. 123.

gens des Gesellschafters.[7] Nachfolgend wird aus Vereinfachungsgründen von einer im Erwerbszeitpunkt bereits bestehenden Ergänzungsbilanz sowie von Sonderbetriebsvermögen abgesehen; der Wert des Anteils am Betriebsvermögen stimmt daher mit dem Buchwert des gesetzlichen Kapitalanteils in der Steuerbilanz der Gesellschaft überein. Dieser wiederum entspricht der Summe der Buchwerte sämtlicher Konten des Gesellschafters (z.B. Kapitalkonto, Privatkonto, Darlehenskonto). Im weiteren Verlauf der Arbeit wird grundsätzlich davon ausgegangen, dass für den Gesellschafter in der Steuerbilanz der Gesellschaft lediglich ein einheitliches positives Kapitalkonto geführt wird. Auf die prinzipiell denkbaren Alternativen wie die Abbildung des gesetzlichen Kapitalanteils durch Zweikonten-, Dreikonten- oder Vierkontenmodelle wird nicht eingegangen, da von diesen Varianten kein nennenswerter Einfluss auf die Erstellung der Ergänzungsbilanz ausgeht.[8]

Der Sinn und Zweck des § 16 Abs. 1 Nr. 2 EStG besteht darin, stille Reserven, die mittels des Veräußerungspreises aufgedeckt wurden, der Besteuerung zuzuführen. Die Existenz stiller Reserven ist dann anzunehmen, wenn der durch den Kaufpreis konkretisierte Ertragswert des Mitunternehmeranteils den durch das steuerliche Kapitalkonto repräsentierten Substanzwert des Mitunternehmeranteils übersteigt. Dass durch das steuerliche Kapitalkonto nicht der Ertragswert des Mitunternehmeranteils dargestellt werden kann, folgt bereits aus der Zielsetzung der Bilanz im Rechtssinne: Eine möglichst exakte Approximation des (Effektiv-)Vermögens ist hier gar nicht beabsichtigt; vielmehr soll ein risikolos entziehbarer Umsatzgewinn bestimmt werden, der als Indikator wirtschaftlicher Leistungsfähigkeit dienen kann.[9] Die zur Erreichung dieses Ziels zwingend notwendigen Objektivierungs- und Vorsichtsprinzipien (z.B. das Bilanzierungsverbot für unentgeltlich erworbene immaterielle Wirtschaftsgüter des Anlagevermögens oder für den originären Geschäftswert) sowie unvermeidbare Schätzungsspielräume (z.B. bei der Bemessung der AfA) führen zu Abweichungen zwischen Ertrags- und Substanzwert.

Ist ein derart begründeter Veräußerungsgewinn durch die Gegenüberstellung von Veräußerungspreis und dem Wert des Anteils am Betriebsvermögen zutref-

---

7   Vgl. Gänger, Hartmut: § 16 EStG, a.a.O., Rn. 167. Sofern eine Gesamtbilanz der Mitunternehmerschaft erstellt wird, entspricht der Wert des Anteils am Betriebsvermögen dem dort ausgewiesenen Buchwert. Vgl. Wacker, Roland: § 16 EStG, a.a.O., Rn. 463.

8   Ausführlich zu den Kontenmodellen und ihrer steuerlichen Bedeutung vgl. Huber, Ulrich: Gesellschafterkonten in der Personengesellschaft, in: ZGR, 17. Jg. (1988), S. 1-103; Ley, Ursula: Gesellschafterkonten der OHG und KG: Gesellschaftsrechtliche und steuerrechtliche Charakterisierung und Bedeutung, in: KÖSDI 10/1994, S. 9972-9988, h.S. 9978-9988.

9   Vgl. stellvertretend Hommel, Michael: Grundsätze ordnungsmäßiger Bilanzierung für Dauerschuldverhältnisse, Wiesbaden 1992, S. 10-13, sowie detaillierter unten 2. Kapitel D. II.

fend bestimmt worden, so ist dieser vom Veräußerer zu versteuern. Da es durch die plötzliche Realisierung von über Jahren angesammelten stillen Reserven infolge des Progressionseffektes zu einer unverhältnismäßig hohen Besteuerung kommen kann, versucht der Gesetzgeber mit verschiedenen Regelungen eine Progressionsglättung zu erreichen.[10] Hierzu wird zunächst – sofern bestimmte personenbezogene Voraussetzungen erfüllt sind – ein Freibetrag gemäß § 16 Abs. 4 EStG gewährt. Falls der Veräußerungsgewinn diesen Betrag übersteigt, kann der Steuerpflichtige auf unwiderruflichen Antrag ein durch das Steuerentlastungsgesetz 1999/2000/2002 neu gefasstes Besteuerungsverfahren für außerordentliche Einkünfte gemäß § 34 EStG in Anspruch nehmen: Dazu ist in einem ersten Schritt ein so genanntes verbleibendes zu versteuerndes Einkommen zu bestimmen, welches sich als Differenz aus dem gesamten zu versteuernden Einkommen des Steuerpflichtigen und dem Veräußerungsgewinn errechnet. Die genaue Wirkungsweise dieses Besteuerungsverfahrens lässt sich am prägnantesten darstellen, wenn man die Regelungen des § 34 EStG in entsprechende Formeln transformiert. Demnach ergibt sich die Steuerbelastung des gesamten Einkommens des Steuerpflichtigen, in dem ein Veräußerungsgewinn als außerordentliche Einkunftsart enthalten ist, aus

$$ESt_{\S\,34}[zvE] = ESt[zvE] + 5 * (ESt[vzvE + VG/5] - ESt[vzvE]), \text{ falls } vzvE > 0,$$

oder aus

$$ESt_{\S\,34}[zvE] = 5 * ESt[zvE/5], \text{ falls } zvE > 0 \text{ und } vzvE < 0.^{11}$$

Dabei entspricht zvE dem gesamten zu versteuernden Einkommen, vzvE dem verbleibenden zu versteuernden Einkommen, VG dem Veräußerungsgewinn i.S.d. § 16 Abs. 2 EStG, $ESt_{\S\,34}[\ ]$ der Einkommensteuer nach § 34 EStG sowie $ESt[\ ]$ der Einkommensteuer-Tariffunktion nach § 32 a EStG.

Dieses Verfahren bewirkt ebenfalls eine Progressionsglättung, die allerdings mit steigender Höhe des Veräußerungsgewinns respektive des laufenden Einkommens stark abnimmt.[12] Ein Vorteil der Neuregelung ist darin zu sehen, dass es nur noch dann zu einer Progressionsglättung kommt, wenn der Steuerpflich-

---

10 Vgl. zur Entwicklung und kritischen Würdigung dieser Vorschriften ausführlich Saage, Joachim: Die Besteuerung der Veräußerungsgewinne und der Ausgleich steuerlicher Vorbelastungen, in: StuW, 75. Jg. (1998), S. 231-239, h.S. 231-235.

11 Vgl. Henning, Michael; Hundsdoerfer, Jochen; Schult, Eberhard: Die Progressionsglättung für außerordentliche Einkünfte nach § 34 Abs. 1 EStG-Entwurf: Steuersätze bis zu 265 %, in: DStR, 37. Jg. (1999), S. 131-136, h.S. 132; Urban, Johannes: Der Antrag nach § 34 EStG 1999 als Steuerfalle?, in: FR, 81. Jg. (1999), S. 781-787, h.S. 782.

12 Vgl. die detaillierte Analyse bei Henning, Michael; Hundsdoerfer, Jochen; Schult, Eberhard: Die Progressionsglättung für außerordentliche Einkünfte nach § 34 Abs. 1 EStG-Entwurf: Steuersätze bis zu 265 %, a.a.O., h.S. 132.

tige tatsächlich von dem Progressionseffekt betroffen wird.[13] Zu kritisieren ist hingegen, dass das neue Besteuerungsverfahren vergleichsweise schwierig zu handhaben ist und es in bestimmten Fallkonstellationen zu sehr hohen Grenzsteuersätzen kommen kann.[14]

Obgleich in den §§ 16, 34 EStG explizit nur die Behandlung eines Veräußerungsgewinns geregelt wird, kann bei einem entgeltlichen Gesellschafterwechsel natürlich auch ein Veräußerungsverlust entstehen. Ein solcher Veräußerungsverlust tritt immer dann in Erscheinung, wenn der durch den Kaufpreis konkretisierte Ertragswert des Mitunternehmeranteils den durch das steuerliche Kapitalkonto repräsentierten Substanzwert des Mitunternehmeranteils unterschreitet und deutet auf die Existenz stiller Lasten hin. Nach der Auffassung der herrschenden Meinung kann ein Veräußerungsverlust in vollem Umfang in das Verfahren des Verlustausgleichs und des Verlustrücktrags einbezogen werden.[15]

2) Die ertragsteuerrechtlichen Grundprobleme des entgeltlichen Gesellschafterwechsels

Nachfolgend gilt es zu zeigen, dass eine sachgerechte Ermittlung des Veräußerungsgewinns/-verlusts und damit eine zutreffende Besteuerung des entgeltlichen Gesellschafterwechsels nur mit Hilfe von Ergänzungsbilanzen möglich ist. Hierzu ist zunächst zu analysieren, welche ertragsteuerrechtlichen Grundprobleme infolge eines entgeltlichen Gesellschafterwechsels bei Personengesellschaften zu lösen sind.

Steuerrechtlich ist der entgeltliche Gesellschafterwechsel für den ausscheidenden Gesellschafter als Veräußerungsgeschäft, für den eintretenden Gesellschafter als Anschaffungsgeschäft zu qualifizieren.[16] Dieser Zusammenhang ist – zumindest für den hier betrachteten Fall des entgeltlichen Gesell-

---

13 Vgl. Herzig, Norbert; Förster, Guido: Steuerentlastungsgesetz 1999/2000/2002: Die Änderung von § 17 und § 34 EStG, in: DB, 52. Jg. (1999), S. 711-718, h.S. 714.

14 Dieser Effekt tritt insbesondere bei Änderungen der laufenden (nicht begünstigten) Einkünfte auf. Vgl. ausführlich Henning, Michael; Hundsdoerfer, Jochen; Schult, Eberhard: Die Progressionsglättung für außerordentliche Einkünfte nach § 34 Abs. 1 EStG-Entwurf: Steuersätze bis zu 265 %, a.a.O., S. 131-134; kritisch hierzu Urban, Johannes: Der Antrag nach § 34 EStG 1999 als Steuerfalle?, a.a.O., S. 785.

15 Vgl. stellvertretend Söffing, Günter: § 16 EStG, in: Lademann/Söffing/Brockhoff: Kommentar zum Einkommensteuergesetz, 4. Aufl., Stuttgart u.a. 1997, Rn. 337.

16 Vgl. stellvertretend Erdweg, Anton: § 16 EStG, in: Herrmann/Heuer/Raupach: Einkommensteuer- und Körperschaftsteuergesetz, 21. Aufl., Köln 1996, Anm. 307; Gänger, Hartmut: § 16 EStG, a.a.O., Rn. 188; Schmidt, Ludwig: Ertragsteuerrechtliche Probleme des Gesellschafterwechsels bei Personengesellschaften, in: FR, 60. Jg. (1978), S. 353-367, h.S. 353.

schafterwechsels – im Grundsatz unumstritten;[17] kontrovers diskutiert wird hingegen, was als Gegenstand dieses Anschaffungs- bzw. Veräußerungsgeschäftes zu begreifen ist. Die zuletzt genannte Problematik sei zunächst von der Betrachtung ausgenommen, wird aber an späterer Stelle im Hinblick auf den Meinungsstreit um das Bilanzierungsobjekt der Ergänzungsbilanz noch ausführlich zu würdigen sein.[18]

Tätigt der eintretende Gesellschafter also ein Anschaffungsgeschäft, so hat dies bilanzsteuerrechtlich folgende Konsequenzen: Das auf dem Realisationsprinzip basierende Erfolgsneutralitätsprinzip gebietet die erfolgsneutrale bilanzielle Abbildung des Anschaffungsvorgangs. Hierzu sind die Anschaffungskosten des Erwerbers im Anschaffungszeitpunkt bilanziell festzuhalten;[19] diese bestimmen sich i.S.d. allgemeinen Anschaffungskostenbegriffs als die Summe aus dem Anschaffungspreis abzüglich Anschaffungspreisminderungen, den Anschaffungsnebenkosten und den nachträglichen Anschaffungskosten. Der Anschaffungspreis entspricht hier dem Kaufpreis für den Mitunternehmeranteil. Zu den Anschaffungsnebenkosten gehören z.b. Anzeigekosten, Makler- und Notargebühren;[20] berücksichtigungsfähig ist hier auch die unter Umständen anfallende Grunderwerbsteuer.[21]

---

17 Auch *Birke*, der für den – hier nicht im Einzelnen zu betrachtenden – Spezialfall des Ausscheidens eines Gesellschafters aus einer fortbestehenden Personengesellschaft gegen Abfindung an dem Vorliegen eines Anschaffungsgeschäfts zweifelt, geht davon aus, dass bei einem entgeltlichen Gesellschafterwechsel im Grundsatz ein Anschaffungsgeschäft vorliegt. Vgl. Birke, Alfons: Die Behandlung von Barabfindungen an ausscheidende Gesellschafter (§§ 738 ff. BGB) im Jahresabschluß der Personenhandelsgesellschaft nach Handels- und Steuerrecht, Pfaffenweiler 1990, S. 84 bzw. S. 284 f. Sofern sich die Kritik *Birkes* nicht ausschließlich auf den Spezialfall des Ausscheidens eines Gesellschafters bezieht, deckt sie sich im Wesentlichen mit den Kritikpunkten, die im Zusammenhang mit dem Streit um das Bilanzierungsobjekt der Ergänzungsbilanz genannt werden. Ausführlich hierzu siehe 2. Kapitel B. II. bzw. 2. Kapitel C.

18 Siehe ausführlich 2. Kapitel B. II. bzw. 2. Kapitel C.

19 Vgl. Euler, Roland: Das System der Grundsätze ordnungsmäßiger Bilanzierung, Stuttgart 1995, S. 212 f.

20 Vgl. Schmidt, Ludwig: § 15 EStG, a.a.O., Rn. 462; Schulze zur Wiesche, Dieter: Betriebsveräußerung, Gesellschafterwechsel und Betriebsaufgabe im Steuerrecht, a.a.O., S. 73. Differenzierend hierzu BFH-Urteil vom 23. Oktober 1986 IV R 352/84, BFHE 148, S. 49-54, h.S. 50 f. So dürfen z.B. Vermittlungsprovisionen, die eine KG für den Eintritt eines neuen Kommanditisten schuldet, nicht in die Anschaffungskosten des Mitunternehmers einbezogen werden.

21 Die Übertragung von Anteilen an einer Personengesellschaft mit Grundbesitz kann nach § 1 Abs. 1 Nr. 1 i.V.m. Abs. 2a GrEStG der Grunderwerbsteuer unterliegen, sofern sich der Gesellschafterbestand innerhalb von fünf Jahren wesentlich verändert. Vgl. Förschle, Gerhart; Kropp, Manfred: D. Eröffnungsbilanz der Personengesellschaft, a.a.O., S. 106.

Bei der Bilanzierung dieser Anschaffungskosten trifft man jedoch auf erhebliche Schwierigkeiten, die sich am besten veranschaulichen lassen, wenn man die steuerliche Behandlung einer Personengesellschaft vom Gründungszeitpunkt an betrachtet und dabei mehrere, sukzessive Gesellschafterwechsel berücksichtigt:

Im Zuge der Gründung einer Personengesellschaft erwirbt ein Gründungsgesellschafter seinen Anteil gegen Leistung einer Einlage in das Betriebsvermögen. Für den Gründungsgesellschafter entsprechen seine individuell geleisteten Anschaffungskosten damit der Höhe seiner Einlage;[22] bilanziell werden diese individuellen Anschaffungskosten durch das (einheitliche) Kapitalkonto in der Steuerbilanz der Gesellschaft erfasst. In diesem Fall besteht also Identität zwischen den individuell geleisteten Anschaffungskosten, dem Wert des Anteils am Betriebsvermögen und dem steuerlichen Kapitalkonto. Dieser Befund gilt für einen Gründungsgesellschafter auch zu jedem späteren Zeitpunkt, da durch die Fortschreibung des Kapitalkontos, d.h. durch die Addition von Gewinnanteilen und Einlagen bzw. die Subtraktion von Verlustanteilen und Entnahmen, auch seine individuellen Anschaffungskosten der Fortentwicklung unterliegen.

Kommt es nun zu einem entgeltlichen Gesellschafterwechsel, so kann der Veräußerungsgewinn/-verlust für den ausscheidenden Gründungsgesellschafter einfach durch einen Vergleich der auf dem steuerlichen Kapitalkonto verzeichneten fortentwickelten Anschaffungskosten und dem Veräußerungspreis ermittelt werden.[23]

Die automatische Übereinstimmung von Kapitalkonto und fortentwickelten Anschaffungskosten ist aber, sobald der Gründungsgesellschafter aus der Gesellschaft ausscheidet, nur noch in einem Spezialfall gewährleistet: Erwirbt der nachfolgende Gesellschafter den Mitunternehmeranteil zu einem Kaufpreis, der exakt der Höhe des Kapitalkontos und damit der Höhe der fortentwickelten Anschaffungskosten des Gründungsgesellschafters entspricht, so bleibt der zuvor skizzierte Zusammenhang auch zukünftig bestehen. Dies ergibt sich daraus, dass der nachfolgende Gesellschafter das Kapitalkonto des Ausscheidenden (hier des Gründungsgesellschafters) stets unverändert übernimmt.[24] Die Fixierung und Fortentwicklung der individuellen Anschaffungskosten des nachfolgenden Gesellschafters kann daher auch weiterhin allein durch die Fortschreibung des steuerlichen Kapitalkontos erfolgen.

---

22 Vgl. Reiß, Wolfram: § 16 EStG, a.a.O., C 31. Dies gilt zumindest dann, wenn nicht zusätzliche Anschaffungsnebenkosten angefallen sind oder die (Sach-)Einlage handelsrechtlich unterbewertet wurde; in diesem Fall können bereits zum Gründungszeitpunkt Korrekturen durch steuerrechtliche Ergänzungsbilanzen erforderlich werden. Vgl. Kobs, Erwin: Bilanzen und Ergänzungsbilanzen bei Personengesellschaften, a.a.O., S. 147 f.; Förschle, Gerhart; Kropp, Manfred: Eröffnungsbilanz der Personengesellschaft, a.a.O., S. 82 und S. 102 f.

23 Vgl. Reiß, Wolfram: § 16 EStG, a.a.O., C 32.

24 Siehe oben 2. Kapitel A. I.

Das steuerliche Kapitalkonto und die fortentwickelten Anschaffungskosten des Erwerbers stimmen aber nicht mehr überein, wenn der Kaufpreis für den Mitunternehmeranteil von dem Buchwert des übergehenden Kapitalkontos abweicht. Hierdurch wird die bilanzielle Abbildung des Anschaffungsvorgangs erheblich erschwert, da der eintretende Gesellschafter das Kapitalkonto des ausscheidenden Gesellschafters trotzdem unverändert übernehmen muss.

Die Verpflichtung, das steuerliche Kapitalkonto unmodifiziert fortzuführen, liegt in erster Linie in zivilrechtlichen Sachverhalten begründet:[25] Zum einen kommt hierdurch zum Ausdruck, dass – wie bereits oben erläutert – der neue Gesellschafter in die Rechtsposition des ausscheidenden Gesellschafters eintritt.[26] Zum anderen ist hierfür die Tatsache verantwortlich, dass die Personengesellschaften als Gesamthandsgesellschaften konzipiert sind und es sich daher bei den Bilanzen von Personengesellschaften stets um Gesamthandsbilanzen handelt.[27] In eine Gesamthandsbilanz dürfen jedoch nur Vorgänge Eingang finden, die in einem direkten Bezug zu dem gesamthänderisch gebundenen Gesellschaftsvermögen stehen. Die von dem Erwerber aufgewendeten Anschaffungskosten betreffen aber erkennbar nur seine eigene Vermögenssphäre; es handelt sich dabei lediglich um individuelle Anschaffungskosten eines Gesamthänders, nicht aber um Anschaffungskosten der Gesamthandsgemeinschaft.[28] Da die individuellen Anschaffungskosten des neuen Gesellschafters für das Verhältnis der Gesellschafter untereinander, d.h. für die Verteilung der Rechte und Pflichten zwischen den Gesellschaftern, unbeachtlich sind, ist es nicht möglich, diese in der Gesamthandsbilanz durch eine entsprechende Anpassung des Kapitalkontos zu erfassen. Das in der Gesellschaftsbilanz ausgewiesene Kapitalkonto darf durch den entgeltlichen Gesellschafterwechsel also nicht tangiert werden.

Hieraus folgt aber, dass das steuerliche Kapitalkonto die Anschaffungskosten des nachfolgenden Gesellschafters nicht mehr korrekt wiedergibt, falls ein Mehr- oder ein Minderkaufpreis geleistet wurde.[29] Das steuerliche Kapitalkonto weist vielmehr in Abhängigkeit von der Höhe des Kaufpreises die individuellen Anschaffungskosten des Erwerbers zu hoch oder zu niedrig aus.

---

25 Vgl. Groh, Manfred: Trennungs- und Transparenzprinzip im Steuerrecht der Personengesellschaften, in: ZIP, 19. Jg. (1998), S. 89-95, h.S. 95.

26 Siehe oben 2. Kapitel A. I.

27 Ausführlich zum Gesamthandsprinzip siehe 2. Kapitel B. II. 2) a).

28 Vgl. Gschwendtner, Hubert: Ergänzungsbilanz und Sonderbilanz II in der Rechtsprechung des Bundesfinanzhofes, a.a.O., S. 819.

29 Als Mehrkaufpreis wird im Folgenden der Differenzbetrag zwischen höherem Kaufpreis für den Mitunternehmeranteil und dem niedrigeren Buchwert des steuerlichen Kapitalkontos bezeichnet; unter einem Minderkaufpreis wird dagegen der Differenzbetrag zwischen niedrigerem Kaufpreis für den Mitunternehmeranteil und höherem Buchwert des steuerlichen Kapitalkontos verstanden.

Würde man hier keine Abhilfe schaffen, d.h. die exakte steuerbilanzrechtliche Fixierung der Anschaffungskosten des Erwerbers im Erwerbszeitpunkt sicherstellen, so würde dies einen Verstoß gegen das Erfolgsneutralitätsprinzip bedeuten. Darüber hinaus wäre auch die sachgerechte Besteuerung künftiger Gesellschafterwechsel nicht mehr garantiert, wenn man die Ermittlung des Veräußerungsgewinns/-verlusts wie bisher durch eine bloße Gegenüberstellung von Veräußerungspreis und Kapitalkonto vornehmen würde.[30] Dies sei an zwei Beispielen verdeutlicht:

Mitunternehmer A nimmt gegen Leistung einer Bareinlage an der Gründung einer Personengesellschaft bzw. einer Mitunternehmerschaft teil. Es gelingt dem Mitunternehmer A einige Perioden später, seinen Mitunternehmeranteil zum Preis von 800 GE an B zu veräußern, obwohl das steuerliche Kapitalkonto des A nur einen Wert von 500 GE ausweist. Der Mehrkaufpreis lässt sich auf stille Reserven im Betriebsvermögen zurückführen; Mitunternehmer A muss den Mehrkaufpreis in Höhe von 300 GE als Veräußerungsgewinn versteuern. Mitunternehmer B, der das steuerliche Kapitalkonto seines Vorgängers in Höhe von 500 GE im Erwerbszeitpunkt unverändert übernommen hat, entschließt sich einige Zeit später ebenfalls, seinen Mitunternehmeranteil zu veräußern; dabei wird wiederum ein Mehrkaufpreis vereinbart. Dieser Mehrkaufpreis darf aber in diesem Fall nicht unbesehen als Veräußerungsgewinn qualifiziert werden, da das steuerliche Kapitalkonto des B seine individuellen Anschaffungskosten nicht zutreffend wiedergibt. Tatsächlich hat der Mitunternehmer B nämlich keinen oder zumindest einen geringeren Veräußerungsgewinn erzielt, da seine individuellen Anschaffungskosten den Wert des unverändert übernommenen steuerlichen Kapitalkontos um 300 GE überstiegen haben. Bliebe dies unberücksichtigt, hätte dies eine erneute Versteuerung stiller Reserven, die bereits über den Veräußerungsgewinn des früheren Mitunternehmers A steuerlich erfasst wurden, zur Folge. Eine solche Doppelbesteuerung stiller Reserven widerspricht aber einem an der Messung der wirtschaftlichen Leistungsfähigkeit orientierten System der Ertragsbesteuerung.

Modifiziert man das vorangegangene Beispiel dahingehend, dass nun jeweils entsprechende Minderkaufpreise vereinbart wurden, die durch stille Lasten im Betriebsvermögen der Gesellschaft erklärbar sind, so stellt sich die Situation wie folgt dar: Mitunternehmer A würde nun einen Veräußerungsverlust erleiden, der für ihn steuermindernd wirkt. Würde der von B entrichtete Minderkaufpreis bilanziell nicht berücksichtigt, könnte bei einer späteren, erneuten Veräußerung des Mitunternehmeranteils und bei einem isolierten Vergleich von Kapitalkonto und Kaufpreis wiederum ein Minderkaufpreis in Erscheinung treten. Dieser darf jedoch – in Höhe der noch unberücksichtigten Minder-

---

30 Ebenso könnte bei einer etwaigen Betriebsaufgabe der Aufgabegewinn nicht zutreffend ermittelt und besteuert werden.

anschaffungskosten – ebenfalls nicht als Veräußerungsverlust gewertet werden, da eine dadurch hervorgerufene erneute steuerliche Entlastung bei Mitunternehmer B ebenso systemwidrig wäre wie die Doppelbesteuerung des Veräußerungsgewinns.

3) Die Lösung der ertragsteuerrechtlichen Grundprobleme mittels Ergänzungsbilanzen
a) Die Primärziele der Ergänzungsbilanzen
α) Fixierung individueller Mehr- bzw. Minderanschaffungskosten

Um die zuvor aufgezeigten Probleme lösen zu können, ist die Aufstellung eines zusätzlichen, ausschließlich die Person des Erwerbers betreffenden Rechenwerkes, nämlich einer Ergänzungsbilanz, erforderlich. Nur mit der Hilfe von Ergänzungsbilanzen kann das Erfolgsneutralitätsprinzip bei einem entgeltlichen Gesellschafterwechsel gewahrt bleiben. Die Ergänzungsbilanzen ermöglichen die exakte Fixierung der individuellen Anschaffungskosten des Erwerbers, indem sie die durch das steuerliche Kapitalkonto zu niedrig oder zu hoch ausgewiesenen Anschaffungskosten für den Mitunternehmeranteil korrigieren. Wurde ein Mehrkaufpreis geleistet, so ist eine positive Ergänzungsbilanz zu erstellen, die auf der Passivseite in Höhe dieses Mehrkaufpreises ein entsprechendes Mehrkapital ausweist. Liegt hingegen ein Minderkaufpreis vor, so ist dieser als Minderkapital auf der Aktivseite einer negativen Ergänzungsbilanz darzustellen. Die individuellen Anschaffungskosten des Erwerbers ergeben sich damit stets aus dem Zusammenwirken des steuerlichen Kapitalkontos und der Ergänzungsbilanz des Gesellschafters. Kommt es zu einem Gesellschafterwechsel, so ist ein Veräußerungsgewinn bzw. ein Veräußerungsverlust nicht mehr durch einen Vergleich von steuerlichem Kapitalkonto und Kaufpreis für den Mitunternehmeranteil zu ermitteln, sondern dem Kaufpreis ist das steuerliche Kapitalkonto korrigiert um das in der Ergänzungsbilanz ausgewiesene Mehr- oder Minderkapital gegenüberzustellen. Auf diese Art und Weise kann mit Hilfe der Ergänzungsbilanz die ansonsten drohende doppelte steuerliche Berücksichtigung eines Veräußerungsgewinns oder -verlusts unterbunden werden. Als erstes Primärziel der Ergänzungsbilanz lässt sich damit die Fixierung der Mehr- bzw. Minderanschaffungskosten des Erwerbers identifizieren.

β) Fortentwicklung individueller Mehr- bzw. Minderanschaffungskosten

Würde sich die Funktion der Ergänzungsbilanz allerdings auf die Fixierung individueller Mehr- bzw. Minderanschaffungskosten beschränken, so könnte dies auch mittels eines simplen Merkpostens geschehen; die vergleichsweise aufwendige Erstellung einer Ergänzungsbilanz wäre dann nicht zu rechtfertigen. Dies zeigt auch der Vergleich mit der Lösung einer entsprechenden Problematik bei Kapitalgesellschaften: Wird ein Anteil an einer Kapitalgesellschaft im Privatvermögen gehalten, so kann es ebenfalls erforderlich werden, die individuellen Anschaffungskosten für diesen Anteil festzuhalten; benötigt werden diese wiederum zur Ermittlung eines Veräußerungsgewinns/-verlusts gemäß § 17 i.V.m. § 34 EStG.[31] Da eine Fortentwicklung dieser Anschaffungskosten jedoch nicht vorgesehen ist, gelangt hierzu keine Ergänzungsbilanz zum Einsatz, vielmehr genügt ein einfacher Merkposten.[32]

Erst durch das zweite Primärziel der Ergänzungsbilanz, nämlich der Fortentwicklung individueller Mehr- bzw. Minderanschaffungskosten an nachfolgenden Bilanzstichtagen, ist es begründbar, warum in der Folge eines entgeltlichen Gesellschafterwechsels tatsächlich eine Ergänzungsrechnung erforderlich ist, die bereits in ihrer formalen Gestalt der Struktur einer regulären Bilanz ähnelt. Diese Verpflichtung zur Fortentwicklung ergibt sich dabei bereits aus fundamentalen bilanzsteuerrechtlichen Überlegungen:

Der Erwerber hat in Höhe des Kaufpreises für den Mitunternehmeranteil Aufwendungen geleistet, um sich eine Einnahmenquelle zu erschließen; zwischen diesen Aufwendungen und zukünftig erzielten Erträgen besteht daher ein Kausalzusammenhang.[33] Im Erwerbszeitpunkt findet zunächst das Erfolgsneutralitätsprinzip Anwendung; um die Erfolgsneutralität des Anschaffungsvorgangs sicherzustellen, müssen die gesamten, für den Erwerb des Mitunternehmeranteils geleisteten Anschaffungskosten aktiviert werden. Dies muss – wie bereits erläutert wurde – partiell in der Steuerbilanz der Gesellschaft, partiell in der Ergänzungsbilanz des Erwerbers geschehen. An nachfolgenden Bilanzstichtagen wird das Erfolgsneutralitätsprinzip jedoch durch das Erfolgswirksamkeitsprinzip verdrängt – die bislang erfolgsneutral festgehaltenen Anschaffungskosten sind zwecks Gewinnermittlung zu periodisieren.

Der Anschaffungskostenteilbetrag, der durch das steuerliche Kapitalkonto repräsentiert wird, unterliegt bereits durch die reguläre steuerliche Gewinnermittlung einer Fortentwicklung; konkret wird die Fortentwicklung dieses Anschaffungskostenteilbetrages dadurch erreicht, dass Periodengewinne zum steuerlichen Kapitalkonto addiert, Periodenverluste von diesem subtrahiert werden. Diese Periodengewinne bzw. -verluste werden durch eine typisierte Gegenüberstellung von Aufwendungen und Erträgen bestimmt. Ein Optimum bilanzsteuerrechtlicher Gewinnermittlung wäre hier erreicht, wenn es gelänge, die Aufwendungen jedes einzelnen Wirtschaftsguts den Erträgen gegenüberzustellen, die es verursacht hat. Da eine explizite Prognose der Einnahmen- oder Ausgabenüberschüsse für jedes einzelne Wirtschaftsgut jedoch kaum praktika-

---

31 Vgl. Regniet, Michael: Ergänzungsbilanzen bei der Personengesellschaft, a.a.O., S. 67.

32 Vgl. Regniet, Michael: Ergänzungsbilanzen bei der Personengesellschaft, a.a.O., S. 67.

33 Auch Reiß, Wolfram: § 15 EStG, a.a.O., E 241, sieht hierin letztlich den Gewinn des Erwerbers mindernde Betriebsaufwendungen.

bel ist, muss man sich mit Typisierungen behelfen.[34] So wird z.b. ein abnutzbares Wirtschaftsgut des Anlagevermögens an einem nachfolgenden Bilanzstichtag in Höhe seiner um die AfA geminderten Anschaffungs- bzw. Herstellungskosten als werthaltig typisiert; zugleich bildet der typisierte AfA-Betrag für dieses Wirtschaftsgut einen Bestandteil der gesamten Periodenaufwendungen, die die gesamten Periodenerträge alimentiert haben.[35]

Aus der Sicht des Erwerbers sind die derart bestimmten und dem steuerlichen Kapitalkonto zugeschriebenen Periodengewinne bzw. Periodenverluste aber unzutreffend ermittelt worden, falls er individuelle Mehr- oder Minderanschaffungskosten aufgewendet hat: Wurden vom Erwerber Mehranschaffungskosten geleistet, so ist der seinem Kapitalkonto zugeschriebene Periodengewinn (Periodenverlust) zu hoch (zu niedrig), weil Aufwendungen, die aus der Fortentwicklung dieser Mehranschaffungskosten resultieren, hier noch nicht berücksichtigt wurden. Liegen hingegen Minderanschaffungskosten vor, so ist der dem steuerlichen Kapitalkonto zugeschriebene Periodengewinn (Periodenverlust) zu niedrig (zu hoch), da Erträge aus der Fortentwicklung dieser Minderanschaffungskosten noch unerfasst geblieben sind.

Die Konsequenz hieraus wäre, dass der steuerpflichtige Gewinnanteil des Erwerbers in der Folge eines entgeltlichen Gesellschafterwechsels unzutreffend bestimmt würde; die vordringliche Zielsetzung bilanzsteuerrechtlicher Gewinnermittlung, einen zuverlässigen Indikator wirtschaftlicher Leistungsfähigkeit zur Verfügung zu stellen,[36] würde unterlaufen. Um dies zu verhindern, ist es erforderlich, die individuellen Mehr- bzw. Minderanschaffungskosten nicht nur im Erwerbszeitpunkt zu fixieren, sondern diese an nachfolgenden Bilanzstichtagen auch fortzuentwickeln. Wenn das Erfolgsneutralitätsprinzip die Fixierung der effektiv geleisteten individuellen Anschaffungskosten gebietet, dann entspricht es dem Erfolgswirksamkeitsprinzip auch genau diese individuell geleisteten Anschaffungskosten fortzuentwickeln – und nicht nur den Anschaffungskostenteilbetrag, der durch das steuerliche Kapitalkonto repräsentiert wird. Dies bedeutet aber letztlich, dass auf der Ebene der Ergänzungsbilanz der Modus bilanzsteuerrechtlicher Periodisierung respektive Gewinnermittlung nachgebildet werden muss.[37]

34 Vgl. Euler, Roland: Das System der Grundsätze ordnungsmäßiger Bilanzierung, a.a.O., S. 216 f.

35 Vgl. Euler, Roland: Bilanzrechtstheorie und internationale Rechnungslegung, in: Festschrift für Heinrich Beisse, hrsg. v. Wolfgang Dieter Budde u.a., Düsseldorf 1997, S. 171-188, h.S. 179 f.

36 Zum Sinn und Zweck der bilanzsteuerrechtlichen Gewinnermittlung siehe ausführlich 2. Kapitel D. II.

37 Zu den weiteren Implikationen dieses Befunds siehe 2. Kapitel D. I.

Dass ein Verzicht auf die Fortentwicklung der ergänzungsbilanziellen Wertansätze erhebliche negative Auswirkungen nach sich ziehen würde, lässt sich überdies anhand eines Szenarios illustrieren: Ein Steuerpflichtiger möchte einen Betrag von X GE in betriebliches Vermögen investieren; er strebt zudem eine aktive Mitarbeit in dem Unternehmen an und interessiert sich deshalb vornehmlich für eine Beteiligung an einer Personengesellschaft. Ihm werden zwei Investitionsprojekte angeboten. Projekt I besteht aus dem Erwerb einer Beteiligung an einer bereits bestehenden Personengesellschaft; der Kaufpreis beträgt exakt X GE und übersteigt den Buchwert des zu übernehmenden Kapitalkontos wesentlich. Der Mehrkaufpreis sei aber durch bedeutende stille Reserven in materiellen und immateriellen Wirtschaftsgütern des Gesellschaftsvermögens erklärbar. Projekt II hingegen erlaubt die Teilnahme an der Neugründung einer Personengesellschaft; die zu leistende Einlage betrage auch hier exakt X GE.

Nimmt man ferner an, dass beide Investitionsprojekte identische Ertragsprognosen und Risikostrukturen aufweisen, so ist die zukünftige Steuerbelastung beider Varianten als maßgeblicher Entscheidungsparameter anzusehen. Wäre nun die Fortentwicklung der in der Ergänzungsbilanz auszuweisenden Mehranschaffungskosten unzulässig, so würde sich ein nutzenmaximierender Steuerpflichtiger für Investitionsprojekt II, d.h. für die Neugründung entscheiden, weil er hier – sofern in Höhe von X GE ausschließlich abnutzbare Wirtschaftsgüter erworben werden – prinzipiell den gesamten Investitionsbetrag in den Folgeperioden als steuerlichen Aufwand geltend machen könnte. Bei Investitionsprojekt I wäre dies dagegen nur in geringerem Umfang, nämlich lediglich in Höhe des übernommenen Kapitalkontos möglich.

Der Eintritt in eine bereits bestehende Personengesellschaft als eine Investitionsform in betriebliches Vermögen würde damit gegenüber der Neugründung einer Personengesellschaft benachteiligt. Eine derartige Rechtsanwendung würde nicht nur den Fortbestand von Unternehmen zusätzlich bedrohen, sondern konfligiert auch mit dem häufig geforderten Prinzip der Entscheidungsneutralität der Besteuerung.[38] *Elschen* weist überdies nach, dass nicht entscheidungsneutrale Steuernormen auch als ein erstes Indiz für nicht allokationseffiziente und dem Postulat der Besteuerung nach wirtschaftlicher Leistungsfähigkeit nicht gerecht werdende Steuernormen zu sehen sind.[39] Auch aus diesem Blickwinkel scheint die Fortentwicklung der Mehr- bzw. Minderanschaffungskosten des Erwerbers an nachfolgenden Abschlussstichtagen unumgänglich zu sein.

---

38 Vgl. Elschen, Rainer: Entscheidungsneutralität, Allokationseffizienz und Besteuerung nach der Leistungsfähigkeit, in: StuW, 68. Jg. (1991), S. 99-115, h.S. 102-108; Schneider, Dieter: Abbau von Steuervergünstigungen durch Skalpierung der Maßgeblichkeit und Verlustverrechnung als „Stärkung der Investitionskraft"?, in: DB, 52. Jg. (1999), S. 105-110, h.S. 105 f.

39 Vgl. Elschen, Rainer: Entscheidungsneutralität, Allokationseffizienz und Besteuerung nach der Leistungsfähigkeit, a.a.O., S. 108-115.

Diese Überlegungen zeigen darüber hinaus, dass es nicht gerechtfertigt ist, die Ergänzungsbilanz vornehmlich als ein Instrument zur Steuerersparnis anzusehen.[40] Die Ergänzungsbilanz ist vielmehr als ein notwendiges Hilfsmittel zu begreifen, das die Wahrung fundamentaler bilanzsteuerrechtlicher Prinzipien und eine zutreffende Ermittlung von Veräußerungsgewinnen/-verlusten und Periodengewinnen/-verlusten erlaubt. Zudem ist zu bedenken, dass je nach konkreter Fallkonstellation sowohl der Fiskus als auch der Steuerpflichtige durch einen entgeltlichen Gesellschafterwechsel im Vorteil sein kann: Wurden Mehranschaffungskosten geleistet, so fallen die laufenden Gewinne aus der Mitunternehmerschaft infolge der Fortentwicklung der ergänzungsbilanziellen Wertansätze zwar geringer aus, der Fiskus profitiert aber mittels der Besteuerung des Veräußerungsgewinns von der vorzeitigen Aufdeckung stiller Reserven. Bei Minderanschaffungskosten liegt indes die umgekehrte Situation vor: Dem Steuerausfall infolge des ausgleichsfähigen Veräußerungsverlusts stehen auf der Ebene des Erwerbers künftig höhere Gewinne aus der Fortentwicklung der Ergänzungsbilanz gegenüber. Eine allgemein gültige Aussage darüber, ob der Fiskus oder der Steuerpflichtige durch die Fixierung und Fortentwicklung individueller Mehr- bzw. Minderschaffungskosten in einer Ergänzungsbilanz besser gestellt wird, lässt sich daher gar nicht treffen. Dies kann nur ex post bei Kenntnis der jeweiligen persönlichen Steuersätze sowie der Höhe und der zeitlichen Verteilung der Gewinnanteile beurteilt werden.

Das zweite Primärziel der Ergänzungsbilanz, die Fortentwicklung individueller Mehr- bzw. Minderanschaffungskosten, erklärt ferner, wieso im Rahmen eines entgeltlichen Gesellschafterwechsels tatsächlich eine Ergänzungsbilanz und nicht nur ein simpler Merkposten erforderlich wird. Erst dadurch, dass die Ergänzungsbilanz eine Verbindung zwischen den geleisteten Mehranschaffungskosten und den mit den einzelnen Wirtschaftsgütern verbundenen stillen Reserven bzw. stillen Lasten herstellt, wird eine systemgerechte Fortentwicklung der Mehr- bzw. Minderanschaffungskosten überhaupt möglich. Nur so kann die zuvor erhobene Forderung erfüllt werden, dass in der Ergänzungsbilanz der Modus der bilanziellen Fortentwicklung des steuerlichen Kapitalkontos nachzubilden ist.

Insgesamt sind die Ergänzungsbilanzen damit als rechtsverbindliche Rechenwerke zu begreifen, die über die Fixierung und Fortentwicklung individueller Mehr- bzw. Minderanschaffungskosten eine sachgerechte Ermittlung des Veräußerungsgewinns/-verlusts und des laufenden Gewinns/Verlusts aus der Mit-

---

40 Dies deutet sich z.B. bei Marx, Franz Jürgen: Steuerliche Ergänzungsbilanzen, a.a.O., S. 192 und S. 200, an. Auch *Erdweg* und *Birke* weisen darauf hin, dass es hier zu Steuermindereinnahmen des Fiskus kommen könnte. Vgl. Erdweg, Anton: § 16 EStG, a.a.O., Anm. 330; Birke, Alfons: Die Behandlung von Barabfindungen an ausscheidende Gesellschafter (§§ 738 ff. BGB) im Jahresabschluß der Personenhandelsgesellschaft nach Handels- und Steuerrecht, a.a.O., S. 288.

unternehmerschaft garantieren. Als Rechtsgrundlage der Ergänzungsbilanzen ist daher der § 6 EStG i.V.m. den §§ 15 Abs. 1 Nr. 2, 16 Abs. 1 Nr. 2, Abs. 2 EStG anzusehen.[41]

b) Die Sekundärziele der Ergänzungsbilanzen

Neben den zuvor erläuterten Funktionen werden den Ergänzungsbilanzen im Schrifttum noch weitere Aufgaben zugewiesen. So sollen diese auch dazu dienen, die Gewinnverteilung an die Gesellschafter zu erleichtern, indem die Kapitalkonten der Gesellschafter in der richtigen Relation zueinander ausgewiesen werden.[42] Darüber hinaus ermögliche die Ergänzungsbilanz die Erstellung handels- und steuerrechtlicher Einheitsbilanzen, da eine Divergenz von Handels- und Steuerbilanz infolge eines Gesellschafterwechsels verhindert werde.[43]

Die erstgenannte Zusatzfunktion der Ergänzungsbilanz macht nur unter der Prämisse Sinn, dass in der betrachteten Unternehmung die Gewinnverteilung nach dem Verhältnis der Kapitalanteile vorgenommen wird oder der handelsrechtliche Gewinnverteilungsschlüssel mit dem Verhältnis der Kapitalanteile übereinstimmt.[44] In diesem Fall ist es durch die Erstellung von Ergänzungsbilanzen auch künftig möglich, aus der Steuerbilanz der Gesellschaft den Gewinnverteilungsschlüssel zu ersehen und die Gewinnverteilung gemäß der Relation der Kapitalanteile vorzunehmen; weicht der Gewinnverteilungsschlüssel indes sowieso vom Verhältnis der Kapitalanteile ab, so wird dieser Vorteil hinfällig. Der materielle Nutzen dieser Zusatzfunktion ist allerdings als gering einzustufen, zumal sich die Wahrung konstanter Kapitalrelationen bereits als ein Nebeneffekt aus den Primärzielsetzungen der Ergänzungsbilanz einstellt.

Dieser Einwand besitzt auch für die zweite oben genannte Zusatzfunktion Gültigkeit. Es ist zwar zutreffend, dass durch die Ergänzungsbilanzen ein Auseinanderfallen von Handels- und Steuerbilanz verhindert wird, dies ergibt sich aber bereits zwingend aus der Fixierung und Fortentwicklung individueller Mehr- bzw. Minderanschaffungskosten in einem gesonderten Rechenwerk. Die Rechtsverbindlichkeit der Ergänzungsbilanz erklärt sich jedoch nicht primär aus dem Erfordernis einer handels- und steuerrechtlichen Einheitsbilanz, sondern liegt – wie zuvor gezeigt – insbesondere in der Abgrenzung des Bilanzierungsobjekts der Gesamthandsbilanz sowie der Notwendigkeit einer zutreffenden

---

41 Vgl. Regniet, Michael: Ergänzungsbilanzen bei der Personengesellschaft, a.a.O., S. 76 f.

42 Vgl. Regniet, Michael: Ergänzungsbilanzen bei der Personengesellschaft, a.a.O., S. 16.

43 Vgl. Söffing, Günter: § 15 EStG, in: Lademann/Söffing/Brockhoff: Kommentar zum Einkommensteuergesetz, 4. Aufl., Stuttgart u.a. 1997, Rn. 484; Regniet, Michael: Ergänzungsbilanzen bei der Personengesellschaft, a.a.O., S. 15.

44 Die Gewinnverteilung an die Gesellschafter bestimmt sich nach inzwischen vorherrschender Meinung nach dem handelsrechtlichen Gewinnverteilungsschlüssel, nicht nach dem Verhältnis der Kapitalanteile. Siehe auch 2. Kapitel B. I.

Ermittlung und Besteuerung von Veräußerungsgewinnen/-verlusten und Periodengewinnen/-verlusten begründet. Die im Schrifttum genannten Zusatzfunktionen sind damit gegenüber den die Rechtspflicht zur Erstellung von Ergänzungsbilanzen begründenden Primärfunktionen als nachrangig einzustufen. Werden die Primärfunktionen der Ergänzungsbilanz erreicht, sind automatisch auch diese Sekundärfunktionen erfüllt; bei der späteren Diskussion ergänzungsbilanzieller Detailprobleme müssen diese deshalb nicht explizit berücksichtigt werden.

B. Die Ergänzungsbilanzen im System der Mitunternehmerschaftsbesteuerung

I. Die Ergänzungsbilanzen im Stufenbau der Gewinnermittlung

Nachdem zuvor die Zielsetzungen und Rechtsgrundlagen der Ergänzungsbilanzen erläutert wurden, ist an dieser Stelle erneut darauf hinzuweisen, dass es sich bei den Ergänzungsbilanzen um Elemente des Systems der Mitunternehmerschaftsbesteuerung handelt. Daraus ergibt sich unmittelbar, dass die Ergänzungsbilanzen von den Entwicklungen auf diesem Gebiet beeinflusst werden. Die folgenden Ausführungen bezwecken, zunächst die systematische Stellung der Ergänzungsbilanzen im gegenwärtig gültigen Besteuerungssystem zu analysieren. Im Anschluss daran wird die Entwicklung der Mitunternehmerschaftsbesteuerung im Zeitablauf nachgezeichnet und erläutert, welchen Einfluss alternierende Besteuerungskonzepte auf die Ergänzungsbilanzen genommen haben. Schwerpunktmäßig werden dabei die unterschiedlichen Erklärungsansätze bezüglich des Bilanzierungsobjekts der Ergänzungsbilanz betrachtet, d.h. es wird die oben noch zurückgestellte Frage, was als Gegenstand des Anschaffungsgeschäfts anzusehen ist, aufgegriffen.[45] Allerdings werden die verschiedenen Sichtweisen in diesem Abschnitt nur knapp skizziert, da hier vor allem die dynamische Entwicklung auf diesem Gebiet verdeutlicht werden soll; auf dieser Basis werden dann im Abschnitt C. die zur Zeit denkbaren Erklärungen des Bilanzierungsobjekts der Ergänzungsbilanz detailliert gewürdigt.

Die Besteuerung von Mitunternehmerschaften gründet sich § 15 Abs. 1 Nr. 2 EStG, der als Einkünfte aus Gewerbebetrieb „die Gewinnanteile der Gesellschafter einer Offenen Handelsgesellschaft, einer Kommanditgesellschaft und einer anderen Gesellschaft, bei der der Gesellschafter als Unternehmer (Mitunternehmer) des Betriebs anzusehen ist, und die Vergütungen, die der Gesellschafter von der Gesellschaft für seine Tätigkeit im Dienst der Gesellschaft oder für die Hingabe von Darlehen oder für die Überlassung von Wirtschaftsgütern bezogen hat", definiert. Der Terminus „Mitunternehmerschaft" stellt dabei einen eigenständigen steuerlichen Begriff, einen Typusbegriff, dar. Als Mitunternehmer gilt grundsätzlich derjenige, der im Rahmen eines Gemeinschaftsver-

---

45 Siehe oben 2. Kapitel A. II. 2).

hältnisses Mitunternehmerrisiko trägt und Mitunternehmerinitiative entfalten kann.[46]

Gegenwärtig wird die Regelung des § 15 Abs. 1 Nr. 2 EStG wie folgt angewendet: Die Personengesellschaft wird im Sinne der Einheitsbetrachtung als partielles Steuerrechtssubjekt interpretiert; für die einzelnen Mitunternehmer ist demnach eine gestufte Gewinnermittlung vorzunehmen. Hierbei wird unter Bezugnahme auf den jeweiligen Vermögensträger eine Trennung zwischen Gesellschafts- und Gesellschaftersphäre mit jeweils eigenständiger Gewinnermittlung vollzogen.[47] Diese Ermittlung des Gesamtgewinns der Mitunternehmerschaft aus zwei Komponenten leitet sich direkt aus dem Wortlaut des § 15 Abs. 1 Nr. 2 EStG ab, der zwischen den Gewinnanteilen der Gesellschafter und den Vergütungen, die die Gesellschafter von der Gesellschaft erhalten, differenziert. Innerhalb der ersten Gewinnermittlungsstufe werden den Gesellschaftern die Gewinn- bzw. Verlustanteile des vergangenen Wirtschaftsjahres zugerechnet; sofern nichts anderes vereinbart ist, dient der handelsrechtliche Gewinnverteilungsschlüssel als Zurechnungsmaßstab. Die Zuordnung der Gewinnanteile erfolgt – unabhängig von etwaigen Ausschüttungsvereinbarungen – im Zeitpunkt ihrer Entstehung, um eine temporäre Steuerbefreiung thesaurierter Gewinne und damit eine steuerliche Bevorzugung der Personengesellschaften zu vermeiden.[48] Der zu verteilende Periodenerfolg entspricht in der Regel dem Ergebnis der Gesellschaftsbilanz, mithin dem Ergebnis eines Betriebsvermögensvergleichs nach § 5 i.V.m. § 4 Abs. 1 EStG.[49] Die Steuerbilanz der Gesellschaft wird damit, unter Beachtung der steuerlichen Sondervorschriften der §§ 4 ff. EStG, an die Handelsbilanz der Gesellschaft und damit an die Grundsätze ordnungsmäßiger Bilanzierung gebunden. Gegenstand der Bilanzierung

---

46 Vgl. Schulze zur Wiesche, Dieter: Mitunternehmerschaft und Mitunternehmerstellung, in: DB, 50. Jg. (1997), S. 244-247, h.S. 244.

47 Vgl. Tipke, Klaus; Lang, Joachim: Steuerrecht, a.a.O., S. 399-402.

48 Vgl. Knobbe-Keuk, Brigitte: Bilanz- und Unternehmenssteuerrecht, a.a.O., S. 361 f. Dies folgt zudem auch aus der Einzelunternehmer-Gleichstellungsthese, vgl. Schmidt, Ludwig: § 15 EStG, a.a.O., Rn. 161.

49 Grundsätzlich ist auch eine bilanzielle Gewinnermittlung nach rein steuerrechtlichen Grundsätzen gemäß § 4 Abs. 1 EStG sowie die Vornahme einer Überschussrechnung nach § 4 Abs. 3 EStG möglich. Für die nachfolgend primär betrachteten gewerblichen Personengesellschaften (OHG, KG, GbR) spielen diese Verfahren jedoch nur eine untergeordnete Rolle (§ 4 Abs. 1 EStG) bzw. kommen überhaupt nicht in Betracht (§ 4 Abs. 3 EStG). Im Folgenden wird deshalb stets von einem Betriebsvermögensvergleich nach § 5 i.V.m. § 4 Abs. 1 EStG ausgegangen. Es sei jedoch darauf hingewiesen, dass auch bei überschussermittelnden und rein vermögensverwaltenden Gesellschaften ein den Ergänzungsbilanzen äquivalentes Rechenwerk in Form von Ergänzungsüberschussrechnungen erforderlich werden kann. Vgl. Reiß, Wolfram: § 15 EStG, a.a.O., E 240.

und der Gewinnermittlung ist handels- und steuerrechtlich ausschließlich das Gesamthandsvermögen.[50]
Auf der zweiten Gewinnermittlungsstufe werden Vergütungen erfasst, die aus dem Einsatz von Wirtschaftsgütern für Zwecke der Gesellschaft entstanden und nicht Bestandteil des Gesamthandsvermögens sind. Diese Wirtschaftsgüter bilden das Sonderbetriebsvermögen; Vermögensträger sind hier allein die einzelnen Gesellschafter.[51] Darüber hinaus wird noch zwischen dem Sonderbetriebsvermögen I und dem Sonderbetriebsvermögen II unterschieden: Das Sonderbetriebsvermögen I umfasst Wirtschaftsgüter, die geeignet und objektiv erkennbar bestimmt sind, dem Betrieb der Personengesellschaft zu dienen; als Sonderbetriebsvermögen II werden Wirtschaftsgüter bezeichnet, die der Beteiligung des Mitunternehmers dienen.[52] Es ist allerdings festzustellen, dass das genaue Vorgehen bei der Gewinnermittlung für das Sonderbetriebsvermögen umstritten ist, während über die Gewinnermittlung auf der ersten Stufe weitgehende Einigkeit herrscht.[53]

Die hier schwerpunktmäßig zu betrachtende Ergänzungsbilanz lässt sich nicht eindeutig in den Stufenbau der Gewinnermittlung einordnen. Orientiert man sich ausschließlich an der Trennung zwischen Gesellschafts- und Gesellschaftersphäre, so scheint es nahe zu liegen, die Ergänzungsbilanz der zweiten Gewinnermittlungsstufe zuzuordnen, weil diese für einen einzelnen Gesellschafter und nicht für die Gesellschaft als solche erstellt wird.[54] Die herrschende Meinung betrachtet die Ergänzungsbilanz dagegen als ein Element der ersten

---

50 Handelsrechtlich wird das Gesamthandsvermögen nach dem Kriterium des wirtschaftlichen, nicht des zivilrechtlichen Eigentums abgegrenzt. Nach der Rechtsprechung des BFH kann sich für das Steuerrecht jedoch eine andere Beurteilung ergeben, da hier für die Aufnahme eines Wirtschaftsguts in das steuerliche Betriebsvermögen zusätzlich eine betriebliche Veranlassung gegeben sein muss. Gewillkürtes Betriebsvermögen ist damit vom Ansatz ausgeschlossen. Vgl. BFH-Urteil vom 30. Juni 1987 VIII R 353/82, BFHE 151, S. 360-366, h.S. 363 f. Kritisch hierzu Knobbe-Keuk, Brigitte: Bilanz- und Unternehmenssteuerrecht, a.a.O., S. 415 f. Siehe auch 1. Kapitel D.

51 Vgl. Tipke, Klaus; Lang, Joachim: Steuerrecht, a.a.O., S. 406-408.

52 Vgl. Tipke, Klaus; Lang, Joachim: Steuerrecht, a.a.O., S. 408.

53 Dies lässt sich unter anderem darauf zurückführen, dass der Wortlaut des § 15 Abs. 1 Nr. 2 EStG hinsichtlich der zweiten Gewinnermittlungsstufe nur geringe Anhaltspunkte bietet. Insbesondere *Knobbe-Keuk* zweifelt die Rechtmäßigkeit der Figur des Sonderbetriebsvermögens grundsätzlich an. Vgl. Knobbe-Keuk, Brigitte: Bilanz- und Unternehmenssteuerrecht, a.a.O., S. 440. Nach Ansicht von *Schön* weisen die definitorischen Abgrenzungen des Sonderbetriebsvermögens in der Rechtsprechung des BFH zudem zunehmende Auflösungserscheinungen auf. Vgl. Schön, Wolfgang: Zum Stande der Lehre vom Sonderbetriebsvermögen, in: DStR, 31. Jg. (1993), S. 185-194, h.S. 185.

54 Vgl. Gschwendtner, Hubert: Ergänzungsbilanz und Sonderbilanz II in der Rechtsprechung des Bundesfinanzhofes, a.a.O., S. 819.

Gewinnermittlungsstufe.[55] Auch dies lässt sich sinnvoll begründen, da die Ergänzungsbilanz den durch die Gesellschaftsbilanz bestimmten Anteil des Gesellschafters am laufenden Gewinn aus der Mitunternehmerschaft korrigiert. Zudem ist es unzweifelhaft, dass die in der Ergänzungsbilanz verzeichneten Wertansätze in enger Verbindung zum Gesellschaftsvermögen stehen, mag die exakte Beziehung auch – wie der Streit um das Bilanzierungsobjekt der Ergänzungsbilanz zeigt – umstritten sein.[56]

Ein ähnlicher Konflikt stellt sich auch hinsichtlich der Frage, wer für die Aufstellung der Ergänzungsbilanz verantwortlich ist: Während die Mehrzahl der Autoren von einer Aufstellungspflicht der Gesellschaft ausgeht,[57] hält *Regniet* eine Aufstellungspflicht des Gesellschafters unter Mitwirkung der Gesellschaft für sachgerechter.[58]

Bei objektiver Betrachtung des spezifischen Charakters der Ergänzungsbilanz ist davon auszugehen, dass die Ergänzungsbilanz sowohl enge Bezüge zur Gesellschafts- als auch zur Gesellschafterebene aufweist.[59] Systematisch zutreffend wäre es daher, der Ergänzungsbilanz eine Art Mittelstellung im Stufenbau der Gewinnermittlung, d.h. eine gesonderte Stufe, zuzuerkennen und die Aufstellungspflicht des Gesellschafters unter Mitwirkung der Gesellschaft zu befürworten. Da sich hieraus jedoch keine materiellen Konsequenzen für die in der Ergänzungsbilanz zu lösenden Probleme ergeben würden, wäre eine derartige Modifikation von nur geringer praktischer Bedeutung und erscheint daher entbehrlich; insofern wird hier der Auffassung der herrschenden Meinung gefolgt.

Weitaus wichtiger ist es dagegen, ob mit der Erstellung einer Ergänzungsbilanz auch die Notwendigkeit entsteht, eine gesonderte Ergänzungs-GVR zu führen. Berücksichtigt man, dass es sich bei der Ergänzungsbilanz um ein rechtsverbindliches Rechenwerk handelt, dessen Primärziele nur dann sachgerecht verwirklicht werden können, wenn die Nachbildung des steuerbilanzrechtlichen Gewinnermittlungsmodus gelingt,[60] so spricht dies dafür, auch eine gesonderte Ergänzungs-GVR als rechtsverbindlich zu betrachten. Aufwendungen und Erträge, die aus der periodischen Fortentwicklung von in der Steuerbilanz der

---

55 Vgl. stellvertretend Schmidt, Ludwig: § 15 EStG, a.a.O., Rn. 401.

56 Siehe ausführlich 2. Kapitel C.

57 Vgl. Clemm, Hermann; Fitzner, Gisela: § 247 HGB, in: Beck'scher Bilanz-Kommentar, 3. Aufl., München 1995, Anm. 764, m.w.N.

58 Vgl. Regniet, Michael: Ergänzungsbilanzen bei der Personengesellschaft, a.a.O., S. 140-142.

59 Darauf weist letztlich auch der BFH in seinem Urteil vom 30. März 1993 hin, enthält sich aber einer weitergehenden Stellungnahme. Vgl. BFH-Urteil vom 30. März 1993 VIII R 63/91, BFHE 171, S. 213-220, h.s. 219.

60 Siehe 2. Kapitel A. II. 3) a) β).

Gesellschaft nicht darstellbaren Mehr- bzw. Minderanschaffungskosten resultieren, sind demnach ebenfalls in einer gesonderten Rechnung zu erfassen. Es mag zwar zutreffen, dass eine derartige Ergänzungs-GVR häufig nur eine vergleichsweise geringe Zahl von Posten enthalten wird und man in der Praxis aus Vereinfachungsgründen gerne hierauf verzichten würde;[61] an der grundsätzlich zu bejahenden Rechtspflicht zur Aufstellung einer eigenständigen Ergänzungs-GVR ändert dies aber nichts.[62]

II. Die Entwicklung der Mitunternehmerschaftsbesteuerung und ihr Einfluss auf die Ergänzungsbilanzen

1) Der häufige Wandel der Mitunternehmerschaftsbesteuerungund seine Ursachen

Das zuvor dargestellte System der gestuften Gewinnermittlung sowie die Einheitsbetrachtung bestimmen aber erst seit etwa zwanzig Jahren die Besteuerung von Mitunternehmerschaften. In den Jahrzehnten zuvor wurde die Mitunternehmerschaftsbesteuerung von den Vorstellungen der Bilanzbündeltheorie beherrscht.[63] Darüber hinaus ist zu beachten, dass diese beiden fundamentalen Leitbilder der Mitunternehmerschaftsbesteuerung im Zeitablauf in unterschiedlichen Ausprägungen angewandt wurden.[64]

Dieser häufige Leitbildwechsel ist erstaunlich, wenn man bedenkt, dass sich die rechtlichen Grundlagen der Mitunternehmerschaftsbesteuerung in den letzten 100 Jahren kaum geändert haben: 15 Abs. 1 Nr. 2 EStG 1975[65] entspricht wortgetreu der Regelung des § 15 Abs. 1 Nr. 2 EStG 1934; in materiell-rechtlicher Hinsicht ist sogar eine übereinstimmende Rechtslage seit der Kodifizierung des § 13 Abs. 2 Nr. 2 im Preussischen EStG vom 24. Juni 1891 zu verzeichnen.[66]

Bevor die Entwicklung der Mitunternehmerschaftsbesteuerung anhand der Rechtsprechung des RFH und des BFH im Einzelnen dargestellt wird, soll des-

---

61   So wohl Clemm, Hermann; Fitzner, Gisela: § 247 HGB, a.a.O., Anm. 764, die eine gesonderte Ergänzungs-GVR nur bei einer Vielzahl von Wertdifferenzen befürworten.

62   Vgl. Regniet, Michael: Ergänzungsbilanzen bei der Personengesellschaft, a.a.O., S. 123, m.w.N. Auch der BFH scheint implizit von der Notwendigkeit einer „Gewinn- und Verlustrechnung zur Ergänzungsbilanz" auszugehen. Vgl. BFH-Urteil vom 30. März 1993 VIII R 63/91, BFHE 171, S. 213-220, da er gegen ein entsprechendes Vorgehen im konkreten Sachverhalt keine Einwendungen erhebt.

63   Siehe ausführlich 2. Kapitel B. 3).

64   Siehe ausführlich 2. Kapitel B. 3), 5), 7).

65   Satz 2 des heutigen § 15 Abs. 1 Nr. 2 EStG betreffend die Gleichstellung von mittelbaren und unmittelbaren Mitunternehmerschaften wurde erst durch das StÄndG 1992 eingeführt. Zu den Gründen für dieses Vorgehen siehe 2. Kapitel B. II. 5).

66   Vgl. Meßmer, Kurt: Die Bilanzbündeltheorie – Eine meisterhafte Schöpfung der Rechtsprechung?, in: StbJb 1972/73, hrsg. im Auftrag des Fachinstituts der Steuerberater, Köln 1973, S. 127-206, h.S. 135.

halb kurz analysiert werden, wodurch diese häufigen Konzeptionswechsel ausgelöst wurden. Vordergründig betrachtet, ist hierfür die Tatsache verantwortlich, dass die Personengesellschaften nicht die Qualität eines eigenständigen Steuersubjekts besitzen; Steuersubjekt und Steuerschuldner ist vielmehr der einzelne Gesellschafter des Unternehmens.[67] Hieraus entsteht in Verbindung mit der nur geringen Prägnanz des § 15 Abs. 1 Nr. 2 EStG ein relativ großer Spielraum für die Besteuerung von Mitunternehmerschaften. Bei einer differenzierteren Betrachtung wird allerdings deutlich, dass in diesem Zusammenhang auch dem Zivilrecht erhebliche Bedeutung zukommt. Es wird sich zeigen, dass sowohl die umstrittene zivilrechtliche Sichtweise der Personengesellschaften als auch wechselnde Auffassungen hinsichtlich des Verhältnisses von Zivilrecht und Steuerrecht entscheidend auf die Mitunternehmerschaftsbesteuerung eingewirkt haben.

2) Das Zivilrecht als wesentlicher Einflussfaktor in der Entwicklung der Mitunternehmerschaftsbesteuerung

a) Der Konflikt um das Gesamthandsprinzip als Einflussfaktor

Einer steuerlichen Mitunternehmerschaft liegt zumeist ein Unternehmen in der Rechtsform einer Personengesellschaft – insbesondere eine OHG, KG oder GbR – zugrunde;[68] bei diesen Personengesellschaften handelt es sich überdies im Regelfall um Gesamthandsgemeinschaften. Die zivilrechtliche Struktur der Personengesellschaften gilt gemeinhin als problematisch;[69] Schwierigkeiten entstehen vor allem durch den Streit um die zutreffende Interpretation des Gesamthandsprinzips. Wegen der hier gebotenen Kürze wird die Darstellung auf den Konflikt zwischen der traditionellen und der modernen Gesamthandslehre reduziert:

Die Vertreter der traditionellen Gesamthandslehre interpretieren das Gesamthandsprinzip meist in Hinblick auf ein Vermögen, das mehreren Personen in Gesamthandsgemeinschaft zusteht, und das als ein Sondervermögen der Gesell-

---

67 Vgl. Tipke, Klaus; Lang, Joachim: Steuerrecht, a.a.O., S. 226 f.

68 § 15 Abs. 1 Nr. 2 EStG spricht darüber hinaus auch „andere Gesellschaften, bei denen der Gesellschafter als Mitunternehmer anzusehen ist" an. Nach herrschender Meinung sind mit dem Terminus „andere Gesellschaften", die Partenreederei, die (atypische) stille Gesellschaft, Personengesellschaften ausländischen Rechts sowie bestimmte mit einer zivilrechtlichen Gesellschaft „wirtschaftlich vergleichbare Gemeinschaftsverhältnisse" gemeint. Vgl. Schmidt, Ludwig: § 15 EStG, a.a.O., Rn. 169. Von diesen Spezialfällen wird im Weiteren abgesehen; auch Mitunternehmer, die nicht zugleich Gesellschafter einer Personengesellschaft sind, werden nicht betrachtet.

69 Vgl. Larenz, Karl: Allgemeiner Teil des deutschen Bürgerlichen Rechts, 7. Aufl., München 1988, S. 145.

schafter zu begreifen ist.[70] Demnach ist die Gesamthandsgemeinschaft als eine „Mehrheit des Subjekts" in Bezug auf ein Objekt zu verstehen; der systematische Ort für die Einordnung der Gesamthand wird im Vermögensrecht gesehen:[71] Jeder Gesamthänder ist auf das Ganze berechtigt, allerdings beschränkt durch die Berechtigung der anderen Gesamthänder.[72] Die traditionelle Gesamthandslehre betont damit die Vielheit der Gesamthänder, während die Einheit der Gesamthandsgemeinschaft, d.h. die Einheit der Personengesellschaft, als nachrangig betrachtet wird.[73] Der traditionellen Gesamthandslehre entspricht es zudem, den Personengesellschaften (zumindest im Grundsatz) eine eigenständige Rechtsfähigkeit abzusprechen, und den Gegensatz zu den mit eigener Rechtsfähigkeit ausgestatteten Körperschaften zu betonen.[74] Träger der gemeinschaftlichen Rechte und Pflichten sind die Gesellschafter, nicht die Gesellschaft als solche.[75]

Die moderne Gesamthandslehre basiert dagegen im Wesentlichen auf der deutschrechtlichen Gesamthandslehre im Sinne *von Gierkes*, die nicht das Gesamthandsvermögen, sondern die Gesamthand als Personengemeinschaft in den Mittelpunkt ihrer Betrachtung stellt.[76] Diese Gedanken wurden von *Flume*[77] zu Beginn der siebziger Jahre mit der These aufgegriffen, dass das Gesamthandsprinzip „eine Handlungszuständigkeit und eine Rechtszuständigkeit für alle Gesamthänder zusammen, für die Gesamthänder in ihrer Verbundenheit, d.h. für die Gesamthand als Gruppe"[78] beinhalte. Aus dieser Vorstellung von der Gesamthand als „überindividueller Wirkungseinheit" wird sodann eine weitgehende rechtliche Verselbständigung der Personengesellschaften abgeleitet; die Gesamthand selbst wird zur Rechtsträgerin.[79] Der Gedanke der Einheit der Gesellschaft dominiert gegenüber der Vielheit der Gesellschafter.

---

70 Grundlegend für diese Auffassung Tuhr, Andreas von: Der allgemeine Teil des Deutschen Bürgerlichen Rechts, Bd. I, Leipzig 1910, S. 78-82.

71 Vgl. Flume, Werner: Gesellschaft und Gesamthand, in: ZHR, 136. Bd. (1972), S. 177-207, h.S. 184 f.

72 Vgl. Weber-Grellet, Heinrich: Die Gesamthand – ein Mysterienspiel?, in: AcP, 182. Bd. (1982), S. 316-334, h.S. 317.

73 Vgl. Schmidt, Karsten: Gesellschaftsrecht, a.a.O., S. 206.

74 Vgl. Kübler, Friedrich: Gesellschaftsrecht, 4. Aufl., Heidelberg 1994, S. 20 f.

75 Vgl. Larenz, Karl: Allgemeiner Teil des deutschen Bürgerlichen Rechts, a.a.O., S. 147.

76 Vgl. Gierke, Otto von: Genossenschaftsrecht, Bd. II, Berlin 1873, unveränderter Nachdruck, Graz 1954, S. 923 f.; Flume, Werner: Gesellschaft und Gesamthand, a.a.O., S. 184.

77 Vgl. Flume, Werner: Gesellschaft und Gesamthand, a.a.O., S. 177-207; Flume, Werner: Allgemeiner Teil des Bürgerlichen Rechts: Erster Teil: Die Personengesellschaft, Berlin u.a. 1977, S. 54-62.

78 Flume, Werner: Gesellschaft und Gesamthand, a.a.O., S. 189.

79 Vgl. Schmidt, Karsten: Gesellschaftsrecht, a.a.O., S. 204.

In der Literatur konnte der Konflikt zwischen der traditionellen und der modernen Gesamthandslehre bisher nicht eindeutig entschieden werden, wenngleich ein gewisser Trend zur Anwendung der modernen Konzeption unverkennbar ist.[80] Auch den höchstrichterlichen Entscheidungen des BGH kann diesbezüglich keine klare Linie entnommen werden;[81] zweifelsfrei ist lediglich, dass sich der BGH früher auf die traditionelle Gesamthandslehre stützte.[82] In der jüngeren Rechtsprechung finden sich zwar einige Entscheidungen, die der modernen Gesamthandslehre zu entsprechen scheinen,[83] jedoch gibt es auch abweichende Judikate.[84]

Die jeweils vorherrschende Interpretation des Gesamthandsprinzips hat beide fundamentalen Leitbilder der Mitunternehmerschaftsbesteuerung beeinflusst: So hat sich die traditionelle Gesamthandslehre vor allem in der Abkehr von der Einzelbetriebstheorie und der Hinwendung zur Gesamtbetriebstheorie niedergeschlagen.[85] Die moderne Gesamthandslehre bildete dagegen die zivilrechtliche Grundlage für die Entwicklung des „Neuen Steuerrechts der Personengesell-

---

80 Im Schrifttum wird die moderne Gesamthandslehre in jüngerer Zeit insbesondere von *Schmidt* propagiert, der die Richtigkeit des Gedankenansatzes der modernen Gesamthandslehre vor allem durch die Regelung des § 124 HGB bestätigt sieht. Vgl. Schmidt, Karsten: Die Personengesellschaft als Rechtsträger, in: IDW (Hrsg.): Personengesellschaft und Bilanzierung, Düsseldorf 1990, S. 41-63, h.S. 45. Diese Argumentation wird abgelehnt von Schwichtenberg, Knut W.: Gesprochenes Recht oder Gesetztes Recht?, in: WPg, 43. Jg. (1990), S. 72-76, h.S. 73 und S. 75 f.; Weber-Grellet, Heinrich: Die Gesamthand im Einkommensteuerrecht (II. Teil), in: DStR, 21. Jg. (1983), S. 16-23, h.S. 16 f. Eine Übersicht über die unterschiedlichen Positionen in der Literatur liefern Beuthien, Volker; Ernst, Astrid: Die Gesellschaft bürgerlichen Rechts als Mitglied einer eingetragenen Genossenschaft, in: ZHR, 156. Bd. (1992), S. 227-247.

81 *Zöllner* bemängelt die je nach theoretischem Standpunkt sehr unterschiedliche Beurteilung der BGH-Rechtsprechung durch die Literatur und warnt zugleich davor „das ganze Personengesellschaftsrecht friktionslos an einem der beiden Erklärungsmodelle ausrichten zu wollen", da sonst die Sachgerechtigkeit der Ergebnisse gefährdet sei. Vgl. Zöllner, Wolfgang: Rechtssubjektivität von Personengesellschaften?, in: Festschrift für Joachim Gernhuber, hrsg. von Hermann Lange, Tübingen 1993, S. 563-578, h.S. 564 und S. 576 f.

82 Vgl. Schmidt, Karsten: Die Personengesellschaft als Rechtsträger, a.a.O., S. 42.

83 So z.B. BGH-Urteil vom 8. November 1978 VIII ZR 190/77, BGHZ 72, S. 267-273; BGH-Urteil vom 31. Januar 1983 II ZR 288/81, BGHZ 86, S. 367-372.

84 So BGH-Urteil vom 7. Oktober 1987 IVa ZR 67/86, in: NJW, 41. Jg. (1988), S. 556-557, h.S. 556; BGH-Urteil vom 24. Januar 1990 IV ZR 270/88, BGHZ 110, S. 127-130, h.S. 127, wonach Träger der im Namen der Personengesellschaft begründeten Rechte und Pflichten „nicht ein von den Gesellschaftern verschiedenes Rechtssubjekt" ist, sondern die „gesamthänderisch verbundenen Gesellschafter" diese Aufgabe übernehmen.

85 Siehe ausführlich 2. Kapitel B. II. 3).

schaft"; insbesondere die Einheitsbetrachtung verfügt über deutliche Bezugspunkte zu dem Gedankengut der modernen Gesamthandslehre.[86]

b) Der Auffassungswandel bezüglich des Verhältnisses von Zivilrecht und Steuerrecht als Einflussfaktor

Dass die traditionelle und die moderne Gesamthandslehre überhaupt Einfluss auf die steuerrechtliche Behandlung der Personengesellschaften gewinnen konnten, liegt überdies in einem sich parallel vollziehenden Auffassungswandel bezüglich des Verhältnisses von Zivil- und Steuerrecht begründet: Der RFH hatte – geprägt von den Vorstellungen *Beckers* – mittels einer sehr weit gefassten wirtschaftlichen Betrachtungsweise eine nahezu vollständige Lösung des Steuerrechts vom Zivilrecht vollzogen.[87] Nachdem sich jedoch das BVerfG in seinem Urteil vom 24. Januar 1962 dafür ausgesprochen hatte, dass dort, wo das Steuerrecht an die bürgerlich-rechtliche Ordnung anknüpft, die Ordnungsstruktur des Zivilrechts durchgehend gewahrt werden müsse,[88] wurde diese Sichtweise in den sechziger Jahren vom BFH modifiziert.[89] Der BFH war nun bestrebt, das Steuerrecht zwecks Wahrung der Einheit der Rechtsordnung aus seiner Isolierung zu befreien, indem zunehmend an die Ordnungsstrukturen des Zivilrechts angeknüpft wurde.[90]

Gleichwohl scheint dieser Trend zur Statuierung einer einheitlichen Rechtsordnung inzwischen wieder überwunden zu sein; in den letzten Jahren kann man in der Rechtsprechung des BFH die Tendenz beobachten, erneut zu einer stärker steuerrechtlich geprägten Sichtweise zu gelangen.[91] Man könnte vermuten, dass hierfür wiederum eine entsprechende Stellungnahme des BVerfG verantwortlich war, da sich das BVerfG neuerdings nachdrücklich für die Unabhängigkeit von Zivilrecht und Steuerrecht ausspricht: Sofern in einer steuerlichen Vorschrift zivilrechtliche Begriffe verwendet werden, bestehe „weder eine Vermutung für ein übereinstimmendes noch für ein abweichendes Verständnis", viel-

---

86 Siehe ausführlich 2. Kapitel B. II. 5).

87 Becker, Enno: Die Entwicklung des Steuerrechts durch die Rechtsprechung seit 1926, in: StuW, 5. Jg. (1928), Sp. 855-908, h.Sp. 883, vertrat mit Nachdruck die Eigenständigkeit des Steuerrechts: „Das hieße aber nichts anderes als eine Betonung der Selbständigkeit und Eigenart des Steuerrechts; auch die hilfsweise verwendeten Begriffe des bürgerlichen Rechts sollten durch die Lupe des Steuerrechts betrachtet werden." Zu den Auswirkungen siehe unten 2. Kapitel B. II. 3).

88 Vgl. BVerfG-Urteil vom 24. Januar 1962 1 BvR 854/58, BVerfGE 13, S. 331-355.

89 Vgl. Woerner, Lothar: Verfassungsrecht und Methodenlehre im Steuerrecht, in: FR, 47. Jg. (1992), S. 226-233, h.S. 227. So geht z.B. das BFH-Urteil vom 12. Juli 1967, BFHE 90, S. 122-125, h.S. 125, explizit von einem „Primat des bürgerlichen Rechts vor dem Steuerrecht" aus.

90 Vgl. Weber-Grellet, Heinrich: Tendenzen der BFH-Rechtsprechung, a.a.O., S. 197.

91 Siehe unten 2. Kapitel B. II. 7).

mehr sei in einer einheitlichen, aber je nach Sachbereichen differenzierten Rechtsordung von der „Relativität der Rechtsbegriffe"[92] auszugehen. Es ist auffällig, dass es kurze Zeit nach dieser Entscheidung zu einer entsprechenden Änderung der Rechtsprechung zur Mitunternehmerschaftsbesteuerung kam; dabei trat die Bindung an zivilrechtliche Vorgaben zugunsten der Sachgerechtigkeit der Besteuerung in den Hintergrund.[93]

Zur Zeit besteht im Schrifttum[94] und in der Rechtsprechung des BVerfG und des BFH Einvernehmen darüber, dass Zivilrecht und Steuerrecht autonome Rechtsgebiete mit jeweils eigener Teleologie repräsentieren. Die höchstrichterliche Finanzrechtsprechung vertritt nach Aussage *Beisses* überdies die Position, dass eine steuerrechtliche Norm, die auf zivilrechtlich vorgeprägte Begriffe zurückgreift, innerhalb der Grenzen des möglichen Wortsinns wirtschaftlich zu interpretieren ist, „wenn der Zweck des Steuergesetzes eine Abweichung von dem zivilrechtlichen Begriffsinhalt gebietet."[95]

3) Die Mitunternehmerschaftsbesteuerung im Sinne der Bilanzbündeltheorie

Die Bilanzbündeltheorie[96] fungierte seit dem Ende der zwanziger Jahre als Leitbild der Mitunternehmerschaftsbesteuerung.[97] Dabei wurden unter dem Oberbegriff Bilanzbündeltheorie im Zeitablauf verschiedene Konzeptionen subsumiert;[98] nachfolgend wird nur auf die beiden bedeutendsten Varianten der

---

92 Beide Zitate BVerfG-Beschluss vom 27. Dezember 1992 – 2 BvR 72/90 – BStBl. II 1992, S. 212-215, h.S. 214. Zur Entwicklung der Auffassung des BVerfG hinsichtlich des Verhältnisses von Zivil- und Steuerrecht vgl. Steinberg, Wilhelm: Die Rechtsprechung des Bundesverfassungsgerichts zum Verhältnis des Steuerrechts zum Zivilrecht, in: DB, 41. Jg. (1988), S. 72-77, h.S. 73.

93 Siehe ausführlich 2. Kapitel B. II. 7).

94 Vgl. stellvertretend Tipke, Klaus: Die Steuerrechtsordnung, Bd. 1: Wissenschaftsorganisatorische, systematische und grundrechtlich-staatswissenschaftliche Grundlagen, Köln 1993, S. 95, m.w.N.

95 Beisse, Heinrich: Die wirtschaftliche Betrachtungsweise bei der Auslegung der Steuergesetze in der neueren deutschen Rechtsprechung, in: StuW, 58. Jg. (1981), S. 1-14, h.S. 8.

96 Die Bezeichnung Bilanzbündeltheorie wurde geprägt von Böttcher, Conrad: Zum Wirtschafts- und Steuerrecht der Familienunternehmen, in: StbJb 1953/54, hrsg. im Auftrag des Fachinstituts der Steuerberater, Köln 1954, S. 239-288, h.S. 269. Der BFH hat diese Bezeichnung mit seinem Urteil vom 11. Dezember 1956 I 194/56 U, BFHE 64, S. 275-279, h.S. 277 übernommen.

97 Der Zeitpunkt der Entstehung der Bilanzbündeltheorie in Gestalt der so genannten Einzelbetriebstheorie wird auf das Urteil des RFH vom 20. Juni 1928 VI A 281/28, in: StuW, 5. Jg. (1928), Sp. 940-945, h.Sp. 942 f. datiert.

98 *Brezing* unterscheidet vier verschiedene Ausprägungen, nämlich die Gewinnbündeltheorie, die Bilanzbündeltheorie im engeren Sinne, die Betriebsbündeltheorie sowie die

Bilanzbündeltheorie, nämlich die anfänglich vorherrschende Einzelbetriebstheorie und die spätere Gesamtbetriebstheorie, eingegangen.[99] Charakteristisch für die Bilanzbündeltheorie in ihrer Ausprägung als Einzelbetriebstheorie war es, die – zivilrechtlich durchaus existente – eigenständige Bedeutung der Gesellschaft zu ignorieren und stattdessen für steuerliche Zwecke ausschließlich den einzelnen Mitunternehmer zu betrachten. Der RFH begründete dies damit, dass das Einkommensteuerrecht als Subjekt der Besteuerung nicht die Personengesellschaft als solche ansieht; der Schuldner der Einkommensteuer sei vielmehr der einzelne Gesellschafter.[100] Hieraus zog der RFH den weiteren Schluss, dass jeder einzelne Gesellschafter eine eigenständige bilanzielle Gewinnermittlung vornehmen müsse;[101] die Steuerbilanz der Gesellschaft sei deshalb „nicht als eine Bilanz, sondern als eine Mehrheit von Bilanzen"[102] zu begreifen. Diese Fiktion der Bündelbilanz wurde später noch um die Einzelbetriebstheorie sowie um die Einzelunternehmer-Gleichstellungsthese erweitert: Gemäß der Einzelbetriebstheorie führte jeder Gesellschafter der Personengesellschaft seinen eigenen Gewerbebetrieb;[103] nach der Einzelunternehmer-Gleichstellungsthese war es wegen des Grundsatzes der Gleichmäßigkeit der Besteuerung sowie in Anwendung der wirtschaftlichen Betrachtungsweise geboten, den Mitunternehmer steuerlich wie einen Einzelunternehmer zu behandeln.[104]

Die Konsequenzen dieser Sichtweise lassen sich gut mittels einer Aussage von *Becker* illustrieren, der feststellt, dass die Personengesellschaften „wenn sie auch wirtschaftlich noch so lebenskräftige und selbständige Gebilde sind, als solche, als besonders steuerfähige und steuerpflichtige Gebilde für die ESt und die KSt (...) überhaupt nicht da"[105] sind. Eine wesentliche materielle Konse-

---

Ganzheitstheorie. Vgl. Brezing, Klaus: Durchsäuerungstheorie contra Bilanzbündeltheorie?, in: FR, 56. Jg. (1974), S. 499-505.

99 Vgl. Söffing, Günter: Zur Abkehr der Rechtsprechung von der Bilanzbündeltheorie, in: StbJb 1976/77, hrsg. im Auftrag des Fachinstituts der Steuerberater, Köln 1977, S. 241-288, h.S. 244.

100 Vgl. RFH-Urteil vom 20. Juni 1928 VI A 281/28, in: StuW, 5. Jg. (1928), Sp. 940-945, h.Sp. 942 f.

101 Vgl. Kurth, Hans: Irrwege zur Bilanzbündeltheorie – Wege zur Beitragstheorie?, in: StuW, 55. Jg. (1978), S. 1-22, h.S. 9.

102 RFH-Urteil vom 20. Juni 1928 VI A 281/28, in: StuW, 5. Jg. (1928), Sp. 940-945, h.Sp. 943.

103 Vgl. Kurth, Hans: Irrwege zur Bilanzbündeltheorie – Wege zur Beitragstheorie?, a.a.O., S. 15 f.

104 So deutlich noch im BFH-Beschluss vom 19. Oktober 1970 GrS 1/70, BFHE 101, S. 62-65, h.S. 64 f.

105 Becker, Enno: Die Grundlagen der Einkommensteuer, München u.a. 1940, Reprintausgabe, Berlin 1982, S. 94.

quenz dieser Vorstellung war die generelle steuerliche Nichtanerkennung von Rechtsbeziehungen zwischen Gesellschaftern und Gesellschaft.[106] Mit der damals zivilrechtlich vorherrschenden Auffassung vom Wesen der Personengesellschaften war dies allerdings nicht vereinbar; vielmehr begann mit der Einführung der Einzelbetriebstheorie eine Phase der weitgehenden Abkoppelung des Steuerrechts vom Zivilrecht.[107] Hieran wird erneut der überragende Einfluss *Beckers* erkennbar, der grundsätzlich für eine vollständige Autonomie des Steuerrechts eintrat.[108]

In der Literatur setzte sich im Laufe der Zeit aber mehr und mehr die Erkenntnis durch, dass die Verabsolutierung des Gedankens der Vielheit durch die Bilanzbündeltheorie in Gestalt der Einzelbetriebstheorie[109] dem ambivalenten Charakter der Personengesellschaft nicht gerecht wurde und zu widersprüchlichen Ergebnissen führen konnte. Insbesondere die völlige Vernachlässigung der Personengesellschaft als solcher wurde zunehmend kritisiert.[110]

Vor diesem Hintergrund sah sich schließlich auch der BFH, der nach dem Ende des zweiten Weltkriegs die Rechtsprechung des RFH zunächst uneingeschränkt fortgeführt hatte,[111] gezwungen, seinen Standpunkt zu revidieren. So brachte der BFH bereits im Urteil vom 14. Januar 1958 zum Ausdruck, dass er bemüht gewesen sei, „die Folgerungen, die gedanklich aus der Bilanzbündeltheorie hergeleitet werden können, im Interesse der Einheit der Personengesellschaft, nicht zu überspannen."[112] Zudem dürfe die zwar grundsätzlich richtige Rechtsfigur

---

106 Deutlich z.B. bei der Behandlung der Pensionsansprüche eines Gesellschafter-Geschäftsführers. Vgl. Kempermann, Michael: Einheit der Gesellschaft – Vielheit der Gesellschafter, in: DStZ, 83. Jg. (1995), S. 225-230, h.S. 225.

107 Vgl. Beierl, Otto: Die Einkünftequalifikation bei gemeinsamer wirtschaftlicher Betätigung im Einkommensteuerrecht, Berlin 1987, S. 35.

108 Siehe oben 2. Kapitel B. II. 2) b).

109 *Döllerer* sieht den entscheidenden Fehler der Bilanzbündeltheorie darin, „dass ein durchaus richtiger Teilaspekt (nämlich das Abstellen auf die Vielheit der Gesellschafter; Anmerkung des Verfassers) verallgemeinert wurde." Vgl. Döllerer, Georg: Neuere Entwicklungen im Steuerrecht der Personengesellschaft, in: DStZ, 64. Jg. (1976), S. 435-441, h.S. 435.

110 Vgl. exemplarisch Fink, Hansludwig: Ist die Bilanzbündeltheorie noch haltbar?, in: StbJb 1955/56, hrsg. im Auftrag des Fachinstituts der Steuerberater, Köln 1956, S. 525-562; Ameely, Ludwig: Die Bilanzbündeltheorie im Lichte der neueren Rechtsprechung, in: FR, 40. Jg. (1958), S. 296-299; Zezschwitz, Friedrich von: Die Bilanzbündeltheorie – ein brüchiger Torso, in: FR, 52. Jg. (1970), S. 133-140 und S. 158-165.

111 Vgl. BFH-Urteil vom 15. November 1957 VI 43/56 U, BFHE 66, S. 171-174, h.S. 173: „Mit Recht hat das Finanzgericht entsprechend der vom Reichsfinanzhof entwickelten Bilanzbündeltheorie in der Bilanz der Gesellschaft nur eine Zusammenfassung der jeweiligen Einzelbilanzen der Gesellschafter gesehen."

112 BFH-Urteil vom 14. Januar 1958 I 159/57 U, BFHE 66, S. 193-197, h.S. 196.

der Bilanzbündeltheorie „nicht durch starre Anwendung und konstruktive Über-
spitzungen zu Ergebnissen führen, die, ohne dass steuerliche Besonderheiten es
gebieten, dem bürgerlichen Recht und dem Handelsrecht widersprechen."[113]
Neben dieser Einschränkung des Anwendungsbereichs der Bilanzbündeltheorie
begann der BFH darüber hinaus, ein modifiziertes Leitbild der Mitunternehmerschaftsbesteuerung zu formulieren, das zwar nach wie vor als Bilanzbündeltheorie bezeichnet wurde, sich jedoch deutlich von der Sichtweise des RFH
unterschied. Bereits in der Entscheidung vom 14. Januar 1958 wird darauf hingewiesen, dass die Bilanzbündeltheorie „nicht zu einer Auflösung der Einheit
der Personengesellschaft und zu einer Überbetonung der Sonderbilanzen der
einzelnen Gesellschafter führen" dürfe, „weil das mit dem Sinn und Zweck und
der gesetzlichen Gestaltung der Besteuerung von Mitunternehmern der Personengesellschaft nicht vereinbar wäre."[114] In den nachfolgenden Jahren vertrat
der BFH dann vornehmlich die Auffassung, dass der gesamte Betrieb einer Personengesellschaft als der Betrieb jedes Gesellschafters anzusehen sei, allerdings
belastet durch die sich aus dem Gesamthandsverhältnis ergebenden Mitberech-
tigungen der anderen Gesellschafter.[115]
Diese als Gesamtbetriebstheorie bezeichnete Variante der Bilanzbündeltheorie
zeigte eine deutliche Annäherung der Mitunternehmerschaftsbesteuerung an die
damals zivilrechtlich vorherrschende traditionelle Gesamthandslehre – die Einzelbetriebstheorie und die völlige Abkoppelung von Zivilrecht und Steuerrecht
waren damit de facto überwunden. Zu einem ausdrücklichen Bruch mit der
Rechtsprechung des RFH kam es zu diesem Zeitpunkt aber noch nicht, vielmehr
hielt der BFH an der Terminologie sowie verschiedenen Konzepten, wie z.B.
der These von der Gleichstellung des Einzelunternehmers mit dem Mitunternehmer, fest.[116] Zudem fehlte es noch an einer stringenten Anwendung der veränderten Konzeption, da der BFH eine vom bürgerlichen Recht abweichende
Behandlung der Personengesellschaft im Steuerrecht, die sich insbesondere in
der Nichtbeachtung der Einheit der Gesellschaft manifestierte, mitunter auch
weiterhin als grundsätzlich sachgerecht ansah.[117]

---

113 BFH-Urteil vom 29. November 1960 I 117/60 S, BFHE 72, S. 500-505, h.S. 503.
114 BFH-Urteil vom 14. Januar 1958 I 159/57 U, BFHE 66, S. 193-197, h.S. 195 (beide Zitate).
115 Vgl. Söffing, Günter: Zur Abkehr der Rechtsprechung von der Bilanzbündeltheorie,
a.a.O., S. 244; BFH-Urteil vom 18. September 1969 IV 338/64, BFHE 97, S. 19-21, h.S.
20; BFH-Beschluss vom 19. Oktober 1970 GrS 1/70, BFHE 101, S. 62-65, h.S. 64 f.
116 Vgl. BFH-Beschluss vom 19. Oktober 1970 GrS 1/70, BFHE 101, S. 62-65, h.S. 64.
117 Dies kommt deutlich zum Ausdruck im BFH-Urteil vom 11. Dezember 1969 IV R
92/68, BFHE 99, S. 192-196, h.S. 195: „Von dieser handelsrechtlichen Selbständigkeit
(der OHG und der KG, Anmerkung des Verfassers) nimmt das Einkommensteuerrecht
keine Notiz."

Dies änderte sich erst, als *Meßmer* in einer subtilen Untersuchung der Entwicklungsgeschichte der Bilanzbündeltheorie erneut aufdeckte, dass diese einer konsequenten Durchführung nicht zugänglich sei, nicht den Rang einer Theorie beanspruchen könne und zur Begründung widersprüchlicher Aussagen herangezogen worden sei. Im Zentrum seiner Kritik stand aber wiederum die mangelnde Vereinbarkeit der Bilanzbündeltheorie mit den zivilrechtlichen Vorgaben, mithin die zu starke Betonung der Vielheit der Gesellschafter zulasten der Einheit der Gesellschaft.[118] Obwohl sich die Kritik *Meßmers* insbesondere auf das zu diesem Zeitpunkt bereits überwundene Gedankengut der Einzelbetriebstheorie richtete, gab seine pointierte Analyse den endgültigen Anstoß, die Bilanzbündeltheorie zu verwerfen.[119] Verantwortlich hierfür war wohl auch das inzwischen noch verstärkte Bestreben, zivilrechtliche Vorgaben steuerrechtlich umzusetzen; ausgelöst wurde diese Tendenz insbesondere durch das bereits oben angesprochene Urteil des BVerfG, in dem die Sicherung der Einheit der Rechtsordnung eingefordert wurde.[120] Nach einer kurzen, aber intensiven Diskussion darüber, nach welchen Kriterien die Mitunternehmerschaftsbesteuerung nunmehr vorzunehmen sei,[121] kam es daher gegen Ende der siebziger Jahre mit der Einführung des „Neuen Steuerrechts der Personengesellschaft" zu einer umfassenden Neuorientierung.

4) Die Ergänzungsbilanzen unter dem Einfluss der Bilanzbündeltheorie

Die verschiedenen Leitbilder der Mitunternehmerschaftsbesteuerung spiegeln sich in der jeweils dominierenden konzeptionellen Sichtweise der Ergänzungsbilanzen wider; insbesondere der Bilanzinhalt der Ergänzungsbilanzen wurde jeweils unterschiedlich definiert. Dagegen sind die Funktionen der Er-

---

118 Vgl. Meßmer, Kurt: Die Bilanzbündeltheorie – Eine meisterhafte Schöpfung der Rechtsprechung?, a.a.O., S. 127-206.

119 Vgl. Wündisch, Fritz: Die „Bilanzbündeltheorie" ist tot. Was nun?, in: FR, 55. Jg. (1973), S. 204-207, h.S. 204. In der Literatur wird insbesondere das BFH-Urteil vom 28. Januar 1976 I R 84/74, BFHE 119, S. 234-239, h.S. 236 f., als Zeichen der Abkehr von der Bilanzbündeltheorie gewertet, da hier die Veräußerung eines Wirtschaftsgutes von der Gesellschaft an den Gesellschafter als normaler Veräußerungsvorgang behandelt wird.

120 Vgl. BVerfG-Urteil vom 24. Januar 1962 1 BvR 854/58, BVerfGE 13, S. 331-355, sowie die Würdigung dieser Entscheidung bei Woerner, Lothar: Verfassungsrecht und Methodenlehre im Steuerrecht, a.a.O., S. 227. Siehe auch oben 2. Kapitel B. II. 2) b).

121 Ein Teil der damals entwickelten Konzeptionen nimmt auch heute noch Einfluss auf die Diskussion um die Mitunternehmerschaftsbesteuerung. So z.B. die von Woerner, Lothar: Mitunternehmerbegriff und Bilanzbündeltheorie bei der Gewerbesteuer, in: BB, 29. Jg. (1974), S. 592-598, h.S. 596, entwickelte Beitragstheorie sowie die auf Döllerer, Georg: Die Steuerbilanz der Personenhandelsgesellschaft als konsolidierte Bilanz einer wirtschaftlichen Einheit, in: DStZ, 65. Jg. (1974), S. 211-220, zurückgehende Vorstellung von der konsolidierten Gesamtbilanz.

gänzungsbilanzen im Zeitablauf konstant geblieben. Sowohl bei Anwendung der Bilanzbündeltheorie als auch des „Neuen Steuerrechts der Personengesellschaft" wurden die Ergänzungsbilanzen anlässlich eines entgeltlichen Gesellschafterwechsels benötigt, um die Fixierung und Fortentwicklung individueller Mehr- bzw. Minderanschaffungskosten des Erwerbers und damit eine zutreffende Ermittlung von Veräußerungsgewinnen/-verlusten und Periodengewinnen/-verlusten zu ermöglichen.[122]

Mit der Bilanzbündeltheorie in ihren Ausprägungen als Einzelbetriebs- bzw. Gesamtbetriebstheorie sind folgende Erklärungen des Bilanzinhalts der Ergänzungsbilanz vereinbar: Kennzeichnend für die Einzelbetriebstheorie war die These, dass jeder Mitunternehmer einen eigenständigen Gewerbebetrieb mit eigenständiger Bilanz führt; diese Steuerbilanz des Gesellschafters beinhaltete die Anteile des Gesellschafters an den Wirtschaftsgütern des Gesellschaftsvermögens.[123] Kam es zu einem entgeltlichen Gesellschafterwechsel, so entsprach dies aus der Sicht des eintretenden Gesellschafters einem Erwerb des Gewerbebetriebs des ausscheidenden Gesellschafters, d.h. einem Erwerb der anteiligen Wirtschaftsgüter des Gesellschaftsvermögens. Vor diesem Hintergrund war es konsequent, etwaige individuelle Mehr- bzw. Minderanschaffungskosten als Anschaffungskosten für eben diese anteiligen Wirtschaftsgüter des Gesellschaftsvermögens zu betrachten. Es sei allerdings darauf hingewiesen, dass auch nach den Vorstellungen der Einzelbetriebstheorie diese Mehr- oder Minderanschaffungskosten in eine Ergänzungsbilanz aufzunehmen waren. Die direkte Erfassung dieser Beträge in der Steuerbilanz des Gesellschafters war ausgeschlossen, da aus der Zusammenfassung sämtlicher Gesellschafterbilanzen die steuerrechtlich eigentlich unbeachtliche Gesellschaftsbilanz entstehen musste. Daher war jeder einzelne Gesellschafter bei der Erstellung seiner Steuerbilanz hinsichtlich Aktivierung, Passivierung und Bewertung an die Vorgehensweise in der aus steuerrechtlicher Sicht fiktiven Gesellschaftsbilanz gebunden.[124]

Obwohl die Einzelbetriebstheorie schon seit langem als überwunden gelten kann, ist in der steuerlichen Behandlung des entgeltlichen Gesellschafterwechsels der Grundgedanke dieser Sichtweise – mit gewissen Einschränkungen – bis heute erhalten geblieben: Die Rechtsprechung vertritt nach wie vor die Auffassung, dass der entgeltliche Gesellschafterwechsel als ein anteiliger Erwerb der Wirtschaftsgüter des Gesellschaftsvermögens zu werten ist und der Erwer-

---

122 Zu den Funktionen der Ergänzungsbilanz im Rahmen der Bilanzbündeltheorie vgl. Benesch, Renate: Die Einsatzmöglichkeiten von steuerlichen Ergänzungs-Bilanzen, a.a.O., S. 141-150; Schmid, Ulrich: Die Problematik der Ergänzungsbilanz im Rahmen der Bilanzbündeltheorie, a.a.O., S. 204-222.

123 Siehe oben 2. Kapitel B. II. 3).

124 Vgl. Benesch, Renate: Die Einsatzmöglichkeiten von steuerlichen Ergänzungs-Bilanzen, a.a.O., S. 60.

ber hierfür individuelle Mehr- bzw. Minderanschaffungskosten leistet.[125] Der Bilanzinhalt der Ergänzungsbilanz besteht demnach aus eben diesen Anteilen des Gesellschafters an den Wirtschaftgütern des Gesellschaftsvermögens.

Allerdings verliert dieses Erklärungskonzept bereits mit dem Übergang von der Einzel- zur Gesamtbetriebstheorie erheblich an Überzeugungskraft. Die Zielsetzung der Gesamtbetriebstheorie lag vor allem darin, die Vorgaben des Zivilrechts bei der Besteuerung der Mitunternehmer wieder stärker zu berücksichtigen.[126] Für die damalige Zeit bedeutete dies zunächst, dass das Gedankengut der traditionellen Gesamthandslehre auch steuerrechtlich zu beachten war. Mit der traditionellen Gesamthandslehre ist aber eine dingliche Bruchteilsbetrachtung i.S.d. Einzelbetriebstheorie nicht vereinbar: Nach dem Gesamthandsprinzip repräsentiert das Gesellschaftsvermögen ein gesamthänderisch gebundenes Sondervermögen der Gesellschafter; eine anteilige Herauslösung von Wirtschaftsgütern, um diese einzelnen Gesamthändern zuzuordnen, ist ausgeschlossen.[127] Ferner konfligiert die Vorstellung der Einzelbetriebstheorie, dass jeder Mitunternehmer einen eigenen Gewerbebetrieb führt, mit der – auch im Sinne der traditionellen Gesamthandslehre gegebenen – beschränkten zivilrechtlichen Verselbständigung der Personengesellschaften.

Die Einführung der Gesamtbetriebstheorie hatte daher zur Konsequenz, dass die bis dato plausible Erklärung des Bilanzinhalts der Ergänzungsbilanz versagte; materielle Anteile des Mitunternehmers an den Wirtschaftsgütern des Gesellschaftsvermögens konnten nicht länger als Bilanzierungsobjekt der Ergänzungsbilanz betrachtet werden. Als Reaktion auf diese Entwicklung modifizierte die Rechtsprechung ihre Sichtweise des entgeltlichen Gesellschafterwechsels: Die dingliche Bruchteilsbetrachtung wurde fallen gelassen und durch eine Art Bruchteilsfiktion ersetzt;[128] als Gegenstand des Anschaffungsgeschäftes und damit als Bilanzierungsobjekt der Ergänzungsbilanz wurden nun nicht mehr tatsächliche, sondern nur noch ideelle Anteile an den Wirtschaftsgütern des Gesellschaftsvermögens genannt.[129] Auf welche Weise diese bis heute aufrechterhaltene These genau begründet wird und welche Vor- und Nachteile damit verbunden sind, wird in Abschnitt C. noch ausführlich zu erläutern sein.

---

125 Vgl. stellvertretend BFH-Urteil vom 26. Januar 1978 IV R 97/76, BFHE 124, S. 516-520, h.S. 518 f., mit Verweisen auf die ältere Rechtsprechung; BFH-Urteil vom 12. Dezember 1996 IV R 70/93, BFHE 183, S. 379-385, h.S. 383. Siehe ausführlich 2. Kapitel C. I.

126 Siehe oben 2. Kapitel B. II. 3).

127 Siehe oben 2. Kapitel B. II. 2) a).

128 Vgl. Gschwendtner, Hubert: Ergänzungsbilanz und Sonderbilanz II in der Rechtsprechung des Bundesfinanzhofes, a.a.O., S. 820, m.w.N.

129 Vgl. exemplarisch BFH-Urteil vom 25. April 1985 IV R 83/83, BFHE 144, S. 25-31, h.S. 27; BFH-Beschluss vom 25. Februar 1991 GrS 7/89, BFHE 163, S. 1-24, h.S. 19; sowie ausführlich unten 2. Kapitel C. I.

5) Die Mitunternehmerschaftsbesteuerung
im Sinne des „Neuen Steuerrechts der Personengesellschaft"

Die wesentlichen Charakteristika des „Neuen Steuerrechts der Personengesellschaft" liegen in der Vornahme einer gestuften Gewinnermittlung für die einzelnen Mitunternehmer sowie in der Einführung der so genannten Einheitsbetrachtung. Vor allem die Einheitsbetrachtung weist deutliche Bezugspunkte zu der modernen Gesamthandslehre auf, die seit den siebziger Jahren zivilrechtlich mehr und mehr an Bedeutung gewonnen hat: Die weitgehende zivilrechtliche Verselbständigung der Personengesellschaften wird auf steuerrechtlicher Ebene durch die Anerkennung der Personengesellschaften als partielles Steuerrechtssubjekt nachvollzogen. Das äußere Kennzeichen dieser Entwicklung war, dass der einheitlichen Gewinnermittlung für die Gesellschaft, d.h. der Steuerbilanz der Gesellschaft, als Ausgangspunkt der Gewinnermittlung für den einzelnen Mitunternehmer nunmehr große Bedeutung beigemessen wurde. Im Übrigen hat der BFH zumindest phasenweise seine Entscheidungen häufig mit zivilrechtlich geprägten Argumenten begründet, die zumeist der modernen Gesamthandslehre nahe standen:

Die Entwicklung der Einheitsbetrachtung in der Rechtsprechung des BFH wurde initiiert durch das Urteil vom 10. Juli 1980, in dem zwischen den steuerpflichtigen Personen und der Personengesellschaft als dem „rechtlichen Träger" des Betriebs differenziert wurde; darüber hinaus wurde hier festgeschrieben, „dass das Gesetz die rechtliche Existenz der Personengesellschaft (...) zum Ausgangspunkt für die Einkommensbesteuerung der Gesellschafter (Mitunternehmer) nimmt." In dieser Entscheidung wurde zudem erstmals die in der Zukunft vorherrschende Formulierung von der „Einheit der Personengesellschaft" gebraucht.[130]

Der Beschluss des BFH vom 10. November 1980 führte diese Entwicklung mit der Feststellung fort, dass als „Gewinnanteile" im Sinne des § 15 Abs. 1 Nr. 2 EStG „die Anteile der Gesellschafter am Gewinn der Gesellschaft"[131] anzusehen seien, wobei dieser Gewinn „durch einen Vermögensvergleich der Gesellschaft und nicht durch Vermögensvergleiche der einzelnen Gesellschafter zu ermitteln sei."[132] Als Basis für diesen Vermögensvergleich sollten „nicht etwa gedachte oder wirkliche Einzelbilanzen der Gesellschafter" dienen, sondern vielmehr „die aus der Handelsbilanz abgeleitete Steuerbilanz der

---

130 BFH-Urteil vom 10. Juli 1980 IV R 136/77, BFHE 131, S. 313-324, h.S. 318 (alle Zitate).

131 BFH-Beschluss vom 10. November 1980 GrS 1/79, BFHE 132, S. 244-257, h.S. 251 (beide Zitate).

132 BFH-Beschluss vom 10. November 1980 GrS 1/79, BFHE 132, S. 244-257, h.S. 252.

Gesellschaft."[133] Damit hatte der BFH der Steuerbilanz der Gesellschaft ihre – von der Bilanzbündeltheorie zugunsten der Gesellschafterbilanzen geleugnete – Bedeutung zurückgegeben. Aus dieser neu definierten Funktion der Steuerbilanz der Gesellschaft resultierte auch ein verändertes Verständnis der Rolle der Personengesellschaft im System der steuerlichen Gewinnermittlung. Dies kommt deutlich zum Ausdruck, wenn die Personengesellschaft in einer wenig später ergangenen Entscheidung als „Subjekt der Gewinnerzielung"[134] tituliert wird.

In seinem Beschluss vom 25. Juni 1984[135] führte der BFH mit der Aufgabe der Gepräge-Rechtsprechung die neue Besteuerungskonzeption konsequent fort. Die Gepräge-Rechtsprechung hatte, obgleich von Anbeginn heftig umstritten,[136] die Qualifikation der Einkunftsarten unter ausschließlicher Anknüpfung an die Vielheit der Gesellschafter bestimmt; die zwischenzeitlich neu erstarkte Position der Gesellschaft fand hierbei keine Berücksichtigung.[137] Der BFH verwarf deshalb seine bisherige Auffassung und brachte zum Ausdruck, dass „die Art der Einkünfte der Gesellschafter einer Personengesellschaft (...) in erster Linie durch die Tätigkeit der Gesellschafter in ihrer gesamthänderischen Verbundenheit, mithin durch die Tätigkeit der Gesellschaft, bestimmt wird."[138] Diese konsequente Entscheidung wurde allerdings kurze Zeit später vom Gesetzgeber zunichte gemacht, da mit § 15 Abs. 3 Nr. 1 EStG eine dem Inhalt der Gepräge-Rechtsprechung äquivalente Regelung eingeführt wurde.[139]

Neben der Abschaffung der Gepräge-Rechtsprechung umriss der BFH weitere Grundelemente seiner neu entwickelten Besteuerungskonzeption: Die „Tätigkeit der Gesellschafter in ihrer gesamthänderischen Verbundenheit" wird mit der „Tätigkeit der Gesellschaft" gleichgesetzt und die Gesellschaft sodann

---

133 Vgl. BFH-Beschluss vom 10. November 1980 GrS 1/79, BFHE 132, S. 244-257, h.S. 252 (beide Zitate).

134 Vgl. BFH-Urteil vom 24. März 1983 IV R 123/80, BFHE 138, S. 337-342, h.S. 341. Der BFH übernimmt dabei eine Formulierung aus einem Aufsatz von Döllerer, Georg: Zur Realteilung bei Personenhandelsgesellschaften, in: DStZ, 70. Jg. (1982), S. 267-272, h.S. 271.

135 Vgl. BFH-Beschluss vom 25. Juni 1984 GrS 4/82, BFHE 141, S. 405-443.

136 Vgl. Schulze-Osterloh, Joachim: Der Beschluß des Großen Senats des Bundesfinanzhofs GrS 4/82 vom 25. Juni 1984, in: JbFSt 1985/86, hrsg. vom Deutschen Anwaltsinstitut e.V., Herne u.a. 1985, S. 231-264, h.S. 241.

137 Vgl. BFH-Beschluss vom 25. Juni 1984 GrS 4/82, BFHE 141, S. 405-443, h.S. 431.

138 BFH-Beschluss vom 25. Juni 1984 GrS 4/82, BFHE 141, S. 405-443, h.S. 425.

139 Vgl. exemplarisch Flume, Werner: Der Entwurf eines Gepräge-Rechtsprechungs-Gesetzes, in: DB, 38. Jg. (1985), S. 1152-1155. Zur potentiellen Verfassungswidrigkeit dieser Vorschrift vgl. jüngst Schulze-Osterloh, Joachim: Verfassungswidrigkeit der Kodifikation der Abfärbetheorie (§ 15 Abs. 3 Nr. 1 EStG), in: Gedächtnisschrift für Brigitte Knobbe-Keuk, hrsg. v. Wolfgang Schön, Köln 1997, S. 531-539.

zum Subjekt der Einkünftequalifikation, -ermittlung und -erzielung erhoben.[140] Zwar ist die Personengesellschaft auch weiterhin nicht das Subjekt der Einkommensbesteuerung, gilt aber insoweit als Steuerrechtssubjekt, „als sie in der Einheit ihrer Gesellschafter Merkmale eines Besteuerungstatbestands verwirklicht, welche den Gesellschaftern für deren Besteuerung zuzurechnen sind."[141] Diese Vorstellung von der Personengesellschaft als ein Gebilde mit „relativer Steuersubjektivität" bestimmte im Weiteren die Judikatur des BFH.

Nachdem es im Jahr 1989 zu zwei Entscheidungen gekommen war, die an der konsequenten Anwendung der neuen Betrachtungsweise zweifeln ließen,[142] bekannte sich der BFH im Beschluss vom 25. Februar 1991[143] nicht nur zu den bisherigen Ergebnissen der Einheitsbetrachtung, sondern erweiterte den Geltungsbereich dieses Leitbildes sogar. Inhaltlich ging es darum, ob die Vorschrift des § 15 Abs. 1 Nr. 2 EStG auch auf Vergütungen anzuwenden ist, die ein Arbeitnehmer von einer Gesellschaft erhält, an der er nicht unmittelbar, sondern lediglich über eine andere Personengesellschaft (hier einer GbR) beteiligt ist. Dabei verwehrte der Große Senat mit der Entscheidung, dass eine GbR als Mitunternehmerin bei einer anderen Personengesellschaft tätig sein kann, den Durchgriff auf die Gesellschafter der Personengesellschaft und erkannte der GbR damit eine Abschirmwirkung zu. Die GbR wird zu einem eigenständigen „Subjekt des Rechtsverkehrs" mit der Konsequenz, dass diese Eigentümerin von Sachen, Inhaberin von Rechten, Verpflichtete aus Verbindlichkeiten, Vertragspartnerin und Ähnliches sowie Subjekt der Gewinnerzielung sein kann.[144] Zur Begründung dieses Standpunktes verwies der BFH darauf, dass er sich dabei einer „im Zivilrecht (...) offenbar im Vordringen befindlichen Auffassung" bediene, „die auch der GbR eigene Rechtssubjektivität zuerkennen möchte".[145] Darüber hinaus führte der BFH auch eine originär steuerrechtliche Begründung seiner Entscheidung an: Der Grundsatz der Gleichmäßigkeit der

---

140 Vgl. Gschwendtner, Hubert: Die Personengesellschaft als Steuerrechtssubjekt im Einkommensteuerrecht nach der Rechtsprechung des Großen Senats des BFH, in: Steuerrecht, Verfassungsrecht, Finanzpolitik: Festschrift für Franz Klein, hrsg. v. Paul Kirchhof, Köln 1994, S. 751-779, h.S. 753 f.

141 Vgl. BFH-Beschluss vom 25. Juni 1984 GrS 4/82, BFHE 141, S. 405-443, h.S. 426.

142 In beiden Entscheidungen war die Aussage enthalten, dass als Unternehmer im Sinne des Einkommensteuerrechts die einzelnen Gesellschafter, nicht die Gesellschaft selbst zu betrachten seien. Vgl. BFH-Urteil vom 14. Dezember 1989 IV R 117/88, BFHE 159, S. 528-535, h.S. 531; BFH-Beschluss vom 12. Oktober 1989 IV R 5/86, BFHE 158, S. 64-79, h.S. 67.

143 BFH-Beschluss vom 25. Februar 1991 GrS 7/89, BFHE 163, S. 1-24.

144 Vgl. Gschwendtner, Hubert: Die Personengesellschaft als Steuerrechtssubjekt im Einkommensteuerrecht nach der Rechtsprechung des Großen Senats des BFH, a.a.O., S. 755.

145 Vgl. BFH-Beschluss vom 25. Februar 1991 GrS 7/89, BFHE 163, S. 1-24, h.S. 23.

Besteuerung gebiete es, verstärkt auf den „wirtschaftlichen Gehalt der Betätigung von Personenhandelsgesellschaften und unternehmerisch tätigen GbR"[146] abzustellen. Da zwischen diesen keine „grundsätzlichen Unterschiede"[147] bestünden, müssten die Gesellschaften in steuerlicher Hinsicht gleich behandelt werden.

Zu der Entscheidung des Großen Senats wurden viele, zum Teil sehr kritische Stellungnahmen veröffentlicht.[148] Als bedenklich wurde insbesondere angesehen, dass der Beschluss die Steuerpflichtigen dazu veranlassen könnte, mehrstöckige Personengesellschaften zu errichten, um den negativen Folgen des § 15 Abs. 1 Nr. 2 Satz 1 EStG zu entgehen. Diese Problematik hatte der Große Senat ebenfalls erkannt und versuchte mit dem Verweis auf § 42 AO missbräuchlichen Gestaltungen entgegenzuwirken – an der Tauglichkeit dieser Maßnahme bestanden allerdings Zweifel.[149] Schließlich griff der Gesetzgeber ein und korrigierte das unerwünschte Ergebnis im StÄndG 1992 mittels Einführung des § 15 Abs. 1 Nr. 2 Satz 2 EStG; mittelbare und unmittelbare Mitunternehmerschaften wurden hierdurch gleichgestellt. Beabsichtigt war dabei lediglich eine Korrektur der materiellen Steuerfolgen; die dogmatischen Grundpositionen des Beschlusses blieben davon unbeschadet.[150]

Seer hat überdies verdeutlicht, dass der zu begrüßende Rückgriff des BFH auf den Fundamentalgrundsatz der Gleichmäßigkeit der Besteuerung eigentlich zu dem umgekehrten Ergebnis hätte führen müssen. Einfache und doppelstöckige Personengesellschaften hätten ertragsteuerrechtlich gleich behandelt werden müssen, d.h. der Durchgriff auf die Gesellschafter hätte zugelassen werden müssen.[151] Des Weiteren wurden vor allem Vorbehalte gegenüber der angreifba-

---

146 BFH-Beschluss vom 25. Februar 1991 GrS 7/89, BFHE 163, S. 1-24, h.S. 23.

147 BFH-Beschluss vom 25. Februar 1991 GrS 7/89, BFHE 163, S. 1-24, h.S. 23.

148 Vgl. Groh, Manfred: Sondervergütungen in der doppelstöckigen Personengesellschaft, in: DB, 44. Jg. (1991), S. 879-884; Raupach, Arndt: Gewinnanteil und Sondervergütungen der Gesellschafter von Personengesellschaften, in: StuW, 68. Jg. (1991), S. 278-283; Schmidt, Ludwig: Die doppelstöckige Personengesellschaft nach dem Beschluß des Großen Senats, in: DStR, 29. Jg. (1991), S. 505-506.

149 Vgl. BFH-Beschluss vom 25. Februar 1991 GrS 7/89, BFHE 163, S. 1-24, h.S. 22. Kritisch dazu Groh, Manfred: Sondervergütungen in der doppelstöckigen Personengesellschaft, a.a.O., S. 884.

150 Vgl. Söffing, Günter: Mittelbare Beteiligung bei Personengesellschaften, in: Steuerrecht, Verfassungsrecht, Finanzpolitik: Festschrift für Franz Klein, hrsg. v. Paul Kirchhof, Köln 1994, S. 737-750, h.S. 745.

151 Vgl. Seer, Roman: Die ertragsteuerliche Behandlung der doppelstöckigen Personengesellschaft unter besonderer Berücksichtigung des Steueränderungsgesetzes 1992, in: StuW, 69. Jg. (1992), S. 35-47, h.S. 40; im Ansatz ähnlich: Schmidt, Ludwig: Die doppelstöckige Personengesellschaft nach dem Beschluß des Großen Senats, a.a.O., S. 506.

ren zivilrechtlichen Fundierung der Entscheidung geäußert;[152] es wurde befürchtet, dass der BFH die Einheitsbetrachtung „überspannen" würde und die Auslegung des § 15 Abs. 1 Nr. 2 EStG wieder in zu starkem Maße theoriegestützt erfolgen würde.[153]

6) Die Ergänzungsbilanzen unter dem Einfluss des „Neuen Steuerrechts der Personengesellschaft"

Nach der Neuorientierung auf dem Gebiet der Mitunternehmerschaftsbesteuerung setzte in der Literatur die Tendenz ein, alles was in irgendeiner Form auf die Bilanzbündeltheorie hindeutete, pauschal zu verwerfen.[154] Dementsprechend wurde zunehmend Kritik an dem von der Rechtsprechung noch immer vertretenen Standpunkt geäußert, dass die Ergänzungsbilanz (ideelle) Anteile an den Wirtschaftsgütern des Gesellschaftsvermögens verzeichne.[155] Konkret wurde dem BFH vorgeworfen, dass er in dieser Hinsicht noch immer von dem Gedankengut der Bilanzbündeltheorie geprägt sei und das inzwischen modifizierte System der Mitunternehmerschaftsbesteuerung missachte.[156] Im Schrifttum intensivierte sich daher die Suche nach alternativen Erklärungskonzepten:

Logisch zwingend erscheint dabei prima facie der Gedanke, den Mitunternehmeranteil selbst als das Bilanzierungsobjekt der Ergänzungsbilanz zu betrachten.[157] Obwohl diese These bereits früher vereinzelt vertreten worden

---

152 *Kraft* hält die These von der Rechtssubjektivität der GbR allenfalls für eine „extreme Mindermeinung", vgl. Kraft, Cornelia: Entwicklungstendenzen in der Besteuerungskonzeption für Personengesellschaften, a.a.O., S. 925. *Zöllner* hat grundsätzliche Bedenken gegenüber der direkten Übertragung der neueren gesellschaftsrechtlichen Ansätze auf die Besteuerung insbesondere im Hinblick auf den BFH-Beschluss vom 25. Februar 1991, vgl. Zöllner, Wolfgang: Rechtssubjektivität von Personengesellschaften, a.a.O., S. 577 f. Generell kritisch bezüglich der zivilrechtlichen Begründungen des Beschlusses auch Hahn, Hartmut: Offene und verdeckte zivilrechtliche Prämissen im Beschluß des BFH vom 25. Februar 1991 zur sog. doppelstöckigen GmbH & Co KG, in: DStZ, 80. Jg. (1992), S. 161-169.

153 Vgl. Raupach, Arndt: Gewinnanteil und Sondervergütungen der Gesellschafter von Personengesellschaften, a.a.O., S. 283; Schmidt, Ludwig: Die doppelstöckige Personengesellschaft nach dem Beschluß des Großen Senats, a.a.O., S. 506.

154 Vgl. Paus, Bernhard: Gewerblicher Grundstückshandel durch Beteiligung an Personengesellschaften – Einschränkung der Einheitstheorie, in: DStZ, 84. Jg. (1996), S. 172-176, h.S. 172 f.

155 Vgl. stellvertretend Regniet, Michael: Ergänzungsbilanzen bei der Personengesellschaft, a.a.O., S. 20 f. Ausführlich siehe 2. Kapitel C. I.

156 Vgl. Dreissig, Hildegard: Ergänzungsbilanzen – steuerliche Zweifelsfragen und wirtschaftliche Auswirkungen, a.a.O., S. 227; Fellmeth, Peter: Gesellschaftsanteile an einer Personengesellschaft im Bilanzsteuerrecht, in: BB, 47. Jg. (1992), S. 885-890, h.S. 886.

157 So bei Gschwendtner, Hubert: Ergänzungsbilanz und Sonderbilanz II in der Rechtsprechung des Bundesfinanzhofes, a.a.O., S. 817-825.

war,[158] hatte sich diese Konzeption bislang nicht durchsetzen können. Hierfür war – neben der festgefügten Rechtsprechung des BFH zur Bruchteilsfiktion – insbesondere die Tatsache verantwortlich, dass der BFH den Mitunternehmeranteil nicht als steuerliches Wirtschaftsgut anerkannt hat.[159] Im Rahmen der späteren Aufarbeitung des Meinungsstreits um das Bilanzierungsobjekt der Ergänzungsbilanz gilt es daher zu klären, warum der BFH dem Mitunternehmeranteil die Wirtschaftsguteigenschaft abspricht, ob dies gerechtfertigt ist und welche Auswirkungen auf die Ergänzungsbilanz damit verbunden sind.[160] Darüber hinaus ist die Sondermeinung *Gschwendtners* zu würdigen, der – obwohl er den Ergebnissen der Rechtsprechung im Grundsatz folgt – dennoch die Auffassung vertritt, dass der Mitunternehmeranteil das Bilanzierungsobjekt der Ergänzungsbilanz repräsentiert.[161]

Seit der Einführung des „Neuen Steuerrechts der Personengesellschaft" wird überdies häufig die Vorstellung geäußert, dass die Ergänzungsbilanz als eine reine Wertkorrekturbilanz zu betrachten sei.[162] Als positiv ist zu vermerken, dass die mitunter sehr dogmatisch geführte Diskussion um den Bilanzinhalt der Ergänzungsbilanz hierbei in den Hintergrund tritt und materiellen Problemstellungen wieder größere Aufmerksamkeit geschenkt wird.[163] Die Vorteile, aber vor allem auch die Nachteile dieser Konzeption werden später ebenfalls noch eingehend zu würdigen sein.[164]

Das „Neue Steuerrecht der Personengesellschaft" und insbesondere die Einheitsbetrachtung haben sich aber nicht nur auf die konzeptionelle Auseinandersetzung ausgewirkt; vielmehr wurden hierdurch auch die Lösungen konkreter ergänzungsbilanzieller Bilanzierungsprobleme nachhaltig beeinflusst. So hat z.B. *Schmidt* die Forderung erhoben, dass in der Vorstellung von der Einheit der Personengesellschaften grundsätzlich der Ausgangspunkt zur Lösung sämtli-

---

158 So z.B. Sauer, Otto: Negativer Geschäftswert in der Steuerbilanz der Gesellschaft?, in: FR, 56. Jg. (1974), S. 125-128, h.S. 125.

159 Vgl. Birke, Alfons: Die Behandlung von Barabfindungen an ausscheidende Gesellschafter (§§ 738 ff. BGB) im Jahresabschluß der Personenhandelsgesellschaft nach Handels- und Steuerrecht, a.a.O., S. 88.

160 Siehe unten 2. Kapitel C. II.

161 Siehe unten 2. Kapitel C. II. 3).

162 Vgl. stellvertretend Dreissig, Hildegard: Ergänzungsbilanzen – steuerliche Zweifelsfragen und wirtschaftliche Auswirkungen, a.a.O., S. 225; Marx, Franz Jürgen: Steuerliche Ergänzungsbilanzen, a.a.O., S. 192; Regniet, Michael: Ergänzungsbilanzen bei der Personengesellschaft, a.a.O., S. 22; Uelner, Adalbert: Ergänzungs- und Sonderbilanz, a.a.O., S. 151.

163 In diesem Sinne auch Schmidt, Ludwig: § 15 EStG, a.a.O., Rn. 464.

164 Siehe 2. Kapitel C. III.

cher Bilanzierungsprobleme in der Ergänzungsbilanz zu sehen sei.[165] Noch weitergehende Schlussfolgerungen aus der weit gefassten Einheitsbetrachtung wurden mitunter für die Fortentwicklung der Ergänzungsbilanz gezogen: Die Fortentwicklung in der Ergänzungsbilanz sollte demnach prinzipiell an der Fortentwicklung der korrespondierenden Wertansätze in der Steuerbilanz der Gesellschaft auszurichten sein; eine eigenständige Fortentwicklung der Ergänzungsbilanz sei undenkbar.[166] Diese einheitsbetrachtungsgeprägte Fortentwicklungskonzeption kann allerdings – wie sich an entsprechender Stelle dieser Untersuchung noch zeigen wird – zu Ergebnissen führen, die mit fundamentalen bilanzsteuerrechtlichen Prinzipien und einer systemgerechten Fortentwicklung der individuellen Mehr- bzw. Minderanschaffungskosten unvereinbar sind.[167]

7) Die Mitunternehmerschaftsbesteuerung nach der neuerlichen Einschränkung der Einheitsbetrachtung

Nachdem der BFH mit seinem Beschluss vom 25. Februar 1991 eine sehr umfassende Berücksichtigung der Einheit der Personengesellschaft vertreten hatte, kam es in der Folgezeit zu einer erneuten und überraschenden Revision dieser Sichtweise.

Den Auftakt zu dieser Entwicklung bildete der so genannte Fehlbetragsbeschluss vom 3. Mai 1993, der sich mit der Problematik des Verlustabzugs gemäß § 10a GewStG beim Ausscheiden von Gesellschaftern einer Personengesellschaft beschäftigte. Innerhalb der Ausführungen sticht insbesondere die Aussage hervor, dass „das Einkommensteuerrecht (...) bei der Besteuerung der von Personengesellschaften erzielten Einkünfte von der Grundwertung ausgehe, dass bei den Personengesellschaften die Gesellschafter, nicht die Gesellschaft als solche, die Träger des Unternehmens und des Gesellschaftsvermögens sind."[168] Diese Aussage kontrastiert deutlich zu der bisherigen Vorstellung von einer auch im steuerlichen Sinne verselbständigten Personengesellschaft unter Rezeption der Erkenntnisse der modernen Gesamthandlehre. Die Betonung der Unternehmerstellung der Gesellschafter scheint vielmehr das Gedankengut der

165 Vgl. Schmidt, Ludwig: § 15 EStG, in: Schmidt, Ludwig (Hrsg.): EStG-Kommentar, 16. Aufl., München 1997, Rn. 464.

166 Vgl. insbesondere Dreissig, Hildegard: Ergänzungsbilanzen – steuerliche Zweifelsfragen und wirtschaftliche Auswirkungen, a.a.O., S. 221-246; Dreissig, Hildegard: Ausgewählte Probleme bei Ergänzungsbilanzen, a.a.O., S. 958-962.

167 Siehe ausführlich 2. Kapitel E. II.

168 BFH-Beschluss vom 3. Mai 1993 GrS 3/92, BFHE 171, S. 246-271, h.S. 257.

überwunden geglaubten traditionellen Gesamthandslehre widerzuspiegeln.[169] Obwohl der BFH ausführt, dass diese Sichtweise keinen Widerspruch zu dem Beschluss vom 25. Februar 1991 bilden würde,[170] wird die Entscheidung vom 3. Mai 1993 zu Recht übereinstimmend als Zäsur gegenüber der bisherigen Judikatur gewertet.[171] Auffallend an dem Beschluss ist zudem, dass im Vergleich zu früheren Entscheidungen deutlich weniger Bezug auf die zivilrechtliche Struktur der Personengesellschaft genommen wird – eine Tendenz, die sich in der Zukunft fortsetzen sollte.

Das Urteil des BFH zum gewerbesteuerlichen Verlustabzug vom 16. Februar 1994 greift die Vorstellungen des Beschlusses vom 3. Mai 1993 auf. Die Gesellschafter werden als (Mit-)Unternehmer des Betriebs betrachtet, sodann wird eine auf den einzelnen Mitunternehmer bezogene Berechnung des positiven und negativen Gewerbeertrags vorgenommen.[172] Auch diese Entscheidung ist mit der relativen Steuersubjektivität der Personengesellschaften unvereinbar und lässt jede Auseinandersetzung mit dem zivilrechtlichen Wesen der Personengesellschaften vermissen.

Dies trifft auch auf das Urteil des BFH zur Schenkungsteuer vom 14. September 1994 zu, in dem ausgeführt wird, dass „die Personengesellschaft (...) von der Persönlichkeit der Gesellschafter nicht zu trennen sei"; die Gesellschafter selbst seien „die Träger der gesamthänderischen Rechte und Pflichten."[173] Bezeichnenderweise stützt sich der BFH dabei auf ein Urteil des BGH, das eher den Ergebnissen der traditionellen Gesamthandslehre nahe steht.[174]

Die erneut modifizierte Sichtweise der Personengesellschaft kulminiert schließlich in dem Beschluss des Großen Senats vom 3. Juli 1995.[175] Gegenstand der Entscheidung war die Frage, ob im Zusammenhang mit einem gewerblichen Grundstückshandel bei Beteiligung an einer GbR der Gesellschaft eine Abschirmwirkung gegenüber ihren Gesellschaftern zuzuerkennen sei oder nicht. Der BFH verneinte die Existenz einer Abschirmwirkung und eröffnete damit die

---

169 So auch Kraft, Cornelia: Entwicklungstendenzen in der Besteuerungskonzeption für Personengesellschaften, a.a.O., S. 926.

170 Vgl. BFH-Beschluss vom 3. Mai 1993 GrS 3/92, BFHE 171, S. 246-271, h.S. 259.

171 Vgl. z.B. Gosch, Dietmar: Steuerlicher Zugriff auf Gesellschafter von Personen- und Kapitalgesellschaften, in: DStZ, 84. Jg. (1996), S. 417-425, h.S. 418; Kraft, Cornelia: Entwicklungstendenzen in der Besteuerungskonzeption für Personengesellschaften, a.a.O., S. 926; Schön, Wolfgang: Der Große Senat des Bundesfinanzhofs und die Personengesellschaft, in: StuW, 73. Jg. (1996), S. 275-288, h.S. 279 f.

172 Vgl. BFH-Urteil vom 16. Februar 1994 XI R 50/88, BFHE 173, S. 374-378, h.S. 377.

173 BFH-Urteil vom 14. September 1994 II R 95/92, BFHE 176, S. 44-47, h.S. 47 (beide Zitate).

174 Vgl. BGH-Urteil vom 18. Mai 1989 V ZB 4/89, BGHZ 107, S. 268-273, h.S. 272 f., in dem insbesondere der Rechtsfähigkeit der GbR eine Absage erteilt wird.

175 BFH-Beschluss vom 3. Juli 1995 GrS 1/93, BFHE 178, S. 86-98.

Durchgriffsmöglichkeit auf jeden einzelnen Gesellschafter der GbR. Begründet wurde dieses Ergebnis, das im Widerspruch zu dem Leitbild von der Einheit der Gesellschaft stand, damit, dass der „Grundsatz der Einheit der Personengesellschaft (...) gegenüber dem Gedanken der Vielheit der Gesellschaft zurücktreten müsse, wenn andernfalls eine sachlich zutreffende Besteuerung des Gesellschafters nicht möglich wäre".[176] Das Gericht berief sich dabei auf die, implizit bereits in seinem Beschluss vom 25. Juni 1984 zum Ausdruck gekommene, Einschätzung, dass der Grundsatz der Einheit der Gesellschaft keine uneingeschränkte Geltung beanspruchen könne.[177]

Im Schrifttum besteht – mit unterschiedlichen Akzentuierungen – Einvernehmen darüber, dass der Beschluss vom 3. Juli 1995 einen Wendepunkt markiert. So sieht *Weber-Grellet* in der Entscheidung zwar den „Abschluß einer mehr als zwanzigjährigen Entwicklung" der Rechtsprechung, konzediert aber, dass dies so nicht vorherzusehen war.[178] Es sei nunmehr von einem „gestuften Miteinander von Einheits- und Vielheitsbetrachtung, mit einem klaren Vorrang der Vielheitsbetrachtung"[179] auszugehen. *Haas* meint, die zivilrechtliche „Einheit der Gesellschaft" sei nunmehr auf das Außenverhältnis der Gesellschaft begrenzt; die Vermögens- und Ergebniszuordnung habe sich im Innenverhältnis nach der „Vielheit der Gesellschafter" zu richten.[180] *Paus* begrüßt die Einschränkung der Einheitsbetrachtung und übt zugleich berechtigte Kritik daran, dass in der Vergangenheit bei der Entscheidung von Zweifelsfragen oftmals lediglich mit der „Überwindung der Bilanzbündeltheorie" und der „nunmehr vorherrschenden Einheitsbetrachtung" argumentiert wurde und dies von nun an nicht mehr möglich sei.[181] Die Einschätzung, dass vielmehr eine Überprüfung all der Fälle notwendig sei, die auf einer „kritiklosen"[182] Anwendung der Einheitsbetrachtung basieren, wird auch von anderen Autoren geteilt.[183]

176 BFH-Beschluss vom 3. Juli 1995 GrS 1/93, BFHE 178, S. 86-98, h.S. 97.
177 Vgl. BFH-Beschluss vom 25. Juni 1984 GrS 4/82, BFHE 141, S. 405-443, h.S. 429.
178 Vgl. Weber-Grellet, Heinrich: Anmerkung zum BFH-Beschluß vom 3. Juli 1995 GrS 1/93, in: DStR, 33. Jg. (1995), S. 1341-1342, h.S. 1341.
179 Weber-Grellet, Heinrich: Anmerkung zum BFH-Beschluß vom 3. Juli 1995 GrS 1/93, a.a.O., S. 1341; ähnlich von Bodden, Guido: Die einkommensteuerliche Subjektfähigkeit der Personengesellschaft, in: DStZ, 84. Jg. (1996), S. 73-83, h.S. 79.
180 Vgl. Haas, Franz Josef: Ist die Bilanzbündeltheorie tatsächlich überholt?, in: DStR, 35. Jg. (1997), S. 1706-1712, h.S. 1712.
181 Vgl. Paus, Bernhard: Gewerblicher Grundstückshandel durch Beteiligung an Personengesellschaften – Einschränkung der Einheitstheorie, a.a.O., S. 172 f.
182 Paus, Bernhard: Gewerblicher Grundstückshandel durch Beteiligung an Personengesellschaften – Einschränkung der Einheitstheorie, a.a.O., S. 173.
183 So sieht *Schmidt-Liebig* insbesondere bei doppelstöckigen Mitunternehmerschaften im Hinblick auf die Abschirmwirkung der Personengesellschaft Klärungsbedarf. Vgl.

8) Die Ergänzungsbilanzen unter dem Einfluss der eingeschränkten Einheitsbetrachtung

Angesichts der jüngsten Entwicklungen besteht Klärungsbedarf, ob die Einschränkung der Einheitsbetrachtung auch einen erneuten Auffassungswandel in der konzeptionellen Sichtweise der Ergänzungsbilanzen nach sich ziehen wird. Im Schrifttum sind bislang zu Recht keine derartigen Ansätze zu verzeichnen. Die Einheitsbetrachtung ist zwar gegenüber der bisherigen Rechtsanwendung zurückgedrängt worden, die für die Ergänzungsbilanz wesentliche Folge aus der Einheitsbetrachtung ist jedoch erhalten geblieben: Der Gewinnanteil des einzelnen Mitunternehmers ist nach wie vor auf der Grundlage einer einheitlichen Gewinnermittlung für die Gesellschaft, und nicht etwa einer Gewinnermittlung für jeden einzelnen Gesellschafter zu ermitteln. Damit ist eine Rückkehr zu dem Gedankengut der Einzelbetriebstheorie und der dinglichen Bruchteilsbetrachtung ausgeschlossen,[184] auch wenn derzeit noch beträchtliche Unsicherheiten darüber bestehen, in welchen konkreten Fällen der Vielheitsbetrachtung Vorrang gegenüber der Einheitsbetrachtung einzuräumen ist.[185]

Das gegenwärtig gültige Leitbild der Mitunternehmerschaftsbesteuerung zeichnet sich daher durch die Vornahme einer gestuften Gewinnermittlung in Verbindung mit einer nunmehr eingeschränkten Einheitsbetrachtung aus. Vor diesem Hintergrund gilt es daher im nachfolgenden Abschnitt C. die drei schon genannten Erklärungskonzepte für das Bilanzierungsobjekt der Ergänzungsbilanz eingehend zu diskutieren: Dabei handelt es sich erstens um die Auffassung, die Ergänzungsbilanz verzeichne ideelle Anteile an den Wirtschaftsgütern des Gesellschaftsvermögens, zweitens um die These, in der Ergänzungsbilanz gelange der Mitunternehmeranteil selbst zum Ausweis, und drittens um die Interpretation der Ergänzungsbilanz als Wertkorrekturbilanz.[186]

Dennoch darf hier nicht der voreilige Schluss gezogen werden, die Einschränkung der Einheitsbetrachtung sei für die Ergänzungsbilanz unerheblich. Die Auswirkungen zeigen sich jedoch nicht auf der konzeptionellen Ebene, sondern vielmehr bei konkreten Bilanzierungsproblemen: Mit der nun eng gefassten Einheitsbetrachtung ist die These, dass die Einheitsbetrachtung den Ausgangspunkt zur Lösung sämtlicher Zweifelsfragen in der Ergänzungsbilanz bilden müsse,[187] nicht mehr vereinbar. Dies erkennt auch *Schmidt,* der als Reaktion auf

---

Schmidt-Liebig, Axel: Der Beschluß des Großen Senats zum „gewerblichen Grundstückshandel" vom 3.7.1995" (Teil 1 und Teil 2), in: INF, 52. Jg. (1996), S. 65-69 und S. 107-109, h.S. 109.

184 Siehe oben 2. Kapitel B. II. 4).

185 Vgl. Neumann, Steffen: Einkünfteermittlung und Bilanzierung in Personengesellschaften, in: GmbHR, 88. Jg. (1997), S. 621-630, h.S. 623; Weber-Grellet, Heinrich: Anmerkung zum BFH-Beschluß vom 3. Juli 1995 GrS 1/93, a.a.O., S. 1341.

186 Siehe ausführlich 2. Kapitel C.

187 Siehe oben 2. Kapitel B. II. 6).

die geänderte Rechtsprechung diese Forderung inzwischen nicht mehr erhebt.[188] Als Leitlinie bei der Klärung von Zweifelsfragen ist nun die Erreichung einer sachgerechten Besteuerung des einzelnen Mitunternehmers zu betrachten,[189] d.h. es gilt im Sinne der obigen Ausführungen die systemgerechte Fixierung und Fortentwicklung der Mehr- bzw. Minderanschaffungskosten des Erwerbers sicherzustellen.[190] Darüber hinaus ist bei der späteren Analyse der Fortentwicklungsproblematik zu berücksichtigen, dass der einheitsbetrachtungsgeprägten Fortentwicklungskonzeption durch die Einschränkung der Einheitsbetrachtung die Argumentationsgrundlage entzogen worden ist.[191]

C. Das Bilanzierungsobjekt der Ergänzungsbilanzen im Meinungsstreit

I. Anteile an den Wirtschaftsgütern des Gesellschaftsvermögens als Bilanzierungsobjekt

Die Rechtsprechung betrachtet den entgeltlichen Gesellschafterwechsel aus der Perspektive des Erwerbers traditionell als einen anteiligen Erwerb der Wirtschaftsgüter des Gesellschaftsvermögens;[192] diese anteiligen Wirtschaftsgüter bilden das Bilanzierungsobjekt der Ergänzungsbilanz. Die Konsequenz hieraus ist, dass die zivil- und die steuerrechtliche Würdigung des entgeltlichen Gesellschafterwechsels voneinander divergieren: Der zivilrechtliche share-deal wird steuerrechtlich in einen asset-deal umqualifiziert.[193]

Dabei ist allerdings zu beachten, dass der BFH seit der Abkehr von der Einzelbetriebstheorie die dingliche Bruchteilsbetrachtung nicht mehr vertreten hat.[194]

---

188 *Schmidt* hat diese Forderung seit der 17. Aufl. nicht mehr erhoben. Vgl. Schmidt, Ludwig: § 15 EStG, in: Schmidt, Ludwig: EStG-Kommentar, 17. Aufl., München 1998, Rn. 464; Schmidt, Ludwig: § 15 EStG, in: Schmidt, Ludwig: EStG-Kommentar, 18. Aufl., München 1999, Rn. 464.

189 Vgl. Schmidt, Ludwig: § 15 EStG, a.a.O., Rn. 464.

190 Siehe oben 2. Kapitel A. II. 3), sowie ausführlicher unten 2. Kapitel C. III. bzw. 2. Kapitel D.

191 Siehe ausführlich 2. Kapitel E. II.

192 Vgl. aus der jüngeren Rechtsprechung: BFH-Urteil vom 26. Januar 1978 IV R 97/76, BFHE 124, S. 516-520, h.S. 518 f., mit Verweisen auf die ältere Rechtsprechung; BFH-Urteil vom 19. Februar 1981 VI R 41/78, BFHE 133, S. 510-513, h.S. 511; BFH-Urteil vom 25. April 1985 IV R 83/83, BFHE 144, S. 25-31, h.S. 27; BFH-Urteil vom 7. November 1985 IV R 7/83, BFHE 145, S. 194-198, h.S. 195; BFH-Beschluss vom 25. Februar 1991 GrS 7/89, BFHE 163, S. 1-24, h.S. 19; BFH-Urteil vom 18. Februar 1993 IV R 40/92, BFHE 171, S. 422-428, h.S. 424; BFH-Urteil vom 6. Juli 1995 IV R 30/93, BFHE 178, S. 176-180, h.S. 178; BFH-Urteil vom 12. Dezember 1996 IV R 77/93, BFHE 183, S. 379-385, h.S. 383.

193 Vgl. Hötzel, Oliver: Unternehmenskauf und Steuern, a.a.O., S. 8.

194 Vgl. Gschwendtner, Hubert: Ergänzungsbilanz und Sonderbilanz II in der Rechtsprechung des Bundesfinanzhofes, a.a.O., S. 820, m.w.N.; sowie BFH-Urteil vom 25. April

An die Stelle der Bruchteilsbetrachtung ist vielmehr eine Art Bruchteilsfiktion getreten, derzufolge der Erwerber im Zuge des Anschaffungsgeschäfts nicht mehr dingliche, sondern ideelle Anteile an den Wirtschaftsgütern des Gesellschaftsvermögens erwirbt.[195]
Die Zulässigkeit dieser Bruchteilsfiktion ist allerdings sehr umstritten. So wird insbesondere kritisiert, dass die Bruchteilsfiktion ein Relikt aus der Zeit sei, in der die Mitunternehmerschaftsbesteuerung noch von der Bilanzbündeltheorie beherrscht wurde.[196] Mit dem „Neuen Steuerrecht der Personengesellschaft" und insbesondere mit der Einheitsbetrachtung sei diese Vorstellung nicht kompatibel.[197]

Tatsächlich ist es kaum bestreitbar, dass die Ursprünge der Bruchteilsfiktion auf die Bilanzbündeltheorie und vor allem auf die Einzelbetriebstheorie zurückzuführen sind.[198] Allerdings begründet die Rechtsprechung die Bruchteilsfiktion inzwischen nicht mehr in erster Linie mit einem Verweis auf das System der Mitunternehmerschaftsbesteuerung, sondern zieht hierzu vor allem die Vorschrift des § 39 Abs. 2 Nr. 2 AO heran.[199] Dieser Paragraph bestimmt, dass abweichend von zivilrechtlichen Instituten wie der Gesamthandsgemeinschaft Wirtschaftsgüter für steuerliche Zwecke den Beteiligten anteilig zugerechnet werden können; die Vorschrift repräsentiert einen Anwendungsfall der wirtschaftlichen Betrachtungsweise.[200]

1985 IV R 83/83, BFHE 144, S. 25-31, h.S. 27; BFH-Urteil vom 23. Januar 1986 IV R 335/84, BFHE 146, S. 236-241, h.S. 237 f.; BFH-Urteil vom 26. Juni 1990 VIII R 81/85, BFHE 161, S. 472-479, h.S. 477; BFH-Beschluss vom 25. Februar 1991 GrS 7/89, BFHE 163, S. 1-24, h.S. 19. Siehe auch oben 2. Kapitel B. II. 4).

195 Vgl. Gschwendtner, Hubert: Ergänzungsbilanz und Sonderbilanz II in der Rechtsprechung des Bundesfinanzhofes, a.a.O., S. 820, m.w.N.; Wacker, Roland: § 16 EStG, a.a.O., Rn. 452.

196 Siehe oben 2. Kapitel B. II. 3) sowie Dreissig, Hildegard: Ergänzungsbilanzen – steuerliche Zweifelsfragen und wirtschaftliche Auswirkungen, a.a.O., S. 227; Fellmeth, Peter: Gesellschaftsanteil an einer Personengesellschaft im Bilanzsteuerrecht, a.a.O., S. 886.

197 Vgl. Gschwendtner, Hubert: Ergänzungsbilanz und Sonderbilanz II in der Rechtsprechung des Bundesfinanzhofes, a.a.O., S. 820; Fellmeth, Peter: Gesellschaftsanteile an einer Personengesellschaft im Bilanzsteuerrecht, a.a.O., S. 885 f.

198 Siehe oben 2. Kapitel B. II. 4).

199 Vgl. z.B. BFH-Urteil vom 25. April 1985 IV R 83/83, BFHE 144, S. 25-31, h.S. 27; BFH-Urteil vom 23. Januar 1986 IV R 335/84, BFHE 146, S. 236-241, h.S. 237 f.; BFH-Urteil vom 26. Juni 1990 VIII R 81/85, BFHE 161, S. 472-479, h.S. 477; BFH-Beschluss vom 25. Februar 1991 GrS 7/89, BFHE 163, S. 1-24, h.S. 19.

200 Vgl. Fischer, Peter: § 39 AO, in: Hübschmann/Hepp/Spitaler: Kommentar zur Abgabenordnung und Finanzgerichtsordnung, 10. Aufl., Köln 1995, Anm. 2-4; Tipke, Klaus; Kruse, Heinrich Wilhelm: § 39 AO, in: Tipke, Klaus; Kruse, Heinrich Wilhelm: Abgabenordnung – Finanzgerichtsordnung, 13. Aufl., Köln 1988, Anm. 1.

Der Vorteil dieses Quotengedankens liegt darin, dass hierdurch grundsätzlich eine sachgerechte Fortentwicklung der individuellen Mehr- bzw. Minderanschaffungskosten möglich wird. Dem in der Ergänzungsbilanz ausgewiesenen Mehr- bzw. Minderkapital können auf diese Art und Weise die anteiligen stillen Reserven bzw. stillen Lasten in den Wirtschaftsgütern des Betriebsvermögens zugeordnet werden. Die damit hergestellte Verbindung zwischen den Mehr- bzw. Minderanschaffungskosten und den einzelnen Wirtschaftsgütern, die stille Reserven respektive stille Lasten enthalten, ist die Voraussetzung dafür, dass die oben geforderte Nachbildung des steuerbilanzrechtlichen Gewinnermittlungsmodus gelingen kann.[201] Würde dem Mehr- bzw. Minderkapital dagegen lediglich ein Sammelposten gegenübergestellt, so wäre dies nicht erreichbar. In diesem Sinne ist die Bruchteilsfiktion tatsächlich als steuerrechtlich erforderlich charakterisierbar.[202]

Im Schrifttum bestehen allerdings Kontroversen darüber, ob § 39 Abs. 2 Nr. 2 AO überhaupt zur Begründung der Bruchteilsfiktion herangezogen werden kann. Diese Zweifel basieren darauf, dass – wie die Rechtsprechung selbst mehrfach betont hat – § 15 Abs. 1 Nr. 2 EStG in Verbindung mit den allgemeinen Gewinnermittlungsvorschriften gegenüber § 39 Abs. 2 Nr. 2 AO grundsätzlich vorrangig ist.[203] Zur Ermittlung des Gewinnanteils des Mitunternehmers ist zunächst der Gewinn der Gesellschaft zu bestimmen; es soll nicht etwa eine eigenständige Gewinnermittlung für den Gesellschafter erfolgen, die die Anwendung der Bruchteilsfiktion, d.h. des § 39 Abs. 2 Nr. 2 AO, voraussetzen würde.[204] Um Wertungswidersprüche zu vermeiden, wird hieraus der Schluss gezogen, die Bruchteilsfiktion sei auch bei einem entgeltlichen Gesellschafterwechsel, d.h. im Anwendungsbereich des § 16 Abs. 1 Nr. 2 EStG, entbehrlich.[205] Der Argumentation, dass die Bruchteilsfiktion für eine sachgerechte Besteuerung des Gesellschafters gemäß § 16 Abs. 1 Nr. 2 EStG zwingend erforderlich sei, wird meist entgegengehalten, dass der Wortlaut des § 16 Abs. 1 Nr. 2 EStG nicht von Anteilen an den Wirtschaftsgütern des Gesellschaftsvermögens, sondern vielmehr von der Existenz des Mitunternehmeran-

---

201 Siehe oben 2. Kapitel A. II. 3) a) β).
202 Vgl. Wacker, Roland: § 16 EStG, a.a.O., Rn. 480.
203 Vgl. explizit BFH-Urteil vom 6. November 1980 IV R 5/77, BFHE 132, S. 241-244, h.S. 243; BFH-Urteil vom 10. Juli 1980 IV R 136/77, S. 313-324, h.S. 318 f.; implizit bereits BFH-Urteil vom 28. Januar 1976 I R 84/74, BFHE 119, S. 234-239, h.S. 236 f.
204 Vgl. Groh, Manfred: § 39 AO und die Gewinnermittlung für Mitunternehmer, in: JbFSt 1983/84, hrsg. v. Deutschen Anwaltsverein e.V., Herne u.a. 1983, S. 255-267, h.S. 258.
205 Vgl. Reiß, Wolfram: Ertragsteuerrechtliche Behandlung von Gesamthandsbeteiligungen und Beteiligungserträgen, in: StuW, 63. Jg. (1986), S. 232-244, h.S. 237; Regniet, Michael: Ergänzungsbilanzen bei der Personengesellschaft, a.a.O., S. 20 f.; Gschwendtner, Hubert: Ergänzungsbilanz und Sonderbilanz II in der Rechtsprechung des Bundesfinanzhofes, a.a.O., S. 820.

teils als solchen ausgehe.[206] *Reiß* kritisiert zudem, dass die Bruchteilsfiktion mit der Rechtsprechung des BFH zu Veräußerungsvorgängen zwischen Gesamthand und Gesellschafter unvereinbar sei, da für diese auch bezüglich des Gesellschafteranteils Erfolgswirksamkeit angenommen wird.[207]

Angesichts dieser vielfältigen Kritik ist festzustellen, dass die Begründung der Bruchteilsfiktion mit § 39 Abs. 2 Nr. 2 AO vor dem Hintergrund des derzeit gültigen Leitbildes der Mitunternehmerschaftsbesteuerung nur bedingt überzeugen kann. Ähnliches gilt auch für die Argumentation, die Bruchteilsfiktion sei erforderlich, um Vergünstigungsvorschriften wie § 6b aF EStG handhaben zu können:[208] Es ist nicht nachvollziehbar, aus welchen Gründen eine steuerliche Spezialregelung wie § 6b aF EStG – auch wenn sie im konkreten Fall gar nicht zur Anwendung gelangt – die Gestalt eines in einem anderen Zusammenhang stehenden Rechenwerkes wie der Ergänzungsbilanz anlässlich eines entgeltlichen Gesellschafterwechsels derart intensiv beeinflussen sollte.[209] Nach der Neuregelung des § 6b EStG ist diese Argumentation überdies hinfällig geworden;[210] für die verbliebenen Anwendungsbereiche personenbezogener Steuervergünstigungen gilt die obige Kritik entsprechend.

Darüber hinaus erlaubt die Bruchteilsfiktion – auch wenn man von den zuvor dargestellten Widersprüchen und Begründungsdefiziten absieht – keine tragfähige, dem gängigen bilanzsteuerrechtlichen Normverständnis gerecht werdende Erklärung des Bilanzinhalts der Ergänzungsbilanz: Da die Bilanzierung von Anschaffungskosten gemäß des allgemeinen Anschaffungskostenbegriffs grundsätzlich voraussetzt, dass diese Anschaffungskosten zweckorientiert für den Erwerb von Wirtschaftsgütern geleistet wurden,[211] ist zu prüfen, ob den individuellen Mehr- bzw. Minderanschaffungskosten bei Anwendung der Bruchteilsfiktion tatsächlich Wirtschaftsgüter gegenübergestellt werden.

Dazu ist es hilfreich, sich zunächst Klarheit über die Funktion des Wirtschaftsgutbegriffes zu verschaffen. Sinn und Zweck der Wirtschaftsgutqualifikation ist es, eine Objektivierung der in die steuerliche Gewinnermittlung einzubeziehenden Einnahmepotentiale zu erreichen. Dies gelingt im Wesentlichen mittels einer strengen Prüfung mehrerer Wirtschaftsgutkriterien wie Existenz eines

---

206 Vgl. Regniet, Michael: Ergänzungsbilanzen bei der Personengesellschaft, a.a.O., S. 20 f.

207 Vgl. z.B. Reiß, Wolfram: Ertragsteuerliche Behandlung von Gesamthandsbeteiligungen und Beteiligungserträgen, a.a.O., h.S. 237.

208 Vgl. stellvertretend Groh, Manfred: Die Bilanzen der Mitunternehmerschaft, a.a.O., S. 384.

209 *Schön* zweifelt überdies daran, dass für die Anwendung des § 6b aF EStG die Bruchteilsfiktion erforderlich ist. Vgl. Schön, Wolfgang: Gewinnübertragungen bei Personengesellschaften nach § 6b EStG, a.a.O., S. 63-111.

210 Siehe oben 1. Kapitel C.

211 Vgl. Glanegger, Peter: § 6 EStG, a.a.O., Rn. 81.

wirtschaftlichen Vorteils, Greifbarkeit und selbständige Bewertbarkeit; liegt auch nur eine geringfügige Beschränkung dieser Kriterien vor, wird der Wirtschaftsgutstatus des betroffenen Objekts nicht anerkannt.[212]

Zu entscheiden ist nun, ob ein Wirtschaftsgut infolge der Bruchteilsfiktion seine Wirtschaftsguteigenschaft einbüßen kann. Geht man zunächst noch einmal von der älteren dinglichen Bruchteilsbetrachtung aus, so wäre dies wohl überwiegend zu verneinen, weil z.b. auch ein (materieller) Bruchteil eines Grundstücks noch immer die abstrakten Wirtschaftsgutkriterien erfüllt.[213] Für die Bruchteilsfiktion gelangt man indes zu einem anderen Ergebnis: Da ein „ideeller Anteil an einem Wirtschaftsgut" nach der zivilrechtlichen Gesamthandslehre überhaupt nicht existent ist,[214] und eine exakte Definition eines solchen „ideellen Anteils" zudem kaum möglich erscheint, ist im Sinne des Vorsichts- und des Objektivierungsprinzips davon auszugehen, dass hier weder das Kriterium der Existenz eines wirtschaftlichen Vorteils noch Greifbarkeit noch selbständige Bewertbarkeit gegeben ist. Ein „ideeller Anteil an einem Wirtschaftsgut" ist demnach nicht mehr als eigenständiges Wirtschaftsgut zu betrachten; vielmehr handelt es sich um ein bilanzrechtlich nicht definiertes aliud.

Hieraus folgt aber, dass die „ideellen Anteile an den Wirtschaftsgütern" im strengen Sinne nicht das Bilanzierungsobjekt der Ergänzungsbilanz verkörpern können. Sofern man nach einem Erklärungskonzept strebt, das dem gängigen bilanzrechtlichen Begriffsverständnis entspricht, ist es zwingend, dass den individuellen Mehr- bzw. Minderanschaffungskosten des Erwerbers Wirtschaftsgüter gegenüberstehen.

II. Der Mitunternehmeranteil als Bilanzierungsobjekt

1) Die Grundkonzeption

Aus der Kritik an der Bruchteilsfiktion wurde mitunter die Vorstellung entwickelt, dass die im Rahmen eines entgeltlichen Gesellschafterwechsels gezahlten Anschaffungskosten nicht für ideelle Anteile an den Wirtschaftsgütern des Gesellschaftsvermögens, sondern für den Erwerb des Mitunternehmeranteils selbst geleistet werden.[215] Demnach wären auch die in den Ergänzungsbilanzen

---

212 Ausführlich zu der Ableitung der Wirtschaftsgutkriterien aus dem GoB-System im Hinblick auf die Ansatzentscheidung in der Ergänzungsbilanz, siehe unten 2. Kapitel E. I.

213 Probleme entstehen allerdings auch bei der dinglichen Bruchteilsbetrachtung, falls es sich um „unteilbare" Wirtschaftsgüter, wie z.B. ein Patent, handelt.

214 Vgl. Wacker, Roland: § 16 EStG, a.a.O., Rn. 480. Siehe auch oben 2. Kapitel B. II. 3).

215 In diesem Sinne wohl Regniet, Michael: Ergänzungsbilanzen bei der Personengesellschaft, a.a.O., S. 20 f.; Schön, Wolfgang: Gewinnübertragungen bei Personengesellschaften nach § 6b EStG, a.a.O., S. 74-79; eindeutig bei Gschwendtner, Hubert: Ergän-

abzubildenden Mehr- bzw. Minderanschaffungskosten für den Erwerb dieses Anteils entrichtet worden, d.h. der Mitunternehmeranteil würde das Bilanzierungsobjekt der Ergänzungsbilanzen repräsentieren. Der Erwerb eines Anteils an einer Personengesellschaft wäre dann ebenso wie der Erwerb eines Anteils an einer Kapitalgesellschaft als share-deal ausgestaltet.[216]

Obwohl dieser Gedankengang auf den ersten Blick zu überzeugen vermag, wurde dieses Erklärungskonzept in der Vergangenheit nur selten erwogen.[217] Die Ursache hierfür ist zum einen in der festgefügten Rechtsprechung zur Bruchteilsfiktion, zum anderen aber auch darin zu sehen, dass der BFH und Teile des Schrifttums den Mitunternehmeranteil nicht als steuerliches Wirtschaftsgut anerkennen.[218] Diese These hat ihren Ursprung in der interdependenten Problematik, wie eine Beteiligung an einer Personenhandelsgesellschaft in der Handels- respektive in der Steuerbilanz eines eigenständig bilanzierungspflichtigen Mitunternehmers zu behandeln ist. Bevor die Diskussion um das Bilanzierungsobjekt der Ergänzungsbilanzen fortgesetzt werden kann, gilt es daher, dieses Problem näher zu betrachten.

2) Die Bilanzierung von Beteiligungen an Personenhandelsgesellschaften als interdependente Problematik

a) Bilanzierung in der Handelsbilanz

Das Handelsrecht greift in der Frage, ob ein Gesellschaftsanteil an einer Personengesellschaft einen selbständigen Vermögensgegenstand repräsentiert und damit als Beteiligung bilanziert werden kann,[219] auf die zivilrechtliche Würdigung des Gesellschafterwechsels zurück. Dementsprechend besteht handels- und zivilrechtlich Einvernehmen darüber, dass die Interpretation des Anteilserwerbs als einen Erwerb anteiligen Gesellschaftsvermögens dem Gesamthandsprinzip widersprechen würde.[220] Das von den Gesellschaftern eingelegte Vermögen erfährt durch die gesamthänderische Bindung eine gewisse Verselbständigung zu einem zweckgebundenen Sondervermögen, auf das dem einzel-

---

zungsbilanz und Sonderbilanz II in der Rechtsprechung des Bundesfinanzhofes, a.a.O., S. 823.

216 Vgl. Hötzel, Oliver: Unternehmenskauf und Steuern, a.a.O., S. 8.

217 So z.B. bei Sauer, Otto: Negativer Geschäftswert in der Steuerbilanz?, a.a.O., S. 125.

218 Vgl. Schmidt, Ludwig: Anmerkung zum BFH-Urteil vom 23. Juli 1975, in: FR, 58. Jg. (1976), S. 21.

219 Der Gesellschaftsanteil verbrieft dabei sowohl das Mitgliedschaftsrecht in der Personenhandelsgesellschaft als auch die vermögensmäßige Beteiligung am Gesamthandsvermögen; zwischen diesen beiden Tatbeständen besteht eine unauflösliche Beziehung. Vgl. Kübler, Friedrich: Gesellschaftsrecht, a.a.O., S. 29.

220 Vgl. mit Hinweisen auf die ältere Literatur Sommer, Josef: Bilanzierung von Anteilen an Personengesellschaften in Handels- und Steuerbilanz, Bergisch-Gladbach u.a. 1996, S. 28-31.

nen Gesellschafter der Zugriff verwehrt ist.[221] Dem Gesellschaftsvermögen der (im Grundsatz) nicht rechtsfähigen Personenhandelsgesellschaften wird deshalb ein ähnlicher Grad der Verselbständigung zuerkannt wie dem Vermögen der rechtsfähigen Kapitalgesellschaften. Gesellschaftsanteile an Personenhandelsgesellschaften und an Kapitalgesellschaften verfügen damit über eine identische rechtliche Struktur.[222] Die Personenhandelsgesellschaften werden für Zwecke der Rechnungslegung als rechtsfähig betrachtet; Anteile an Personenhandelsgesellschaften sind, ebenso wie Anteile an Kapitalgesellschaften, als eigenständige Vermögensgegenstände dem Grunde nach in der Handelsbilanz bilanzierbar.[223] Im Schrifttum wird die Behandlung des Anteils an einer Personenhandelsgesellschaft als Vermögensgegenstand der Handelsbilanz inzwischen einstimmig befürwortet;[224] der Bilanzausweis hat innerhalb des Finanzanlagevermögens unter dem Posten „Beteiligungen" zu erfolgen.[225]

Nach welchen Grundsätzen dieser Posten zu bewerten ist, war allerdings lange Zeit umstritten. Kontrovers diskutiert wurde insbesondere, welcher der beiden fundamentalen bilanziellen Wertmaßstäbe (Anschaffungs- oder Herstellungskosten) für die Bewertung heranzuziehen ist und wie Gewinne und Verluste aus der Beteiligung zu berücksichtigen sind:

Die Auffassung, dass die Beteiligung nicht zu Anschaffungs-, sondern zu Herstellungskosten zu bilanzieren ist, wurde aus der These abgeleitet, dass Anschaffungskosten nur bei bereits vor dem Anschaffungsvorgang existierenden Vermögensgegenständen vorliegen könnten.[226] Da bei der Gründung einer Per-

---

221 Vgl. Hoffmann, Wolf-Dieter: Die Bilanzierung von Beteiligungen an Personenhandelsgesellschaften, in: BB, 43. Jg. (1988), Beilage 2 zu Heft 9/1988, S. 3.

222 Vgl. Huber, Ulrich: Vermögensanteil, Kapitalanteil und Gesellschaftsanteil an Personengesellschaften des Handelsrechts, Heidelberg 1970, S. 115.

223 Vgl. Hoffmann, Wolf-Dieter: Die Bilanzierung von Beteiligungen an Personenhandelsgesellschaften in Handels- und Steuerrecht, a.a.O., S. 3. Zum Nachweis der Vermögensgegenstandseigenschaft des Anteils an einer Personengesellschaft detailliert Sommer, Josef: Bilanzierung von Anteilen an Personengesellschaften in Handels- und Steuerbilanz, a.a.O., S. 115-120.

224 Vgl. z.B. Mellwig, Winfried: Beteiligungen an Personengesellschaften in der Handelsbilanz, in: BB, 45. Jg. (1990), S. 1162-1172, h.S. 1162; Bürkle, Thomas; Knebel, Andreas: Bilanzierung von Beteiligungen an Personengesellschaften, in: DStR, 36. Jg. (1998), S. 1067-1072, h.S. 1068, m.w.N.

225 Vgl. Breuer, Claudia: Beteiligungen an Personengesellschaften in der Handelsbilanz, Düsseldorf 1994, S. 14-17. Strittig ist dies allerdings für Kommanditanteile an einer Publikums-KG.

226 Vgl. Hoffmann, Wolf-Dieter: Die Bilanzierung von Beteiligungen an Personenhandelsgesellschaften, a.a.O., S. 5-11.

sonengesellschaft die Anteile erst durch den Gründungsprozess neu entstehen, müsse die Beteiligung mit Herstellungskosten angesetzt werden.[227] Diese Streitfrage kann inzwischen aber als gelöst gelten. *Mellwig* weist nach, dass es nicht entscheidend ist, ob der Gegenstand des Anschaffungsvorgangs bereits vorhanden war oder erst neu entsteht. Die Differenzierung zwischen Anschaffungs- und Herstellungskosten gründe sich vielmehr primär auf die unterschiedlichen Möglichkeiten einer objektivierten Wertfindung. Dabei sei im Rahmen eines Anschaffungsvorgangs mittels des Marktprozesses eine weitaus objektiviertere Wertbeimessung möglich als bei selbsterstellten Vermögensgegenständen, die ohne direkten Marktbezug zu Herstellungskosten zu bewerten seien.[228] Dieser Sichtweise hat sich zwischenzeitlich die Mehrheit der Autoren angeschlossen: Die Beteiligung ist demnach generell zu Anschaffungskosten zu bilanzieren; bei Gründung einer Gesellschaft ergeben sich diese aus der Einlage zuzüglich angefallener Nebenkosten, bei derivativem Erwerb der Beteiligung aus dem Kaufpreis zuzüglich angefallener Nebenkosten.[229]

Das Problem, auf welche Art und Weise Gewinne und Verluste aus der Beteiligung zu erfassen sind, ist eng verbunden mit der Frage, ob die Spiegelbildmethode handelsrechtlich zulässig ist. Die Spiegelbildmethode ist durch die Übertragung des steuerlichen Verfahrens der unmittelbaren Zurechnung von Erfolgsbeiträgen an die Gesellschafter auf die handelsbilanzielle Bewertung der Beteiligung gekennzeichnet. Demnach führen Gewinnanteile und Kapitaleinlagen zu einer unmittelbaren Erhöhung, Verlustanteile und Ausschüttungen dagegen zu einer unmittelbaren Verringerung des Beteiligungsansatzes; der Beteiligungsansatz in der Handelsbilanz des Gesellschafters wird zum Reflex seines Kapitalkontos in der Steuerbilanz der Gesellschaft.[230]

Obwohl die Praxis[231] und auch das IDW[232] die Spiegelbildmethode lange Zeit favorisierten, blieb diese stets umstritten.[233] Kritisiert wurde insbesondere, dass

---

227 Vgl. Hoffmann, Wolf-Dieter: Die Bilanzierung von Beteiligungen an Personenhandelsgesellschaften, a.a.O., S. 5-11.

228 Vgl. Mellwig, Winfried: Beteiligungen an Personengesellschaften in der Handelsbilanz, a.a.O., S. 1163.

229 Vgl. stellvertretend, m.w.N.: Nieskens, Hans: Die Bilanzierung und Bewertung von Beteiligungen an Personenhandelsgesellschaften, in: WPg, 41. Jg. (1988), S. 493-502, h.S. 495; Breuer, Claudia: Beteiligungen an Personengesellschaften in der Handelsbilanz, a.a.O., S. 19-22.

230 Vgl. Hoffmann, Wolf-Dieter: Die Bilanzierung von Beteiligungen an Personenhandelsgesellschaften, a.a.O., S. 15.

231 Der Vorteil der Spiegelbildmethode lag darin, dass diese eine Harmonisierung von Handels- und Steuerbilanzergebnis ermöglichte. Vgl. Nieskens, Hans: Die Bilanzierung und Bewertung von Beteiligungen an Personenhandelsgesellschaften, a.a.O., S. 499.

232 Vgl. IDW (Hrsg.): Stellungnahme HFA 3/76: Zur Bilanzierung von Beteiligungen an Personenhandelsgesellschaften nach aktienrechtlichen Grundsätzen, in: WPg, 29. Jg.

die zeitlich unmittelbare und betragsmäßig unbeschränkte Berücksichtigung von Gewinnanteilen des Tochterunternehmens eine Missachtung des Realisationsprinzips bewirken könne; gemäß des Realisationsprinzips ist der Ausweis einer Vermögensmehrung in der Handelsbilanz jedoch nur zulässig, falls hierauf ein quasi-sicherer Anspruch besteht.[234]

Um diesem Prinzip gerecht zu werden, hat die Rechtsprechung bereits frühzeitig klargestellt, dass eine Gewinnrealisierung beim Mutterunternehmen in der Regel erst nach der Feststellung des Jahresabschlusses des Tochterunternehmens möglich ist; die Gewinnvereinnahmung muss also periodenversetzt erfolgen.[235] Darüber hinaus wurde eine stärkere Berücksichtigung der individuellen Ausgestaltung des Gesellschaftsvertrags, z.B. hinsichtlich eventueller Thesaurierungsklauseln, angemahnt. Die herrschende Meinung macht den Gewinnausweis deshalb inzwischen davon abhängig, ob der Gesellschafter die individuelle Verfügungsmacht über den Gewinnanteil erlangt hat, d.h. ob dem Gesellschafter der Gewinnanteil „so gut wie sicher"[236] zufließen wird.[237]

Diese Überlegungen haben dazu geführt, dass die Spiegelbildmethode wegen ihrer Unvereinbarkeit mit dem Realisationsprinzip heute überwiegend als han-

---

(1976), S. 591-594. Das IDW befürwortete die Spiegelbildmethode allerdings nur in einer leicht abgeschwächten Form. Die wesentlichste Einschränkung gegenüber der „Reinform" der Spiegelbildmethode war dabei, dass Verluste nur bis zum Erreichen des Beteiligungsbuchwerts abgezogen werden sollten; negative Beteiligungsansätze sollten vermieden werden, Gewinnanteile wurden als Forderungen erfasst. Vgl. Nieskens, Hans: Die Bilanzierung und Bewertung von Beteiligungen an Personenhandelsgesellschaften im handelsrechtlichen Jahresabschluß, a.a.O., S. 499.

233 Überblicke über die Meinungsvielfalt in der älteren und neueren Literatur finden sich bei Schellein, Horst: Bilanzierung von Beteiligungen an Personengesellschaften, in: IDW (Hrsg.): Personengesellschaft und Bilanzierung, Düsseldorf 1990, S. 193-207, h.S. 194 sowie Wrede, Friedrich: Beteiligungen an Personenhandelsgesellschaften in der Handelsbilanz und der Steuerbilanz, in: FR, 72. Jg. (1990), S. 293-302, h.S. 296. Auch der BFH meldete bereits früh Zweifel daran an, ob die Spiegelbildmethode die einzig zutreffende Methode zur Berücksichtigung von Gewinn- und Verlustanteilen sei. Vgl. BFH-Urteil vom 23. Juli 1975 I R 165/73, BFHE 117, S. 30-33, h.S. 32.

234 Vgl. Euler, Roland: Grundsätze ordnungsmäßiger Gewinnrealisierung, Düsseldorf 1989, S. 67-71.

235 So z.B. BGH-Urteil vom 6. April 1981 II ZR 186/80, BGHZ 80, S. 357-360, h.S. 358 f. Weitere Nachweise bei Wrede, Friedrich: Beteiligungen an Personenhandelsgesellschaften in der Handelsbilanz und der Steuerbilanz, a.a.O., S. 297.

236 Moxter, Adolf: Zur wirtschaftlichen Betrachtungsweise im Bilanzrecht, in: StuW, 66. Jg. (1989), S. 232-241, h.S. 237.

237 Ausführlich zur Gewinnrealisation bei Beteiligungen an Personenhandelsgesellschaften siehe Breuer, Claudia: Beteiligungen an Personengesellschaften in der Handelsbilanz, a.a.O., S. 47-149; Mellwig, Winfried: Beteiligungen an Personengesellschaften in der Handelsbilanz, a.a.O., S. 1168-1172.

delsrechtlich unzulässig betrachtet wird.[238] Auch das IDW hat sich inzwischen dieser Beurteilung angeschlossen und befürwortet in einer überarbeiteten Stellungnahme nicht mehr die Spiegelbildmethode, sondern fordert im Wesentlichen eine bilanzielle Gleichbehandlung von Beteiligungen an Personen- und Kapitalgesellschaften. Beteiligungen an Personenhandelsgesellschaften sind demnach handelsbilanziell mit ihren Anschaffungskosten auszuweisen.[239]

Hebeler ist dieser als gefestigt zu betrachtenden Auffassung allerdings jüngst mit der Argumentation entgegengetreten, dass aus der Vorschrift des § 120 Abs. 2 HGB für die Handelsbilanz zwingend die spiegelbildliche Bewertung der Beteiligung folge; die allgemeinen bilanzrechtlichen Vorschriften der §§ 238 ff. HGB – und damit auch das Realisationsprinzip – seien demgegenüber nachrangig.[240] Überzeugen kann dieser Ansatz gleichwohl nicht: § 120 HGB ist Bestandteil des zweiten Buchs des HGB und dient der Regelung des Rechtsverhältnisses der Gesellschafter untereinander; eine Durchbrechung der Bewertungsvorschriften der §§ 253, 255 HGB im dritten Buch des HGB lässt sich daraus nicht ableiten – das oben gefundene Ergebnis hat daher Bestand.[241]

b) Bilanzierung in der Steuerbilanz

Aus der handelsrechtlichen Behandlung des Anteils an einer Personenhandelsgesellschaft wird nun von einigen Autoren gefolgert, dass dieser auch als steuerliches Wirtschaftsgut anzuerkennen und als Beteiligung auszuweisen sei.[242] Begründet wird dies zumeist wie folgt: Da die Beteiligung als handelsrechtlicher Vermögensgegenstand betrachtet wird und die Begriffe Wirtschaftsgut und Vermögensgegenstand deckungsgleich seien, müsse die Beteiligung wegen des Maßgeblichkeitsprinzips auch als Wirtschaftsgut der Steuerbilanz gewertet

---

238 Vgl. Wrede, Friedrich: Beteiligungen an Personenhandelsgesellschaften in der Handelsbilanz und der Steuerbilanz, a.a.O., S. 296.

239 Vgl. IDW (Hrsg.): Stellungnahme HFA 1/1991: Zur Bilanzierung von Anteilen an Personengesellschaften im Jahresabschluß der Kapitalgesellschaft, in: WPg, 44. Jg. (1991), S. 334-335.

240 Vgl. Hebeler, Christian: Verlustanteile aus der Beteiligung an Personengesellschaften in den Bilanzen einer Kapitalgesellschaft, in: BB, 53. Jg. (1998), S. 206-210, h.S. 207.

241 Vgl. Bürkle, Thomas; Knebel, Andreas: Bilanzierung von Beteiligungen an Personengesellschaften, a.a.O., S. 1070; kritisch hierzu Reiß, Wolfram: Bilanzierung von Beteiligungen an Personengesellschaften, in: DStR, 36. Jg. (1998), S. 1887-1890; erwidernd Bürkle, Thomas; Knebel, Andreas: Bilanzierung von Beteiligungen an Personengesellschaften, in: DStR, 36. Jg. (1998), S. 1890-1892.

242 Vgl. z.B. Regniet, Michael: Ergänzungsbilanzen bei der Personengesellschaft, a.a.O., S. 56-60; Schön, Wolfgang: Gewinnübertragungen bei Personengesellschaften nach § 6b EStG, a.a.O., S. 74-79; Wrede, Friedrich: Beteiligungen an Personenhandelsgesellschaften in der Handelsbilanz und der Steuerbilanz, a.a.O., S. 293 f., m.w.N.

werden. Darüber hinaus sei die Bilanzierung der Beteiligung in der Steuerbilanz auch deshalb erforderlich, weil die Beteiligung an einer Personenhandelsgesellschaft sämtliche Wirtschaftsgutkriterien erfülle und die Aufstellung einer Einheitsbilanz grundsätzlich möglich sein müsse.[243]

Dieser formalen und auf den ersten Blick zutreffenden Argumentation steht aber eine festgefügte Judikatur gegenüber: So führt der BFH z.b. in seinem Urteil vom 23. Juli 1975 aus, dass „die Handelsbilanz und die Steuerbilanz in der Bilanzierung der Beteiligung (...) an einer Personenhandelsgesellschaft verschiedene Wege gehen"[244] können. In der gleichen Entscheidung stellt das Gericht, unter Hinweis auf das Verfahren der einheitlichen und gesonderten Gewinnfeststellung, zudem fest, dass „für die ertragsteuerrechtliche Gewinnermittlung der Posten Beteiligung an einer Personenhandelsgesellschaft keine selbständige Bedeutung"[245] habe. Der BFH hat diese Thesen in der nachfolgenden Zeit mehrfach – mit nur geringfügigen Variationen – wiederholt und zum Bestandteil seiner ständigen Rechtsprechung gemacht.[246]

Zu klären ist nun zunächst, ob dieser Standpunkt der Rechtsprechung gerechtfertigt ist. Der Gegenmeinung ist dahingehend zuzustimmen, dass ein Verzicht auf die Bilanzierung der Beteiligung in der Steuerbilanz nach der inzwischen unzweifelhaften handelsbilanziellen Ansatzpflicht prima facie auf einen Systembruch hindeutet. Eine unterschiedliche Behandlung der Beteiligung in Handels- und Steuerbilanz lässt sich aber dadurch begründen, dass die Verselbständigung der Personenhandelsgesellschaften steuerrechtlich geringer ausgeprägt ist als handelsrechtlich. Die aus der gesamthänderischen Bindung abgeleitete Sichtweise des Gesamthandsvermögens als ein von dem Vermögen der Gesellschafter getrenntes Sondervermögen wird auf steuerlicher Ebene durch die

---

243 Vgl. z.B. Regniet, Michael: Ergänzungsbilanzen bei der Personengesellschaft, a.a.O., S. 56-60; Schön, Wolfgang: Gewinnübertragungen bei Personengesellschaften nach § 6b EStG, a.a.O., S. 74-79; Wrede, Friedrich: Beteiligungen an Personenhandelsgesellschaften in der Handelsbilanz und der Steuerbilanz, a.a.O., S. 293 f., m.w.N.

244 BFH-Urteil vom 23. Juli 1975 I R 165/73, BFHE 117, S. 30-33, h.S. 31. Gegenstand dieser Entscheidung war im Übrigen die fragliche aktienrechtliche Zulässigkeit der Spiegelbildmethode.

245 BFH-Urteil vom 23. Juli 1975 I R 165/73, BFHE 117, S. 30-33, h.S. 31.

246 An das BFH-Urteil vom 23. Juli 1975 anknüpfend: BFH-Urteil vom 29. September 1976 I R 171/75, BFHE 120, S. 222-225, h.S. 224; BFH-Urteil vom 22. Januar 1981 IV R 160/76, BFHE 132, S. 538-542, h.S. 540; BFH-Urteil vom 20. Juni 1985 IV R 36/83, BFHE 144, S. 230-233, h.S. 233; BFH-Urteil vom 6. November 1985 I R 242/81, BFHE 145, S. 359-363, h.S. 362; BFH-Urteil vom 19. Januar 1989 IV R 2/87, BFHE 155, S. 491-496, h.S. 494. Demgegenüber wird in nachstehenden Urteilen noch deutlicher formuliert, es handele sich um „kein selbständiges Wirtschaftsgut" bzw. „kein Wirtschaftsgut": BFH-Urteil vom 19. Februar 1981 IV R 41/78, BFHE 133, S. 510-513, h.S. 511; BFH-Urteil vom 26. Juni 1990 VIII R 81/85, BFHE 161, S. 472-479, h.S. 477.

fehlende Steuerpflicht der Personengesellschaften konterkariert.[247] Den Personengesellschaften wird zwar eine relative Steuersubjektivität zuerkannt, diese erschöpft sich aber bereits in der einheitlichen Gewinnermittlung für die Gesellschaft.[248] Im Anschluss daran wird dem Gesellschafter sein Anteil an diesem Gewinn direkt, ohne Berücksichtigung zeitlicher oder betragsmäßiger Restriktionen, außerbilanziell zur Besteuerung zugewiesen; eine erneute Gewinnermittlung auf der Ebene des Gesellschafters findet bezüglich des Erfolgsbeitrags aus der Beteiligung nicht statt. Dies impliziert aber, dass die Beteiligung an einer Personenhandelsgesellschaft in der bilanziellen Gewinnermittlung des Gesellschafters keinerlei Erfolgswirkung entfalten darf. Würde die Beteiligung indes als reguläres Wirtschaftsgut behandelt, könnte es infolge einer Verlustentstehung bei der Personengesellschaft über die Vornahme von Teilwertabschreibungen zu einer doppelten Verlustberücksichtigung kommen.[249] Um dies zu verhindern, versagt der BFH der Beteiligung an einer Personengesellschaft per se die Wirtschaftsguteigenschaft.

Die Nichtanerkennung der Beteiligung als steuerliches Wirtschaftsgut kann aber auch abstrakt – unter Würdigung fundamentaler bilanzrechtlicher Zusammenhänge – begründet werden: Bedenkt man, dass die einzige Aufgabe der Steuerbilanz in der Ermittlung des Gewinns als Besteuerungsgrundlage zu sehen ist,[250] so ist der Gewinndefinition des § 4 Abs. 1 EStG innerhalb der grundlegenden Vorschriften zur steuerlichen Gewinnermittlung der §§ 4-7 EStG eine gewisse Vorrangstellung zuzuerkennen. Die Anweisungen der §§ 4-7 EStG können nur Geltung beanspruchen, falls mit ihrer Anwendung konkrete Auswirkungen auf den Gewinn i.S.d. § 4 Abs. 1 EStG verbunden sind.[251] Hieraus ergibt sich dann die Unbeachtlichkeit des Maßgeblichkeitsprinzips in diesem Spezialfall:[252] Das Maßgeblichkeitsprinzip i.S.d. § 5 Abs. 1 EStG kann als Bestandteil der allgemeinen Gewinnermittlungsvorschriften nur dann Beachtung finden, wenn von seiner Anwendung auch ein Einfluss auf die Höhe des Gewinns gemäß § 4 Abs. 1 EStG ausgeht. Da aber von dem Posten „Beteiligung" in der Steuerbilanz keine Erfolgswirkung ausgehen dürfte, kann auch das Maßgeblichkeitsprinzip keinen Ansatz dieses Postens gebieten. Eine solche, rein

---

247 Vgl. Sommer, Josef: Bilanzierung von Anteilen an Personengesellschaften in Handels- und Steuerbilanz, a.a.O., S. 191-194.

248 Hierfür spricht insbesondere auch die jüngste Einschränkung der Einheitsbetrachtung. Siehe oben 2. Kapitel B. II. 7).

249 So auch Groh, Manfred: Die Bilanzen der Mitunternehmerschaft, a.a.O., S. 386.

250 Vgl. ausführlich 2. Kapitel D. II.

251 Vgl. Hoffmann, Wolf-Dieter: Die Beteiligung an Personenhandelsgesellschaften in der Steuerbilanz, a.a.O., S. 450 f. unter Bezugnahme auf die entsprechenden Ausführungen des BFH-Beschlusses vom 26. Oktober 1987 GrS 2/86, BFHE 151, S. 523-544.

252 So im Ergebnis auch Schmidt, Ludwig: Anmerkung zum BFH-Urteil vom 23. Juli 1975, a.a.O., S. 21.

formale Anwendung des Maßgeblichkeitspostulats konfligiert mit seiner elementaren Zielsetzung.[253]

Ähnlich lässt sich auch die These widerlegen, die Beteiligung sei schon deshalb als Wirtschaftsgut zu qualifizieren, weil die abstrakten Wirtschaftsgutkriterien hier erfüllt seien.[254] Dass der Nachweis der Wirtschaftsgutkriterien für die Beteiligung gelingt, ist nicht verwunderlich, da andernfalls die Beteiligung schon nicht als handelsrechtlicher Vermögensgegenstand angesetzt werden dürfte. Aus dem Nachweis der abstrakten Wirtschaftsguteigenschaft kann aber hier nicht ohne Vorbehalt auf eine Aktivierung in der Steuerbilanz geschlossen werden:[255] Die Festlegung von Wirtschaftsgutkriterien ist kein Selbstzweck, sondern geschieht, um eine Objektivierung der Gewinnermittlung zu erreichen. Zusätzlich zu der strikten Prüfung dieser Wirtschaftsgutkriterien ist die Erfassung eines Objekts in der steuerlichen Gewinnermittlung aber nur dann sinnvoll, wenn von diesem auch ein Einfluss auf den Periodenerfolg des Unternehmens ausgehen kann. Da die Beteiligung an einer Personenhandelsgesellschaft aber gerade nicht an der steuerlichen Gewinnermittlung teilnimmt, erübrigt sich damit auch die Qualifikation der Beteiligung als Wirtschaftsgut der Steuerbilanz.

Schließlich ist auch der Einwand, die Beteiligung müsse als steuerliches Wirtschaftsgut behandelt werden, um den Steuerpflichtigen die Möglichkeit zur Erstellung einer Einheitsbilanz zu gewähren, nicht stichhaltig. Die Erstellung einer Einheitsbilanz wäre selbst bei Anerkennung der Beteiligung als steuerliches Wirtschaftsgut unmöglich, weil die Beteiligung in der Handelsbilanz gemäß des Anschaffungskostenprinzips zu bewerten ist. In der Steuerbilanz wäre hingegen keine Bewertung gemäß § 6 Abs. 1 EStG vorzunehmen, sondern es käme über die Vorschrift des § 15 Abs. 1 Nr. 2 EStG die Spiegelbildmethode zur Anwendung.[256]

Die mangelnde Wirtschaftsguteigenschaft der Beteiligung i.S.d. BFH lässt sich damit bei einer Würdigung des Sinnzusammenhangs der Gewinnermittlungsvorschriften der §§ 4-7 EStG und der charakteristischen Eigenarten der Mitun-

---

253 Vgl. Hoffmann, Wolf-Dieter: Die Beteiligung an Personenhandelsgesellschaften in der Steuerbilanz, a.a.O., S. 450 f.; Schmidt, Ludwig: Anmerkung zum BFH-Urteil vom 23. Juli 1975, a.a.O., S. 21.

254 So z.B. die Argumentation bei Regniet, Michael: Ergänzungsbilanzen bei der Personengesellschaft, a.a.O., S. 56-60; Schön, Wolfgang: Gewinnübertragungen bei Personengesellschaften nach § 6 b EStG, a.a.O., S. 73-79.

255 A.A. Schön, Wolfgang, Gewinnübertragungen bei Personengesellschaften nach § 6 b EStG, a.a.O., S. 74, der davon ausgeht, dass die Qualifikation eines Objekts als Wirtschaftsgut unabhängig davon sei, ob dieses einen Einfluss auf das Ergebnis des Betriebsvermögensvergleichs habe oder nicht.

256 Vgl. Groh, Manfred: Die Bilanzen der Mitunternehmerschaft, a.a.O., S. 385.

ternehmerschaftsbesteuerung rechtfertigen.[257] Dagegen verharrt die Gegenauffassung in zu starkem Maße auf einer formalen Auslegung des Maßgeblichkeitspostulats und missachtet die spezifischen Gegebenheiten der Mitunternehmerschaftsbesteuerung. Im Weiteren wird daher der Sichtweise der Rechtsprechung gefolgt.

Zutreffend ist es allerdings, dass hiermit eine Reihe bilanztechnischer Probleme verbunden sind: Verzichtet man auf die Bilanzierung der Beteiligung in der Steuerbilanz, so lässt sich z.b. der Bilanzausgleich nicht mehr erreichen; außerdem würde eine Einlage in das Betriebsvermögen der Gesellschaft zu einem Verlust in der Steuerbilanz des Gesellschafters führen.[258] Um diesen Ungereimtheiten entgegenzuwirken, wird vorgeschlagen an Stelle der Beteiligung eine Art Merkposten in der Steuerbilanz auszuweisen, von dem allerdings keinerlei Erfolgswirkungen ausgehen dürfen.[259] Dabei soll dieser Merkposten entweder in Höhe des handelsbilanziellen Wertansatzes der Beteiligung angesetzt oder nach Maßgabe der Spiegelbildmethode bewertet werden. Folgt man der ersten Variante, so lässt sich eine Übereinstimmung von Handels- und Steuerbilanz erreichen;[260] durch die zweite Variante erzielt man hingegen eine Art steuerliche Kontroll- bzw. Abstimmfunktion.[261] Der Ansatz eines derartigen Postens erscheint zur Überbrückung der bilanztechnischen Probleme auch rechtlich angezeigt zu sein, wenngleich weder der Rechtsprechung noch den gesetzlichen Vorschriften eine entsprechende Verpflichtung entnommen werden

---

257 Für die Nichtanerkennung der Wirtschaftsguteigenschaft der Beteiligung treten ebenfalls ein: Bürkle, Thomas; Knebel, Andreas: Bilanzierung von Beteiligungen an Personengesellschaften, a.a.O., S. 1070-1072; Hoffmann, Wolf-Dieter: Die Beteiligung an Personenhandelsgesellschaften in der Steuerbilanz, a.a.O., S. 452, m.w.N.; Sommer, Josef: Die Bilanzierung von Anteilen an Personengesellschaften in Handels- und Steuerbilanz, a.a.O., S. 195-205; Schmidt, Ludwig: Anmerkung zum BFH-Urteil vom 23. Juli 1975, a.a.O., S. 21; Schmidt, Ludwig: § 15 EStG, a.a.O., Rn. 690. Weitere Nachweise bei Fellmeth, Peter: Gesellschaftsanteile an einer Personengesellschaft im Bilanzsteuerrecht, a.a.O., S. 886. Einige Autoren – so z.B. *Döllerer* – sahen allerdings im Zusammenhang mit der Einbringung eines Wirtschaftsguts eine Notwendigkeit für den Ansatz der Beteiligung als Wirtschaftsgut. Vgl. Döllerer, Georg: Die Beteiligung einer Kapitalgesellschaft an einer Personenhandelsgesellschaft nach Handelsrecht und Steuerrecht, in: DStZ, 65. Jg. (1977), S. 139-145, h.S. 144. Der BFH hat dieser Auffassung in seinem Urteil vom 6. November 1985 ausdrücklich widersprochen. Vgl. BFH-Urteil vom 6. November 1985 I R 242/81, BFHE 145, S. 359-363, h.S. 362 f.

258 Vgl. Groh, Manfred: Die Bilanzen der Mitunternehmerschaft, a.a.O., S. 385.

259 Vgl. Sommer, Josef: Die Bilanzierung von Anteilen an Personengesellschaften in Handels- und Steuerbilanz, a.a.O., S. 195-197, m.w.N.

260 Vgl. Sommer, Josef: Die Bilanzierung von Anteilen an Personengesellschaften in Handels- und Steuerbilanz, a.a.O., S. 196 f.

261 Vgl. Hoffmann, Wolf-Dieter: Die Beteiligung an Personenhandelsgesellschaften in der Steuerbilanz, a.a.O., S. 451.

kann. Allerdings sollte die Bewertung dieses Postens ausschließlich nach Maßgabe der Spiegelbildmethode vorgenommen werden, da nur diese Verfahrensweise dem System der Mitunternehmerschaftsbesteuerung gerecht wird.

3) Die Konsequenzen aus der mangelnden Wirtschaftsguteigenschaft des Mitunternehmeranteils

Folgt man der Auffassung, dass es sich bei der Beteiligung an einer Personenhandelsgesellschaft nicht um ein steuerliches Wirtschaftsgut handelt, so steht dies der These entgegen, dass der Mitunternehmeranteil selbst als Gegenstand des Anschaffungsgeschäfts angesehen werden kann.[262] Hieraus ergibt sich zudem, dass der Mitunternehmeranteil auch nicht als das Bilanzierungsobjekt der Ergänzungsbilanzen gewertet werden kann:[263] Da es sich bei der Ergänzungsbilanz um ein Rechenwerk handelt, das die Fixierung individueller Mehr- bzw. Minderanschaffungskosten bezweckt, setzt eine formal einwandfreie Erklärung des Bilanzierungsobjektes der Ergänzungsbilanz voraus, dass diese (Partial-)Anschaffungskosten für den Erwerb eines steuerlichen Wirtschaftsguts geleistet wurden.[264] Diese Bedingung ist jedoch nicht erfüllt, weil der Mitunternehmeranteil aus systemspezifischen Gründen der Mitunternehmerschaftsbesteuerung kein Wirtschaftsgut repräsentiert.

Zu einem anderen Ergebnis gelangt allerdings *Gschwendtner*, obgleich er der Rechtsprechung zur fehlenden Bilanzierungsfähigkeit des Mitunternehmeranteils im Grundsatz ebenfalls zustimmt; seines Erachtens kann die Beteiligung aber dennoch als Bilanzierungsobjekt der Ergänzungsbilanz fungieren:[265] *Gschwendtner* argumentiert, dass sich die Nichtanerkennung der Wirtschaftsguteigenschaft der Beteiligung nicht primär aus der direkten Einkommenszurechnung an den Gesellschafter nach § 15 Abs. 1 Nr. 2 EStG, sondern aus der Notwendigkeit erkläre, eine doppelte Berücksichtigung von Vermögen auszuschließen. Ein solcher Doppelausweis von Vermögen würde eintreten, wenn man die gesamten Anschaffungskosten des Erwerbers in der Ergänzungsbilanz des Gesellschafters ausweisen würde. Die Rechtsprechung habe dies früher durch Ignorieren der Gesellschaftsbilanz verhindert;[266] heute dagegen werde

---

262 Vgl. Wacker, Roland: § 16 EStG, a.a.O., Rn. 480. A.A. Reiß, Wolfram: Ertragsteuerrechtliche Behandlung von Gesamthandsbeteiligungen und Beteiligungserträgen, a.a.O., S. 237.

263 In diesem Sinne wohl auch Groh, Manfred: Die Bilanzen der Mitunternehmerschaft, a.a.O., S. 385 f.

264 Siehe bereits oben 2. Kapitel C. I.

265 Vgl. Gschwendtner, Hubert: Ergänzungsbilanz und Sonderbilanz II in der Rechtsprechung des Bundesfinanzhofes, a.a.O., S. 822 f.

266 Vgl. Gschwendtner, Hubert: Ergänzungsbilanz und Sonderbilanz II in der Rechtsprechung des Bundesfinanzhofes, a.a.O., S. 822 f. Gemeint sind wohl die Auswirkungen der Bilanzbündeltheorie. Siehe oben 2. Kapitel B. II. 3).

dies durch den verfahrensrechtlichen Hinweis auf die einheitliche und gesonderte Gewinnermittlung unterbunden. Auf der Grundlage dieser Überlegungen formuliert *Gschwendtner* dann die These, dass die Beteiligung im Grundsatz ein Wirtschaftsgut darstelle, da „die verfahrensrechtliche Ausgrenzung der Beteiligung aus der Gesellschafterbilanz etwas anderes als die Verneinung ihrer Eigenschaft als Wirtschaftsgut sei."[267] Aus diesem Grund könne dem in der Ergänzungsbilanz verzeichneten Mehrkapital die Beteiligung als einheitliches Wirtschaftsgut gegenübergestellt werden; dies sei möglich, weil der in der Ergänzungsbilanz aktivierte Anschaffungskostenteilbetrag in der Gesellschaftsbilanz überhaupt nicht ausgewiesen werde und das Verbot des doppelten Kapitalausweises deshalb keine Gültigkeit besitzen könne.[268] Im weiteren Verlauf seiner Untersuchung stellt *Gschwendtner* allerdings klar, dass die zunächst als Bilanzierungsobjekt der Ergänzungsbilanz auftretende Beteiligung nicht „en bloc" dem passiv auszuweisenden Mehrkapital der Ergänzungsbilanz gegenüberstehen dürfe. Vielmehr müssten die zusätzlichen Anschaffungskosten für die Beteiligung auf die stillen Reserven in den Wirtschaftsgütern des Gesellschaftsvermögens aufgeteilt werden, um auf diese Weise eine sachgerechte Fortentwicklung der Ergänzungsbilanz zu erreichen.[269] Die konkreten Schlussfolgerungen, die aus dieser Konzeption für die Aufstellung und Fortentwicklung der Ergänzungsbilanz gezogen werden sollen, bleiben allerdings relativ vage. Insgesamt scheint *Gschwendtner* aber von einer engen Anbindung der Ergänzungsbilanz an konkrete Bilanzierungsentscheidungen in der Gesellschaftsbilanz auszugehen.[270]

Die Argumentation *Gschwendtners* ist allerdings sowohl in ihrer Herleitung als auch im Hinblick auf ihre materiellen Auswirkungen kritikwürdig: So erscheint es zumindest zweifelhaft, die Vermeidung eines doppelten Kapitalausweises in der Ergänzungsbilanz als vorrangiges Motiv für die Entwicklung der Bilanzbündeltheorie und des Verfahrens der einheitlichen und gesonderten Gewinnermittlung zu bezeichnen.[271] Die Einführung der Bilanzbündeltheorie lag

---

267 Gschwendtner, Hubert: Ergänzungsbilanz und Sonderbilanz II in der Rechtsprechung des Bundesfinanzhofes, a.a.O., S. 823.

268 Vgl. Gschwendtner, Hubert: Ergänzungsbilanz und Sonderbilanz II in der Rechtsprechung des Bundesfinanzhofes, a.a.O., S. 823.

269 Vgl. Gschwendtner, Hubert: Ergänzungsbilanz und Sonderbilanz II in der Rechtsprechung des Bundesfinanzhofes, a.a.O., S. 824.

270 *Gschwendtner* bezieht sich dabei insbesondere auf die zur Zeit des Erscheinens seines Beitrags noch sehr weit gefasste Einheitsbetrachtung. Vgl. Gschwendtner, Hubert: Ergänzungsbilanz und Sonderbilanz II in der Rechtsprechung des Bundesfinanzhofes, a.a.O., S. 824 f.

271 Die Vorstellung, dass in der Ergänzungsbilanz die gesamte Beteiligung ausgewiesen werden kann, wurde auch in der Literatur zu keinem Zeitpunkt vertreten. Vgl. auch Reiß, Wolfram: § 15 EStG, a.a.O., E 242.

vielmehr in der fehlenden Steuersubjektivität der Personengesellschaften begründet.[272] Ebenfalls zu widersprechen ist der Aussage *Gschwendtners*, die fehlende selbständige Bedeutung der Beteiligung folge allein aus verfahrensrechtlichen Bestimmungen.[273] Zwar findet sich mitunter auch in der Rechtsprechung ein entsprechender Verweis auf das Verfahrensrecht,[274] dieser ist aber irreführend: Die Ablehnung der Wirtschaftsguteigenschaft ergibt sich unmittelbar aus der lediglich begrenzten Steuersubjektivität der Personengesellschaften und der direkten Einkommenszurechnung an den Gesellschafter gemäß § 15 Abs. 1 Nr. 2 EStG, nicht aus verfahrensrechtlichen Erwägungen. Das Verfahren der einheitlichen und gesonderten Gewinnermittlung folgt zwar aus der Zurechnungsvorschrift, ist aber für die Nichtanerkennung der Wirtschaftsguteigenschaft der Beteiligung nur von mittelbarer Bedeutung.[275]

Darüber hinaus ist zu kritisieren, dass die zunächst aufwendig hergeleitete These, die Beteiligung repräsentiere das Bilanzierungsobjekt der Ergänzungsbilanz, lediglich auf einer übergeordneten Ebene für den Zeitraum einer logischen Sekunde aufrechterhalten wird; im Anschluss daran wird dieser Posten sofort wieder aufgelöst, um die Mehranschaffungskosten den stillen Reserven in den Wirtschaftsgütern des Gesellschaftsvermögens zuzuordnen, da nur so eine sachgerechte Besteuerung zu erreichen sei.[276] Diese im Grundsatz zutreffende Erkenntnis verdeutlicht überdies, dass die Vorstellung, die Beteiligung bzw. der Mitunternehmeranteil selbst repräsentiere das Bilanzierungsobjekt, einer systemgerechten Fortentwicklung der Mehr- bzw. Minderanschaffungskosten des Erwerbers grundsätzlich entgegensteht.[277]

In eine ähnliche Richtung deuten auch die weiteren materiellen Konsequenzen, die sich aus dem Vorschlag *Gschwendtners* ergeben: Wird die Beteiligung als Bilanzierungsobjekt der Ergänzungsbilanz gewertet, so wäre es folgerichtig, die Fortentwicklung der Ergänzungsbilanz auch an den für die Beteiligung geltenden Vorschriften auszurichten.[278] Da eine Beteiligung ein immaterielles Wirtschaftsgut des Anlagevermögens repräsentiert, stünde für die Fortentwicklung dieses Postens und damit auch für die Fortentwicklung in der Ergänzungsbilanz

---

272 Siehe oben 2. Kapitel B. II. 3).

273 So aber Gschwendtner, Hubert: Ergänzungsbilanz und Sonderbilanz II in der Rechtsprechung des Bundesfinanzhofes, a.a.O., S. 823.

274 So z.B. im BFH-Urteil vom 23. Juli 1975 I R 165/73, BFHE 117, S. 30-33, h.S. 31.

275 In diesem Sinne auch Döllerer, Georg: Die Beteiligung einer Kapitalgesellschaft an einer Personenhandelsgesellschaft nach Handelsrecht und Steuerrecht, a.a.O., S. 143.

276 Vgl. Gschwendtner, Hubert: Ergänzungsbilanz und Sonderbilanz II in der Rechtsprechung des Bundesfinanzhofes, a.a.O., S. 824 f.

277 Siehe oben 2. Kapitel A. II. 3) a) β).

278 Vgl. Wacker, Roland: § 16 EStG, a.a.O., Rn. 485.

nur noch die Vornahme von Teilwertabschreibungen zur Verfügung. Eine systemgerechte Fortentwicklung der den einzelnen Wirtschaftsgütern zugeordneten stillen Reserven bzw. stillen Lasten würde damit allerdings nahezu unmöglich, weil z.b. planmäßige Abschreibungen für einzelne Wirtschaftsgüter in der Ergänzungsbilanz dann unzulässig wären.[279] Überdies könnte bei der Veräußerung einzelner Wirtschaftsgüter des Gesellschaftsvermögens keine Auflösung der in der Ergänzungsbilanz berücksichtigten stillen Reserven mehr erfolgen.[280] Das allgemein anerkannte Ziel der Ergänzungsbilanz, neben der Fixierung individueller Mehr- bzw. Minderanschaffungskosten des Erwerbers auch deren sachgerechte Fortentwicklung zu garantieren, würde damit massiven Beschränkungen unterliegen; die Nachbildung des steuerbilanzrechtlichen Gewinnermittlungsmodus kann so nicht gelingen.

In der Gesamtschau ist daher der These, der Mitunternehmeranteil repräsentiere das Bilanzierungsobjekt der Ergänzungsbilanz, auch bei Berücksichtigung der Sondermeinung *Gschwendtners* nicht zuzustimmen.

III. Die Ergänzungsbilanzen als Wertkorrekturbilanzen?

Als Ergebnis der bisherigen Untersuchung ist festzuhalten, dass die beiden theoretisch denkbaren Bilanzierungsobjekte der Ergänzungsbilanz nicht zu bilanzrechtlich befriedigenden Ergebnissen führen. Weder einem ideellen Anteil an einem Wirtschaftsgut des Gesellschaftsvermögens noch dem Mitunternehmeranteil ist der Status eines steuerlichen Wirtschaftsgutes zuzuerkennen. Da die Ergänzungsbilanz aber die Fixierung und Fortentwicklung individueller Mehr- bzw. Minderanschaffungskosten bezweckt, ist es bei formalrechtlicher Betrachtung zwingend erforderlich, dass die Ergänzungsbilanz Wirtschaftsgüter beinhaltet.

Würde man die formalrechtliche Betrachtungsweise konsequent fortführen, so könnte man aus diesem Tatbestand überdies den Schluss ziehen, dass der entgeltliche Gesellschafterwechsel – entgegen der bisherigen Annahme – überhaupt nicht als Anschaffungsgeschäft im bilanzsteuerrechtlichen Sinne zu werten ist:[281] Ein Anschaffungsgeschäft bzw. die Bilanzierung von Anschaffungskosten setzt grundsätzlich voraus, dass Aufwendungen für den Erwerb von Wirtschaftsgütern geleistet werden. Gelangen in der Ergänzungsbilanz jedoch keine Wirtschaftsgüter zum Ausweis, so können in diesem Rechenwerk auch

---

279 Vgl. Wacker, Roland: § 16 EStG, a.a.O., Rn. 485.

280 Vgl. Wacker, Roland: § 16 EStG, a.a.O., Rn. 485.

281 In diesem Sinne argumentiert *Birke* im Hinblick auf den Spezialfall des Ausscheidens eines Gesellschafters aus einer fortbestehenden Gesellschaft gegen Abfindung. Vgl. Birke, Alfons: Die Behandlung von Barabfindungen an ausscheidende Gesellschafter (§§ 738 ff. BGB) im Jahresabschluß der Personenhandelsgesellschaft nach Handels- und Steuerrecht, a.a.O., S. 218-240.

keine Anschaffungskosten bilanziert werden. Infolgedessen kann es sich bei einem entgeltlichen Gesellschafterwechsel auch nicht um ein Anschaffungsgeschäft im bilanzsteuerrechtlichen Sinne handeln. Hieraus könnte man weiter folgern, dass die erfolgsneutrale Abbildung des entgeltlichen Gesellschafterwechsels mit Hilfe von Ergänzungsbilanzen unzulässig ist und dieser Vorgang stattdessen erfolgswirksam behandelt werden muss.[282]

Diese Argumentation verliert aber erheblich an Überzeugungskraft, wenn man den Vorgang eines entgeltlichen Gesellschafterwechsels aus der Perspektive des Erwerbers noch einmal einer näheren Prüfung unterzieht: Bei einem entgeltlichen Gesellschafterwechsel kommt es zu einem Erwerbsvorgang zwischen dem eintretenden Gesellschafter und dem ausscheidenden Gesellschafter; der eintretende Gesellschafter tätigt also einen Erwerb von einem Dritten. Der eintretende Gesellschafter leistet dabei an den ausscheidenden Gesellschafter ein zweckorientiertes Entgelt, um an der Mitunternehmerschaft beteiligt zu werden. Diese Beteiligung an der Mitunternehmerschaft ist bilanzsteuerrechtlich in Höhe des Kaufpreises als werthaltig zu typisieren; über den Marktprozess, d.h. infolge direkter Verhandlungen zwischen zwei unabhängigen Wirtschaftssubjekten, hat die Beteiligung an der Mitunternehmerschaft eine bilanzsteuerrechtliche Wertobjektivierung erfahren. Eine Aktivierung eines Nonvaleurs droht hier nicht.

Bei einer summarischen Würdigung zeigt sich daher, dass bei einem entgeltlichen Gesellschafterwechsel wesentliche Bestimmungsfaktoren (Erwerb von Dritten; zweckorientiertes Entgelt; keine Aktivierung von Nonvaleurs)[283] eines bilanzsteuerrechtlichen Anschaffungsgeschäfts gegeben sind.[284] Berücksichtigt man darüber hinaus die beherrschende Stellung, die das Erfolgsneutralitätsprinzip respektive das übergeordnete Realisationsprinzip im Steuerrecht einnimmt,[285] so erscheint es systemgerecht, in diesem Fall von einer strikt formalrechtlichen Rechtsanwendung abzusehen. Obgleich die Ergänzungsbilanz

---

282 Eine derartige Konzeption entwirft *Birke* für den Ausscheidensfall. Vgl. Birke, Alfons: Die Behandlung von Barabfindungen an ausscheidende Gesellschafter (§§ 738 ff. BGB) im Jahresabschluß der Personenhandelsgesellschaft nach Handels- und Steuerrecht, a.a.O., S. 321-430.

283 Zur mittelbaren Charakterisierung des bilanzsteuerrechtlichen Anschaffungsgeschäftes mittels des allgemeinen Anschaffungskostenbegriffes vgl. Glanegger, Peter: § 6 EStG, a.a.O., Rn. 81; Moxter, Adolf: Bilanzrechtsprechung, 5. Aufl., Tübingen 1999, S. 164-168.

284 Anders dagegen *Birke* für den Ausscheidensfall, da hier weder ein „Erwerb von Dritten" vorliege, noch ein zweckorientiertes Entgelt geleistet werde. Vgl. Birke, Alfons: Die Behandlung von Barabfindungen an ausscheidende Gesellschafter (§§ 738 ff. BGB) im Jahresabschluß der Personenhandelsgesellschaft nach Handels- und Steuerrecht, a.a.O., S. 229-232.

285 Zur bilanzsteuerrechtlichen Bedeutung des Realisationsprinzips siehe im Einzelnen unten 2. Kapitel E. I. 1) b) und 2. Kapitel E. II. 1).

keine Wirtschaftsgüter ausweist, ist daher – in Übereinstimmung mit der herrschenden Meinung – auf der Ebene des Erwerbers auch weiterhin von dem Vorliegen eines Anschaffungsgeschäfts und der Notwendigkeit zur erfolgsneutralen Bilanzierung der individuellen Anschaffungskosten auszugehen.[286] Diese Überlegungen weisen allerdings deutlich darauf hin, dass eine streng formalrechtliche bilanzsteuerrechtliche Normanwendung für die Ergänzungsbilanz ungeeignet ist. Es ist vielmehr zu beachten, dass sich die Ergänzungsbilanz in zwei Aspekten von der Bilanz im Rechtssinne unterscheidet: Die Ergänzungsbilanz enthält erstens keine Wirtschaftsgüter[287] und ist zweitens als ein ambivalentes Rechenwerk zu begreifen, das sowohl enge Beziehungen zur Gesellschaftersphäre als auch zur Gesellschaftssphäre aufweist. Die Gesellschaftersphäre findet ihren Ausdruck darin, dass die Ergänzungsbilanz für ein einzelnes Mitglied des Gesellschafterkreises erstellt wird und der Abbildung individueller Anschaffungskosten dient; die Gesellschaftssphäre spiegelt sich im Inhalt der Ergänzungsbilanz wider, der sich abstrakt als Anteil des Gesellschafters an den im Gesellschaftsvermögen, durch die Gesellschaft selbst, gebildeten stillen Reserven bzw. Lasten kennzeichnen lässt.[288] Diese beiden Merkmale begründen eine gewisse Ausnahmestellung der Ergänzungsbilanz: Es wird versucht Mehr- bzw. Minderanschaffungskosten eines Gesellschafters abzubilden, ohne dass die Wirtschaftsgüter, durch die die Zahlung dieser Mehr- bzw. Minderanschaffungskosten erklärbar ist, dem Gesellschafter tatsächlich zugeordnet werden können. Dieses Auseinanderfallen von Bilanzierungssubjekt und Bilanzierungsobjekt ist charakteristisch für die Ergänzungsbilanz und unterscheidet diese von anderen Bilanzen; die Ergänzungsbilanz entzieht sich in dieser Hinsicht einer formal eindeutigen Erklärung i.S.d. allgemeinen bilanzsteuerrechtlichen Begriffsverständnisses. Dass auch der Mitunternehmeranteil nicht als steuerliches Wirtschaftsgut und damit auch nicht als Bilanzierungsobjekt der Ergänzungsbilanz gewertet werden kann, ist – wie oben erläutert wurde – auf das System der Mitunternehmerschaftsbesteuerung zurückzuführen.

Angesichts dieser Spezifika der Ergänzungsbilanzen ist es im Hinblick auf die formale Struktur dieser Rechenwerke erforderlich, von einer streng formalrechtlichen und wortlautorientierten Anwendung bilanzsteuerrechtlicher Vorschriften abzusehen; stattdessen sollte man versuchen, eine systemgerechte Verwirklichung der Primärziele der Ergänzungsbilanzen zu erreichen. Diese Erkenntnis hat sich inzwischen auch in Teilen der Literatur durchgesetzt. So formuliert z.B. *Schmidt* in Anlehnung an entsprechende Ausführungen

---

286 Siehe ausführlich oben 2. Kapitel A. II. 3).
287 Vgl. stellvertretend Regniet, Michael: Ergänzungsbilanzen bei der Personengesellschaft, a.a.O., S. 22.
288 Siehe oben 2. Kapitel A. II.

82

Uelners:[289] „Zu lösen sind diese Fragen (zur Fortentwicklung der Ergänzungsbilanz, Anmerkung des Verfassers) mE nicht nach Maßgabe dogmatischer Thesen darüber, was in Ergänzungsbilanzen ausgewiesen ist, sondern nach dem Prinzip einer sachgerechten Besteuerung des einzelnen Mitunternehmer-Gesellschafters."[290]

In eine ähnliche Richtung deutet auch die zunehmend an Einfluss gewinnende Auffassung, die Ergänzungsbilanz als ein Rechenwerk zur Abbildung von Wertkorrekturposten zu beschreiben. Die Ergänzungsbilanz verzeichnet demnach rein rechnerische, Bewertungsdifferenzen repräsentierende Korrekturposten, die nicht als Wirtschaftsgüter zu betrachten sind.[291] Auf eine Klärung der formalen Struktur der Ergänzungsbilanz mittels herkömmlicher bilanzrechtlicher Begriffe wird hier völlig verzichtet; der Streit um das Bilanzierungsobjekt tritt in den Hintergrund. Auch der BFH hat mitunter Zustimmung zu dieser Sichtweise signalisiert und hat die Ergänzungsbilanz selbst bereits als „Wertkorrekturbilanz" bezeichnet.[292] Dass die Rechtsprechung scheinbar keine Vorbehalte gegenüber der Deutung der Ergänzungsbilanz als Wertkorrekturbilanz hat, liegt wohl darin begründet, dass sich diese Vorstellung durchaus mit der These, die Ergänzungsbilanz enthalte ideelle Anteile an den Wirtschaftsgütern des Gesellschaftsvermögens, in Einklang bringen lässt: In beiden Fällen werden die individuellen Mehr- bzw. Minderanschaffungskosten aufgegliedert und den stillen Reserven bzw. stillen Lasten in einzelnen Wirtschaftsgütern zugeordnet; dadurch wird die Voraussetzung geschaffen, um eine systemgerechte Fortentwicklung in der Ergänzungsbilanz zu erreichen.[293] Darüber hinaus handelt es sich sowohl bei ideellen Anteilen als auch bei Wertkorrekturposten nicht um Wirtschaftsgüter, sondern um bilanzsteuerrechtlich nicht definierte Größen.

Mit dieser im Grundsatz zutreffenden und notwendigen Abkehr von einer formalrechtlichen Betrachtungsweise sind aber auch große Nachteile verbunden. Da weder Gesetz noch Rechtsprechung eine Definition von Begriffen wie Wertkorrekturposten und Wertkorrekturbilanz entnommen werden kann, entsteht ein erheblicher Ermessensspielraum bei der Aufstellung und Fortentwick-

289 Vgl. Uelner, Adalbert: Ergänzungs- und Sonderbilanzen, a.a.O., S. 155.

290 Schmidt, Ludwig: § 15 EStG, a.a.O., Rn. 464.

291 Vgl. z.B. Dreissig, Hildegard: Ergänzungsbilanzen – steuerliche Zweifelsfragen und wirtschaftliche Auswirkungen, a.a.O., S. 225; Regniet, Michael: Ergänzungsbilanzen bei der Personengesellschaft, a.a.O., S. 22; Uelner, Adalbert: Ergänzungs- und Sonderbilanzen, a.a.O., S. 151.

292 Vgl. BFH-Urteil vom 29. Oktober 1991 VIII R 148/85, BFHE 167, S. 309-316, h.S. 314; auch im BFH-Urteil vom 19. Februar 1981 IV R 41/48, BFHE 133, S. 510-513, h.S. 511, taucht bereits diese Formulierung auf.

293 Siehe oben 2. Kapitel A. II. 3) a) β).

lung von Ergänzungsbilanzen.[294] Dies hat dazu geführt, dass im Schrifttum sehr unterschiedliche Interpretationen der Ergänzungsbilanzen als Wertkorrekturbilanzen zu finden sind: Ergänzungsbilanzen als Hilfsmittel zur innerbetrieblichen Verteilung stiller Reserven[295] stehen Ergänzungsbilanzen als „Supplementrechnungen", die primär steuergestalterisch und bilanzpolitisch genutzt werden sollen, gegenüber.[296] Durch diese Instrumentalisierung der Ergänzungsbilanz ist es zu einer weiteren Ausdifferenzierung des Meinungsspektrums hinsichtlich einzelner ergänzungsbilanzieller Bilanzierungsprobleme gekommen.[297]

Hieraus resultiert die Gefahr, dass die Primärziele der Ergänzungsbilanz nicht mehr systemgerecht erreicht werden. Im ersten Abschnitt dieses Kapitels wurde erläutert, dass eine sachgerechte Besteuerung des Erwerbers nur dann verwirklicht werden kann, wenn es gelingt, in der Ergänzungsbilanz den Modus steuerbilanzrechtlicher Gewinnermittlung nachzubilden.[298] Zieht man jedoch aus dem Streit um den Bilanzinhalt der Ergänzungsbilanz und der darauf basierenden Deutung der Ergänzungsbilanz als Wertkorrekturbilanz den Schluss, dass die allgemeinen steuerbilanzrechtlichen Bilanzierungsregeln für die Ergänzungsbilanz überhaupt keine Gültigkeit besitzen,[299] so kommt es hier zu unüberbrückbaren Widersprüchen: Die Nachbildung der steuerbilanzrechtlichen Gewinnermittlung in der Ergänzungsbilanz setzt zwingend voraus, dass die allgemeinen steuerbilanzrechtlichen Prinzipien für die Ergänzungsbilanz adaptiert werden, nicht dass diese als unbeachtlich gelten. Gleichfalls fragwürdig ist es daher, wenn man lediglich mittelbar mit der Aufgabenstellung der Ergänzungsbilanz verknüpften Konstrukten wie der Einheitsbetrachtung einen derart umfassenden Einfluss zugesteht, dass dabei gegen fundamentale Bilanzierungsprinzipien in der Ergänzungsbilanz verstoßen wird.[300]

Im Folgenden muss daher geprüft werden, in welchem Verhältnis die Ergänzungsbilanzen zu den allgemeinen steuerbilanzrechtlichen Vorschriften stehen.

---

294 Auch Gschwendtner, Hubert: Ergänzungsbilanz und Sonderbilanz II in der Rechtsprechung des Bundesfinanzhofes, a.a.O., S. 820 f., weist auf die Vielzahl unterschiedlicher Deutungen des Begriffes „Wertkorrekturposten" in der Literatur hin.

295 Vgl. Dreissig, Hildegard: Ergänzungsbilanzen – steuerliche Zweifelsfragen und wirtschaftliche Auswirkungen, a.a.O., S. 228.

296 Vgl. Marx, Franz Jürgen: Steuerliche Ergänzungsbilanzen, a.a.O., S. 192 und S. 200.

297 Siehe dazu im Einzelnen 2. Kapitel E. bzw. 2. Kapitel F.

298 Siehe oben 2. Kapitel B. II. 3) a) β).

299 Diese These wird z.B. im Zusammenhang mit der Bilanzansatzentscheidung (vgl. 2. Kapitel E. I. 1) a)), der Fortentwicklung (vgl. 2. Kapitel E. II.) und der Passivierung eines negativen Geschäftswertes (vgl. 2. Kapitel F. I. 4) b)) vertreten.

300 Siehe dazu insbesondere die Analyse der einheitsbetrachtungsgeprägten Fortentwicklungskonzeption im Rahmen des 2. Kapitel E. II.

D. Die Subsumtion der Ergänzungsbilanzen
unter die allgemeinen steuerbilanzrechtlichen Prinzipien
I. Die Ergänzungsbilanzen als Elemente
der steuerbilanzrechtlichen Gewinnermittlung

Können die Primärziele der Ergänzungsbilanz nur erreicht werden, wenn auf der Ebene der Ergänzungsbilanz der Modus steuerbilanzrechtlicher Gewinnermittlung nachgebildet wird, so indiziert dies bereits eine enge Bindung der Ergänzungsbilanz an die allgemeinen steuerbilanzrechtlichen Vorschriften. Diese These wird auch von der Tatsache gestützt, dass Steuer- und Ergänzungsbilanz im Wesentlichen über identische Aufgabenstellungen verfügen: Beide Rechenwerke trachten nach einer objektivierten Lösung von Ansatz-, Bewertungs- und Periodisierungsproblemen. Daher wäre es konsequent, wenn man in der gesetzlich nicht kodifizierten Ergänzungsbilanz bei ähnlichen Problemstellungen zunächst einmal auf die für die Steuerbilanz entwickelten und legitimierten Lösungen zurückgreifen würde.

Weiterhin ist zu bedenken, dass sich die gewerblichen Einkünfte eines Mitunternehmers in erster Linie aus seinem Anteil an dem steuerbilanzrechtlich ermittelten Gesellschaftsgewinn ergeben.[301] Hat der Mitunternehmer für den Erwerb seines Anteils individuelle Mehr- bzw. Minderanschaffungskosten geleistet, so ist für ihn zusätzlich eine Ergänzungsbilanz zwecks Fixierung und Fortentwicklung dieser Beträge zu führen. Die hier verzeichneten Wertansätze sind bei einer Veräußerung des Mitunternehmeranteils zu berücksichtigen und ermöglichen die exakte Ermittlung des ebenfalls zu den gewerblichen Einkünften des Mitunternehmers zählenden Veräußerungsgewinns. Außerdem nimmt die Ergänzungsbilanz aber auch auf die Ermittlung des laufenden Gewinns aus der Mitunternehmerschaft Einfluss,[302] da der aus der regulären Steuerbilanz abgeleitete Gewinnanteil des Gesellschafters um die aus der Fortentwicklung der Ergänzungsbilanz resultierenden Erfolgsbestandteile zu korrigieren ist.[303] Der Gewinnanteil des Gesellschafters ist also regelmäßig durch das Zusammenwirken von Steuerbilanz der Gesellschaft und Ergänzungsbilanz des Gesellschafters zu bestimmen.

Die Gewinnermittlung in der Steuerbilanz der Gesellschaft hat dabei nach Maßgabe der handelsrechtlichen GoB sowie spezifisch steuerrechtlicher Vorschriften zu erfolgen.[304] Geht man nun davon aus, dass diese Vorschriften für die Ergänzungsbilanz unbeachtlich sind, da die Ergänzungsbilanz keine Bilanz im

---

301 Siehe oben 2. Kapitel B. I. Von Sonderbetriebsvermögen wird auch weiterhin abgesehen.

302 Vgl. Gschwendtner, Hubert: Ergänzungsbilanz und Sonderbilanz II in der Rechtsprechung des Bundesfinanzhofes, a.a.O., S. 824.

303 Siehe oben 2. Kapitel A. II. 3) a) β).

304 Siehe oben 2. Kapitel B. I.

Rechtssinne, sondern eine Wertkorrekturbilanz repräsentiert,[305] so würde dies implizieren, dass der Gewinnanteil des Gesellschafters aus dem Zusammenwirken zweier unterschiedlich konzipierter Rechenwerke resultiert. In der (Partial-)Gewinnermittlung auf der Ebene der Ergänzungsbilanz käme damit ein anderer Gewinnbegriff zum Einsatz als in der regulären steuerbilanzrechtlichen Gewinnermittlung.

Ein solches Vorgehen erscheint vor dem Hintergrund des Grundsatzes der Gesetzmäßigkeit der Besteuerung höchst zweifelhaft. Das Steuerrecht ist auf die Ermittlung eines Gewinns angewiesen, der als Indikator wirtschaftlicher Leistungsfähigkeit dienen kann.[306] Das Ertragsteuerrecht hat als einen geeigneten Indikator wirtschaftlicher Leistungsfähigkeit den steuerbilanzrechtlichen Gewinn definiert – ein anderer Gewinnbegriff ist gesetzlich nicht vorgesehen.[307] Würde man die Ergänzungsbilanz nicht den Normen und Prinzipien der Steuerbilanz unterwerfen, würde sich der Gewinnanteil des Gesellschafters also aus seinem Anteil an dem Steuerbilanzgewinn der Gesellschaft und einer nicht legitimierten Erfolgsgröße aus der Ergänzungsbilanz des Gesellschafters zusammensetzen. Ein derart willkürgefährdetes und rechtsfreies Gewinnermittlungssystem kann nur verhindert werden, wenn auch in der Ergänzungsbilanz eine Gewinnermittlung erfolgt, die den allgemeinen steuerbilanzrechtlichen Prinzipien entspricht.

Dem Rückgriff auf die Prinzipien der Bilanz im Rechtssinne steht auch nicht der in der Literatur häufig zu findende Hinweis entgegen, es handele sich bei der Ergänzungsbilanz nicht um eine reguläre Bilanz, insbesondere nicht um eine Bilanz im Rechtssinne,[308] da die Ergänzungsbilanz keine Wirtschaftsgüter ausweise. Diese Argumentation offenbart ein sehr enges Verständnis der Bilanz im Rechtssinne. Charakteristisch für die Bilanz im Rechtssinne ist nicht primär der Ausweis materieller Wirtschaftsgüter, sondern vor allem – zwecks Abgrenzung gegenüber rein betriebswirtschaftlichen Bilanzen – eine weit reichende Zurückdrängung von Ermessensentscheidungen des Bilanzierenden.[309] Die Bilanz im

---

305 Vgl. Reiß, Wolfram: § 15 EStG, a.a.O., E 248; Knobbe-Keuk, Brigitte: Bilanz- und Unternehmenssteuerrecht, a.a.O., S. 901; ähnlich auch Groh, Manfred: Die Bilanzen der Mitunternehmerschaft, a.a.O., S. 387, der die Meinung vertritt, bei der Ergänzungsbilanz handele es sich nicht um „eine Bilanz im Rechtssinne, sondern um eine Nebenrechnung in Bilanzform."

306 Siehe ausführlich 2. Kapitel D. II. 1).

307 Siehe ausführlich 2. Kapitel D. II.

308 Vgl. Reiß, Wolfram: § 15 EStG, a.a.O., E 248; Knobbe-Keuk, Brigitte: Bilanz- und Unternehmenssteuerrecht, a.a.O., S. 901; Groh, Manfred: Die Bilanzen der Mitunternehmerschaft, a.a.O., S. 387.

309 Vgl. Moxter, Adolf: Bilanzlehre, Bd. I: Einführung in die Bilanztheorie, 3. Aufl., Wiesbaden 1984, S. 164 f.; Moxter, Adolf: Grundwertungen in Bilanzrechtsordnungen – ein Vergleich von überkommenen deutschen Bilanzrecht und Jahresabschlußrichtlinie, in:

Rechtssinne zielt insbesondere auf eine umfassende Berücksichtigung des Objektivierungserfordernisses ab, weil nur eine der Objektivierung verpflichtete Bilanz als Instrument zur Ermittlung des ausschüttbaren respektive steuerpflichtigen Gewinns Verwendung finden kann; nur so kann das notwendige Maß an Rechtssicherheit gewährleistet werden.[310] Da die Ergänzungsbilanz aber ebenfalls die Höhe der Steuerzahlungen des Gesellschafters determiniert, ist für diese in gleichem Umfang wie für die Steuerbilanz von einem derartigen Objektivierungserfordernis auszugehen – so betrachtet, handelt es sich auch bei der Ergänzungsbilanz um eine Bilanz im Rechtssinne.

Die Interpretation der Ergänzungsbilanz als Wertkorrekturbilanz ist zwar – wie oben erläutert – wegen des spezifischen Charakters der Ergänzungsbilanz erforderlich, muss aber zugleich restriktiv ausgelegt werden.[311] Der Einfluss dieser Sichtweise ist auf die konzeptionellen Probleme im Zusammenhang mit dem Bilanzierungsobjekt der Ergänzungsbilanz zu begrenzen, darf aber für die in der Ergänzungsbilanz vorzunehmende Gewinnermittlung nicht zu der Etablierung eines Sonderrechts missbraucht werden.[312]

Die Forderung, dass auch in der Ergänzungsbilanz die allgemeinen steuerbilanzrechtlichen Prinzipien gewahrt bleiben müssen, darf überdies kein bloßes Lippenbekenntnis bleiben.[313] Auch auf der Ebene der Ergänzungsbilanz ist eine stringente Anwendung des Prinzipiengefüges zu fordern, da nur so gewährleistet ist, dass die durch die Ergänzungsbilanz bestimmten Erfolgskomponenten

---

Handelsbilanzen und Steuerbilanzen, Festschrift für Heinrich Beisse, hrsg. v. Wolfgang Dieter Budde u.a., Düsseldorf 1997, S. 347-361, h.S. 352.

310 Vgl. Kraus-Grünewald, Marion: Steuerbilanzen – Besteuerung nach der Leistungsfähigkeit contra Vorsichtsprinzip, in: Handelsbilanzen und Steuerbilanzen, Festschrift für Heinrich Beisse, hrsg. v. Wolfgang Dieter Budde u.a., Düsseldorf 1997, S. 285-297, h.S. 289-291; Moxter, Adolf: Bilanzrechtsprechung, a.a.O., S. 7 f. Steuerrechtlich gebietet auch das Prinzip der Gleichmäßigkeit der Besteuerung die Nutzung eines von subjektiver Willkür freien Gewinnermittlungsverfahrens. Vgl. Ciric, Dejan: Grundsätze ordnungsmäßiger Wertaufhellung, Düsseldorf 1995, S. 112.

311 Dies zeigt sich u.a. deutlich im Zusammenhang mit der Ansatzproblematik (siehe 2. Kapitel E. I. 1) a)), den Detailfragen der Fortentwicklung insbesondere im Hinblick auf die anwendbaren AfA-Methoden (siehe 2. Kapitel E. II. 3) a) β)) und der Behandlung des negativen Geschäftswerts (siehe 2. Kapitel F. I. 4) b)).

312 Die Tendenz für die Ergänzungsbilanz ein Sonderrecht zu etablieren, zeigt sich besonders deutlich bei der Frage, ob in der Ergänzungsbilanz ein negativer Geschäftswert passiviert werden darf. Vgl. 2. Kapitel F. I. 4) b).

313 So betont z.B. auch Regniet, Michael: Ergänzungsbilanzen bei Personengesellschaften, a.a.O., S. 117, dass die Ergänzungsbilanz nach den allgemeinen bilanzsteuerrechtlichen Prinzipien aufzustellen sei. Im weiteren Verlauf seiner Ausführungen, z.B. bei Fragen der Fortentwicklung oder der Ansatzfähigkeit eines negativen Geschäftswerts, geht er auf diesen Ansatz aber nicht mehr ein, sondern betont die Sonderrolle der Ergänzungsbilanz.

zur Ermittlung eines Gewinns beitragen, der als Indikator wirtschaftlicher Leistungsfähigkeit gelten kann. Insbesondere ist eine weitgehend eigenständige Anwendung der Prinzipien in der Ergänzungsbilanz anzumahnen: Schränkt man diese zu sehr ein, z.b. durch die Konstruktion einer angeblichen Vorrangigkeit konkreter Bilanzierungsentscheidungen in der Steuerbilanz der Gesellschaft, so entsprechen die in der Ergänzungsbilanz ermittelten Erfolgskomponenten nicht mehr den Wertungsgrundsätzen der Bilanz im Rechtssinne. Derartige Einschränkungen sind daher streng zu prüfen.[314]

Die Übertragung der Prinzipien der Bilanz im Rechtssinne auf die Ergänzungsbilanz bietet den Vorteil, dass damit ein gesichertes Normensystem zur Erreichung der Primärziele der Ergänzungsbilanz bereitsteht. Hierdurch könnte für die Ergänzungsbilanz ein beachtlicher Zugewinn an Rechtssicherheit und eine nicht minder zu achtende Vereinfachung des steuerlichen Massenverfahrens erreicht werden.

Bei der nachfolgenden Untersuchung der Detailprobleme bei der Aufstellung und Fortentwicklung positiver und negativer Ergänzungsbilanzen gilt es daher, die allgemeinen steuerbilanzrechtlichen Normen, Prinzipien und Wertungsgrundsätze für die Ergänzungsbilanz zu adaptieren. Im Hinblick auf diese Analyse ist es zuvor jedoch sinnvoll, die hier als Referenzsystem fungierenden steuerbilanzrechtlichen Normen und Prinzipien vor dem Hintergrund der allgemeinen ertragsteuerrechtlichen Prinzipien sowie in ihrem Systemzusammmhang näher zu betrachten.

II. Die steuerbilanzrechtlichen Prinzipien als Referenzsystem

1) Der steuerbilanzrechtliche Gewinn als Besteuerungsgrundlage

Das steuerrechtliche Regelungsgefüge stellt sich als öffentliches Eingriffsrecht dar, das primär bezweckt, Einnahmen zur Deckung des staatlichen Finanzbedarfs zu erzielen.[315] Dieses rechtsstaatliche Steuerrecht ist verschiedenen systemtragenden Prinzipien verpflichtet: Dabei handelt es sich um den Grundsatz der Gleichmäßigkeit der Besteuerung, den Grundsatz der Gesetzmäßigkeit der Besteuerung und den Grundsatz der sozialstaatlich gerechten Besteuerung. Hinzu treten gewisse verfassungsrechtliche Restriktionen, die bei der Gestaltung des Steuerrechts zu beachten sind.[316]

Bei der Bestimmung der Steuerlast, die der Staat dem einzelnen Steuerpflichtigen auferlegt, kommt dem Grundsatz der Gleichmäßigkeit der Besteuerung, der sich aus dem grundgesetzlich verbrieften allgemeinen Gleichheitssatz des

---

314 Die angebliche Vorrangigkeit der Gesellschaftsbilanz zeigt sich deutlich im Zusammenhang mit der einheitsbetrachtungsgeprägten Fortentwicklungskonzeption. Siehe ausführlich unten 2. Kapitel E. II.

315 Vgl. Tipke, Klaus; Lang, Joachim: Steuerrecht, a.a.O., S. 1-5.

316 Vgl. Tipke, Klaus; Lang, Joachim: Steuerrecht, a.a.O., S. 80-134.

Art. 3 I GG ableitet, überragende Bedeutung zu.[317] Als Maßstab für eine gleichmäßige und damit gerechte Besteuerung ist eine Besteuerung nach der wirtschaftlichen Leistungsfähigkeit anerkannt.[318]

Über dieses abstrakte Postulat hinaus, können aber weder den gesetzlichen Vorschriften noch den Entscheidungen des BVerfG Hinweise auf die geeignete Besteuerungsgrundlage entnommen werden.[319] Das Leistungsfähigkeitsprinzip bedarf der Konkretisierung.[320]

Als ein steuerrechtlich geeigneter Indikator wirtschaftlicher Leistungsfähigkeit ist die dynamische Stromgröße „Einkommen" im Sinne eines (Rein-)Vermögenszuwachses erkannt worden;[321] für das Gebiet der Ertragsbesteuerung, speziell für die Besteuerung gewerblicher Einkünfte, bedeutet dies entsprechend, dass der Unternehmensgewinn zum Maßstab wirtschaftlicher Leistungsfähigkeit erhoben wird.[322]

Klärungsbedürftig bleibt, nach welchen Grundsätzen dieser Unternehmensgewinn zu bestimmen ist. Problemlos und präzise könnte der Unternehmensgewinn durch die Betrachtung der gesamten Lebensdauer eines Unternehmens ermittelt werden; ein simpler Vergleich der Gesamteinnahmen und Gesamtausgaben wäre dann für die Bestimmung eines Totalgewinns ausreichend. Die Heranziehung eines derart definierten Totalgewinns bleibt aber „ein gedankliches Ideal";[323] in der Realität ist man auf die Ermittlung eines Periodengewinns als Besteuerungsgrundlage angewiesen. Dieser Rückgriff auf den Periodengewinn ergibt sich aus dem steuerlichen Periodizitätsprinzip, das sich vor allem aus der Notwendigkeit begründet, eine zeitliche Vergleichbarkeit der Steuerbelastung

---

317 Vgl. Tipke, Klaus; Lang, Joachim: Steuerrecht, a.a.O., S. 80.

318 So Tipke, Klaus: Die Steuerrechtsordnung, Bd. I: Wissenschaftsorganisatorische, systematische und grundrechtlich-rechtsstaatliche Grundlagen, a.a.O., S. 479; Kirchhof, Paul: Die Steuerrechtsordnung als Wertordnung, in: StuW, 73. Jg. (1996), S. 3-11, h.S. 6.

319 Vgl. Schön, Wolfgang: Die Steuerbilanz zwischen Handelsrecht und Grundgesetz, in: StuW, 72. Jg. (1995), S. 366-377, h.S. 367-372.

320 So auch Tipke, Klaus; Lang, Joachim: Steuerrecht, a.a.O., S. 86, das Leistungsfähigkeitsprinzip sei „zwar unbestimmt, jedoch keineswegs unbestimmbar".

321 Zu den Nachteilen und Problemen dieses Indikators vgl. Tipke, Klaus; Lang, Joachim: Steuerrecht, a.a.O., S. 90 f.; Moxter, Adolf: Bilanzlehre, Bd. I: Einführung in die Bilanztheorie, 3. Aufl., Wiesbaden 1984, S. 108-110; Moxter, Adolf: Betriebswirtschaftliche Gewinnermittlung, Tübingen 1982, S. 5-42.

322 Vgl. Döllerer, Georg: Maßgeblichkeit der Handelsbilanz in Gefahr?, in: BB, 26. Jg. (1971), S. 1333-1335, h.S. 1334.

323 Vgl. Leffson, Ulrich: Die Grundsätze ordnungsmäßiger Buchführung, 7. Aufl., Düsseldorf 1987, S. 188.

der Steuerpflichtigen zu erreichen.[324] Positivrechtlich hat sich das Periodizitätsprinzip im Jahressteuerprinzip des § 2 Abs. 7 EStG niedergeschlagen.

Diese Abweichung vom Ideal der Totalgewinnermittlung, mithin die Betrachtung von Periodengewinnen, erfordert aber ein weitaus komplizierteres Gewinnermittlungssystem; eine einfache Gegenüberstellung von Einnahmen und Ausgaben ist nicht mehr ausreichend. Benötigt wird vielmehr ein Instrument, das eine willkürarme Lösung dieses Periodisierungsproblems erlaubt, da nur ein objektivierter, periodengerecht ermittelter Gewinn als Maßstab der aktuellen wirtschaftlichen Leistungsfähigkeit gewertet werden kann.[325]

2) Die Normierung des steuerbilanzrechtlichen Gewinns durch das GoB-System

Zur weiteren Konkretisierung, wie ein als Besteuerungsgrundlage nutzbarer Gewinn definiert sein muss, wurde traditionell die Überlegung angestellt, dass ein derartiger, periodisch zu ermittelnder Gewinn auch im Handelsrecht und in der Betriebswirtschaftslehre als Maßstab wirtschaftlicher Leistungsfähigkeit Verwendung findet. Hieraus folgte sodann die Anbindung der steuerlichen Gewinn-ermittlung an die handelsbilanziellen Gewinnermittlungsvorschriften über die Kodifikation des Maßgeblichkeitsprinzips. Begründen lässt sich dieses Vorgehen insbesondere durch die auf *Döllerer* zurückgehende Sichtweise des Fiskus als einen stillen Teilhaber des Unternehmens: Demnach kann die Besteuerung nur an bereits realisierten Gewinnen, nicht aber an erst in der Zukunft zu erwartenden Gewinnen ansetzen. Die Stellung des Fiskus entspricht insofern der Stellung eines Gesellschafters, der ebenfalls maximal den bereits realisierten Gewinn entnehmen kann.[326] Darüber hinaus kommt dem Maßgeblichkeitsprinzip auch eine Schutzwirkung zu, da mit der Ausrichtung der Besteuerung an der wirtschaftlichen Leistungsfähigkeit eine gewisse steuerverschärfende Tendenz einhergeht.[327]

Zur Ermittlung eines derartigen Gewinns wird in der Handelsbilanz und damit auch in der Steuerbilanz auf das, als offen oder beweglich zu charakterisieren-

---

324 Vgl. stellvertretend Jakob, Wolfgang: Steuern von Einkommen I, Stuttgart u.a. 1980, S. 31; Schneider, Dieter: Steuerbilanzen, Rechnungslegung als Messung steuerlicher Leistungsfähigkeit, Wiesbaden 1978, S. 51. Daneben wird in dem Periodizitätsprinzip auch ein „technisches Prinzip" gesehen, das insbesondere fiskalisch motiviert ist und die exakte Erfassung wirtschaftlicher Leistungsfähigkeit beeinträchtigt. Vgl. Tipke, Klaus; Lang, Joachim: Steuerrecht, a.a.O., S. 233.

325 Vgl. Ciric, Dejan: Grundsätze ordnungsmäßiger Wertaufhellung, a.a.O., S. 108.

326 Vgl. Döllerer, Georg: Maßgeblichkeit der Handelsbilanz in Gefahr?, a.a.O., S. 1334.

327 Vgl. Beisse, Heinrich: Zum neuen Bild des Bilanzrechtssystems, in: Bilanzrecht und Kapitalmarkt: Festschrift für Adolf Moxter, hrsg. v. Wolfgang Ballwieser u.a., Düsseldorf 1994, S. 3-31, h.S. 23.

de,[328] System der Grundsätze ordnungsmäßiger Bilanzierung zurückgegriffen. Dieses setzt sich aus Strukturprinzipien, nämlich dem Vermögensermittlungs- und dem Gewinnermittlungsprinzip, und Rahmenprinzipien, nämlich dem Prinzip wirtschaftlicher Betrachtungsweise, dem Vorsichtsprinzip, dem Objektivierungsprinzip, dem Abschlussstichtagsprinzip und dem Vereinfachungsprinzip, zusammen.[329] Durch ein komplexes Zusammenspiel höher- und niederrangiger Prinzipien im Sinne einer wechselseitigen Ergänzung und Beschränkung ermöglicht das GoB-System die Bestimmung eines risikolos entziehbaren Umsatzgewinns,[330] der als Grundlage der Besteuerung dienen kann.

Es ist allerdings zu beachten, dass das Ziel der periodengerechten Gewinnermittlung durch die Anwendung von Objektivierungs- und Vorsichtsprinzipien tendenziell in den Hintergrund gedrängt wird. Dies wird in jüngerer Zeit häufig kritisiert und ist mitverantwortlich dafür, dass verschiedentlich starke Zweifel an der Zweckidentität von Handels- und Steuerbilanz geäußert werden: Das von Vorsichts- und Objektivierungsprinzipien geprägte GoB-System sei nicht zur Bestimmung eines Gewinns als Indikator wirtschaftlicher Leistungsfähigkeit geeignet, heißt es; die Aufgabe des Maßgeblichkeitsprinzips wird gefordert.[331]

Im Zentrum der Kritik stehen dabei aber zumeist weniger die zentralen Prinzipien des GoB-Systems als vielmehr einzelne Wahlrechte bei der Bilanzierung und

---

328 Das GoB-System ist dabei im Sinne der heute in der Rechtstheorie vorherrschenden Lehre ein „offenes System", d.h. Änderungen der Gesetzgebung, neue Erkenntnisse und Rechtsprechungsänderungen können Einfluss nehmen. Vgl. insbesondere Larenz, Karl: Methodenlehre der Rechtswissenschaft, 6. Aufl., Berlin u.a. 1991, S. 467 f., sowie Beisse, Heinrich: Rechtsfragen der Gewinnung von GoB, in: BFuP, 42. Jg. (1990), S. 499-514, h.S. 500; Beisse, Heinrich: Zum Verhältnis von Bilanzrecht und Betriebswirtschaftslehre, in: StuW, 61. Jg. (1984), S. 1-14, h.S. 2.

329 Vgl. insbesondere Beisse, Heinrich: Zum neuen Bild des Bilanzrechtssystems, a.a.O., S. 13-28; Moxter, Adolf: Das System der handelsrechtlichen Grundsätze ordnungsmäßiger Buchführung, in: Der Wirtschaftsprüfer im Schnittpunkt nationaler und internationaler Entwicklung, Festschrift für Klaus von Wysocki, hrsg. v. Gerhard Gross, Düsseldorf 1985, S. 17-28; Euler, Roland: Das System der Grundsätze ordnungsmäßiger Bilanzierung, a.a.O., S. 109-126.

330 Vgl. Moxter, Adolf: Zum Sinn und Zweck des handelsrechtlichen Jahresabschlusses nach neuem Recht, in: Bilanz- und Konzernrecht, Festschrift für Reinhard Goerdeler, hrsg. v. Hans Havermann, Düsseldorf 1987, S. 361-374, h.S. 373-374; Euler Roland: Das System der Grundsätze ordnungsmäßiger Bilanzierung, a.a.O., S. 125 f.; Hommel, Michael: Grundsätze ordnungsmäßiger Bilanzierung für Dauerschuldverhältnisse, a.a.O., S. 10-13.

331 Vgl. z.B. Siegel, Theodor: Saldierungsprobleme bei Rückstellungen und die Subventionswirkung des Maßgeblichkeitsprinzips, in: BB, 49. Jg. (1994), S. 2237-2245, h.S. 2243-2245; Weber-Grellet, Heinrich: Maßgeblichkeitsschutz und eigenständige Zielsetzung der Steuerbilanz, in: DB, 47. Jg. (1994), S. 288-291. Vgl. auch den Literaturüberblick bei Mössner, J.M.: Ist die Maßgeblichkeit tot?, in: Stbg, 41. Jg. (1998), S. 145-150, h.S. 145 f.

Bewertung von Vermögensgegenständen, Verbindlichkeiten und Rückstellungen.[332] Berücksichtigt man jedoch, dass handelsrechtliche Wahlrechte für die Steuerbilanz unbeachtlich sind, das Steuerrecht vielmehr daran interessiert ist, „den vollen Gewinn zu erfassen",[333] so erscheinen die zum Teil scharfen Angriffe gegen das Maßgeblichkeitsprinzip überspitzt. Bei einer verständigen Würdigung der handelsrechtlichen Gewinnermittlungsprinzipien lässt sich überdies zeigen,[334] dass die handelsrechtlichen Vorsichts- und Objektivierungsprinzipien entsprechend der Thesen *Döllerers* sehr wohl auch für die steuerliche Gewinnermittlung geeignet sind, sofern man der Grundwertung folgt, dass „bei der Bemessung von Gewinnansprüchen – zivilrechtlicher oder steuerrechtlicher Natur – das sogenannte Unternehmensinteresse mit zu berücksichtigen ist."[335]

Bedauerlicherweise scheint aber auch der Gesetzgeber diesem Gedanken derzeit nur wenig zugeneigt zu sein. Motiviert durch fiskalische Interessen ist in den letzten Jahren eine zunehmende Erosion des Maßgeblichkeitsprinzips zu beobachten.[336] Eingeleitet wurde diese Entwicklung durch das systematisch nicht zu rechtfertigende Verbot der Drohverlustrückstellung für die Steuerbilanz durch § 5 Abs. 4a EStG, das einer Einschränkung des Imparitätsprinzips in der Steuerbilanz gleichkommt. Diese bedenklichen Tendenzen haben in den Maßnahmen des Steuerentlastungsgesetzes 1999/2000/2002 ihre Fortsetzung gefunden.

---

332 Vgl. Schön, Wolfgang: Die Steuerbilanz zwischen Handelsrecht und Grundgesetz, a.a.O., S. 376.

333 BFH-Beschluss vom 3. Februar 1969 GrS 2/68, BFHE 95, S. 31-37, h.S. 36. Siehe auch die Abgrenzung des eigentlichen GoB-Systems als Zusammenfassung der auch steuerbilanziell maßgeblichen zwingenden GoB gegenüber GoB-Wahlrechten, systemfremden Normen und reinen Informationsnormen bei Beisse, Heinrich: Zum neuen Bild des Bilanzrechtssystems, a.a.O., S. 28-30.

334 Vgl. die detaillierte Analyse bei Moxter, Adolf: Zum Verhältnis von Handelsbilanz und Steuerbilanz, in: BB, 52. Jg. (1997), S. 195-199.

335 Moxter, Adolf: Zum Verhältnis von Handelsbilanz und Steuerbilanz, a.a.O., S. 198. Auch Schön, Wolfgang: Die Steuerbilanz zwischen Handelsrecht und Grundgesetz, a.a.O., S. 375-377 plädiert unter Verweis auf das gleichgelagerte Objektivierungserfordernis und die Vorherigkeit des Zivilrechts eindringlich für die Beibehaltung des Maßgeblichkeitsprinzips. Weitere Argumente pro Maßgeblichkeitsprinzip liefern Euler, Roland: Steuerbilanzielle Konsequenzen der internationalisierten Rechnungslegung, in: StuW, 75. Jg. (1998), S. 15-24, h.S. 16-20; Mössner, J.M.: Ist die Maßgeblichkeit tot ?, a.a.O., S. 146-150.

336 Die Kurzsichtigkeit dieses Verhaltens wird zudem offensichtlich, wenn man berücksichtigt, dass die mittelbare Berücksichtigung des Unternehmensinteresses durch das Maßgeblichkeitsprinzip auch den Fortbestand der Steuerquelle sichern hilft. Hieran müsste auch dem Fiskus im Interesse konstanter Steuereinnahmen gelegen sein. Vgl. Breidert, Ulrike: Grundsätze ordnungsmäßiger Abschreibungen auf abnutzbare Anlagegegenstände, Düsseldorf 1994, S. 6; Böcking, Hans-Joachim: Bilanzrechtstheorie und Verzinslichkeit, Wiesbaden 1988, S. 132.

Den systematischen Angriffspunkt der Mehrzahl der neuen Regelungen bildet dabei wiederum das Imparitätsprinzip: Auf der Aktivseite ist das Imparitätsprinzip durch die Einschränkung der Teilwertabschreibungen weiter zurückgedrängt worden, auf der Passivseite ist das Imparitätsprinzip durch die Beschränkungen des Höchstwertprinzips für Verbindlichkeiten beschädigt worden. So sehen die neu gefassten Bewertungsgrundsätze für Verbindlichkeiten u.a. ein Abzinsungsgebot vor, das häufig zu GoB-widrigen Wertansätzen führen wird. Es steht zu vermuten, dass das Imparitätsprinzip als „Verlustantizipationsprinzip" in dem Sinne missverstanden wird, dass es eine nahezu beliebige Vorwegnahme künftig entstehender Verluste erlaubt. Tatsächlich intendiert das Imparitätsprinzip lediglich eine Vorwegnahme bereits zum Abschlussstichtag eingetretener Verluste.[337] Aus der Zurückdrängung des Imparitätsprinzips ergibt sich für die Zukunft einerseits eine regelmäßige Divergenz von Handels- und Steuerbilanz,[338] andererseits eine Einschränkung des Grundsatzes der Besteuerung nach der wirtschaftlichen Leistungsfähigkeit: Künftig wird die Besteuerung unrealisierter Gewinne und damit eine Besteuerung der Substanz unausweichlich sein.[339]

Weiteren Druck auf das Rechtsinstitut der Maßgeblichkeit übt die Internationalisierung der Rechnungslegung aus.[340] Sofern künftig auch für den Einzelabschluss eine Bilanzierung nach IAS oder US-GAAP zulässig sein sollte, ginge dies voraussichtlich mit einer Aufgabe des Maßgeblichkeitsprinzips, d.h. der Etablierung eigenständiger Steuerbilanzvorschriften, einher. Angesichts der Defizite der internationalen Vorschriften, wie z.B. der fehlenden normativen Fundierung, der im deutschen Recht mit der Hinwendung zur deduktiven GoB-Ermittlung lange überwundenen kasuistischen, induktiven Normengewinnung sowie der uneinheitlichen Abwägung der Rahmenprinzipien,[341] bleibt indes zu hoffen, dass diese Situation nicht eintritt.[342]

---

337 Vgl. Moxter, Adolf: Abgewürgte Teilwertabschreibungen?, in: BB, 54. Jg. (1999), S. I.

338 Vgl. die Übersicht bei Günkel, Manfred; Fenzl, Barbara: Ausgewählte Fragen zum Steuerentlastungsgesetz: Bilanzierung und Verlustverrechnung, in: DStR, 37. Jg. (1999), S. 649-660, h.S. 649-657. Speziell zu den Auswirkungen auf Personengesellschaften siehe Kemper, Nicolas; Beyschlag, Georg: Abkehr von der Maßgeblichkeit – Änderungen des Bilanzsteuerrechts und ihre Auswirkungen auf die Personengesellschaft, in: DStR, 37. Jg. (1999), S. 737-742.

339 Vgl. Moxter, Adolf: Abgewürgte Teilwertabschreibungen?, a.a.O., S. I.

340 Zu den potentiellen Auswirkungen siehe Euler, Roland: Steuerbilanzielle Konsequenzen der internationalisierten Rechnungslegung, a.a.O., S. 23.

341 Vgl. Euler, Roland: Bilanzrechtstheorie und internationale Rechnungslegung, in: Handelsbilanzen und Steuerbilanzen, Festschrift für Heinrich Beisse, hrsg. v. Wolfgang Dieter Budde u.a., Düsseldorf 1997, S. 171-188, h.S. 182-187.

342 Bedenklich ist zudem die starke Zurückdrängung des Vorsichtsprinzips nach IAS und US-GAAP, das nicht im Interesse von Solidität und Krisenfestigkeit der Wirtschaft ist.

Trotz dieser bedauerlichen Entwicklungen und Perspektiven ist de lege lata festzustellen, dass das Maßgeblichkeitsprinzip gemäß § 5 Abs. 1 EStG, wenngleich beschränkt, nach wie vor Bestand hat und wesentliche Bereiche der Steuerbilanz, wie z.b. die Normierung des Bilanzansatzes, im Sinne dieses Systems zu lösen sind. Die Konkretisierung des als Indikator wirtschaftlicher Leistungsfähigkeit dienenden Gewinns erfolgt nach wie vor durch den Rückgriff auf das Regelungsgefüge des GoB-Systems unter Beachtung originärer steuerrechtlicher Normen. Da die Ergänzungsbilanzen ebenfalls einen Beitrag zur Bestimmung des als Besteuerungsgrundlage dienenden Gewinns leisten, folgt daraus aber, dass auch die Bilanzierungsentscheidungen in den Ergänzungsbilanzen nach Maßgabe des GoB-Systems unter Beachtung steuerrechtlicher Sondervorschriften zu treffen sind.

E. Aufstellung und Fortentwicklung positiver Ergänzungsbilanzen

I. Die Aufstellung positiver Ergänzungsbilanzen im Erwerbszeitpunkt

1) Die Bilanzansatzentscheidung auf der Ebene der Ergänzungsbilanz

a) Der Rückgriff auf die steuerbilanzrechtlichen Ansatzprinzipien

Die erstmalige Aufstellung einer positiven Ergänzungsbilanz zum Zeitpunkt des Erwerbs eines Mitunternehmeranteils setzt voraus, dass der geleistete Mehrkaufpreis auf die im Betriebsvermögen der Gesellschaft ruhenden stillen Reserven aufgeteilt wird.[343] Eine stille Reserve liegt hierbei immer dann vor, wenn für einen wirtschaftlichen Vorteil ein positiver Teilwert festgestellt werden kann, der höher als der korrespondierende steuerbilanzielle Buchwert ist oder es sich um einen wirtschaftlichen Vorteil handelt, der in der Gesellschaftsbilanz noch gar keine Berücksichtigung gefunden hat, also einen fiktiven Buchwert von null besitzt.[344] Neben der an späterer Stelle zu erörternden Problematik der Teilwertermittlung[345] ist hier vordringlich zu klären, nach welchen Gesichtspunkten sich Ansatzfähigkeit und Ansatzpflicht in positiven Ergänzungsbilanzen bestimmen. Würde man sich bei dieser Entscheidung ausschließlich an der Deutung der Ergänzungsbilanz als Wertkorrekturbilanz orientieren, so würde

---

Vgl. Zeitler, Franz-Christoph: „Konservative Bilanzierung" versus IAS – ein verlorener Kampf?, in: Handelsbilanzen und Steuerbilanzen, Festschrift für Heinrich Beisse, hrsg. v. Wolfgang Dieter Budde u.a., Düsseldorf 1997, S. 599-608, h.S. 606 f.

343 Zur Begründung dieses Vorgehens siehe ausführlich oben 2. Kapitel A. II. 3) a).

344 Als stille Reserve wird hier – eng auf bilanzielle Wertmaßstäbe bezogen – der Differenzbetrag zwischen (höherem) Teilwert und (niedrigerem) Buchwert verstanden. Zum allgemeinen Begriffsverständnis vgl. Rückle, Dieter: Jahresabschlußaufstellung und -feststellung bei Personengesellschaften, in: Handelsbilanzen und Steuerbilanzen, Festschrift für Heinrich Beisse, hrsg. v. Wolfgang Dieter Budde u.a., Düsseldorf 1997, S. 433-449, h.S. 442.

345 Vgl. unten 2. Kapitel E. I. 4).

der Kreis der berücksichtigungsfähigen wirtschaftlichen Vorteile kaum einer Beschränkung unterliegen, da der Begriff „Wertkorrektur" angesichts fehlender bilanzrechtlicher Konkretisierung wohl als nahezu beliebig dehnbar zu betrachten wäre. Der anteilige Gewinn des Erwerbers könnte mittels des Umwegs über die Ergänzungsbilanz durch Sachverhalte beeinflusst werden, die zuvor durch die objektivierungsgeprägten steuerbilanzrechtlichen Ansatznormen von einer Berücksichtigung in der Steuerbilanz der Gesellschaft und damit von der Erfassung im Gewinn der Gesellschaft ausgeschlossen worden waren.[346] Eine derartige Deformation der Besteuerungsgrundlage kann nur verhindert werden, wenn Ansatzfähigkeit und Ansatzpflicht in der Ergänzungsbilanz entsprechend der für die Steuerbilanz der Gesellschaft geltenden Grundsätze geregelt werden. Darüber hinaus lässt sich diese Forderung auch mit der zuvor erläuterten Zielidentität von Steuer- und Ergänzungsbilanz, dem auch in der Ergänzungsbilanz gegebenen Objektivierungserfordernis sowie der für ein nicht kodifiziertes Rechenwerk nahe liegenden Ausrichtung an kodifizierten Prinzipien stützen. Obwohl die Übertragung der steuerbilanzrechtlichen Ansatznormen auf die Ergänzungsbilanz somit unausweichlich erscheint, wurde dies in der Vergangenheit häufig nur unzureichend beachtet.[347]

Die zwingende Anknüpfung an die steuerbilanzrechtlichen Ansatzprinzipien kann zudem durch eine jüngere Entscheidung des BFH belegt werden: Im Urteil vom 18. Februar 1993 wird die Aktivierung von Aufwendungen in einer Ergänzungsbilanz nur als zulässig erachtet, sofern diese Aufwendungen „auch in der Handels- und Steuerbilanz der Gesellschaft aktiviert werden müssten und die Aktivierung dort nur unterbleibt, weil der Erwerbsvorgang sich unmittelbar zwischen zwei Mitunternehmern vollzieht und deshalb die Steuerbilanz der Gesellschaft als solche nicht berührt." In der Ergänzungsbilanz dürfen nur solche Aufwendungen aktiviert werden, durch die „Anteile an Wirtschaftsgütern i.S.d. § 5 Abs. 1, 2 EStG erworben wurden." Dabei ist es „wegen des Grundsatzes der Maßgeblichkeit der Handelsbilanz für die Steuerbilanz erforderlich, daß es sich

---

346 Denkbar wäre hier z.B. die Berücksichtigung höchstpersönlicher wirtschaftlicher Vorteile wie besonders befähigte Mitarbeiter oder der Einzelansatz reiner Effektivvermögensbeiträge wie Zollsatzänderungen. Siehe dazu unten 2. Kapitel E. I. 2), 3).

347 So vertritt z.B. *Birke* die Auffassung, dass „für die Ergänzungsbilanz die Frage der Aktivierungsfähigkeit keineswegs gleichbedeutend mit der Frage nach den Merkmalen des Wirtschaftsgutes" sei, erläutert aber nicht, wie er die Aktivierungsproblematik zu lösen gedenkt. Vgl. Birke, Alfons: Die Behandlung von Barabfindungen an ausscheidende Gesellschafter (§§ 738 ff. BGB) im Jahresabschluß der Personenhandelsgesellschaft nach Handels- und Steuerrecht, a.a.O., S. 286. Die Unsicherheiten im Hinblick auf den Bilanzansatz zeigen sich auch deutlich im Zusammenhang mit der Frage, ob ein negativer Geschäftswert in der Ergänzungsbilanz bilanzierbar ist. Vgl. 2. Kapitel F. I. 5) b).

bei den anteilig erworbenen Werten um Vermögensgegenstände im Sinne der handelsrechtlichen Grundsätze ordnungsmäßiger Buchführung handelt (...)."[348] Durch diese Entscheidung wird letztlich das Maßgeblichkeitsprinzip auf die Ergänzungsbilanz ausgedehnt. Eine zum Betriebsvermögen der Gesellschaft gehörende stille Reserve darf nur dann in der Ergänzungsbilanz aktiviert werden, wenn diese auf einen wirtschaftlichen Vorteil zurückgeführt werden kann, der entsprechend der Prinzipien des GoB-Systems als Wirtschaftsgut zu betrachten ist. Der Verweis auf das Maßgeblichkeitsprinzip kann in diesem Kontext aber nur qualitativ gemeint sein. Eine Maßgeblichkeit konkreter handelsrechtlicher Ansätze kann es für die Ergänzungsbilanz nicht geben, da ein handelsrechtliches Pendant zu der steuerrechtlichen Ergänzungsbilanz anlässlich eines entgeltlichen Gesellschafterwechsels nicht existiert.[349] Erforderlich ist hier eine sinngemäße Interpretation und Anwendung der steuerbilanzrechtlichen Ansatzprinzipien. Die Definition von Ansatzfähigkeit und Ansatzpflicht in der Ergänzungsbilanz setzt deshalb in einem ersten Schritt die Betrachtung dieser Ansatzgrundsätze voraus.

b) Die steuerbilanzrechtlichen Ansatzprinzipien

Welche Kriterien erfüllt sein müssen, damit ein wirtschaftlicher Vorteil als steuerbilanzrechtliches Wirtschaftsgut zu betrachten ist, bestimmt sich – entsprechend der Verweisung des Maßgeblichkeitsprinzips – nach den handelsbilanzrechtlichen Ansatzprinzipien, d.h. den Grundsätzen ordnungsmäßiger Bilanzierung. Die Normierung des Bilanzansatzes erfolgt dabei durch ein subtiles Zusammenspiel der im System der Grundsätze ordnungsmäßiger Bilanzierung vereinten Prinzipien, das in seinen Grundzügen kurz angedeutet sei.[350]

Eine exponierte Stellung innerhalb des GoB-Systems nehmen die Strukturprinzipien, also Vermögens- und Gewinnermittlungsprinzip, ein; diese regeln im Grundsatz, welche wirtschaftlichen Vorteile ansatzfähig sind.[351] Allerdings lässt sich der Inhalt der Strukturprinzipien nicht eindimensional darstellen, vielmehr werden auch diese erst durch eine Reihe konkretisierender Folgeprinzipien präzisiert:

---

348 Alle Zitate BFH-Urteil vom 18. Februar 1993 IV R 40/92, BFHE 171, S. 422-428, h.S. 424.

349 Vgl. Regniet, Michael: Ergänzungsbilanzen bei der Personengesellschaft, a.a.O., S. 117; auch die im 1. Kapitel H. dargestellten (umstrittenen) handelsrechtlichen Ergänzungsbilanzen beziehen sich nur auf bestimmte haftungsrechtliche Spezialfälle.

350 Die Ausführungen konzentrieren sich dabei auf die Ansatzkriterien für positive Wirtschaftsgüter.

351 Vgl. insbesondere Euler, Roland: Das System der Grundsätze ordnungsmäßiger Bilanzierung, a.a.O., S. 109-115.

Das Vermögensermittlungsprinzip konzipiert die Bilanz im Rechtssinne als eine Vermögensbilanz, in der sämtliche Zahlungsmittel, (Netto-)Einnahmenpotentiale und (Netto-)Ausgabenpotentiale zu erfassen sind. Mittels der das Vermögensermittlungsprinzip konkretisierenden Folgeprinzipien erfährt der Kreis der ansatzpflichtigen Posten allerdings wieder eine Einschränkung: Das aus dem Einzelbewertungsprinzip ableitbare Greifbarkeitsprinzip setzt für sämtliche Einnahmen- und Ausgabenpotentiale deren Isolierbarkeit und selbständige Bewertbarkeit voraus und bezweckt damit, gänzlich unbestimmbare Effektivvermögensbeiträge vom Ansatz auszuschließen.[352]

Auch das Gewinnermittlungsprinzip und seine Folgeprinzipien leisten einen Beitrag zur Normierung des Bilanzansatzes. Große Bedeutung kommt dabei dem Realisationsprinzip zu, das durch die Definition des Bilanzgewinns als Umsatzgewinn simultan den Zeitpunkt des Ertragsausweises[353] und die umsatzabhängige Periodisierung von Aufwendungen[354] festschreibt. Das dadurch statuierte Ausgabenübertragungsprinzip limitiert die nach dem Vermögensermittlungsprinzip identifizierten Einnahmenpotentiale auf diejenigen, die durch Ausgaben erlangt wurden.[355]

Die Strukturprinzipien erfahren durch die, nicht selten konfligierenden, Rahmenprinzipien eine weitere, fundamentale bilanzrechtliche Wertungsgrundsätze widerspiegelnde Präzisierung. Hinsichtlich der Bilanzansatzentscheidung sind hier vor allem das Prinzip wirtschaftlicher Betrachtungsweise, das Vorsichtsprinzip und das Objektivierungsprinzip hervorzuheben: Das Prinzip wirtschaftlicher Betrachtungsweise stellt unter anderem klar, dass ein im Sinne des Vermögensermittlungsprinzips existenter Vermögensvorteil auch dann ansatzfähig ist, wenn der Bilanzierende zwar wirtschaftlich über diesen verfügen

---

352 Vgl. Euler, Roland: Das System der Grundsätze ordnungsmäßiger Bilanzierung, a.a.O., S. 109 f.

353 Zu einer Konkretisierung des Realisationsprinzips für Umsatzgeschäfte ausführlich Euler, Roland: Grundsätze ordnungsmäßiger Gewinnrealisierung, a.a.O., S. 67-140.

354 Vgl. Euler, Roland: Das System der Grundsätze ordnungsmäßiger Bilanzierung, a.a.O., S. 196 f., m.w.N.; Moxter, Adolf: Periodengerechte Gewinnermittlung und Bilanz im Rechtssinne, in: Handelsrecht und Steuerrecht, Festschrift für Georg Döllerer, hrsg. v. Brigitte Knobbe-Keuk u.a., Düsseldorf 1988, S. 447-458, h.S. 450 f.; Moxter, Adolf: Das Realisationsprinzip – 1884 und heute, in: BB, 39. Jg. (1984), S. 1780-1786, h.S. 1783 f. Die Auswirkungen dieses Grundsatzes auf die später noch zu behandelnde Bemessung planmäßiger Abschreibungen wird detailliert analysiert in den Monographien von Breidert, Ulrike: Grundsätze ordnungsmäßiger Abschreibungen auf abnutzbare Anlagegenstände, a.a.O., S. 9-47 sowie Jäger, Rainer: Grundsätze ordnungsmäßiger Aufwandsperiodisierung, Wiesbaden 1996, S. 53-155.

355 Vgl. Euler, Roland: Das System der Grundsätze ordnungsmäßiger Bilanzierung, a.a.O., S. 113.

kann, nicht aber zivilrechtlicher Eigentümer desselben ist.[356] Entsprechend des Vorsichtsprinzips scheiden mit ausgeprägter Unsicherheit behaftete Einnahmenpotentiale von einer Aktivierung aus.[357] Das Objektivierungsprinzip schließlich nimmt, angesichts der Funktion der steuerbilanzrechtlichen Gewinnermittlung notwendigerweise, weit reichenden Einfluss auf sämtliche Bilanzierungsentscheidungen;[358] exemplarisch sei auf die objektivierungsbedingte Aktivierungsrestriktion für immaterielle Wirtschaftsgüter des Anlagevermögens, den entgeltlichen Erwerb i.S.d. § 5 Abs. 2 EStG, hingewiesen. Die Aktivierung setzt hier – neben der Prüfung der allgemeinen Kriterien – das Vorliegen eines entgeltlichen Erwerbs voraus, da die Nutzeneinschätzung für immaterielle Wirtschaftsgüter als zu sehr ermessensbehaftet erkannt wurde.[359]

Der BFH hat in ständiger Rechtsprechung als Ergebnis dieser Wechselwirkung von Struktur- und Rahmenprinzipien die Anforderungen an ein Wirtschaftsgut wie folgt konkretisiert: Von einem Wirtschaftsgut ist auszugehen, falls die Existenz eines wirtschaftlichen Vorteils, d.h. ein über den Bilanzstichtag hinausreichender Nutzen für das Unternehmen, erkennbar ist; zudem muss Greifbarkeit und selbständige Bewertbarkeit dieses wirtschaftlichen Vorteils gegeben sein.[360] Weitere Anhaltspunkte sind die Übertragbarkeit des Vorteils, wobei allerdings die Übertragbarkeit mit dem Unternehmen genügt, sowie der Anfall abgrenzbarer Ausgaben bei der Entstehung oder Erlangung des Einnahmenpotentials.[361] Obgleich die Qualifikation des steuerbilanziellen Wirtschaftsgutes mittels dieser Kriterien im Grundsatz gelingt, bereitet die Interpretation der Wirtschaftsgutkriterien im Detail und in einigen Sonderfällen Schwierigkeiten;

---

356 Vgl. Euler, Roland: Das System der Grundsätze ordnungsmäßiger Bilanzierung, a.a.O., S. 117.

357 Vgl. Moxter, Adolf: Selbständige Bewertbarkeit als Aktivierungsvoraussetzung, in: BB, 42. Jg. (1987), S. 1846-1851, h.S. 1847; Euler, Roland: Das System der Grundsätze ordnungsmäßiger Bilanzierung, a.a.O., S. 119.

358 Vgl. Moxter, Adolf: Das System der handelsrechtlichen Grundsätze ordnungsmäßiger Bilanzierung, a.a.O., S. 23.

359 Vgl. Euler, Roland: Das System der Grundsätze ordnungsmäßiger Bilanzierung, a.a.O., S. 121. Ausführlich zu der Auslegung des Kriteriums des entgeltlichen Erwerbs siehe unten 2. Kapitel E. I. 3) a).

360 Vgl. Moxter, Adolf: Bilanzrechtsprechung, a.a.O., S. 10-14; BFH-Urteil vom 28. Mai 1979 I R 1/76, BFHE 128, S. 367-375, h.S. 372; BFH-Urteil vom 28. September 1990 III R 178/86, BFHE 162, S. 177-181, h.S. 178 f.

361 Vgl. Hommel, Michael: Bilanzierung immaterieller Anlagewerte, a.a.O., S. 4 f.; Janke, Madeleine: Periodisierung, Objektivierung und Vorsicht bei Vermögensgegenständen und Schulden, in: StuW, 71. Jg. (1994), S. 214-231, h.S. 217-223.

Lösungshinweise sind dann aus den Wertungsgrundsätzen des übergeordneten GoB-Systems abzuleiten.[362]

2) Die Differenzierung zwischen derivativer und originärer Bilanzansatzentscheidung

Für die weitere Analyse der ergänzungsbilanziellen Bilanzansatzentscheidung ist es von Vorteil, die Gesamtheit der in einer positiven Ergänzungsbilanz potentiell ansatzfähigen stillen Reserven in zwei Gruppen zu unterteilen. Die erste Gruppe besteht dabei aus den stillen Reserven, die mit in der Gesellschaftsbilanz bereits bilanzierten Wirtschaftsgütern verbunden sind; die zweite Gruppe umfasst alle anderen stillen Reserven, d.h. diejenigen, die auf steuerbilanziell noch nicht berücksichtigte wirtschaftliche Vorteile entfallen. Nachfolgend wird zunächst stets davon ausgegangen, dass der geleistete Mehrkaufpreis so hoch ist, dass eine Vollauflösung sämtlicher ansatzfähigen stillen Reserven in der Ergänzungsbilanz möglich ist. Die Problematik einer nur partiell möglichen Auflösung stiller Reserven wird erst später behandelt.[363]

Konnten anteilige stille Reserven in bereits bilanzierten Wirtschaftsgütern identifiziert werden, so sind diese dem Grunde nach in der Ergänzungsbilanz ansatzfähig, d.h. es können entsprechende Aufstockungen vorgenommen werden.[364] Die pauschale Bejahung der Aktivierung derartiger stiller Reserven gründet sich darauf, dass der korrespondierende wirtschaftliche Vorteil bereits in der Steuerbilanz als Wirtschaftsgut qualifiziert wurde. Eine erneute Prüfung der Wirtschaftsgutkriterien auf der Ebene der Ergänzungsbilanz erscheint überflüssig; die Bilanzansatzentscheidung in der Ergänzungsbilanz ist insofern lediglich als derivativ zu betrachten. Der bereits in der Gesellschaftsbilanz konkret erbrachte Nachweis der Wirtschaftsguteigenschaft wirkt bis auf die Ebene der Ergänzungsbilanz fort.[365]

Als Bestandteile der zweiten Gruppe sind immaterielle Einzelwirtschaftsgüter, die von der Aktivierungsrestriktion des § 5 Abs. 2 EStG erfasst wurden, und nicht selbständig erfassbare wirtschaftliche Vorteile zu nennen; die Gesamtheit

---

362 Besondere Probleme bereitet z.B. der Ansatz rein wirtschaftlicher Güter im Rahmen eines Unternehmenskaufs. Vgl. Euler, Roland: Das System der Grundsätze ordnungsmäßiger Bilanzierung, a.a.O., S. 144. Ein ganz ähnliches Problem stellt sich auch in der Ergänzungsbilanz siehe dazu unten 2. Kapitel E. I. 3).

363 Siehe ausführlich 2. Kapitel E. I. 5).

364 Problematisch kann allerdings die korrekte Zugangsbewertung sein, die insbesondere eine zutreffende Teilwertermittlung für das betroffene Wirtschaftsgut voraussetzt. Diese Problematik wird ebenfalls erst später betrachtet. Siehe unten 2. Kapitel E. I. 4).

365 Dies gilt natürlich nur unter der Voraussetzung, dass die Steuerbilanz unter Beachtung der Vorschriften des GoB-Systems und sämtlicher steuerlicher Sondervorschriften korrekt erstellt wurde; hiervon wird im weiteren Verlauf der Arbeit grundsätzlich ausgegangen.

der nicht selbständig erfassbaren wirtschaftlichen Vorteile bildet dabei den originären Geschäftswert. Die von der Aktivierungsrestriktion des § 5 Abs. 2 EStG betroffenen Immaterialgüter können weitergehend nach der Art des Erwerbs in originär erstellte und unentgeltlich, z.b. durch Schenkung, erlangte Immaterialgüter unterschieden werden. Darüber hinaus besitzt die Vorschrift auch in zwei Grenzfällen Bedeutung: Unter Berufung auf das Vorsichtsprinzip geht die herrschende Meinung bei Zweifeln darüber, ob ein materielles oder immaterielles Wirtschaftsgut vorliegt, davon aus, dass eine Zuordnung zum immateriellen Bereich zu erfolgen habe und eine Aktivierung damit ausscheidet; Entsprechendes gilt bei Abgrenzungsschwierigkeiten zwischen Anlage- und Umlaufvermögen.[366]

Bedenkt man nun, dass der Kauf eines Mitunternehmeranteils für den Erwerber als ein Anschaffungsgeschäft qualifiziert wird und die Rechtsprechung hierin zudem den Erwerb von ideellen Anteilen an den materiellen und immateriellen Wirtschaftsgütern des Betriebsvermögens sieht,[367] so erscheint es zunächst nahe liegend, das Kriterium des entgeltlichen Erwerbs auf der Ebene der Ergänzungsbilanz als erfüllt zu betrachten. Demnach wären die bislang mit einem Bilanzierungsverbot belegten, immateriellen Einzelwirtschaftsgüter vollständig, d.h. mit ihrem anteiligen Teilwert, in der Ergänzungsbilanz zu aktivieren; zudem wäre mit diesem Erwerbsvorgang eine Transformation des nicht bilanzierungsfähigen, originären Geschäftswerts in den bilanzierungspflichtigen, derivativen Geschäftswert verbunden.

Während die Aktivierung des derivativen Geschäftswerts in der Ergänzungsbilanz wegen der großen Ähnlichkeit des Erwerbsvorgangs im Zuge des Anteilskaufs mit dem Erwerbsvorgang im Rahmen des Unternehmenskaufs unumstritten ist,[368] gestaltet sich die Beurteilung der Ansatzfähigkeit immaterieller Einzelwirtschaftsgüter weitaus schwieriger:

Besondere Aufmerksamkeit erfordert dabei die Entscheidung, ob es sich bei dem potentiell zu aktivierenden Immaterialgut tatsächlich um ein Wirtschaftsgut handelt, da der Ansatz eines immateriellen Einzelwirtschaftsguts nicht nur den

---

366 Allerdings ist die exakte Abgrenzung zwischen materiellen und immateriellen Wirtschaftsgütern und zwischen Wirtschaftsgütern des Anlage- und Umlaufvermögens umstritten. Vgl. die kritische Diskussion verschiedener Abgrenzungskriterien wie z.B. die Funktion der körperlichen Komponente, das wirtschaftliche Interesse, die Wertrelation und die Vervielfältigung des Wirtschaftsguts bei Kähler, Jens-Peter; Lange, Sabine: Zur Abgrenzung immaterieller von materiellen Vermögensgegenständen, in: BB, 48. Jg. (1993), S. 613-618. Zur Abgrenzung des Anlage- vom Umlaufvermögen vgl. ausführlich Jäger, Rainer: Grundsätze ordnungsmäßiger Aufwandsperiodisierung, a.a.O., S. 71-85.

367 Siehe oben 2. Kapitel C. I.

368 So schon BFH-Urteil vom 2. Mai 1961 I 33/60 S, BFHE 73, S. 267-272, h.S. 270; Krah, R.: Geschäftswert und ähnliche Wirtschaftsgüter des Gewerbebetriebs, in: INF, 19. Jg. (1965), S. 1-7, h.S. 3; siehe ausführlich unten 2. Kapitel E. I. 5) d).

entgeltlichen Erwerb, sondern auch die Erfüllung der allgemeinen Wirtschafts-gutkriterien voraussetzt.[369] Obgleich die herrschende Meinung den entgeltlichen Erwerb als ein Merkmal konkreter Aktivierbarkeit betrachtet,[370] dieser der Prü-fung der allgemeinen Kriterien also nachgelagert ist, wird die abstrakte Akti-vierbarkeit des entsprechenden wirtschaftlichen Vorteils de facto vielfach noch nicht untersucht worden sein.[371] Verantwortlich hierfür ist letztlich ein gewisser Pragmatismus bei der Aufstellung der Steuerbilanz: Sofern das Unternehmen über unentgeltlich erworbene, langfristig nutzbare, immaterielle wirtschaftliche Vorteile verfügt, scheidet deren Aktivierung bereits nach § 5 Abs. 2 EStG aus; auf die eigentlich vorgelagerte Überprüfung der Wirtschaftsguteigenschaft des Immaterialguts wird deshalb in der Praxis oft verzichtet.[372] In einem solchen Fall wäre vor der Aktivierung des wirtschaftlichen Vorteils zunächst dessen Wirtschaftsguteigenschaft anhand der allgemeinen Kriterien auf der Ebene der Ergänzungsbilanz nachzuweisen.

Des Weiteren muss geklärt werden, wie eng oder wie weit das Einzelbewer-tungsprinzip in der Ergänzungsbilanz gefasst werden soll, d.h. wo die Grenze zwischen selbständig aktivierungsfähigen wirtschaftlichen Vorteilen und un-selbständigen wirtschaftlichen Vorteilen, die nur innerhalb des derivativen Ge-schäftswerts Berücksichtigung finden dürfen, gezogen werden soll. So ist z.B. zu entscheiden, ob ein im Normalfall als bloßes Geschäftswertelement zu be-trachtender Vorteil wie der Kundenstamm in der Ergänzungsbilanz eigenständig aktivierbar ist, da der BFH von der These ausgeht, dass derartige Geschäfts-wertelemente durch ein Anschaffungsgeschäft unter Umständen eine Verselb-ständigung erfahren können.[373]

Diese Erwägungen zeigen bereits deutlich, dass die Bilanzansatzentscheidung für die bislang nicht bilanzierten Wirtschaftsgüter weitaus komplexer und diffiziler ausfällt als bei den bereits bilanzierten Wirtschaftsgütern – auf der

---

369 So schon Döllerer, Georg: Die Maßgeblichkeit der Handelsbilanz für die Steuerbilanz, in: BB, 24. Jg. (1969), S. 501-507, h.S. 505; ebenso mit Verweisen auf die Rechtspre-chung Eibelshäuser, Manfred: Immaterielle Wirtschaftsgüter in der höchstrichterlichen Finanzrechtsprechung, Wiesbaden 1983, S. 240-243.

370 So z.B. Pfeiffer, Thomas: Begriffsbestimmung und Bilanzfähigkeit des immateriellen Wirtschaftsgutes, in: StuW, 61. Jg. (1991), S. 326-339, h.S. 329.

371 Vgl. Janke, Madeleine: Periodisierung, Objektivierung und Vorsicht bei Vermögensge-genständen und Schulden, a.a.O., S. 222 f. Siehe auch 2. Kapitel E. I. 4).

372 Ein ähnliches Vorgehen ist auch in der Rechtsprechung des BFH zu beobachten. Vgl. Gruber, Thomas: Der Bilanzansatz in der neueren BFH-Rechtsprechung, Stuttgart 1991, S. 143; Hommel, Michael: Bilanzierung immaterieller Anlagewerte, a.a.O., S. 140 f.; Reuleaux, Susanne: Immaterielle Wirtschaftsgüter: Begriff, Arten und Darstellung im Jahresabschluß, Wiesbaden 1987, S. 35.

373 So für den Kundenstamm BFH-Urteil vom 14. März 1979 I R 37/75, BFHE 127, S. 386-392, h.S. 391. Vgl. ausführlich unten 2. Kapitel E. I. 3) d) α).

Ebene der Ergänzungsbilanz sind insofern auch originäre Bilanzansatzentscheidungen zu treffen. Daher bleibt es unverständlich, dass in den einschlägigen Veröffentlichungen zur Ergänzungsbilanz die Ansatzproblematik nicht thematisiert wird.

Bevor diese Überlegungen jedoch fortgesetzt werden können, erscheint es angebracht, noch einmal einen gedanklichen Schritt zurückzugehen: Zu Beginn dieses Abschnitts wurde davon ausgegangen, dass der entgeltliche Erwerb im Rahmen des Anteilskaufs den Anforderungen eines entgeltlichen Erwerbs i.S.d. § 5 Abs. 2 EStG entspricht. Vergegenwärtigt man sich aber, dass § 5 Abs. 2 EStG eine objektivierende, originär für die Steuerbilanz geschaffene Vorschrift repräsentiert, so muss untersucht werden, ob durch diese Annahme nicht die eigentliche Intention der Regelung unterlaufen wird. Die Beantwortung dieser Fragestellung erfordert eine genaue Analyse der Funktion des § 5 Abs. 2 EStG innerhalb des GoB-Systems, der Konkretisierung des Kriteriums durch die Rechtsprechung sowie die Betrachtung vergleichbarer Fallgestaltungen.

3) Immaterialgüter als zentraler Problembereich der Ansatzentscheidung

a) Der entgeltliche Erwerb i.S.d. § 5 Abs. 2 EStG

α) Funktion und Bedeutung des entgeltlichen Erwerbs im GoB-System

Obgleich originär geschaffene immaterielle Anlagegüter oftmals erhebliche Einnahmenpotentiale verkörpern, schließt § 5 Abs. 2 EStG diese von der Aktivierung aus und setzt damit zugleich eine empfindliche Einschränkung des Vermögensermittlungsprinzips, d.h. des Grundsatzes einer möglichst vollständigen Abbildung sämtlicher Einnahmenpotentiale in der Steuerbilanz, in Kraft.[374] Gleichwohl besteht über die Sinnhaftigkeit dieser Regelung breites Einvernehmen: Die Ertragsprognose für Immaterialgüter gilt als mit ausgeprägter Unsicherheit behaftet; immaterielle Wirtschaftsgüter des Anlagevermögens seien „in der Regel schwer schätzbar und daher unsichere Werte",[375] die Quantifizierung von Herstellungskosten sei nur mit sehr großem Ermessen möglich.[376]

Innerhalb des GoB-Systems kann die Aktivierungsrestriktion des § 5 Abs. 2 EStG sowohl mit dem Vorsichts- als auch dem Objektivierungsprin-

---

374 Die Vorschrift des § 5 Abs. 2 EStG wurde 1969 – als Nachbildung der entsprechenden aktienrechtlichen Vorschrift des § 153 Abs. 3 AktG 1965 – in das Einkommensteuergesetz übernommen. Zur Entwicklung beider Vorschriften ausführlich Moxter, Adolf: Die Aktivierungsvoraussetzung entgeltlicher Erwerb im Sinne von § 5 Abs. 2 EStG, in: DB, 31. Jg. (1978), S. 1804-1809, h.S. 1804 f.

375 BFH-Urteil vom 8. November 1979 IV R 145/77, BFHE 129, S. 260-262, h.S. 261.

376 Vgl. Moxter, Adolf: Immaterielle Anlagewerte im neuen Bilanzrecht, in: BB, 34. Jg. (1979), S. 1102-1109, h.S. 1105.

zip begründet werden.[377] Da die Steuerbilanz auf die Bestimmung eines vorsichtig ermittelten objektivierten Umsatzgewinns als Indikator wirtschaftlicher Leistungsfähigkeit und Basis der Ertragsbesteuerung abzielt, scheidet die Berücksichtigung derart unsicherer Werte aus.[378]

Bei genauerer Betrachtung kann das Kriterium des entgeltlichen Erwerbs aber nicht nur mittels der Rahmenprinzipien des Vorsichts- und Objektivierungsprinzips erklärt werden, sondern ergibt sich auch als Folgeprinzip der höherrangigen Gewinnermittlungsprinzipien, speziell des Realisationsprinzips.[379] Dabei ist danach zu differenzieren, ob das Immaterialgut unentgeltlich (z.B. durch Schenkung) von einem Dritten erworben oder originär erstellt wurde. Bei unentgeltlichem Erwerb verhindert das Realisationsprinzip die Aktivierung des immateriellen Wirtschaftsguts, da das Realisationsprinzip den bilanziellen Erfolgsausweis an den Umsatzakt bindet, ein solcher in dieser Situation aber nicht vorliegt.[380] Handelt es sich hingegen um ein originär erstelltes Immaterialgut, so tritt die Funktion des Realisationsprinzips als Abschreibungsprinzip in den Vordergrund: Da die Umsatzalimentationsfähigkeit originär erstellter immaterieller Wirtschaftsgüter nur mit sehr großem Ermessen beziffert werden kann, fingiert das Realisationsprinzip, dass mit diesem Immaterialgut keine über das Zugangsjahr hinausreichende Umsatzalimentation verbunden ist, sondern diese bereits im Zugangsjahr verbraucht wird.[381]

β) Die Präzisierung des entgeltlichen Erwerbs durch die Rechtsprechung

Eine Ansatzpflicht entsteht für originär geschaffene immaterielle Anlagegegenstände jedoch dann, wenn diese entgeltlich erworben wurden. Durch den Marktprozess kommt es über die Kaufverhandlungen zwischen zwei, bezüglich der Kaufpreishöhe in einem grundsätzlichen Interessengegensatz stehenden,

---

377 Vgl. Curtius-Hartung, Rudolf: Immaterielle Werte – ohne Firmenwert – in der Ertragsteuerbilanz, in: StbJb 1969/70, hrsg. im Auftrag des Fachinstituts der Steuerberater, Köln 1970, S. 325-347, h.S. 335; Euler, Roland: Das System der Grundsätze ordnungsmäßiger Bilanzierung, a.a.O., S. 121; Hommel, Michael: Bilanzierung immaterieller Anlagewerte, a.a.O., S. 176.

378 Das Kriterium des entgeltlichen Erwerbs kann insofern als Ausfluss des Prinzips imparitätischer Objektivierung gedeutet werden. Dem Grundsatz imparitätischer Objektivierung entspricht es, einen zweifelhaften Vermögenswert auf der Aktivseite eher wegzulassen, eine zweifelhafte Vermögensbelastung (Schuld) aber eher zu passivieren. Vgl. Moxter, Adolf: Selbständige Bewertbarkeit als Aktivierungsvoraussetzung, a.a.O., S. 1847.

379 So auch bei Moxter, Adolf: Bilanzrechtsprechung, a.a.O., S. 30 f.; Euler, Roland: Das System der Grundsätze ordnungsmäßiger Bilanzierung, a.a.O., S. 199-203; Hommel, Michael: Bilanzierung immaterieller Anlagewerte, a.a.O., S. 287-298.

380 Vgl. Hommel, Michael: Bilanzierung immaterieller Anlagewerte, a.a.O., S. 287-289.

381 Vgl. Hommel, Michael: Bilanzierung immaterieller Anlagewerte, a.a.O., S. 291-298.

Vertragsparteien zu einer Objektivierung des Immaterialgutes. Den nun verfüg-baren Anschaffungskosten wird im Vergleich zu den Herstellungskosten ein weitaus höherer Grad der Objektivierung zuerkannt, da diese „die Bestätigung durch den Markt"[382] tragen. Das bei dem Kaufvorgang kontrahierte Entgelt dient dabei zum einen als Mittel zur Erwerbskonkretisierung, zum anderen als Mittel zur Bewertungskonkretisierung;[383] es erfüllt also zeitgleich die Aufgabe der Ansatz- und Bewertungsobjektivierung.[384]

Welche Voraussetzungen gegeben sein müssen, damit ein entgeltlicher Erwerb i.S.d. § 5 Abs. 2 EStG vorliegt, ist von Rechtsprechung und Literatur mittels folgender Anhaltspunkte präzisiert worden: Es muss sich grundsätzlich um ei-nen „abgeleiteten Erwerb auf dem Markt"[385] handeln, d.h. selbst erstellte imma-terielle Anlagewerte sind nicht aktivierbar. Der abgeleitete Erwerb kann dabei durch einen Hoheitsakt (z.B. die Erteilung öffentlich-rechtlicher Konzessionen) oder durch ein Rechtsgeschäft im Sinne eines gegenseitigen Vertrags erfol-gen.[386] Außerdem muss der Erwerb entgeltlich, nicht durch Schenkung erfolgt sein; Entgeltlichkeit ist dabei dann anzunehmen, wenn eine Gegenleistung aus dem Vermögen des Erwerbers erfolgt ist.[387] Schließlich muss der „immaterielle Anlagewert als solcher Gegenstand des Erwerbsvorgangs sein",[388] d.h. die Ge-genleistung muss für den Erwerb dieses immateriellen Anlagewerts erbracht worden sein;[389] einseitige Vorteilserwartungen sollen hierdurch von einer Aktivierung ausgeschlossen werden.[390]

---

382 Döllerer, Georg: Die Maßgeblichkeit der Handelsbilanz für die Steuerbilanz, a.a.O., S. 505; ähnlich BFH-Urteil vom 26. Februar 1975 I R 72/73, BFHE 115, S. 243-249, h.S. 244.

383 Vgl. Hommel, Michael: Bilanzierung immaterieller Anlagewerte, a.a.O., S. 176-191. Dabei steht in Abhängigkeit von der Art des immateriellen Wirtschaftsguts mal die eine, mal die andere Funktion des entgeltlichen Erwerbs im Vordergrund. Siehe unten 2. Kapi-tel E. I. 3) d).

384 Vgl. Euler, Roland: Das System der Grundsätze ordnungsmäßiger Bilanzierung, a.a.O., S. 33.

385 Döllerer, Georg: Die Maßgeblichkeit der Handelsbilanz für die Steuerbilanz, a.a.O., S. 505.

386 Vgl. Kronner, Markus: GoB für immaterielle Anlagewerte und Tauschgeschäfte, a.a.O., S. 29 f.

387 Vgl. Kronner, Markus: GoB für immaterielle Anlagewerte und Tauschgeschäfte, a.a.O., S. 29 f.

388 Döllerer, Georg: Maßgeblichkeit der Handelsbilanz für die Steuerbilanz, a.a.O., S. 505.

389 Vgl. Pfeiffer, Thomas: Begriffsbestimmung und Bilanzfähigkeit des immateriellen Wirt-schaftsgutes, a.a.O., S. 338; Kronner, Markus: GoB für immaterielle Anlagewerte und Tauschgeschäfte, a.a.O., S. 29 f.

390 Vgl. Moxter, Adolf: Die Aktivierungsvoraussetzung „entgeltlicher Erwerb" im Sinne von § 5 Abs. 2 EStG, a.a.O., S. 1805.

In Anwendung dieser Kriterien betont der BFH zumeist die Notwendigkeit eines synallagmatischen Austauschverhältnisses und prüft, ob das Immaterialgut Gegenstand eines gegenseitigen Vertrags im Sinne der §§ 320 ff. BGB gewesen ist.[391] Diese bislang strikte Orientierung der Rechtsprechung an der Zivilrechtsstruktur hat kürzlich allerdings eine – wenn auch geringfügige – Veränderung erfahren. In einem Urteil, das sich mit Transferentschädigungen für Lizenzfußballspieler auseinander setzte, hat der BFH den Ansatz von Anschaffungskosten für die Spielerlaubnis zugelassen, obwohl der Vertrag keine explizite Gegenleistung für die Erteilung der Spielerlaubnis enthielt; das Gericht sah aber in wirtschaftlicher Betrachtungsweise eine Gegenleistung als gegeben an.[392] Kurze Zeit später hat der BFH aber wieder auf das Vorliegen eines synallagmatischen Austauschverhältnisses abgestellt; die Überprüfung der zugrunde liegenden Zivilrechtsstruktur scheint insofern auch für die Zukunft das vorrangige Entscheidungskriterium zu bilden.[393]

Bei einer zu engen Anknüpfung an die Zivilrechtsstruktur drohen allerdings nicht sachgerechte Ergebnisse:[394] Wird zwischen verbundenen Unternehmen ein Vertrag geschlossen, der auf den Kauf bzw. Verkauf eines langfristig nutzbaren immateriellen Wirtschaftsguts gerichtet ist, so liegt formalrechtlich ein entgeltlicher Erwerb i.S.d. § 5 Abs. 2 EStG vor; die Folge wäre die Aktivierung des betroffenen Immaterialguts in der Steuerbilanz des erwerbenden Unternehmens. Aus wirtschaftlicher Perspektive erscheint hingegen der hier fehlende Interessengegensatz zwischen den Vertragsparteien als höchst problematisch. Es besteht die Gefahr, dass die Höhe des Entgelts weniger durch den Marktprozess, als vielmehr von bilanzpolitischen Überlegungen bestimmt wird; das Kriterium des entgeltlichen Erwerbs würde somit seiner Objektivierungsfunktion beraubt. Wegen dieser starken Manipulationsgefährdung empfiehlt *Moxter*, dem entgeltlichen Erwerb innerhalb von verbundenen Unternehmen generell die Anerken-

---

391 Vgl. Moxter, Adolf: Bilanzrechtsprechung, a.a.O., S. 29 f.

392 Vgl. BFH-Urteil vom 26. August 1992 I R 24/91, BFHE 169, S. 163-171, h.S. 170. Zu einer ausführlichen Würdigung dieser Entscheidung siehe Kronner, Markus: GoB für immaterielle Anlagewerte und Tauschgeschäfte, a.a.O., S. 40-52; Euler, Roland: Das System der Grundsätze ordnungsmäßiger Bilanzierung, a.a.O., S. 199-203; kritisch Marx, Franz Jürgen: Objektivierungserfordernisse bei der Bilanzierung immaterieller Anlagewerte, in: BB, 49. Jg. (1994), S. 2379-2388, h.S. 2384-2386.

393 Vgl. BFH-Urteil vom 3. August 1993 VII R 37/92, BFHE 174, S. 31-40, h.S. 36 f.; Euler, Roland: Das System der Grundsätze ordnungsmäßiger Bilanzierung, a.a.O., S. 202 f.

394 Grundsätzlich ist für die Bilanz im Rechtssinne zwar von einer Vorherigkeit, nicht aber von der Ausschließlichkeit der Zivilrechtsstruktur auszugehen. Vgl. Böcking, Hans-Joachim: Verbindlichkeitsbilanzierung – Wirtschaftliche versus formalrechtliche Betrachtung, Wiesbaden 1994, S. 2. Siehe auch die Ausführungen zum Verhältnis von Zivil- und Steuerrecht, 2. Kapitel B. II. 2) b).

nung zu verweigern, da der entgeltliche Erwerb i.S.d. § 5 Abs. 2 EStG auch die Unabhängigkeit der Vertragspartner voraussetze.[395]

b) Die beschränkte Funktionsfähigkeit des entgeltlichen Erwerbs im Rahmen des Anteilskaufs

Die zuvor dargelegten Nachteile einer strikten Bindung an die Zivilrechtsstruktur lassen aber auch die Funktionsfähigkeit des entgeltlichen Erwerbs im Rahmen des Anteilskaufs zweifelhaft erscheinen. Auch hier liegt auf einer übergeordneten Ebene und bei formalrechtlicher Betrachtung ein entgeltlicher Erwerb vor – zu einem Existenznachweis und einer Bewertungsobjektivierung für das einzelne immaterielle Wirtschaftsgut kommt es indes nicht.

Betrachtet man den Prozess der Kaufverhandlungen über den Mitunternehmeranteil näher, so ist davon auszugehen, dass dieser prinzipiell nach den gleichen Gesetzmäßigkeiten abläuft wie die Kaufverhandlungen über ein Gesamtunternehmen.[396] Kommt es zu direkten Verhandlungen zwischen Käufer und Verkäufer,[397] so wird den konkreten Verhandlungen auf beiden Seiten zunächst eine, zumindest gedankliche, Ermittlung der jeweiligen Grenzpreise vorausgegangen sein. Aus der Sicht des Käufers handelt es sich dabei um den maximal für den Mitunternehmeranteil zu zahlenden Preis; der Grenzpreis des Verkäufers repräsentiert hingegen eine Minimalpreisforderung.[398] In der betriebswirtschaftlichen Unternehmensbewertungslehre ist es seit langem anerkannt, dass die Ermittlung dieser Grenzpreise auf der Basis der zukünftigen Ertragserwartungen, d.h. auf der Grundlage des Kapitalwerts der Ausschüttungserwartungen, zu erfolgen hat;[399] dem Objektivierungserfordernis wird dabei

395 Vgl. Moxter, Adolf: Zur wirtschaftlichen Betrachtungsweise im Bilanzrecht, a.a.O., S. 238; Moxter, Adolf: Bilanzrechtsprechung, a.a.O., S. 30; ebenso Kronner, Markus: GoB für immaterielle Anlagewerte und Tauschgeschäfte, a.a.O., S. 60-64, der allerdings in Abhängigkeit von der Intensität der Unternehmensbeziehungen und der Möglichkeit der Ermittlung von Marktpreisen für das Immaterialgut Differenzierungsbedarf sieht.

396 Auch die Bewertung eines Anteils setzt zunächst eine Bewertung des gesamten Unternehmens voraus; der so ermittelte Anteilswert kann allerdings noch spezifischen Werteinflüssen, z.B. infolge besonderer gesellschaftsvertraglicher Regelungen, ausgesetzt sein. Vgl. IDW (Hrsg.): Stellungnahme HFA 2/1983: Grundsätze zur Durchführung von Unternehmensbewertungen, in: WPg, 36. Jg. (1983), S. 468-481, h.S. 469.

397 Alternativ ist auch der Einsatz eines unparteiischen Dritten, z.B. eines Wirtschaftsprüfers, als Schiedsgutachter denkbar, um ein „faires" Verhandlungsergebnis zu erreichen. Vgl. Moxter, Adolf: Grundsätze ordnungsmäßiger Unternehmensbewertung, a.a.O., S. 16 f.

398 Vgl. Moxter, Adolf: Grundsätze ordnungsmäßiger Unternehmensbewertung, a.a.O., S. 9-11.

399 Vgl. Moxter, Adolf: Grundsätze ordnungsmäßiger Unternehmensbewertung, a.a.O., S. 75-84; Sieben, Günter: Unternehmensbewertung, in: Handwörterbuch der Betriebswirtschaft, Bd. III, hrsg. v. Waldemar Wittmann u.a., 5. Aufl. 1993, Sp. 4315-4331,

durch die Verwendung objektivierter Erträge und objektivierter Kapitalisie-rungszinssätze Rechnung getragen.[400] Konkurrierende Verfahren zur Unter-nehmensbewertung, wie z.b. das Substanzwert- oder das Liquidationswertver-fahren, sind demgegenüber nachrangig.[401]

Laufen die Kaufverhandlungen nach diesen Prinzipien ab, so zeigt der letztlich vereinbarte Kaufpreis nur, dass es den Parteien gelungen ist, sich auf eine ge-meinsame Einschätzung der Ertragserwartungen zu einigen. Da zwischen Käu-fer und Verkäufer hinsichtlich der Höhe des Gesamtkaufpreises ein wirklicher Interessengegensatz bestand, spiegelt der Kaufpreis damit einen mittels des Marktprozesses objektivierten Wert der zukünftigen Ausschüttungserwartungen wider; dieser Gesamtkaufpreis verkörpert aber lediglich eine obere Wertgrenze für die Summe der anteiligen Wirtschaftsgüter des Betriebsvermögens, ohne eine Aussage über den Wert einzelner Wirtschaftsgüter zu treffen. Trotz des auf einer übergeordneten Ebene erfolgten entgeltlichen Erwerbs ist es damit nicht zu der eigentlich intendierten Erwerbs- bzw. Bewertungskonkretisierung für die bislang nicht bilanzierungsfähigen Immaterialgüter gekommen. Man sieht sich vielmehr vor das Problem gestellt, den durch das Ertragswertverfahren be-stimmten Gesamtwert des Mitunternehmeranteils auf die einzelnen Anteile an den Wirtschaftsgütern aufzuteilen. Dies zeigt, dass zwischen der Objektivie-rungsfunktion des entgeltlichen Erwerbs im engen Sinne, d.h. dem Einzelerwerb eines Immaterialguts, und dem entgeltlichen Erwerb im weiteren Sinne, d.h. dem Erwerb eines Immaterialguts im Zuge des Anteilskaufs,[402] erhebliche Un-terschiede bestehen.

---

h.Sp. 4322. Die Vorherrschaft des Ertragswertverfahrens zeigt auch die empirische Stu-die von Peemöller, Volker; Bömelburg, Peter; Denkmann, Andreas: Unternehmensbe-wertung in Deutschland, in: WPg, 47. Jg. (1994), S. 741-749, h.S. 742.

400 Vgl. Moxter, Adolf: Grundsätze ordnungsmäßiger Unternehmensbewertung, a.a.O., S. 33 f. Eine Objektivierung der Erträge setzt z.B. an der Berücksichtigung von Vergangen-heitserträgen an; der Kapitalisierungszinssatz sollte grundsätzlich an den (risikolosen) Marktzinssatz anknüpfen und einen Risikozuschlag beinhalten. Siehe detailliert Moxter, Adolf: Grundsätze ordnungsmäßiger Unternehmensbewertung, a.a.O., S. 97-123 bzw. S. 146-154.

401 Vgl. Moxter, Adolf: Grundsätze ordnungsmäßiger Unternehmensbewertung, a.a.O., S. 50-52; Ballwieser, Wolfgang: Eine neue Lehre der Unternehmensbewertung?, in: DB, 50. Jg. (1997), S. 185-191, h.S. 188-190.

402 Das gleiche Problem stellt sich auch beim Erwerb eines gesamten Unternehmens. Siehe Gruber, Thomas: Der Bilanzansatz in der BFH-Rechtsprechung, a.a.O., S. 143; Hofians, Robert: Immaterielle Werte in Jahresabschluß, Steuerbilanz und Einheitswertermittlung, Wien 1992, S. 17.

c) Der Ansatz immaterieller Einzelwirtschaftsgüter als Prinzipienkonflikt

Berücksichtigt man die beschränkte Funktionsfähigkeit des entgeltlichen Erwerbs i.w.S. und zieht zudem in Betracht, dass die Rechtsprechung das Kriterium des entgeltlichen Erwerbs gemäß § 5 Abs. 2 EStG für die Steuerbilanz sehr restriktiv handhabt,[403] erscheint es zunächst konsequent, den Ansatz bislang nicht bilanzierter immaterieller Einzelwirtschaftsgüter in der Ergänzungsbilanz generell zu unterbinden. Die Gesamtheit der bislang nicht bilanzierten, immateriellen wirtschaftlichen Vorteile wäre dann unter dem Sammelposten des derivativen Geschäftswerts zu erfassen; dieser wäre damit als Residualwert aus Mehrkaufpreis und der Summe der stillen Reserven, die auf bereits bilanzierte Wirtschaftsgüter entfallen, zu ermitteln.[404]

Ein derartiges Vorgehen würde allerdings eine sehr einseitige Prinzipiengewichtung bedeuten. Dem Vorsichts- und Objektivierungsprinzip würde durch den Ausschluss immaterieller Einzelwirtschaftsgüter aus der Ergänzungsbilanz zwar ein sehr hohes Gewicht beigemessen, dies ginge aber zulasten des Einzelbewertungsprinzips. In seiner Grundfunktion weist das Einzelbewertungsprinzip, als ein konkretisierendes Folgeprinzip des Vermögensermittlungsprinzips,[405] auf den Modus der steuerbilanziellen Vermögensermittlung hin:[406] Die Vermögens- und Gewinnermittlung hat in der Bilanz im Rechtssinne aufgrund des ausgeprägten Objektivierungs- und Vereinfachungserfordernisses nicht mittels eines Gesamtbewertungsverfahrens, sondern möglichst weitgehend additiv, d.h. mittels eines Verfahrens der Einzelbewertung, zu erfolgen.[407] Dieser Grundsatz findet aber nur ungenügend Beachtung, wenn bereits frühzeitig auf einen Einzelansatz von Einnahmenpotentialen verzichtet und stattdessen auf den deriva-

---

403 So auch Moxter, Adolf: Bilanzrechtsprechung, a.a.O., S. 29: „Heute hat sich dagegen ein an Objektivierungserfordernissen orientiertes, enges Verständnis des entgeltlichen Erwerbs durchgesetzt (...)".

404 Ausführlicher zur Ermittlung des Geschäftswerts siehe unten 2. Kapitel E. I. 5) c).

405 Vgl. Euler, Roland: Das System der Grundsätze ordnungsmäßiger Bilanzierung, a.a.O., S. 138-181; darüber hinaus konkretisiert das Einzelbewertungsprinzip auch Realisations- und Imparitätsprinzip siehe Jüttner, Uwe: Einzelbewertungsgrundsatz und Imparitätsprinzip, Frankfurt/M. u.a. 1993, S. 119-136.

406 Diese Aufgabe erfüllt das Einzelbewertungsprinzip in engem Verbund mit dem Fortführungsprinzip. Vgl. Euler, Roland: Das System der Grundsätze ordnungsmäßiger Bilanzierung, a.a.O., S. 138.

407 Ziel ist es, das Vermögen „von unten her" aufzubauen, so BFH-Urteil vom 12. Juli 1968 III 181/64, BFHE 93, S. 323-332, h.S. 327. Vgl. Moxter, Adolf: Immaterielle Anlagewerte im neuen Bilanzrecht, a.a.O., S. 1102-1109. Dabei kann man weitergehend differenzieren zwischen der Einzelbewertung i.w.S., die vor allem vom Vereinfachungserfordernis geprägt ist, und der Einzelbewertung i.e.S, die das Objektivierungserfordernis betont. In der Bilanz im Rechtssinne gelangt ein Einzelbewertungsprinzip zum Einsatz, das von beiden Spielarten der Einzelbewertung beeinflusst ist. Vgl. Moxter, Adolf: Betriebswirtschaftliche Gewinnermittlung, a.a.O., S. 90-103.

tiven Geschäftswert zurückgegriffen wird; hierbei ist insbesondere zu bedenken, dass es sich bei dem derivativen Geschäftswert um einen Bilanzposten
handelt, der bereits ermittlungstechnisch dem Gesamtbewertungsverfahren nahe
steht.[408] Ein genereller Verzicht auf die Aktivierung immaterieller Einzelwirtschaftsgüter bewirkt überdies nur scheinbar eine Stärkung des Vorsichts- und
des Objektivierungsprinzips: Infolge des dann zwingenden Ansatzes des derivativen Geschäftswerts kommt es nämlich wieder zu einer Schwächung dieser
Prinzipien, da der Existenznachweis und die Bewertung des derivativen Geschäftswerts gleichfalls nur sehr ermessensbehaftet möglich sind. Darüber hinaus sind mit dieser Bilanzierungsweise nicht unerhebliche Periodisierungskonsequenzen verbunden. Die Nutzungsdauer des derivativen Geschäftswerts ist
vom Gesetzgeber auf 15 Jahre typisiert worden; die Mehrzahl der grundsätzlich
vom Geschäftswert separierbaren, immateriellen Einzelwirtschaftsgüter verfügt
indes über eine wesentlich kürzere Nutzungsdauer. Würde man auf eine Aktivierung immaterieller Einzelwirtschaftsgüter völlig verzichten, falls lediglich
ein entgeltlicher Erwerb i.w.S. vorliegt, so hätte das eine – vor dem Hintergrund
des Einzelbewertungsprinzips und des Vorsichtsprinzips – nicht zu tolerierende
Verzerrung der zukünftigen Periodenergebnisse zur Folge.[409]

Rechtsprechung und Literatur befürworten deshalb zu Recht den Einzelansatz
von immateriellen Wirtschaftsgütern auch dann, wenn lediglich ein entgeltlicher
Erwerb i.w.S. vorliegt. Der Prinzipienkonflikt zwischen Vorsichts-/Objekti-
vierungsprinzip und Einzelbewertungsprinzip wird zugunsten des Einzelbewertungsprinzips gelöst.

d) Die Konfliktlösung zugunsten des Einzelbewertungsprinzips

α) Die Reichweite des Einzelbewertungsprinzips

Auch wenn damit eine wertende Entscheidung gefällt wurde, die Aktivierung
immaterieller Einzelwirtschaftsgüter in der Ergänzungsbilanz grundsätzlich zuzulassen, ist damit noch nicht festgelegt, in welchem Umfang der Einzelbewertungsgrundsatz Beachtung finden soll. Fraglich ist hier vor allem, ob auch rein
wirtschaftliche Güter als eigenständige Wirtschaftsgüter angesetzt werden kön-

---

408 Ermittlungstechnisch entspricht der Geschäftswert der Differenz zwischen einem nach
der Gesamtbewertungsmethode ermittelten Unternehmenswert und einem Unternehmenswert, der auf der Grundlage der Einzelbewertungsmethode berechnet wurde. Vgl.
Moxter, Adolf: Bilanzrechtliche Probleme beim Geschäfts- oder Firmenwert, in: Festschrift für Johannes Semler, hrsg. v. Marcus Bierich, Berlin u.a. 1993, S. 853-861, h.S.
853.

409 Vgl. Moxter, Adolf: Bilanzrechtsprechung, a.a.O., S. 31. Dies gilt insbesondere deshalb,
da die Steuerbilanz im Rahmen ihrer Möglichkeiten nach der „Erfassung des vollen
Gewinns", anders formuliert, der Messung aktueller wirtschaftlicher Leistungsfähigkeit
trachten muss. Siehe oben 2. Kapitel D. II.

nen,[410] d.h. es ist über die Abgrenzung zwischen einzelansatzfähigen Einnahmenpotentialen und Bestandteilen des derivativen Geschäftswerts in der Ergänzungsbilanz zu befinden. Dies verdient deshalb besonderes Augenmerk, weil in der Rechtsprechung eine Differenzierung zwischen Geschäftswertelementen, die grundsätzlich nicht selbständig aktivierbar sind,[411] und Geschäftswertelementen, die unter bestimmten Umständen einzelansatzfähig sein können,[412] zu verzeichnen ist. Die Entwicklung eindeutiger Abgrenzungskriterien ist diesbezüglich noch nicht restlos gelungen.[413] Um ein entsprechendes Entscheidungskriterium ableiten zu können, ist ein Rekurs auf bilanzrechtliche Grundwertungen erforderlich:

Dem derzeit gültigen Steuerbilanzrecht sind eine Reihe bilanzrechtlicher Grundwertungen inhärent, zu denen auch die prinzipielle Trennung zwischen materiellen und immateriellen Wirtschaftsgütern zählt. Für materielle Wirtschaftsgüter, d.h. für Sachen, gilt in typisierender Betrachtungsweise die Einnahmenalimentation als hinreichend gesichert. Immaterielle Wirtschaftsgüter werden hingegen als grundsätzlich unsichere Werte eingestuft; erst infolge eines entgeltlichen Erwerbs gilt die Einnahmenalimentation in Höhe des geleisteten Entgelts auch für diese Werte als hinreichend gesichert.[414]

Die von der Aktivierungsrestriktion des § 5 Abs. 2 EStG betroffenen Immaterialgüter können in einem ersten Schritt in Rechte und rein wirtschaftliche Güter strukturiert werden.[415] Aus der Gruppe der rein wirtschaftlichen Güter können

---

410 Vgl. Euler, Roland: Das System der Grundsätze ordnungsmäßiger Bilanzierung, a.a.O., S. 144.

411 In der Literatur werden diese Bestandteile zumeist als unselbständige geschäftswertbildende Faktoren bezeichnet. Hierzu zählt z.B. der Unternehmensstandort, die Unternehmensgröße, die Leistungsfähigkeit der Mitarbeiter, zukünftige Marktchancen und günstige Einkaufsmöglichkeiten. Vgl. Meyer, Hartwig: Der Geschäfts- oder Firmenwert im Unternehmenskaufvertrag, a.a.O., S. 35; Weber-Grellet, Heinrich: § 5 EStG, in: Schmidt, Ludwig (Hrsg.): EStG-Kommentar, 18. Aufl., München 1999, Rn. 223.

412 So z.B. der Kundenstamm, der Auftragsbestand, der gute Firmenruf. Vgl. Meyer, Hartwig: Der Geschäfts- oder Firmenwert im Unternehmenskaufvertrag, a.a.O., S. 34.

413 So wurde bereits vorgeschlagen, zunächst auf eine Abgrenzung vom Firmenwert zu verzichten und potentielle Fehlallokationen an späteren Bilanzstichtagen mittels der Verfahren der außerplanmäßigen Folgebewertung zu korrigieren. Vgl. Breidert, Ulrike: Grundsätze ordnungsmäßiger Abschreibungen auf abnutzbare Anlagegegenstände, a.a.O., S. 178 f.

414 Vgl. Moxter, Adolf: Selbständige Bewertbarkeit als Aktivierungsvoraussetzung, a.a.O., S. 1849 f.

415 Siehe Moxter, Adolf: Selbständige Bewertbarkeit als Aktivierungsvoraussetzung, a.a.O., S. 1848: „Zu den „einzelnen Vermögensgegenständen" im Sinne des Gesetzes zählen nicht etwa nur Sachen und Rechte, sondern auch rein wirtschaftliche Güter (wie z.B. das (...) rechtlich nicht geschützte Know-How)." Ähnlich BFH-Urteil vom 28. Mai 1979 I R 1/76, BFHE 128, S. 367-375, h.S. 372.

zudem in Anwendung der Ansatzprinzipien des GoB-Systems all diejenigen von einem Einzelansatz ausgeschlossen werden, die lediglich zu einer Erhöhung des Effektivvermögens des Unternehmens führen; dabei handelt es sich um solche rein wirtschaftlichen Vorteile, die dem Unternehmen ohne sein Zutun, insbesondere ohne die kausale Leistung entsprechender Ausgaben, zugefallen sind.[416] Beispiele hierfür sind Effektivvermögenserhöhungen durch Zollsatzschwankungen, Wechselkursschwankungen, höchstpersönliche Fähigkeiten des Kaufmanns oder auch eine verbesserte Konkurrenzsituation infolge von Kartellbildungen.[417] Diese Einnahmenpotentiale können lediglich im Rahmen des derivativen Geschäftswerts bilanzielle Berücksichtigung finden.[418]

Für die danach noch verbleibenden immateriellen Wirtschaftsgüter, also Rechte und rein wirtschaftliche Güter, gilt es dann zu analysieren, welche Funktion dem entgeltlichen Erwerb im Hinblick auf die Überprüfung der allgemeinen Wirtschaftsgutkriterien für diese Einnahmenpotentiale zukommt. Hier muss eine Entscheidung darüber getroffen werden, ob für diese bislang nicht bilanzierten immateriellen Einnahmenpotentiale – trotz des nur eingeschränkt funktionsfähigen entgeltlichen Erwerbs – von einer „greifbaren Werthaltigkeit"[419] ausgegangen werden kann.[420] Voraussetzung für einen Einzelansatz derartiger Einnahmenpotentiale ist dabei zunächst der Nachweis der Greifbarkeit, da das Greifbarkeitsprinzip als präzisierendes Folgeprinzip bereits aus dem Einzelbewertungsprinzip folgt; die selbständige Bewertbarkeit ist erst im Anschluss daran zu untersuchen.

---

416 Vgl. Moxter, Adolf: Die Aktivierungsvoraussetzung „entgeltlicher Erwerb" im Sinne von § 5 Abs. 2 EStG, a.a.O., S. 1805; Euler, Roland: Das System der Grundsätze ordnungsmäßiger Bilanzierung, a.a.O., S. 144-147. Voraussetzung für einen Einzelansatz rein wirtschaftlicher Güter ist demnach der Erwerb oder die Erstellung eines Einnahmenpotentials, die Entstehung des Einnahmenpotentials durch Ausgaben, die Übertragbarkeit des Einnahmenpotentials mit dem Unternehmen und die objektivierte Vermutbarkeit der künftigen Gewinnwirksamkeit dieses Einnahmenpotentials.

417 Vgl. Euler, Roland: Das System der Grundsätze ordnungsmäßiger Bilanzierung, a.a.O., S. 145; Moxter, Adolf: Die Aktivierungsvoraussetzung „entgeltlicher Erwerb" im Sinne von § 5 Abs. 2 EStG, a.a.O., S. 1808; Hommel, Michael: Die Bilanzierung immaterieller Anlagewerte, a.a.O., S. 102 f.

418 Vgl. Moxter, Adolf: Selbständige Bewertbarkeit als Aktivierungsvoraussetzung, a.a.O., S. 1848.

419 Moxter, Adolf: Selbständige Bewertbarkeit als Aktivierungsvoraussetzung, a.a.O., S. 1848.

420 Die Überprüfung der übrigen Wirtschaftsgutkriterien, wie das Bestehen eines wirtschaftlichen Vorteils sowie die Übertragbarkeit desselben, bereitet weitaus geringere Probleme und wird hier als gegeben betrachtet.

β) Der Ansatz immaterieller
Einzelwirtschaftsgüter in Abhängigkeit ihrer rechtlichen Absicherung

Überprüft man die noch verbliebenen immateriellen Einnahmenpotentiale hinsichtlich des Greifbarkeitskriteriums, so ist es hilfreich, die Gruppe der rein wirtschaftlichen Güter noch weitergehend zu untergliedern, nämlich in rein wirtschaftliche Güter mit mittelbarer rechtlicher Absicherung und in rein wirtschaftliche Güter, die dem Unternehmen lediglich faktisch unentziehbar sind. Grundlage dieser Systematisierung ist die Übertragung des passivischen Greifbarkeitsprinzips auf die Aktivseite: Da eine Verbindlichkeit bereits als hinreichend greifbar gilt, sobald sich der Bilanzierende „ihrer Erfüllung nicht mehr sanktionsfrei entziehen kann",[421] ist aktivische Greifbarkeit dann gegeben, wenn der Bilanzierende das Objekt ungehindert zur Erzielung von Nettoeinnahmen einsetzen kann, d.h. von der Unentziehbarkeit dieses Objekts auszugehen ist.[422] Für Sachen, Rechte und rein wirtschaftliche Güter mit mittelbar rechtlichem Bestandsschutz ist dies als gegeben zu betrachten; diese gelten daher als greifbar. Dagegen besteht für rein wirtschaftliche Güter, die lediglich faktisch unentziehbar sind, die Vermutung der Nichtgreifbarkeit.[423]

Hommel verknüpft diese Befunde sodann mit der Frage, welche Funktion der entgeltliche Erwerb für die einzelnen Einnahmenpotentiale besitzt, d.h. ob der entgeltliche Erwerb primär auf die Erwerbskonkretisierung oder auf die Bewertungskonkretisierung abzielt.[424] Da für Rechte und rein wirtschaftliche Güter mit mittelbarer rechtlicher Absicherung Greifbarkeit, im Sinne einer Zugangs- und Bestandskonkretisierung,[425] per se gegeben ist, fungiert der entgeltliche Erwerb hier ausschließlich als Mittel der Bewertungskonkretisierung.[426] Bei rein wirtschaftlichen Gütern mit lediglich faktischer Absicherung muss die Greifbarkeit jedoch durch das zusätzliche Kriterium des entgeltlichen Erwerbs präzisiert werden; der entgeltliche Erwerb soll hier auch eine Zugangs- und Bestandskonkretisierung ermöglichen.[427]

---

421 Hommel, Michael: Bilanzierung immaterieller Anlagewerte, a.a.O., S. 152; Janke, Madeleine: Periodisierung, Objektivierung und Vorsicht bei Vermögensgegenständen und Schulden, a.a.O., S. 223 f.

422 Vgl. Hommel, Michael: Bilanzierung immaterieller Anlagewerte, a.a.O., S. 152-155.

423 Vgl. Hommel, Michael: Bilanzierung immaterieller Anlagewerte, a.a.O., S. 152.

424 Vgl. Hommel, Michael: Bilanzierung immaterieller Anlagewerte, a.a.O., S. 176-178.

425 Vgl. Moxter, Adolf: Aktivierungsgrenzen bei „immateriellen Anlagewerten", in: BB, 33. Jg. (1978), S. 821-825, h.S. 824: „Bei Rechten gelingt der Nachweis des Vorhandenseins stets, ganz im Gegenteil zu den Nicht-Rechten (...)".

426 Der entgeltliche Erwerb ist hier, in Übereinstimmung mit der herrschenden Meinung, als Merkmal konkreter Aktivierungsfähigkeit zu deuten. Vgl. Hommel, Michael: Bilanzierung immaterieller Anlagewerte, a.a.O., S. 181.

427 Für rein wirtschaftliche Güter, die dem Unternehmen lediglich faktisch unentziehbar sind, bildet der entgeltliche Erwerb nach *Hommel* ein Merkmal abstrakter Aktivierungs-

Berücksichtigt man ferner, dass auf der Ebene der Ergänzungsbilanz lediglich von einem entgeltlichen Erwerb i.w.S. auszugehen ist, so liegt es nahe, die rein wirtschaftlichen Güter mit nur faktischer Absicherung von einem Einzelansatz in der Ergänzungsbilanz auszuschließen, da der nur begrenzt funktionsfähige entgeltliche Erwerb i.w.S. nicht in der Lage ist, die Greifbarkeit dieser Einnahmenpotentiale zu erweisen. Der Einzelansatz ist hier nur bei Vorliegen eines entgeltlichen Erwerbs i.e.S. möglich, d.h. es muss zu einem Einzelerwerb dieses Einnahmenpotentials im Rahmen eines synallagmatischen Austauschverhältnisses im Sinne der §§ 320 ff. BGB kommen. Rechte und mittelbar rechtlich abgesicherte rein wirtschaftliche Güter sind dagegen trotz der beschränkten Funktionsfähigkeit des entgeltlichen Erwerbs in der Ergänzungsbilanz ansetzbar, da hier Greifbarkeit prinzipiell gegeben ist; zusätzliche Voraussetzung ist allerdings, dass diese Einnahmenpotentiale einer selbständigen Bewertbarkeit zugänglich sind, da auch die Wertobjektivierungsfunktion des entgeltlichen Erwerbs i.w.S. eingeschränkt ist.[428]

Bevor diese Zusammenhänge an einem Beispiel erläutert werden und die selbständige Bewertbarkeit der Immaterialgüter als abschließendes Kriterium geprüft wird, muss an dieser Stelle noch ein bereits zuvor gefundenes Ergebnis modifiziert werden. Zu Beginn dieses Abschnitts war die These aufgestellt worden, dass all diejenigen stillen Reserven bedenkenlos in der Ergänzungsbilanz angesetzt werden können, die sich auf bereits in der Gesellschaftsbilanz bilanzierte Wirtschaftsgüter zurückführen lassen.[429] Diese Sichtweise ist einzuschränken, sofern stille Reserven in entgeltlich erworbenen, d.h. bereits in der Gesellschaftsbilanz ausgewiesenen immateriellen Wirtschaftsgütern, betroffen sind.[430] Handelt es sich dabei um stille Reserven in faktisch unentziehbaren rein wirtschaftlichen Gütern, so sollte wegen der hier grundsätzlich fehlenden Greifbarkeit und der begrenzten Funktionsfähigkeit des entgeltlichen Erwerbs i.w.S. von einem Ansatz in der Ergänzungsbilanz, d.h. einer Aufstockung, abgesehen werden.[431] Für die übrigen Immaterialgüter, also Rechte und rechtlich abgesi-

---

fähigkeit. Vgl. Hommel, Michael: Bilanzierung immaterieller Anlagewerte, a.a.O., S. 181 f.

428 Zur Problematik der selbständigen Bewertbarkeit siehe unten 2. Kapitel E. I. 4).

429 Vgl. oben 2. Kapitel E. I. 2).

430 A.A. Curtius-Hartung, Rudolf: Immaterielle Werte – ohne Firmenwert – in der Ertragsteuerbilanz, a.a.O., S. 337-339, der den Ansatz immaterieller Wirtschaftsgüter im Rahmen des Gesamtunternehmenskaufs pauschal befürwortet, sofern diese bereits entgeltlich erworben waren.

431 Dies entspricht der Einschätzung von *Hommel*, der im Zusammenhang mit einem Gesamtunternehmenskauf davon ausgeht, dass derartige Wirtschaftsgüter maximal zum Buchwert angesetzt werden dürfen. Vgl. Hommel, Michael: Bilanzierung immaterieller Anlagewerte, a.a.O., S. 190.

cherte wirtschaftliche Vorteile, hat das zuvor gefundene Ergebnis hingegen Bestand, d.h. die Aufstockung ist hier grundsätzlich zulässig.

γ) Die Konfliktlösung am Beispiel von Kundenstamm und Auftragsbestand

Zur Veranschaulichung der zuvor dargestellten Entscheidungsregel wird hier stellvertretend die Behandlung von Kundenstamm und Auftragsbestand untersucht, da speziell in positiven Ergänzungsbilanzen oftmals über den Ansatz dieser Einnahmenpotentiale zu befinden sein wird. Tendenziell wird über derartige Einnahmenpotentiale sogar häufiger zu entscheiden sein, als über die Aktivierung „eindeutiger" Immaterialgüter wie z.b. einem Patent oder einer Rezeptur, da diese wohl nur bei Unternehmen technologieintensiver Branchen in nennenswertem Umfang vorhanden sein werden. Der Kundenstamm und der Auftragsbestand besitzen dagegen branchenübergreifende Bedeutung.

Stellt man den bilanziellen Überlegungen eine ökonomische Analyse beider Sachverhalte voran, so treten bereits hier deutliche Unterschiede hervor. Der mit dem Kundenstamm verbundene wirtschaftliche Vorteil bleibt extrem vage. In welchem Umfang Vertragsabschlüsse der Vergangenheit zukünftig zu erneuten Aufträgen führen, ist aufgrund der Vielzahl intervenierender Variablen wie Kundenzufriedenheit, Konkurrenzaktivitäten, allgemeine wirtschaftliche Situation usw. kaum zu prognostizieren. Im Vergleich dazu, sind die aus einem Auftragsbestand resultierenden Erfolgsbeiträge weitaus besser bestimmbar, da es sich hierbei um rechtskräftig geschlossene Verträge mit exakt fixierten Erfüllungszeitpunkten und Erfüllungsbeträgen handelt. Zwar sind die Erfolgsbeiträge aus diesen schwebenden Verträgen noch risikobehaftet, dennoch können diese mit weitaus höherer Sicherheit erwartet und quantifiziert werden als beim Kundenstamm.

Der Kundenstamm repräsentiert ein rein wirtschaftliches Gut; eine mittelbare rechtliche Absicherung ist hier nicht festzustellen.[432] Nach den obigen Grundsätzen wäre ein Einzelansatz des Kundenstamms in der Ergänzungsbilanz damit zu verneinen. Der Nachweis von Greifbarkeit und selbständiger Bewertbarkeit erfordert hier das Vorliegen eines entgeltlichen Erwerbs i.e.S.[433]

---

432 Zu einem anderen Urteil könnte man allerdings gelangen, sofern der Kundenstamm durch ein Wettbewerbsverbot abgesichert wird. Dieser Fall wird hier aber nicht behandelt.

433 Vgl. Hommel, Michael: Bilanzierung immaterieller Anlagewerte, a.a.O., S. 181 f. und S. 189-191. Falls in Einzelfällen stark objektivierte Marktwerte für derartige rein wirtschaftliche Einnahmenpotentiale existieren, ist deren Aktivierung auch bei Vorliegen eines entgeltlichen Erwerbs i.w.S. denkbar.

Die Rechtsprechung bestätigt dieses Ergebnis: Der BFH betrachtet den Kundenstamm in der Regel als einen Bestandteil des Firmenwertes;[434] eine eigenständige Ansatzfähigkeit desselben wird abgelehnt.[435] Eine Ausnahme hiervon wird nur dann gemacht, wenn der Kundenstamm „gesondert Gegenstand eines Anschaffungsgeschäfts"[436] war; die eigenständige Aktivierung des Kundenstamms wird regelmäßig abgelehnt, falls dieser nur im weiten Sinne, z.B. im Rahmen eines Gesamtunternehmenskaufs, entgeltlich erworben wurde.[437]

Im Gegensatz dazu, ist der Auftragsbestand als ein rein wirtschaftliches Gut mit mittelbarer rechtlicher Absicherung in Gestalt der zugrunde liegenden rechtskräftigen Verträge zu werten.[438] Da die Greifbarkeit für dieses Einnahmenpotential zweifelsfrei erwiesen werden kann, dient der entgeltliche Erwerb ausschließlich der Bewertungskonkretisierung, d.h. der entgeltliche Erwerb i.w.S. ist ausreichend. Der Auftragsbestand kann daher – vorbehaltlich des später noch im Einzelnen zu prüfenden Wirtschaftsgutkriteriums der selbständigen Bewertbarkeit –[439] prinzipiell als eigenständiges Wirtschaftsgut in der Ergänzungsbilanz aktiviert werden.

Auch die Rechtsprechung geht von der Isolierbarkeit dieser Gewinnerwartungen vom Firmenwert aus und befürwortet einen Einzelansatz des Auftragsbestands; eine Beschränkung des Einzelansatzes auf die Fälle, in denen ein entgeltlicher Erwerb i.e.S. vorliegt, ist hier nicht erkennbar.[440] Dieser Beurteilung hat sich bislang auch das Schrifttum angeschlossen, da der Auftragsbestand einer Überprüfung hinsichtlich der allgemeinen Wirtschaftsgutkriterien regelmäßig standhält.[441] Erst neuerdings regt sich hiergegen vereinzelt Widerstand:

---

434 Kritisch hierzu Bauer, Karl-Heinz M.: Geschäftswert, Kundenstamm und Wettbewerbsverbot im Steuerrecht, in: DB, 42. Jg. (1989), S. 1051-1055, h.S. 1054, der für eine generelle Abtrennung des Kundenstamms vom Geschäftswert plädiert und eine stärkere wirtschaftliche Betrachtung und Würdigung des Einzelfalls als notwendig erachtet.

435 Vgl. Bauer, Karl-Heinz M.: Geschäftswert, Kundenstamm und Wettbewerbsverbot im Steuerrecht, a.a.O., S. 1052; Moxter, Adolf: Bilanzrechtsprechung, a.a.O., S. 18.

436 BFH-Urteil vom 14. März 1979 I R 37/75, BFHE 127, S. 386-392, h.S. 391.

437 Vgl. BFH-Urteil vom 14. Februar 1973 I R 89/71, BFHE 109, S. 222-224, h.S. 224; BFH-Urteil vom 25. November 1981 I R 54/77, BFHE 134, S. 434-438, h.S. 436.

438 Vgl. Hommel, Michael: Bilanzierung immaterieller Anlagewerte, a.a.O., S. 158 f.

439 Siehe dazu unten 2. Kapitel E. I. 4).

440 Vgl. BFH-Urteil vom 5. August 1970 I R 180/66, BFHE 100, S. 89-93, h.S. 92; BFH-Urteil vom 1. Februar 1989 VIII R 361/83, BFH/NV 1989, S. 778-779, h.S. 779; BFH-Urteil vom 15. Dezember 1993 X R 102/92, BFH/NV 1994, S. 543-546, h.S. 545; offen gelassen im BFH-Urteil vom 7. November 1985 IV R 7/83, BFHE 145, S. 194-198, h.S. 197.

441 Vgl. stellvertretend Baetge, Jörg; Fey, Dirk; Weber, Claus-Peter: § 248 HGB, in: Handbuch der Rechnungslegung, hrsg. von Karlheinz Küting u.a., 4. Aufl., Stuttgart 1995, Rn. 44; Liepelt, Wolfgang: Nochmals: Geschäftswert und Auftragsbestand, in: DStZ, 73. Jg.

So wird z.b. argumentiert, die zum Auftragsbestand ergangene Rechtsprechung sei überholt, weil die entsprechenden Urteile aus einer Zeit stammen, in der der Geschäftswert steuerlich als nicht abnutzbares Wirtschaftsgut behandelt wurde.[442] Hieraus wird sodann gefolgert, die Ausgliederung des Auftragsbestands sei nach der Einführung der typisierten Geschäftswertabschreibung überflüssig geworden.[443] Diese These wurde mittelbar auch durch das BFH-Urteil vom 1. Februar 1989 gestützt: Das Gericht sprach sich hier zwar für die Wirtschaftsguteigenschaft des Auftragsbestands aus, beschränkte diese Entscheidung aber auf das alte Recht; ob dieses Ergebnis auch dem neuen Recht entspricht, wurde von den Richtern nicht geprüft.[444]

Unklar bleibt jedoch, inwiefern zwischen der neuen Abschreibungsregel und der Wirtschaftsguteigenschaft des Auftragsbestands eine Verbindung bestehen soll. Der Gedanke, der Ansatz des Auftragsbestands sei von der Rechtsprechung nur deshalb zugelassen worden, um zu starke Verzerrungen des Periodenergebnisses wegen der Nichtabschreibbarkeit des Geschäftswerts zu vermeiden, erscheint weit hergeholt. Auch zu der Zeit, als der Geschäftswert steuerlich als nicht abnutzbar galt, setzte der Ansatz des Auftragsbestands eine strenge Prüfung der allgemeinen Wirtschaftsgutkriterien voraus. Die Qualifikation des Auftragsbestands als Wirtschaftsgut bleibt aber von einer Änderung der Abschreibungsregelung unbeschadet; es besteht auch weiterhin die Pflicht, den Auftragsbestand als selbständiges Wirtschaftsgut anzusetzen.[445] Auch der BFH hat inzwischen klargestellt, dass die Abgrenzung zwischen immateriellen Wirtschaftsgütern und Geschäftswert von der Neufassung des Einkommensteuergesetzes nicht beeinflusst wird.[446]

Gegen den eigenständigen Ansatz des Auftragsbestands wendet sich auch *Flies*, der hierdurch einen Ausweis unrealisierter Gewinne und einen Verstoß gegen

---

(1985), S. 424-426, h.S. 424; Stöcker, Ernst Eberhard: Geschäftswert und Auftragsbestand, in: DStZ, 71. Jg. (1983), S. 465-466, h.S. 466. Kritisch Glanegger, Peter: § 6 EStG, a.a.O., Rn. 294, der eine „Atomisierung des Geschäftswerts" befürchtet.

442 Früher galt der Geschäftswert steuerlich als nicht abnutzbar. Die Abschreibungsfähigkeit des Geschäftswerts über 15 Jahre ist erstmals für Geschäftsjahre, die nach dem 31. Dezember 1986 endeten, in Kraft getreten. Vgl. Zeitler, Franz-Christoph: Der Firmenwert und verwandte immaterielle Wirtschaftsgüter in der Bilanz, in: DStR, 26. Jg. (1988), S. 303-308, h.S. 303.

443 Vgl. Cattelaens, Heiner: § 6 EStG, in: Littmann/Bitz/Hellwig: Das Einkommensteuerrecht, 15. Aufl., Stand: Januar 1999, Stuttgart 1999, Rn. 407.

444 Vgl. BFH-Urteil vom 1. Februar 1989, BFH/NV 1989, S. 778-779, h.S. 778.

445 Im Ergebnis ebenso Breidenbach, Berthold; Niemeyer, Markus: Der Auftragsbestand als Wirtschaftsgut, a.a.O., S. 2501 f.; Köhler, Stefan: Die Behandlung des Auftragsbestands beim Unternehmenskauf in Handels- und Steuerbilanz, in: DStR, 35. Jg. (1997), S. 297-302, h.S. 300.

446 Vgl. BFH-Urteil vom 15. Dezember 1993, BFH/NV 1994, S. 543-546, h.S. 543.

das Realisationsprinzip befürchtet; er argumentiert, dass dieser Aspekt inzwischen besonders zu berücksichtigen sei, da die Vorschriften des Bilanzrichtliniengesetzes gegenüber früher eine stärkere Berücksichtigung des Gläubigerschutzes nahe legen.[447] Aus diesem Grund stehe das aus dem Vorsichtsprinzip ableitbare Bilanzierungsverbot für schwebende Geschäfte dem Ansatz des Auftragsbestands entgegen. Sofern es zu einem Einzelerwerb des Auftragsbestands gekommen sei, bilden die entsprechenden Aufwendungen sofort abzugsfähigen Betriebsaufwand;[448] im Fall eines Gesamtunternehmenskaufs (oder wie hier eines Anteilskaufs) seien die Aufwendungen im Geschäftswert zu berücksichtigen, da für den Geschäftswert entsprechende Sonderregelungen bestünden.[449]

Flies hält es also für gerechtfertigt, den Auftragsbestand im Rahmen des Geschäftswerts zu aktivieren. Dies zeigt, dass das mit dem Auftragsbestand verbundene Einnahmenpotential auf jeden Fall bilanziell zu berücksichtigen ist; das Vorsichtsprinzip bzw. das Realisationsprinzip verhindert den Ausweis dieser Größe also nicht generell, wie von *Flies* zunächst behauptet.[450] Darüber hinaus sind die folgenden Zusammenhänge zu beachten: Die durch den Auftragsbestand verkörperten Gewinnchancen repräsentieren auf der Ebene des Veräußerers zunächst einen Bestandteil des originären Geschäftswerts und unterliegen somit unbestritten einem Bilanzierungsverbot. In der Folge des Anteilskaufs entsteht aber aus dem originären Geschäftswert der aktivierungspflichtige derivative Geschäftswert. Das Einzelbewertungsprinzip sowie die Konzeption des Geschäftswerts als Residualgröße gebieten indes, sämtliche einzelansatzfähigen immateriellen Wirtschaftsgüter aus dem Geschäftswert auszugliedern. Da der Auftragsbestand unzweifelhaft einen wirtschaftlichen Vorteil verkörpert, übertragbar[451] und aufgrund seiner rechtlichen Absicherung auch greifbar ist,

---

447 Vgl. Flies, Rolf: Auftragsbestand und Firmenwert, in: DB, 49. Jg. (1996), S. 846-848, h.S. 848.

448 Eine solche direkte Abzugsfähigkeit der für den Auftragsbestand geleisteten Aufwendungen impliziert, dass aus dem schwebenden Geschäft in Höhe der Aufwendungen ein Verlust resultiert. Dies entspricht nicht den tatsächlichen Gegebenheiten. Vgl. Siegel, Theodor: Der Auftragsbestand – Immaterieller Vermögensgegenstand oder schwebendes Geschäft?, in: DB, 50. Jg. (1997), S. 941-943, h.S. 941, der die durch den Auftragsbestand verkörperten Gewinnchancen zwar für bilanzierbar erachtet, diese aus Gründen der Informationsfunktion der Bilanz aber unter dem Posten „Unfertige Erzeugnisse" erfassen will, sofern für die entsprechenden Aufträge bereits Aufwendungen angefallen sind. Unklar bleibt allerdings wie *Siegel* beispielsweise Dienstleistungsverträge abbilden will, zudem schließt er Dauerschuldverhältnisse von der Betrachtung aus.

449 Vgl. Flies, Rolf: Auftragsbestand und Firmenwert, a.a.O., S. 848.

450 So auch Köhler, Stefan: Die Behandlung des Auftragsbestands beim Unternehmenskauf in Handels- und Steuerbilanz, a.a.O., S. 298.

451 Dies gilt ohne Einschränkung für den Anteilskauf/Unternehmenskauf. Bei der Einzelübertragung von Aufträgen ist allerdings zusätzlich die Zustimmung des Vertragspartners erforderlich. Vgl. Flies, Rolf: Auftragsbestand und Firmenwert, a.a.O., S. 847.

könnte ein eigenständiger Ansatz einzig an einer fehlenden selbständigen Bewertbarkeit scheitern.[452] Das Vorsichtsprinzip indes steht der Aktivierung schon deshalb nicht entgegen, da der hier vorliegende entgeltliche Erwerb trotz seiner eingeschränkten Funktionsfähigkeit dokumentiert, dass es sich bei diesen Gewinnbestandteilen nicht länger um einseitige Gewinnerwartungen handelt, sondern der Markt, vertreten durch die Person des Erwerbers, diese Ertragseinschätzungen teilt.[453] Zudem wird dem Vorsichtsprinzip durch die vergleichsweise schnelle Abschreibung des Einzelpostens „Auftragsbestand" weit besser entsprochen, als durch die (langsame) 15-jährige Geschäftswertabschreibung.[454]

Sofern der Auftragsbestand selbständig bewertbar ist, hat dieser deshalb auch im Rahmen des Anteilskaufs als selbständig aktivierbar zu gelten.

4) Die Problematik der Zugangsbewertung in der Ergänzungsbilanz

a) Die Funktion der Zugangsbewertung bei bereits bilanzierten Wirtschaftsgütern und bei bislang nicht bilanzierten wirtschaftlichen Vorteilen

Die Zugangsbewertung in der Ergänzungsbilanz verfügt bei bereits in der Gesellschaftsbilanz bilanzierten und bei bislang nicht bilanzierten wirtschaftlichen Vorteilen über einen unterschiedlichen Funktionsumfang:

Bei den bereits bilanzierten Wirtschaftsgütern reduziert sich die Problematik der Zugangsbewertung in der Ergänzungsbilanz darauf, eine ermessensbeschränkte Bestimmung der jeweiligen stillen Reserven zu erreichen. Dies setzt voraus, dass eine ermessensbeschränkte Teilwertermittlung für sämtliche Wirtschaftsgüter des Betriebsvermögens vorgenommen werden kann. Hierbei hat man sich – gemäß den von der Rechtsprechung aufgestellten Teilwertvermutungen – primär an den Wiederbeschaffungspreisen der Wirtschaftsgüter zu orientieren.[455]

Die Erfolgsaussichten eine ermessensbeschränkte Zugangsbewertung zu erreichen, sind bei den einzelnen Wirtschaftsgütern jedoch sehr unterschiedlich: Die

---

452 Vgl. Moxter, Adolf: Bilanzrechtsprechung, a.a.O., S. 22 f. Nachfolgend wird sich zudem zeigen, dass der Auftragsbestand vergleichsweise problemlos selbständig bewertbar ist. Siehe 2. Kapitel E. I. 4).

453 So auch deutlich BFH-Urteil vom 15. Dezember 1993 X R 102/92, BFH/NV 1994, S. 543-546, h.S. 545: „Rechte und Pflichten aus schwebenden Verträgen werden grundsätzlich nicht bilanziert. Die in ihnen enthaltenen Gewinnaussichten sind regelmäßig noch unsicher. Wird indessen für die Erlangung einer Gewinnaussicht (Einzelschuldverhältnis) oder fortlaufender Gewinnaussichten (Dauerschuldverhältnis) ein Aufwand getätigt, hat sich am Markt die Werthaltigkeit der Position „schwebender Vertrag" bestätigt."

454 Vgl. Hommel, Michael: Bilanzierung immaterieller Anlagewerte, a.a.O., S. 164 f.

455 Vgl. hierzu sowie zur grundsätzlichen Problematik der Teilwertermittlung Moxter, Adolf: Bilanzrechtsprechung, a.a.O., S. 247-253.

Quantifizierung von Teilwerten wird nur für solche Wirtschaftsgüter eindeutig gelingen, die entweder börsengehandelt sind (z.b. Rohstoffe), oder für die zumindest ein Marktpreis feststellbar ist (z.b. Gebrauchtwagen). Ausgeprägte Bewertungsprobleme treten jedoch dann auf, wenn es an derartigen Börsen- oder Marktpreisen fehlt (z.b. bei gebrauchten Spezialmaschinen oder bei (in früheren Geschäftsjahren) entgeltlich erworbenen Immaterialgütern). Grundsätzlich ist zwecks Sicherstellung einer ermessensbeschränkten Teilwertermittlung zu fordern, dass eine intersubjektive Nachvollziehbarkeit des Wertfindungsprozesses garantiert ist.[456] Dies kann sich z.b. in einer durchgängigen Dokumentation des Bewertungsvorganges und einer möglichst umfassenden Nutzung objektivierender Hilfsgrößen, wie z.b. Bewertungsgutachten, niederschlagen.[457]

Für die bislang nicht bilanzierten immateriellen Einnahmenpotentiale besitzt die Zugangsbewertung allerdings noch eine zusätzliche Dimension. Zwar wurde zuvor dargestellt, auf welche Art und Weise die Greifbarkeit dieser wirtschaftlichen Vorteile geprüft werden kann; eine nachgewiesene Greifbarkeit bestätigt aber noch nicht, dass der wirtschaftliche Vorteil auch selbständig bewertbar ist.[458] Greifbarkeit sichert lediglich, dass der wirtschaftliche Vorteil dem Grunde nach isolierbar ist; erst durch das nachgelagerte Kriterium der selbständigen Bewertbarkeit wird auch die Isolierbarkeit der Höhe nach garantiert.[459] Die selbständige Bewertbarkeit eines Objekts ist eine zwingende Voraussetzung für die Qualifikation eines wirtschaftlichen Vorteils als Wirtschaftsgut und damit für dessen Aktivierbarkeit in der Ergänzungsbilanz.[460] Diese Beschränkung des Vollständigkeitsprinzips erklärt sich aus dem Grundsatz imparitätischer Objektivierung, wonach zweifelhafte Aktiva bilanziell unberücksichtigt bleiben, zweifelhafte Passiva hingegen ausgewiesen werden.[461]

Das Wirtschaftsgutkriterium selbständige Bewertbarkeit lässt sich in dem Sinne konkretisieren, dass sich ein Wirtschaftsgut grundsätzlich frei von „subjektiver Spekulation"[462] und unabhängig von anderen wirtschaftlichen Vorteilen bewer-

456 Vgl. Leffson, Ulrich: Grundsätze ordnungsmäßiger Buchführung, a.a.O., S. 197; Meyer, Hartwig: Der Geschäftswert im Unternehmenskaufvertrag, a.a.O., S. 247.

457 So empfiehlt Herzig, Norbert: Steuerorientierte Grundmodelle des Unternehmenskaufs, in: DB, 43. Jg. (1990), S. 133-138, h.S. 134, als Argumentationsgrundlage gegenüber den Finanzbehörden, grundsätzlich auf von unabhängigen Sachverständigen erstellte Wertgutachten zurückzugreifen.

458 Vgl. Moxter, Adolf: Bilanzrechtsprechung, a.a.O., S. 13.

459 Vgl. Hommel, Michael: Bilanzierung immaterieller Anlagewerte, a.a.O., S. 209-214.

460 Vgl. Hommel, Michael: Bilanzierung immaterieller Anlagewerte, a.a.O., S. 207.

461 Vgl. Moxter, Adolf: Selbständige Bewertbarkeit als Aktivierungsvoraussetzung, a.a.O., S. 1847.

462 Vgl. Moxter, Adolf: Die Aktivierungsvoraussetzung „entgeltlicher Erwerb" im Sinne von § 5 Abs. 2 EStG, a.a.O., S. 1807.

ten lassen muss.[463] Dabei erfordert selbständige Bewertbarkeit „einen mit einge-schränktem Ermessen bestimmbaren Zugangswert"[464] sowie die Schätzbarkeit von Folgewerten.[465]

Bei der Ansatzentscheidung für ein einzelnes bislang nicht bilanziertes imma-terielles Einnahmenpotential ist es besonders problematisch, eine von anderen wirtschaftlichen Vorteilen unabhängige Bewertung sicherzustellen. Da auf der Ebene der Ergänzungsbilanz lediglich ein entgeltlicher Erwerb i.w.S. vorliegt, muss der Kaufpreis für den Mitunternehmeranteil auf die einzelnen wirtschaftli-chen Vorteile aufgeteilt werden.[466] Dass auch diese Aufteilung dem Objektivie-rungserfordernis unterliegt, ist selbstverständlich; fraglich ist allerdings, wel-cher Grad an Objektivierung hier zweckadäquat ist.

Stellt man an die selbständige Bewertbarkeit von Wirtschaftsgütern in der Er-gänzungsbilanz sehr hohe Anforderungen, so resultiert hieraus eine massive Be-schränkung des Bilanzansatzes.[467] Dies könnte zur Folge haben, dass die zuvor getroffene Entscheidung, auf einen Einzelansatz immaterieller Wirtschaftsgüter nicht generell zu verzichten, obgleich nur ein entgeltlicher Erwerb i.w.S. vor-liegt, konterkariert wird; die möglichst weitgehende Beachtung des Einzelbe-wertungsprinzips könnte so nicht mehr erreicht werden.[468]

Rechtsprechung und Literatur halten es deshalb nicht für erforderlich, dass selbständige Bewertbarkeit im Sinne einer exakten Quantifizierung von Zu-gangs- und Folgewerten möglich ist, vielmehr gelten auch „griffweise Schätzungen"[469] sowie „eine Bewertung nach anerkannten betriebswirtschaftli-chen Methoden"[470] als ausreichend. Allerdings muss der einzelne wirtschaftli-che Vorteil kaufpreisbestimmend sein,[471] und „als Einzelheit ins Gewicht"[472] fallen; andernfalls kann der wirtschaftliche Vorteil nur im Rahmen des derivati-ven Geschäftswerts aktiviert werden.

---

463 Vgl. Hommel, Michael: Bilanzierung immaterieller Anlagewerte, a.a.O., S. 208.
464 Euler, Roland: Das System der Grundsätze ordnungsmäßiger Bilanzierung, a.a.O., S. 152.
465 Vgl. Euler, Roland: Das System der Grundsätze ordnungsmäßiger Bilanzierung, a.a.O., S. 153; Hommel, Michael: Bilanzierung immaterieller Anlagewerte, a.a.O., S. 214.
466 Siehe oben 2. Kapitel E. I. 3) b).
467 Vgl. Hommel, Michael: Bilanzierung immaterieller Anlagewerte, a.a.O., S. 215.
468 Siehe oben 2. Kapitel E. I. 3) c), d).
469 Moxter, Adolf: Bilanzrechtsprechung, a.a.O., S. 14.
470 Döllerer, Georg: Verdeckte Gewinnausschüttungen und verdeckte Einlagen bei Kapital-gesellschaften, 2. Aufl., Heidelberg 1990, S. 191.
471 Vgl. Moxter, Adolf: Selbständige Bewertbarkeit als Aktivierungsvoraussetzung, a.a.O., S. 1849.
472 RFH-Urteil vom 21. Oktober 1931 VI A 2002/29, RFHE 30, S. 142-148, h.S. 146.

Als Mindestvoraussetzung für den Nachweis der selbständigen Bewertbarkeit von bislang nicht bilanzierten wirtschaftlichen Vorteilen ist zu nennen, dass die Bestimmung eines ermessensbeschränkten Zugangswertes mittels einer objektivierenden Hilfsgröße möglich ist. Diese Forderung lässt sich aus einer einschlägigen Entscheidung der Rechtsprechung deduzieren, in der eine solche objektivierende Hilfsgröße nicht existierte: Der BFH hat bei dem gleichzeitigen Erwerb von Leistungsschutzrechten und nicht aktivierungsfähigen Dienstleistungen gegen Zahlung eines einheitlichen Entgelts eine sehr strikte Handhabung des Kriteriums der selbständigen Bewertbarkeit vorgegeben, um eine Aktivierung von Nonvaleurs zu verhindern.[473] Die Qualifikation der Leistungsschutzrechte als eigenständiges immaterielles Wirtschaftsgut wurde mit der Begründung abgelehnt, dass der auf die Leistungsschutzrechte entfallende Entgeltanteil „unbestimmt und nicht konkretisierbar sei"[474] und es sich „nicht um einen klar abgrenzbaren, mit einiger Sicherheit errechenbaren Aufwand"[475] handele; es fehle daher „an der selbständigen Bewertungsfähigkeit dieser Befugnisse"[476].

b) Die selbständige Bewertbarkeit bislang nicht bilanzierter wirtschaftlicher Vorteile

Im Folgenden bleibt zu konkretisieren, welche bislang nicht bilanzierten immateriellen wirtschaftlichen Vorteile einer selbständigen Bewertbarkeit zugänglich sind; es ist also zu prüfen, wie ein ermessensbeschränkter, „klar abgrenzbarer, mit einiger Sicherheit errechenbarer Aufwand"[477] für die einzelnen wirtschaftlichen Vorteile ermittelt werden kann. In der Literatur findet sich hierzu der Vorschlag, den Ansatz eines eigenständigen Immaterialgutes in der Ergänzungsbilanz nur dann zuzulassen, wenn im Kaufvertrag eine Aufteilung des Gesamtkaufpreises auf die einzelnen Wirtschaftsgüter erfolgt ist.[478] Tatsächlich lässt

---

473 Vgl. Beisse, Heinrich: Handelsbilanzrecht in der Rechtsprechung des Bundesfinanzhofes, in: BB, 35. Jg. (1980), S. 637-646, h.S. 638 f.; Euler, Roland: Das System der Grundsätze ordnungsmäßiger Bilanzierung, a.a.O., S. 152 f.; Hommel, Michael: Bilanzierung immaterieller Anlagewerte, a.a.O., S. 218.

474 BFH-Urteil vom 28. Mai 1979 I R 1/76, BFHE 128, S. 367-375, h.S. 374.

475 BFH-Urteil vom 28. Mai 1979 I R 1/76, BFHE 128, S. 367-375, h.S. 374.

476 BFH-Urteil vom 28. Mai 1979 I R 1/76, BFHE 128, S. 367-375, h.S. 373.

477 BFH-Urteil vom 28. Mai 1979 I R 1/76, BFHE 128, S. 367-375, h.S. 374.

478 So z.B. Arnold, Hans-Joachim: Die Bilanzierung des Geschäfts- oder Firmenwerts in der Handels-, Steuer- und Ergänzungsbilanz, Frankfurt/M. u.a. 1997, S. 50, der auf diese Weise die Bewertungsschwierigkeiten lösen möchte. Im Grundsatz auch Meyer, Hartwig: Der Geschäfts- oder Firmenwert im Unternehmenskaufvertrag, a.a.O., S. 262 f. In der Rechtsprechung des BFH ist z.B. die Aktivierbarkeit des Auftragsbestands verschiedentlich davon abhängig gemacht worden, ob die Vertragsparteien dem Auftragsbestand eine besondere wirtschaftliche Bedeutung beigemessen haben. In einem konkreten Fall wurde zur Bewertung auf den expliziten Wertansatz des Auftragsbestands im

sich damit aber nur eine Scheinobjektivierung erreichen, weil es hier zu einer Verschiebung der Interessenlagen kommt: Der Verkäufer ist hinsichtlich der konkreten Aufteilung des Gesamtkaufpreises auf die einzelnen Wirtschaftsgüter indifferent; ihn interessiert nur die Höhe des Gesamtkaufpreises. Dagegen präferiert der Käufer, angesichts der ihn unmittelbar treffenden Periodisierungskonsequenzen, bestimmte Aufteilungsrelationen. Er wird daher versuchen, ein Aufteilungsverhältnis zu erreichen, welches das ihm zustehende Abschreibungspotential maximiert; tendenziell wird es somit zu einem zu hohen Ansatz abnutzbarer Wirtschaftsgüter und zu einem zu niedrigen Ansatz nicht abnutzbarer Wirtschaftsgüter in der Ergänzungsbilanz kommen. Es besteht hier, ähnlich wie bei dem entgeltlichen Erwerb zwischen verbundenen Unternehmen, die Gefahr, dass die Wertansätze primär von steuergestalterischen Erwägungen bestimmt werden;[479] die eigentliche Aufgabe der Ergänzungsbilanz, einen Beitrag zu einer objektivierten Gewinnermittlung als Besteuerungsgrundlage zu leisten, findet nur noch ungenügende Beachtung. Der bei den Verhandlungen über den Gesamtkaufpreis für den Mitunternehmeranteil existente echte Interessengegensatz zwischen den Vertragsparteien ist bei der Aufteilung des Gesamtkaufpreises auf die einzelnen Wirtschaftsgutanteile nicht mehr gegeben. Da eine objektivierte Wertfindung somit nicht garantiert werden kann, ist der Bewertungsansatz zu verwerfen.

Auch die Rechtsprechung macht den Ansatz immaterieller Wirtschaftsgüter nicht davon abhängig, ob es zu einer Aufteilung des Kaufpreises auf die einzelnen Wirtschaftsgüter durch die Geschäftspartner gekommen ist; ausschlaggebend seien vielmehr objektive Gegebenheiten.[480] Falls eine entsprechende vertragliche Aufteilung vorgenommen wurde, erkennt der BFH diese Verteilung des Gesamtkaufpreises auf einzelne Wirtschaftsgüter nur an, sofern diese ernsthaft gewollt ist; die Bindung an diese vertraglichen Vereinbarungen gilt jedoch als hinfällig, sobald ein nach objektiven Gegebenheiten unangemessen erscheinender Preis vereinbart wurde.[481] Insgesamt ist die Judikatur des BFH hier von berechtigtem Misstrauen gegenüber derartigen Vereinbarungen geprägt. Glei-

---

Kaufvertrag zurückgegriffen. Vgl. BFH-Urteil vom 1. Februar 1989 VIII R 361/83, BFH/NV 1989, S. 778-779, h.S. 779.

479 Siehe oben 2. Kapitel E. I. 3) a).

480 Vgl. BFH-Urteil vom 16. September 1970 I R 196/67, BFHE 101, S. 76-79, h.S. 78; BFH-Urteil vom 25. November 1981 I R 54/77, BFHE 134, S. 434-438, h.S. 436.

481 Vgl. BFH-Urteil vom 28. März 1966 VI 320/64, BFHE 85, S. 433-437, h.S. 436 f.; BFH-Urteil vom 21. Januar 1971, BFHE 102, S. 464-468, h.S. 467 f.; BFH-Urteil vom 31. Januar 1973 I R 197/70, BFHE 108, S. 509-513, h.S. 512; BFH-Urteil vom 7. November 1985 IV R 7/83, BFHE 145, S. 194-198, h.S. 196.

ches gilt für die Finanzverwaltung, die der vertraglichen Kaufpreisaufteilung zumeist die Anerkennung verweigert.[482]

Sieht man von diesem Ansatz ab und überlegt, wie eine Bewertungsobjektivierung für die einzelnen immateriellen wirtschaftlichen Vorteilen erreicht werden könnte, so bietet es sich an, verschiedene Fallgruppen zu bilden:

Zur bloßen Spekulation scheint die Bewertung bei denjenigen Immaterialgütern zu degenerieren, die mittels Schenkung erlangt wurden. In solchen (in der Praxis wohl seltenen) Fällen fehlt es vollständig an nachprüfbaren betrieblichen Aufzeichnungen, an denen man sich bei der Teilwertermittlung orientieren könnte; eine objektivierende Hilfsgröße steht hier nicht zur Verfügung. Da eine ermessensbeschränkte Ertragsprognose für diese Einnahmenpotentiale nahezu aussichtslos zu sein scheint, sollte auf eine Aktivierung verzichtet werden.

Etwas günstiger stellt sich die Situation bei den originär erstellten immateriellen Wirtschaftsgütern dar, sofern das betroffene Unternehmen über ein ausgebautes Kostenrechnungssystem verfügt. Zwar ist es zutreffend, dass die Ermittlung von Herstellungskosten für Immaterialgüter aufgrund der fundamentalen Gemeinkosten-Schlüsselungsproblematik beträchtliche Probleme und Ermessensspielräume beinhaltet,[483] dennoch bestehen hier zumindest Ansatzpunkte für eine objektivierte und vor allem nachprüfbare Quantifizierung von Wertintervallen. Dies gilt insbesondere dann, wenn sich die Möglichkeit bietet, auf weitere Indikatoren zurückzugreifen. So könnte z.B. bei einem Software-Hersteller, der betriebswirtschaftliche Anwendungssoftware sowohl für den Verkauf anbietet als auch diese Programme in der eigenen Verwaltung nutzt, eine mittelbare Wertkonkretisierung der originär erstellten und selbst genutzten Programme über die damit bekannnten Verkaufspreise erfolgen. Sofern es sich um immaterielle Wirtschaftsgüter handelt, bei denen prinzipiell auch die Möglichkeit des Fremdbezugs bestanden hätte, könnten die Fremdbezugspreise zur Objektivierung der Obergrenze des Wertansatzes dienen.

Hinsichtlich der Möglichkeiten einer objektivierten Bewertung ist dem bereits erwähnten Auftragsbestand eine gewisse Sonderrolle zuzuerkennen. Obgleich auch die Bewertung des Auftragsbestands im Detail umstritten ist,[484] scheint

---

482 Vgl. Pöllath, Reinhard: Unternehmenskauf, in: StbJb 1989/90, hrsg. im Auftrag des Fachinstituts der Steuerberater, Köln 1990, S. 295-315, h.S. 310. Entsprechen die vertraglichen Absprachen nicht den wirtschaftlichen Gegebenheiten, ist im Zweifel eine Verteilung im Verhältnis der Teilwerte vorzunehmen. Siehe unten 2. Kapitel E. I. 5) c) β) ii).

483 Vgl. Moxter, Adolf: Immaterielle Anlagewerte im neuen Bilanzrecht, a.a.O., S. 1105.

484 So schlagen z.B. Breidenbach, Berthold; Niemeyer, Markus: Der Auftragsbestand als Wirtschaftsgut, a.a.O., S. 2502 f., eine entscheidungstheoretisch fundierte Wertfindung vor. Bei Vorliegen eines Verkäufermarkts sei der Auftragsbestand mit den für die Auftragsakquisition ersparten Aufwendungen zu bewerten. Auf einem Käufermarkt seien zusätzlich die erreichte Fixkostendeckung und verschiedene Risikoabschläge zu berück-

hier ein vergleichsweise hoher Grad der Objektivierung erreichbar. Dies ergibt sich in erster Linie daraus, dass den zugrunde liegenden schwebenden Verträgen regelmäßig Preisvereinbarungen entnommen werden können und auf dieser Grundlage zumindest Wertobergrenzen ermessensbeschränkt und leicht nachprüfbar ermittelt werden können. So erscheint es z.B. sinnvoll, Wertansätze des Auftragsbestands, die deutlich von der Durchschnittsrendite vergangener Jahre oder der Branchenrendite abweichen, nicht anzuerkennen, falls der Steuerpflichtige keinen entsprechenden Nachweis erbringen kann.[485] Grundsätzlich ist die selbständige Bewertbarkeit des Auftragsbestands jedoch als gegeben zu betrachten, da der auf den Auftragsbestand entfallende Entgeltanteil mittels der vorstehenden Überlegungen konkretisiert werden kann; der – zuvor noch offen gelassene – eigenständige Ansatz des Auftragsbestands in der Ergänzungsbilanz ist damit zu befürworten.

Insgesamt sind die Möglichkeiten einer objektivierten Zugangsbewertung in der Ergänzungsbilanz respektive die Sicherung der selbständigen Bewertbarkeit immaterieller wirtschaftlicher Vorteile in hohem Maße einzelfallabhängig. Eine abschließende Klärung der Ansatzproblematik in der Ergänzungsbilanz ist auf abstrakter Ebene insofern nicht möglich. Gleichwohl konnte der Kreis der in der Ergänzungsbilanz einzelansatzfähigen Einnahmenpotentiale mittels der vorstehenden Überlegungen zu den Kriterien der Greifbarkeit und der selbständigen Bewertbarkeit erheblich eingegrenzt werden.

5) Die Aufteilung des Gesamtkaufpreises mittels der Stufentheorie

a) Grundsätzliche Anforderungen an die Aufteilung des Gesamtkaufpreises

Im vorangegangenen Abschnitt wurde erläutert, welche Kriterien ein Einnahmenpotential erfüllen muss, um in der Ergänzungsbilanz aktiviert werden zu können und wie die Abgrenzung zwischen immateriellen Einzelwirtschaftsgütern und Geschäftswert erfolgen kann. Dies geschah unter der Prämisse, dass der geleistete Mehrkaufpreis so hoch war, dass hierdurch die Gesamtheit der im Betriebsvermögen ruhenden stillen Reserven abgegolten wurde. Gemäß dieser Annahme werden im Erwerbszeitpunkt sämtliche aktivierbaren Wirtschaftsgüter aus der Sicht des Erwerbers mit ihrem anteiligen Teilwert ausgewiesen; dabei

---

sichtigen. Zu Recht kritisch hierzu Köhler, Stefan: Die Behandlung des Auftragsbestands beim Unternehmenskauf in Handels- und Steuerbilanz, a.a.O., S. 301 f., der diese Trennung angesichts der in den meisten Branchen angespannten Auftragslage als unrealistisch zurückweist.

485 Im BFH-Urteil von 1. Februar 1989, BFH/NV 1989, S. 778, hat das Gericht das Vorgehen der Steuerpflichtigen, die Bewertung des Auftragsbestands auf der Basis der durchschnittlich erzielten Gewinns der Vorjahre vorzunehmen, akzeptiert. Kritisch Hommel, Michael: Bilanzierung immaterieller Anlagewerte, a.a.O., S. 164, der diesen Ansatz als zu hoch erachtet. Diese Defizit kann aber durch die Berücksichtigung von Riskoabschlägen leicht behoben werden.

verzeichnet die Gesellschaftsbilanz die anteiligen Buchwerte, die Ergänzungsbilanz die entsprechenden anteiligen stillen Reserven.

Nachfolgend gilt es zu erörtern, welche Auswirkungen die Aufgabe der obigen Voraussetzung auf die Erstellung der Ergänzungsbilanz im Erwerbszeitpunkt hat, d.h. es wird die realitätsnähere Situation betrachtet, dass der aufzuteilende Gesamtkaufpreis geringer ist als die Summe der vorhandenen stillen Reserven. Im Zentrum des Interesses steht dabei, nach welcher Reihenfolge und welchem Maßstab Aufstockungen in der Ergänzungsbilanz vorzunehmen sind. Bevor auf die hier in Literatur und Rechtsprechung diskutierten Konzepte näher eingegangen wird, sei kurz erläutert, welche Mindestanforderungen in diesem Kontext zu erfüllen sind.

Die in der Ergänzungsbilanz erfolgende Aufstockung für ein Wirtschaftsgut darf maximal so hoch sein, dass die Summe aus anteiligem Buchwert in der Gesellschaftsbilanz und Wertansatz in der Ergänzungsbilanz den anteiligen Teilwert des Wirtschaftsguts nicht überschreitet. Sofern der Mehrkaufpreis größer oder gleich der Summe der stillen Reserven ist, muss bis zum Erreichen des anteiligen Teilwerts aufgestockt werden; bei niedrigeren Mehrkaufpreisen darf indes kein Wirtschaftsgut mit dem anteiligen Teilwert angesetzt werden.[486]

Willkürliche Aufstockungen in dem Sinne, dass einige Wirtschaftsgüter mit dem anteiligen Teilwert, andere mit dem anteiligen Buchwert, wieder andere mit einem Wert zwischen dem anteiligen Buch- und Teilwert ausgewiesen werden, sind unzulässig. Würde ein solches Vorgehen toleriert, wäre es den Steuerpflichtigen möglich, die Höhe des Periodenergebnisses und damit die Höhe ihrer Steuerzahlungen in gewissen Grenzen beliebig zu manipulieren, indem z.B. einseitig Aufstockungen auf abnutzbare Wirtschaftsgüter vorgenommen werden, um eine kurzfristige Maximierung des Abschreibungspotentials zu erreichen. „Willkürliche Gewinnverlagerungen"[487] dieser Art stehen im Widerspruch zum System steuerbilanzieller Gewinnermittlung; die Dominanz des Objektivierungserfordernisses erfordert Verteilungsverfahren, die an objektivierbare Maßstäbe anknüpfen.[488]

---

486 Diese Regeln ergeben sich bereits aus den allgemeinen steuerbilanzrechtlichen Grundsätzen der §§ 6, 7 EStG. Vgl. BFH-Urteil vom 24. Mai 1984 I R 166/78, BFHE 141, S. 176-184, h.S. 182 f.

487 BFH-Urteil vom 22. Juni 1965 I 405/61 U, BFHE 82, S. 651-654, h.S. 653.

488 Bereits der RFH untersagte dem Steuerpflichtigen, nach freiem Belieben Aktivierungen vorzunehmen, da auch die Finanzverwaltung keine einseitig profiskalisch wirkenden Aktivierungen verlangen könne. Vgl. RFH-Urteil vom 14. Januar 1942 VI 129/41, RStBl. 1942, S. 314-315, h.S. 314.

b) Die Grundstruktur der Stufentheorie

Soweit nicht ausnahmsweise auch steuerrechtlich zu beachtende Vereinbarungen über die Aufteilung des Gesamtkaufpreises auf die einzelnen Wirtschaftsgüter im Kaufvertrag getroffen wurden, hat die Verteilung nach Maßgabe eines – von der Rechtsprechung formulierten – gestuften Verfahrens, der so genannten Stufentheorie, zu erfolgen.

Eindeutig durch die Judikatur des BFH belegbar, ist eine Gliederung in drei Stufen, die in Abhängigkeit von der Höhe des Mehrkaufpreises erreicht werden: Auf Stufe I besteht eine widerlegbare Vermutung dafür, dass der zu verteilende Mehrkaufpreis auf stille Reserven in materiellen und immateriellen Wirtschaftsgütern des Betriebsvermögens zurückgeführt werden kann. Konnte der Mehrkaufpreis nicht vollständig durch Aufstockungen auf Einzelwirtschaftsgüter erklärt werden, so wird auf Stufe II wiederum widerlegbar vermutet, dass der verbliebene Restbetrag ein Entgelt für den anteiligen derivativen Geschäftswert repräsentiert. Ist es auch nach Vollauflösung sämtlicher stiller Reserven in materiellen/immateriellen Einzelwirtschaftsgütern und nach Ansatz des anteiligen derivativen Geschäftswerts nicht gelungen, den Mehrkaufpreis in der Ergänzungsbilanz vollständig abzubilden, so muss innerhalb der Stufe III geprüft werden, ob der Restbetrag mittels eines Ausgleichspostens zu berücksichtigen oder ein sofortiger Abzug dieses Betrages als Betriebsausgabe möglich ist.[489]

Hinter diesem Vorgehen steht der Gedanke, dass die Existenz stiller Reserven in materiellen/immateriellen Einzelwirtschaftsgütern mit größerer Sicherheit festgestellt werden kann als der Wert des derivativen Geschäftswerts;[490] zudem

---

489 Die Trennung zwischen diesen drei Stufen ist deutlich im BFH-Urteil vom 12. Juni 1975 IV R 129/71, BFHE 116, S. 335-341, h.S. 338 zu erkennen. Demgegenüber führen die nachstehenden Entscheidungen nur die verschiedenen Stufen auf, ohne eine Aussage über die Reihenfolge zu treffen: BFH-Urteil vom 25. Januar 1979 IV R 56/75, BFHE 127, S. 32-37, h.S. 34; BFH-Urteil vom 7. Juni 1984 IV R 79/82, BFHE 141, S. 148-154, h.S. 151; BFH-Urteil vom 30. März 1993 VIII R 63/91, BFHE 171, S. 213-220, h.S. 216. Die Nachrangigkeit des Geschäftswerts gegenüber materiellen/immateriellen Einzelwirtschaftsgütern ergibt sich aber z.B. aus BFH-Urteil vom 7. November 1985 IV R 7/83, BFHE 145, S. 194-198, h.S. 195 f.; die Nachrangigkeit eines potentiellen Betriebsausgabenabzugs gegenüber dem Ansatz von Einzelwirtschaftsgütern und Geschäftswert verdeutlicht BFH-Urteil vom 21. Mai 1970 IV R 131/68, BFHE 99, S. 526-531, h.S. 530; BFH-Urteil vom 11. Juli 1973 I R 126/71, BFHE 110, S. 402-405, h.S. 404; BFH-Urteil vom 31. Juli 1974 I R 226/70, BFHE 113, S. 428-434, h.S. 432; BFH-Urteil vom 6. Juli 1995 IV R 30/93, BFHE 178, S. 176-180, h.S. 178. Vgl. auch Hörger, Helmut; Stobbe, Thomas: Die Zuordnung stiller Reserven beim Ausscheiden eines Gesellschafters einer Personengesellschaft, in: DStR, 29. Jg. (1991), S. 1230-1235, h.S. 1232.

490 Vgl. Meier, Norbert: Übertragung eines Mitunternehmeranteils gegen Abfindung über dem Buchwert des Kapitalkontos – Zur Bestimmung des „angemessenen Unternehmerlohns" im Rahmen der Ermittlung des Geschäftswerts, in: FR, 73. Jg. (1991), S. 261-262, h.S. 261.

erfordert bereits die Konzeption des Geschäftswerts als Residualgröße ein derartiges Verfahren. Dass ein sofortiger Betriebsausgabenabzug – wenn überhaupt – nur in Ausnahmefällen und erst nach Auflösung sämtlicher stiller Reserven erwogen werden kann, ergibt sich bereits aus dem Grundsatz der erfolgsneutralen Abbildung des Anschaffungsvorgangs.[491] Nachfolgend werden die Bilanzierungsprobleme für jede Stufe gesondert analysiert.

c) Stufe I: Materielle und immaterielle Wirtschaftsgüter

α) Die Diskussion um die Ansatzreihenfolge von bereits bilanzierten und nicht bilanzierten Wirtschaftsgütern

i) Stufentheorie versus modifizierte Stufentheorie

Auf Stufe I gelangen stille Reserven in materiellen und immateriellen Wirtschaftsgütern in der Ergänzungsbilanz zum Ansatz. Umstritten ist, ob dabei eine weitere Differenzierung der Ansatzreihenfolge zwischen bilanzierten und nicht bilanzierten Wirtschaftsgütern angezeigt ist.

In der Literatur war lange Zeit die von *Schmidt* beschriebene Variante der Stufentheorie vorherrschend, wonach zunächst nur die stillen Reserven in bereits bilanzierten Wirtschaftsgütern aufzulösen sind. Erst wenn dies vollständig geschehen ist, dürfen auch bislang nicht bilanzierte immaterielle Wirtschaftsgüter zum Ansatz gelangen. Im Ergebnis kommt es damit zu einer Unterteilung der Stufe I in zwei weitere Stufen; insgesamt umfasst die Stufentheorie nach dieser Version vier Stufen.[492]

Hörger/Stobbe dagegen sehen keine Notwendigkeit, eine zusätzliche Abstufung in der Ansatzreihenfolge von bilanzierten und nicht bilanzierten Wirtschaftsgütern vorzunehmen und haben eine als modifizierte Stufentheorie bezeichnete Gegenkonzeption formuliert,[493] in der wie oben nur von drei Stufen ausgegan-

---

491 Dieses Vorgehen bietet im Übrigen Anlass zur Kritik vgl. 2. Kapitel E. I. 5) e).

492 Vgl. Schmidt, Ludwig: § 16 EStG, a.a.O., Rn. 487-489. So auch Herzig, Norbert: Steuerorientierte Grundmodelle des Unternehmenskaufs, a.a.O., S. 134; Meyer, Hartwig: Der Geschäftswert im Unternehmenskaufvertrag, a.a.O., S. 56; Meier, Norbert: Übertragung eines Mitunternehmeranteils gegen Abfindung über dem Buchwert des Kapitalkontos – Zur Bestimmung des „angemessenen Unternehmerlohns" im Rahmen der Ermittlung des Geschäftswerts, a.a.O., S. 261; Stuhrmann, Gerd: § 16 EStG, in: Blümich: EStG/KStG/GewStG, hrsg. v. Klaus Ebling, Stand: Januar 1999, München 1999, Rn. 86-88; Wacker, Roland: § 16 EStG, a.a.O., Rn. 487-489.

493 Vgl. Hörger, Helmut; Stobbe, Thomas: Die Zuordnung stiller Reserven beim Ausscheiden eines Gesellschafters einer Personengesellschaft, a.a.O., S. 1233. Der Konzeption der modifizierten Stufentheorie haben sich inzwischen eine Reihe von Autoren angeschlossen. Vgl. z.B. Mujkanovic, Robin: Der Vermögenskauf einer Unternehmung in der Steuerbilanz, Wiesbaden 1994, S. 148 f.; Schiffers, Joachim: Steuergestaltung durch Aufdeckung stiller Reserven, Wiesbaden 1994, S. 117 f.; *Schmidt* selbst bezeichnet die modifizierte Stufentheorie als „im Vordringen begriffen", skizziert an gleicher Stelle

gen wird. Die modifizierte Stufentheorie wird zum einen ökonomisch, zum anderen mittels einer Rechtsprechungsanalyse begründet. Ökonomisch wird argumentiert, es sei für den Erwerber unerheblich, ob er durch den Mitunternehmeranteilskauf einen Anteil an einem bilanzierten oder nicht bilanzierten Wirtschaftsgut erlange; die bisherige bilanzielle Behandlung dieser Wirtschaftsgüter beim Veräußerer sei für den Erwerber unbeachtlich.[494] *Hörger/Stobbe* führen zudem aus, dass es in der Rechtsprechung an einem (eindeutigen) Beleg für eine unterschiedliche Ansatzreihenfolge zwischen bilanzierten und nicht bilanzierten Wirtschaftsgütern fehle; nachweisbar sei nur das dreistufige Vorgehen.[495]

Obgleich dieser Rechtsprechungsanalyse auf den ersten Blick zuzustimmen ist, entstehen bei einer differenzierteren Betrachtung der einzelnen Entscheidungen Zweifel daran, ob die Schlussfolgerung, die traditionelle Stufentheorie sei unzulässig, in dieser Form zwingend ist: Tatsächlich hat der BFH zu dem Streit zwischen traditioneller und modifizierter Stufentheorie bislang nicht explizit Stellung genommen. Darüber hinaus gibt es nur ein einziges Urteil, aus dem das dreistufige Verfahren eindeutig hervorgeht.[496] In den meisten Entscheidungen werden die einzelnen Stufen dagegen wertneutral nebeneinander gestellt;[497] die Ansatzreihenfolge kann lediglich aus einigen anderen Urteilen abgeleitet werden, die mit der eigentlichen Stufentheorie nur in mittelbarer Verbindung stehen.[498] Auffällig ist zudem, dass in zwei Entscheidungen bilanzierte und nicht bilanzierte Wirtschaftsgüter gesondert genannt werden; dies könnte als ein Indiz

---

aber auch seine bisherige Auffassung. Vgl. Schmidt, Ludwig: § 16 EStG, a.a.O., Rn. 487-490.

494 Vgl. Hörger, Helmut: § 16 EStG, a.a.O., Rn. 163; zustimmend Regniet, Michael: Ergänzungsbilanzen bei der Personengesellschaft, a.a.O., S. 147. Ähnlich auch Schellhorn, Mathias: Aufteilung der stillen Reserven beim Gesellschafterwechsel, in: BuW, 50. Jg. (1996), S. 420-422, h.S. 421.

495 Vgl. Hörger, Helmut; Stobbe, Thomas: Die Zuordnung stiller Reserven beim Ausscheiden eines Gesellschafters einer Personengesellschaft, a.a.O., S. 1232. Siehe auch die obigen Rechtsprechungsnachweise, 2. Kapitel E. I. 5) a).

496 Vgl. BFH-Urteil vom 12. Juni 1975 IV R 129/71, BFHE 116, S. 335-341, h.S. 338.

497 Vgl. BFH-Urteil vom 25. Januar 1979 IV R 56/75, BFHE 127, S. 32-37, h.S. 34; BFH-Urteil vom 7. Juni 1984 IV R 79/82, BFHE 141, S. 148-154, h.S. 151; BFH-Urteil vom 30. März 1993 VIII R 63/91, BFHE 171, S. 213-220, h.S. 216.

498 Die Nachrangigkeit des Geschäftswerts gegenüber materiellen/immateriellen Einzelwirtschaftsgütern kann z.B. aus dem BFH-Urteil vom 7. November 1985 IV R 7/83, BFHE 145, S. 194-198, h.S. 195 f. gefolgert werden; die Nachrangigkeit eines potentiellen Betriebsausgabenabzugs gegenüber dem Ansatz von Einzelwirtschaftsgütern und Geschäftswert verdeutlicht BFH-Urteil vom 21. Mai 1970 IV R 131/68, BFHE 99, S. 526-531, h.S. 530; BFH-Urteil vom 11. Juli 1973 I R 126/71, BFHE 110, S. 402-405, h.S. 404; BFH-Urteil vom 31. Juli 1974 I R 226/70, BFHE 113, S. 428-434, h.S. 432; BFH-Urteil vom 6. Juli 1995 IV R 30/93, BFHE 178, S. 176-180, h.S. 178.

128

für eine getrennte Behandlung gewertet werden.[499] In der Gesamtschau könnte man daher auch die Ansicht vertreten, der BFH habe über die Zulässigkeit der traditionellen bzw. der modifizierten Stufentheorie noch gar nicht abschließend entschieden.

Angreifbar erscheint zudem die ökonomische Fundierung der modifizierten Stufentheorie: Bei den nicht bilanzierten Wirtschaftsgütern handelt es sich vornehmlich um unentgeltlich erworbene, langfristig nutzbare Immaterialgüter, für die sich die wirtschaftliche Nutzeneinschätzung schwierig gestaltet. Im Rahmen der Kaufpreisverhandlungen fehlt es dem Erwerber an jeglichen (bilanziellen) Anhaltspunkten hinsichtlich der Werthaltigkeit derartiger Objekte; dagegen stehen dem Erwerber bei bilanzierten Wirtschaftsgütern mit den Buchwerten Wertmaßstäbe eines auf Objektivierung und Ermessensbegrenzung abzielenden Rechenwerks zur Verfügung, die – trotz aller damit verbundenen Einschränkungen – zumindest ein erster Anhaltspunkt zur Einschätzung der Ertragserwartungen sein können. Dabei ist es sicherlich zutreffend, dass der Buchwert eines vor langer Zeit erworbenen Grundstücks wegen der hier regelmäßig zu erwartenden Wertsteigerungen und der Bindung an die historischen Anschaffungskosten zumeist nicht dem tatsächlichen Wert des Grundstücks entspricht und insofern nur ein geringes Erklärungspotential besitzt. Zu einer anderen Einschätzung gelangt man dagegen bei Wirtschaftsgütern, die erst kürzlich erworben wurden; insbesondere bei entgeltlich erworbenen Immaterialgütern können die Buchwerte ein wichtiges zusätzliches Hilfsmittel zur Einschätzung der Ertragserwartungen sein. Insofern kann der Aussage, es sei für den Erwerber völlig unerheblich, ob er Anteile an bilanzierten oder nicht bilanzierten Wirtschaftsgütern erlange, nicht vorbehaltlos zugestimmt werden.

Die modifizierte Stufentheorie schenkt zudem der bilanzrechtlichen Grundwertung, die Alimentierungsfähigkeit materieller Wirtschaftsgüter als gesichert, die Alimentierungsfähigkeit immaterieller Wirtschaftsgüter hingegen als nicht gesichert zu betrachten, nicht genügend Beachtung. Dem gegenwärtig gültigen Bilanzrecht ist eine unterschiedliche Behandlung von materiellen und immateriellen Wirtschaftsgütern immanent; diese kann durch das Vorliegen eines entgeltlichen Erwerbs kompensiert werden: In Höhe des Entgelts gilt die Alimentierungsfähigkeit eines immateriellen Wirtschaftsguts des Anlagevermögens als gesichert, d.h. die Differenzierung zwischen den beiden Wirtschaftsgutarten verschwindet. Entscheidend für die weitere Diskussion ist damit, ob es in der Ergänzungsbilanz zu einer derart umfassenden Gleichstellung materieller (bereits bilanzierter) und immaterieller (bislang nicht bilanzierter) Wirtschaftsgüter kommt.

499 Vgl. BFH-Urteil vom 25. Januar 1979 IV R 56/75, BFHE 127, S. 32-37, h.S. 34; BFH-Urteil vom 7. November 1985 IV R 7/83, BFHE 145, S. 194-198, h.S. 195.

ii) Die Berücksichtigung der Immaterialgüter-Bewertungsproblematik

Gegen die (völlige) Gleichstellung bilanzierter und nicht bilanzierter Wirtschaftsgüter spricht vor allem die Tatsache, dass der entgeltliche Erwerb i.w.S. keine eindeutige Lösung der Bewertungsproblematik bei originär erstellten Immaterialgütern erlaubt. Vielmehr ist man auch hier auf Schätzungen oder zusätzliche Indikatoren angewiesen – der Nachweis von Existenz und Höhe stiller Reserven unterliegt hier nach wie vor weitaus größerem Ermessen als bei materiellen Wirtschaftsgütern, für die eindeutige Marktwerte existieren. Zwar wurde zuvor im Sinne des Einzelbewertungsprinzips für die grundsätzliche Ansatzfähigkeit originär erstellter Immaterialgüter plädiert, daraus muss sich aber noch keine vorbehaltlose Gleichbehandlung ableiten. Vielmehr deuten bilanzrechtliche Grundwertungen wie Vorsichts- und Objektivierungsprinzip, die letztlich auch für die Trennung zwischen Einzelwirtschaftsgütern und Geschäftswert im Rahmen der Stufentheorie verantwortlich sind,[500] auf eine differenzierende Behandlung hin.

Die traditionelle Stufentheorie berücksichtigt diese Aspekte implizit, indem der Ansatz bislang nicht bilanzierter Wirtschaftsgüter erst nach der Auflösung sämtlicher, vergleichsweise objektiviert nachweisbarer, stiller Reserven in bereits bilanzierten Wirtschaftsgütern zugelassen wird. In vielen Fällen wird es somit gar nicht zu einem Ansatz bislang nicht bilanzierter immaterieller Wirtschaftsgüter kommen, da zumeist nur ein Teilbetrag der in einem Unternehmen effektiv vorhandenen stillen Reserven im Kaufpreis abgegolten wird und ein Großteil dieser stillen Reserven auf Posten des materiellen Anlagevermögens entfällt.[501] Die mitunter gravierenden Probleme bei der Zugangs- und Folgebewertung bislang nicht bilanzierter Immaterialgüter lassen sich damit oftmals umgehen; die Beschränkungen, die das Objektivierungs- und Vorsichtsprinzip durch die Grundsatzentscheidung für den Ansatz originär erstellter immaterieller Wirtschaftsgüter erfahren haben,[502] werden auf diese Weise ein wenig gemildert. Erst wenn der Mehrkaufpreis die mit den bereits bilanzierten Wirtschaftsgütern verbundenen stillen Reserven übersteigt, werden auch bislang nicht bilanzierte Wirtschaftsgüter angesetzt. Die Ansatzrestriktion des Objektivierungs- und Vorsichtsprinzips verliert dann an Gewicht, da die Möglichkeiten einer objektivierten Wertfindung für immaterielle Einzelwirtschaftsgüter und Geschäftswert gleichermaßen beschränkt sind; das Einzelbewertungsprinzip hingegen fordert hier – im Interesse der Ermittlung eines zutreffenden

---

500 So auch Hötzel, Oliver: Unternehmenskauf und Steuern, a.a.O., S. 14.

501 Insbesondere die Posten Gebäude und Grundstücke haben, wegen des in diesem Bereich kontinuierlich ansteigenden Preisniveaus, oftmals wesentlichen Anteil an der Gesamtsumme der stillen Reserven eines Unternehmens.

502 Siehe oben 2. Kapitel E. I. 3) c), d).

Periodenergebnisses – eine möglichst weitgehende Separation von immateriellen Einzelwirtschaftsgütern und Geschäftswert.[503]

Dass sich die Möglichkeiten einer objektivierten Identifizierung stiller Reserven in Abhängigkeit von dem zugrunde liegenden Wirtschaftsgut stark voneinander unterscheiden, wird indes auch von den Befürwortern der modifizierten Stufentheorie anerkannt. *Hörger/Stobbe* schlagen deshalb vor, im Einzelfall von der grundsätzlich proportionalen Zuordnung der stillen Reserven zugunsten eines selektiven Ansatzes abzuweichen, d.h. mit eingeschränktem Ermessen nachweisbare stille Reserven sollen mittels entsprechender Gewichtungsfaktoren bevorzugt zum Ansatz gelangen.[504]

Obgleich sich die Vertreter der modifizierten Stufentheorie damit der traditionellen Stufentheorie wieder annähern,[505] bleibt die Praktikabilität dieser Verfahrensweise gering. Die Zuordnung derartiger Gewichtungsfaktoren setzt eine mit hohem Arbeitsaufwand verbundene Einzelfallprüfung voraus, ist stark ermessensbehaftet und damit manipulationsgefährdet – alles Eigenschaften, die mit einem auf Vereinfachung und Objektivierung angewiesenen steuerlichen Massenverfahren nur schwer zu vereinbaren sind. Demgegenüber wird die hinter der traditionellen Stufentheorie stehende Typisierung, bislang nicht bilanzierte Wirtschaftsgüter als generell unsichere Werte zu betrachten und diese zunächst von der Aktivierung auszuschließen, den Anforderungen des steuerlichen Massenverfahrens besser gerecht.[506]

Insgesamt deutet vieles darauf hin, dass die traditionelle Stufentheorie der modifizierten Stufentheorie hinsichtlich der Wiedergabe bilanzrechtlicher Grund-

---

503 Vgl. oben 2. Kapitel E. I. 3) c), d).

504 Zu beachten ist dabei, dass sich Probleme hinsichtlich Existenznachweis und Höhe stiller Reserven nicht nur bei den bislang nicht bilanzierten Immaterialgütern ergeben, sondern auch bei materiellen Wirtschaftsgütern. So wird z.B. die Teilwertermittlung für eine Spezialmaschine wegen des fehlenden Referenzwertes auf dem Beschaffungsmarkt ebenfalls nur mit großem Ermessen möglich sein. Vgl. Hörger, Helmut; Stobbe, Thomas: Die Zuordnung stiller Reserven beim Ausscheiden eines Gesellschafters einer Personengesellschaft, a.a.O., S. 1233. Auch Hötzel, Oliver: Unternehmenskauf und Steuern, a.a.O., S. 14 f., hält es für sachgerecht, die Ansatzreihenfolge davon abhängig zu machen, ob stille Reserven mit hinreichender Sicherheit festgestellt werden können.

505 Die traditionelle Stufentheorie entspricht dieser Form der modifizierten Stufentheorie, sofern man den bislang nicht bilanzierten immateriellen Wirtschaftsgütern bis zur vollständigen Auflösung der stillen Reserven in bilanzierten Wirtschaftsgütern einen Gewichtungsfaktor von null zuordnet.

506 Diese Typisierung muss allerdings nicht immer zutreffen. Es sind Fälle denkbar, in denen bislang nicht bilanzierte Immaterialgüter ermessensbeschränkt bewertet werden können, bilanzierte Wirtschaftsgüter nicht. Im Grundsatz wird die Typisierung indes zutreffen, so dass derartige Verzerrungen akzeptabel erscheinen; zudem sind gewisse typisierungsbedingte Verzerrungen charakteristisch für die steuerrechtliche Gewinnermittlung.

wertungen und Praktikabilität überlegen ist und daher das geeignetere Verfahren darstellt. Zweifelhaft erscheint allerdings die im Rahmen der traditionellen Stufentheorie mitunter propagierte noch weitergehende Trennung der Ansatzreihenfolge innerhalb der nicht bilanzierten Wirtschaftsgüter danach, ob diese der Abnutzung unterliegen oder nicht: Demnach sollen primär abnutzbare immaterielle Einzelwirtschaftsgüter, sekundär der Geschäftswert und erst tertiär nicht abnutzbare immaterielle Einzelwirtschaftsgüter aktiviert werden.[507] Ein solches Vorgehen ließe sich zwar mit einem sehr weit gefassten Vorsichtsprinzip rechtfertigen, widerspricht aber der Konzeption des Geschäftswerts als Residualgröße, der erst angesetzt werden darf, nachdem sämtliche (materiellen und immateriellen) Einzelwirtschaftsgüter berücksichtigt wurden. Auch mit dem BFH-Urteil vom 7. November 1985 lässt sich die weitergehende Trennung innerhalb der nicht bilanzierten Wirtschaftsgüter nicht belegen, da gerade in dieser Entscheidung die Nachrangigkeit des derivativen Geschäftswerts gegenüber dem Ansatz von materiellen bzw. immateriellen Einzelwirtschaftsgütern betont wird.[508]

Die Einschätzung, dass die traditionelle Stufentheorie gegenüber der modifizierten Stufentheorie zu bevorzugen ist, hat auch dann Bestand, wenn man die unterschiedlichen Periodisierungswirkungen beider Verfahren berücksichtigt: Die modifizierte Stufentheorie bewirkt eine Maximierung des kurzfristigen Abschreibungspotentials, da im Vergleich zur traditionellen Stufentheorie Immaterialgüter mit tendenziell kurzen Restnutzungsdauern weitaus früher zum Ansatz gelangen.[509] Dieses Steuergestaltungspotential der modifizierten Stufentheorie wird zum Teil als Argument für die Überlegenheit des Verfahrens genannt[510] – ein Argument freilich, das in einer um Objektivität bemühten wissenschaftlichen Auseinandersetzung fehl am Platze ist.

β) Die Diskussion um den zutreffenden Aufteilungsmaßstab bei nur begrenzter Auflösung stiller Reserven
i) Aufstockungen nach Maßgabe der Buchwerte, Teilwerte, stillen Reserven?

Unterschreitet der zu verteilende Mehrkaufpreis die Summe der in bilanzierten und nicht bilanzierten Einzelwirtschaftsgütern feststellbaren stillen Reserven, muss zudem entschieden werden, nach welchem Maßstab Aufstockungen auf

---

507 Vgl. Wacker, Roland: § 16 EStG, a.a.O., Rn. 490, mit Hinweis auf das BFH-Urteil vom 7. November 1985 IV R 7/83, BFHE 145, S. 194-198.

508 Vgl. BFH-Urteil vom 7. November 1985 IV R 7/83, BFHE 145, S. 194-198, h.S. 195 f.

509 Die unterschiedlichen Wirkungen von Stufentheorie und modifizierter Stufentheorie zeigt auch das im Anhang dargestellte Beispiel I, Fälle 1-6, jeweils Variante I.

510 So z.B. schon bei Hörger, Helmut; Stobbe, Thomas: Die Zuordnung stiller Reserven beim Ausscheiden eines Gesellschafters einer Personengesellschaft, a.a.O., S. 1234.

die einzelnen Wirtschaftsgüter vorgenommen werden.[511] Da eine willkürliche Aufstockung einzelner Wirtschaftsgüter ausscheidet, sind die Aufstockungen grundsätzlich proportional vorzunehmen; für die Ermittlung eines objektivierten Aufstockungsmaßstabes sollte – zwecks Wahrung intersubjektiver Nachprüfbarkeit – auf bilanzielle Größen zurückgegriffen werden: Zur Verfügung stehen hier Buchwerte, Teilwerte sowie die stillen Reserven als Differenzgröße.

Die Verwendung von Buchwerten als Aufstockungsmaßstab ist zwar theoretisch denkbar, erscheint allerdings wegen des unklaren Kausalbezugs zu dem Bestand an stillen Reserven wenig sinnvoll. Zudem würde dieses Verfahren zumindest in positiven Ergänzungsbilanzen nicht zu sachgerechten Ergebnissen führen, weil für die bislang nicht bilanzierten Wirtschaftsgüter gar keine Buchwerte existieren;[512] auf die bislang nicht bilanzierten Wirtschaftsgüter würden damit überhaupt keine Aufstockungen vorgenommen werden. In der Literatur wird dieses Vorgehen konsequenterweise nicht erwogen.

Sowohl von den Befürwortern der traditionellen als auch der modifizierten Stufentheorie wird dagegen empfohlen, die Aufstockungen im Verhältnis der stillen Reserven vorzunehmen. Die Höhe des Aufstockungsbetrags für ein Wirtschaftsgut richtet sich dabei danach, wie hoch der Anteil der stillen Reserven dieses Wirtschaftsguts an der stillen Gesamtreserve ist.[513] Mit Hilfe dieser Methode gelangt man – wie die im Anhang dargestellten Beispiele nachweisen – stets zu Aufstockungsbeträgen, die den oben formulierten Mindestanforderungen gerecht werden.[514]

Alternativ hierzu sind Aufstockungen gemäß der Relation der Teilwerte denkbar. Die Aufstockungen für ein einzelnes Wirtschaftsgut könnten entsprechend des Anteils des Teilwerts dieses Wirtschaftsguts an der gesamten Teilwertsumme vorgenommen werden.[515] Obgleich dieses Verfahren in einigen Fällen zu

---

511 Bei Anwendung der traditionellen Stufentheorie stellt sich dieses Problem entweder auf Stufe I (bilanzierte Wirtschaftsgüter) oder auf Stufe II (nicht bilanzierte Wirtschaftsgüter). Folgt man der modifizierten Stufentheorie besitzt dieser Aspekt nur im Rahmen der Stufe I (bilanzierte und nicht bilanzierte Wirtschaftsgüter) Relevanz.

512 Diese Problematik bleibt auch dann bestehen, sofern man den bislang nicht bilanzierten Wirtschaftsgütern fiktive Buchwerte von null zuordnet, wie dies schon bei der Bestimmung der stillen Reserven notwendig ist.

513 Vgl. z.B. Schmidt, Ludwig: § 16 EStG, a.a.O., Rn. 488; Hörger, Helmut; Stobbe, Thomas: Die Zuordnung stiller Reserven beim Ausscheiden eines Gesellschafters einer Personengesellschaft, a.a.O., S. 1233 f.

514 Vgl. Anhang, Beispiel I, Fälle 1-6: Stufentheorie und modifizierte Stufentheorie, jeweils Version I. Ähnlich Trompeter, Frank: Die Anschaffungskosten bei vorweggenommener Erbfolge von Betrieben und Mitunternehmeranteilen, in: BB, 51. Jg. (1996), S. 2494-2501, h.S. 2497 f.

515 Vergleiche auch Fall 1-6, Stufentheorie und modifizierte Stufentheorie, jeweils Version II.

formal zutreffenden Ergebnissen führt,[516] ist die Wahrung der Mindestanforderungen nicht immer garantiert. Verfügt ein Wirtschaftsgut über einen vergleichsweise hohen Teilwert und damit auch über einen hohen Anteil an der Teilwertsumme, kommt es zu sehr hohen Aufstockungen. Dies kann dazu führen, dass die Wertobergrenze anteiliger Teilwert eines Wirtschaftsguts durchbrochen wird.[517] Aufstockungen nach Maßgabe der Teilwerte stellen deshalb kein generell geeignetes Verfahren dar.[518]

ii) Das Aufteilungsverfahren als sachgerechte Alternative?

Nach den bisherigen Überlegungen führen einzig Aufstockungen gemäß der Relation stiller Reserven zu tauglichen Ergebnissen. In jüngerer Zeit treten dieser lange unumstrittenen Vorgehensweise allerdings vermehrt Autoren entgegen, die stattdessen eine Orientierung am Teilwert der Wirtschaftsgüter einfordern.[519] Fundiert wird dieser Anspruch zumeist mit Verweisen auf die Rechtsprechung: Es entspricht ständiger Rechtsprechung des BFH, die Aufteilung eines Gesamtanschaffungspreises auf einzelne Wirtschaftsgüter im betrieblichen Bereich im Verhältnis der Teilwerte vorzunehmen.[520] Ähnliche Aussagen finden sich auch in anderen Entscheidungen, die sich mit der Verteilung eines Mehrkaufpreises bei Gesellschafterabfindung[521] bzw. der Einbringung eines Betriebsvermögens[522] befassen. Auffällig ist allerdings, dass es kaum Entscheidungen gibt, die sich explizit mit der Verteilung eines Mehrkaufpreises in der Folge eines Mitunternehmeranteilskaufs auseinander setzen; die Literatur

---

516 Vgl. z.B. die Werte in Fall 1, Stufentheorie und modifizierte Stufentheorie, jeweils Version II.

517 So z.B. in Fall 2, Modifizierte Stufentheorie, Version II.: „Grundstück" und „Maschine".

518 Zu diesem Ergebnis kommt auch Trompeter, Frank: Die Anschaffungskosten bei vorweggenommener Erbfolge von Betrieben und Mitunternehmeranteilen, a.a.O., S. 2497. Sinnvolle Ergebnisse erreicht man mittels der von *Trompeter* dort angegebenen Formel aber nur dann, wenn man eine Teilwertsumme verwendet, die nur Teilwerte von Wirtschaftsgütern berücksichtigt, die stille Reserven enthalten, für die also Teilwert > Buchwert gilt.

519 Vgl. Herzig, Norbert: Steuerorientierte Grundmodelle des Unternehmenskaufs, a.a.O., S. 134; ebenso Mujkanovic, Robin: Vermögenskauf einer Unternehmung in der Steuerbilanz, a.a.O., S. 149-152; Siegel, Theodor: Stille Reserven beim Unternehmens- oder Anteilverkauf, Geschäftswert und Teilwert, in: DStR, 29. Jg. (1991), S. 1477-1481, h.S. 1478.

520 Vgl. BFH-Urteil vom 3. Juni 1965 IV 351/64 U, BFHE 83, S. 207-213, h.S. 212; BFH-Urteil vom 21. Januar 1971 IV 123/65, BFHE 102, S. 464-468, h.S. 468; BFH-Beschluss vom 12. Juni 1978 GrS 1/77, BFHE 125, S. 516-528, h.S. 526.

521 Vgl. RFH-Urteil vom 14. Januar 1942 VI 128/41, RStBl. 1942, S. 314-315, h.S. 314.

522 Vgl. BFH-Urteil vom 24. Mai 1984 I R 166/78, BFHE 141, S. 176-184, h.S. 183.

rekurriert daher in starkem Maße auf ähnlich gelagerte Sachverhalte, wie z.B. den Gesamtunternehmenskauf.[523]

Es ist bislang allerdings unklar geblieben, wie diese Orientierung an den Teilwerten der Wirtschaftsgüter umgesetzt werden kann, da Aufstockungen im Verhältnis der Teilwerte – wie zuvor nachgewiesen – zu unzutreffenden Ergebnissen führen können. Um diese Lücke zu schließen, wird neuerdings ein Verfahren diskutiert, das zur Verteilung eines Mehrkaufpreises einen anderen Weg einschlägt als die oben skizzierten Aufstockungsverfahren. Der gedankliche Ausgangspunkt dieser u.a. von *Siegel* propagierten Methode ist die Übertragung der steuerbilanziellen Behandlung des Gesamtunternehmenskaufs auf den Erwerb des Mitunternehmeranteils. Dabei sind – sofern die Gesamtanschaffungskosten die Summe der anteiligen Teilwerte unterschreiten – im Rahmen einer Durchschnittsbetrachtung prozentual gleichmäßige Abschläge von den anteiligen Teilwerten der Wirtschaftsgüter vorzunehmen, bis die Summe der anteiligen Teilwerte und die Gesamtanschaffungskosten übereinstimmen.[524] Wird also ein Mitunternehmeranteil zu einem Kaufpreis von 500 GE erworben und beträgt der Gesamtteilwert der anteiligen Wirtschaftsgüter 800 GE, so ist nach dieser Konzeption jedes Wirtschaftsgut mit 500 GE/800 GE, also 62,5 v.H. seines Teilwerts anzusetzen. Dieser prozentuale Teilwertansatz bewirkt, dass es im Erwerbszeitpunkt zu einer Art Neubewertung sämtlicher Wirtschaftsgüter aus der Sicht des Erwerbers kommt.[525] Den Aufstockungsverfahren liegt im Vergleich dazu ein weitaus anspruchsloseres Konzept zugrunde, da hier lediglich versucht wird, den Mehrkaufpreis verursachungsgerecht durch Aufstockungen auf einzelne Wirtschaftsgüter abzubilden, die stille Reserven enthalten.

Nach *Siegel* ist bei dieser neuen, im Weiteren als Aufteilungsverfahren bezeichneten, Methode auch der Geschäftswert von Beginn an zu berücksichtigen, da der Geschäftswert ebenso wie alle anderen materiellen oder immateriellen Wirt-

---

523 In einer jüngst ergangenen Entscheidung befürwortet der BFH allerdings auch für den Anteilskauf eine Verteilung gemäß dem Verhältnis der Teilwerte; begründet wird dies allerdings nur sehr knapp mit einem Verweis auf eine Entscheidung (BFH-Beschluss vom 12. Juni 1978, siehe oben), die sich mit einem Gesamtunternehmenskauf beschäftigt. Vgl. BFH-Urteil vom 24. Februar 1999 IV B 73/98, NV, in: DStRE, 3. Jg. (1999), S. 621-623, h.S. 622.

524 Vgl. Siegel, Theodor: Stille Reserven beim Unternehmens- oder Anteilsverkauf, Geschäftswert und Teilwert, a.a.O., S. 1478; ebenso Mujkanovic, Robin: Vermögenskauf einer Unternehmung in der Steuerbilanz, a.a.O., S. 149-152; Trompeter, Frank: Die Anschaffungskosten bei vorweggenommener Erbfolge von Betrieben und Mitunternehmeranteilen, a.a.O., S. 2497.

525 Dass im Fall eines Gesamtunternehmenskaufs eine Neubewertung erfolgen muss, zeigt auch deutlich das BFH-Urteil vom 31. Mai 1972 I R 49/69, BFHE 106, S. 71-74, h.S. 74: „Die Buchwerte in der Schlußbilanz des früheren Betriebsinhabers sind ohne rechtliche Bedeutung, da in der Eröffnungsbilanz eine Neubewertung erfolgen muß."

schaftsgüter als steuerliches Wirtschaftsgut zu betrachten sei.[526] Dieser sofortigen Berücksichtigung des Geschäftswerts steht aber der Charakter des Geschäftswerts als Residualgröße und die in dieser Hinsicht eindeutige Rechtsprechung zur Stufentheorie entgegen.[527] Nachfolgend wird deshalb nur eine modifizierte Variante des Aufteilungsverfahrens betrachtet, bei der der Geschäftswert zunächst vom Ansatz ausgeschlossen bleibt.[528]

Bei einer vergleichenden Betrachtung zeigt sich, dass sich die Ergebnisse bei Anwendung des Aufteilungsverfahrens deutlich von denen der Aufstockungsverfahren unterscheiden, falls der geleistete Mehrkaufpreis geringer ist als die Gesamtsumme der stillen Reserven in bilanzierten und nicht bilanzierten Einzelwirtschaftsgütern.[529] Hervorstechend ist vor allem, dass das Aufteilungsverfahren bei all den Wirtschaftsgütern, die keine stillen Reserven enthalten, bei denen also Identität zwischen Teil- und Buchwert gegeben ist, zu einem Wertansatz unterhalb ihres anteiligen Teilwerts führt. Dies bedeutet zugleich, dass die Ergänzungsbilanz nicht wie bisher ausschließlich Aufstockungsbeträge enthält, sondern simultan Aufstockungen und Abstockungen verzeichnet.[530] Erst bei höheren Mehrkaufpreisen[531] sowie in einem Spezialfall stimmen die Ergebnisse des Aufteilungsverfahrens mit denen der Aufstockungsverfahren überein.[532]

Insbesondere diese Eigenschaft des Aufteilungsverfahrens, Abstockungen auf all die Wirtschaftsgüter vorzunehmen, bei denen keine (oder zu geringe) stille Reserven feststellbar sind, bietet Anlass zur Kritik. Von zentraler Bedeutung ist hierbei die Frage, ob es bilanzzweckadäquat ist, Wirtschaftsgüter abzustocken, die bereits zum Teilwert zu Buche stehen, mithin nach objektiven Gesichtspunkten korrekt bewertet sind. Diese Problematik ist letztlich deckungsgleich

---

526 Vgl. Siegel, Theodor: Stille Reserven beim Unternehmens- oder Anteilsverkauf, Geschäftswert und Teilwert, a.a.O., S. 1479.

527 Vgl. Ley, Ursula: Bilanzierungsfragen beim Ausscheiden eines Mitunternehmers und bei Übertragung eines Mitunternehmeranteils, in: KÖSDI 11/1992, S. 9156-9161, h.S. 9159.

528 So z.B. bei Trompeter, Frank: Die Anschaffungskosten bei vorweggenommener Erbfolge von Betrieben und Mitunternehmeranteilen, a.a.O., S. 2497.

529 Siehe Anhang, Beispiel I, Fall 1-3.

530 Auch wenn ein Wirtschaftsgut über stille Reserven (in geringem Umfang) verfügt, kann es hier zu Abstockungen kommen. Allgemein gesprochen, kommt es zu Abstockungen immer dann, wenn die Ungleichung (AK-MU/TWS) < (BW/TW) erfüllt ist (AK-MU: Anschaffungskosten des Mitunternehmeranteils; TWS: Summe der Teilwerte; BW: anteiliger Buchwert des Wirtschaftsguts; TW: anteiliger Teilwert des Wirtschaftsguts).

531 Siehe Anhang, Beispiel I, Fall 4 und Fall 5.

532 Dies gilt dann, wenn zwischen der Relation der Buchwerte und der Relation der Teilwerte Übereinstimmung besteht. Vgl. Anhang, Beispiel I, Fall 6, sowie Trompeter, Frank: Die Anschaffungskosten bei vorweggenommener Erbfolge von Betrieben und Mitunternehmeranteilen, a.a.O., S. 2498.

136

mit dem später noch zu behandelnden Problem, ob ein Minderkaufpreis mittels der Abstockungslösung oder der Passivierungslösung, d.h. dem Ansatz eines negativen Geschäftswerts, zu neutralisieren ist.[533] Kann die Vornahme derartiger Abstockungen in der negativen Ergänzungsbilanz zumindest vordergründig noch mit dem Erfolgsneutralitätsprinzip gerechtfertigt werden, so entfällt dieses Argument für die hier betrachtete positive Ergänzungsbilanz. Begründen lassen sich die letztlich willkürlich erscheinenden Abstockungen damit einzig mit der konsequenten Vornahme einer Durchschnittsbetrachtung, die zu einer umfassenden (fiktiven) Neubewertung des anteiligen Betriebsvermögens führt.

Auch die mit dem Aufteilungsverfahren verbundenen Detailprobleme entsprechen weitgehend denjenigen, die sich bei der Auseinandersetzung mit dem negativen Geschäftswert stellen. So ist es dem Aufteilungsverfahren gemäß, auch Posten wie z.B. flüssige Mittel und Bankguthaben abzustocken. Eine Abstockung dieser Wirtschaftsgüter ist jedoch unzulässig bzw. das Realisationsprinzip würde hier eine sofortige Wiederaufstockung auf den Nominalwert und damit eine sofortige Gewinnrealisation gebieten.[534] Auch die Befürworter des Aufteilungsverfahrens erkennen diesen Mangel und empfehlen, derartige Bilanzposten aus dem Aufteilungsverfahren zu eliminieren, d.h. diese weiterhin mit Buchwerten anzusetzen.[535] Unklar bleibt dabei allerdings auch hier, wie weit der Kreis der von der Abstockung auszunehmenden Wirtschaftsgüter zu ziehen ist. Zum Teil wird auch die Abstockung von im vollen Umfang werthaltigen Forderungen als fragwürdig erachtet.[536] Setzt man diese Überlegungen fort, so müsste man eigentlich auch all diejenigen Bilanzposten von einer Abstockung ausnehmen, bei denen objektiviert nachweisbar ist, dass hier keine Überbewertungen bestehen, wie das z.B. für börsengängige Rohstoffe u.Ä. problemlos möglich sein dürfte.[537]

Neben diesen Unklarheiten scheinen aber auch die Periodisierungskonsequenzen des Aufteilungsverfahrens mit steuerlichen Grundprinzipien zu kollidieren, da die letztlich fiktiven Abstockungen auch die künftigen Ertragsteuerzahlungen beeinflussen. Eine Anknüpfung von Ertragsteuerzahlungen an fiktive Sachverhalte verstößt aber gegen steuerrechtliche Fundamentalprinzipien; insbeson-

533 Aus diesem Grund werden diese Aspekte hier nur knapp erörtert, ausführlicher siehe 2. Kapitel F.

534 Siehe auch 2. Kapitel F. I. 3) c).

535 Bei den im Anhang wiedergegebenen Beispielen wurde dies ebenfalls berücksichtigt. Bei der Ermittlung der Teilwertsumme bleiben die Posten Forderungen, Bank und Kasse ausgeschlossen. Vgl. auch Anhang, Beispiel I.

536 Vgl. Trompeter, Frank: Die Anschaffungskosten bei vorweggenommener Erbfolge von Betrieben und Mitunternehmeranteilen, a.a.O., S. 2500.

537 Siehe auch 2. Kapitel F. I. 4) b).

dere die Grundsätze der Tatbestandsmäßigkeit und Rechtssicherheit der Besteuerung werden hier verletzt.[538]

Obgleich bereits diese materiellen Defizite ausreichen würden, das Aufteilungsverfahren als ungeeignet zu verwerfen, sei abschließend darauf hingewiesen, dass das Verfahren auch in seiner theoretischen Begründung Schwachpunkte aufweist. Mit der Übertragung der bilanziellen Behandlung des Gesamtunternehmenskaufs auf den Anteilskauf gehen die Befürworter des Aufteilungsverfahrens von der These aus, dass diese beiden Sachverhalte bilanziell identisch zu würdigen sind. In vielen Bereichen ist dies sicherlich auch zutreffend,[539] eine vollständige Konvergenz ist jedoch nicht gegeben:

Ein erster Unterschied zwischen den beiden Fallkonstellationen wird bei der Ermittlung der Teilwerte erkennbar. Während beim Gesamtunternehmenskauf die Teilwertermittlung tatsächlich aus der Perspektive des Erwerbers erfolgen kann, und es sich hierbei zudem um den einzigen Fall handelt, in dem die Teilwertdefinition des § 6 Abs. 1 Nr. 7 EStG umsetzbar ist, findet man bei einem Anteilskauf eine andere Situation vor. Da der Erwerber eines Mitunternehmeranteils in die Rechtsposition des Ausscheidenden eintritt, ist er an die bisherige Unternehmenspolitik gebunden.[540] Bei der Teilwertermittlung ist deshalb prinzipiell von der Fortführung der Unternehmenspolitik auszugehen; die Teilwerte sind aus der Sicht des Unternehmens zu bestimmen.[541]

Die bilanzielle Behandlung beider Sachverhalte unterscheidet sich außerdem dann, wenn das Gesamtunternehmen bzw. der Mitunternehmeranteil zum Buchwert erworben wird, die Buchwertsumme und die Teilwertsumme des Betriebsvermögens übereinstimmen, die Teilwerte der einzelnen Wirtschaftsgüter aber stark von den Buchwerten differieren.[542] Bei einem Gesamtunternehmens-

---

538 Vgl. ausführlich 2. Kapitel F. I. 4) b).

539 Auch in den vorangegangenen Ausführungen wurde dies zum Teil unterstellt, so z.B. bei der Untersuchung der Objektivierungsfunktion des entgeltlichen Erwerbs i.w.S.

540 Dies gilt insbesondere für Mitunternehmeranteile mit geringen Beteiligungsquoten, z.B. unterhalb 50 v.H., und entsprechend geringem Einfluss auf die Unternehmenspolitik. Zudem ist die individuelle Ausgestaltung des Gesellschaftsvertrags, z.B. hinsichtlich etwaiger Vetorechte von Altgesellschaftern o.Ä., zu berücksichtigen.

541 In diesem Sinne wohl auch Siegel, Theodor: Stille Reserven beim Unternehmens- oder Anteilsverkauf, Geschäftswert und Teilwert, a.a.O., S. 1480 f.

542 Gemeint ist folgende Situation: Ein voll eigenfinanziertes Unternehmen verfüge zum Bilanzstichtag lediglich über zwei Wirtschaftsgüter A und B. Zum Erwerbszeitpunkt betragen die Buchwerte des Wirtschaftsguts A 500 GE und des Wirtschaftsguts B 400 GE, die Teilwerte (hier Wiederbeschaffungspreise) betragen indes für Wirtschaftsgut A 800 GE und für Wirtschaftsgut B 100 GE. Die Summe der Buchwerte stimmt also mit der Summe der Teilwerte überein, die Buchwerte und Teilwerte der einzelnen Wirtschaftsgüter unterscheiden sich aber voneinander. Es sei ferner zum einen die Situation betrachtet, dass das gesamte Unternehmen zum Preis von 900 GE erworben wird, zum anderen,

kauf wird diese Konstellation entsprechend der allgemeinen Vorschriften durch die Bilanzierung der Wirtschaftsgüter des erworbenen Unternehmens zu Teilwerten in der Steuerbilanz des Erwerbers abgebildet. Im Zuge des Anteilskaufs kommt es hier dagegen gar nicht zu der Aufstellung einer Ergänzungsbilanz, da die Anschaffungskosten dem anteiligen Buchwert der Kapitalkonten des Veräußerers entsprechen; es entsteht weder ein zu verteilender Mehrkaufpreis noch ein zu verteilender Minderkaufpreis.

Dabei ist zu beachten, dass der Verzicht auf die Erstellung einer Ergänzungsbilanz hier nicht etwa nur aus Vereinfachungsgründen geschieht, sondern nach dem derzeit gültigen System der Mitunternehmerschaftsbesteuerung ausgeschlossen ist: Die relative Steuersubjektivität der Personengesellschaft (respektive die (eingeschränkte) Einheitsbetrachtung) soll sicherstellen, dass die Einkommensermittlung für die Gesellschaft auch tatsächlich auf der Ebene der Gesellschaft und nicht für jeden Gesellschafter gesondert vorgenommen wird.[543] Dieser Vorbehalt greift nur dann nicht, wenn ein Erwerber individuelle Mehr- oder Minderanschaffungskosten leistet. Da derartige Beträge grundsätzlich nicht in der Gesellschaftsbilanz berücksichtigt werden können, wird die eigenständige Bilanzierung und Fortentwicklung dieser Beträge in einer Ergänzungsbilanz des Gesellschafters erforderlich. Würde man hingegen im obigen Fall Auf- und Abstockungen in einer Ergänzungsbilanz vornehmen, so wäre dies gleichbedeutend mit einem (unzulässigen) Eingriff in die Gewinnermittlung der Gesellschaft.

Zwischen der bilanziellen Behandlung des Gesamtunternehmenskaufs und des Mitunternehmeranteilskaufs besteht somit keine völlige Identität. Insbesondere der letztgenannte Punkt kann als Indiz dafür gewertet werden, dass das Aufstockungsverfahren nach Maßgabe der Relation stiller Reserven den Spezifika der Ergänzungsbilanz besser gerecht wird als das auf eine (fiktive) Neubewertung abzielende Aufteilungsverfahren.[544]

d) Stufe II: Derivativer Geschäftswert

Konnte der aufzuteilende Mehrkaufpreis nicht vollständig auf stille Reserven in materiellen und immateriellen Einzelwirtschaftsgütern verteilt werden, tritt auf Stufe II die widerlegbare Vermutung in Kraft, dass der Restbetrag als Entgelt für einen anteiligen Geschäftswert entrichtet wurde.

---

dass ein Mitunternehmeranteil in Höhe von 50 v.H. zum Preis von 450 GE erworben wird.

543 Siehe oben 2. Kapitel B. II. 5), 7).

544 Für die Beibehaltung des Aufstockungsverfahrens spricht sich auch Schiffers, Joachim: Steuergestaltung durch Aufdeckung stiller Reserven, a.a.O., S. 120, aus, bezieht sich dabei allerdings teilweise auf die Vorschriften des UmwStG.

Unter der Bezeichnung Geschäftswert werden all diejenigen wirtschaftlichen Vorteile vereint, für die zwar ein eigenständiger Ansatz als steuerliches Wirtschaftsgut ausscheidet, die aber bei einer Gesamtbewertung als Effektivvermögensbeiträge Berücksichtigung finden. Exemplarisch seien hier Faktoren wie Marktstellung und Ruf des Unternehmens, Tüchtigkeit des Mitarbeiterstamms, Effizienz der Unternehmensorganisation, spezifisches Know-How usw. genannt.[545] Ermittlungstechnisch entspricht der Geschäftswert der Differenz zwischen einem nach der Gesamtbewertungsmethode bezifferten Unternehmenswert und einem Unternehmenswert, der auf der Grundlage der Einzelbewertungsmethode berechnet wurde;[546] aus dieser Berechnungsweise erklärt sich auch die bereits mehrfach erwähnte Charakterisierung des Geschäftswerts als Residualgröße. Von der Residualbewertung des Geschäftswerts kann lediglich dann abgewichen werden, wenn es dem Steuerpflichtigen gelingt nachzuweisen, dass von Anfang an eine Fehlmaßnahme vorgelegen habe.[547] Dies akzeptiert die Rechtsprechung allerdings nur, wenn „beim Erwerb erkennbar von bestimmten in der Zukunft zu erwartenden Umsätzen und Gewinnen ausgegangen wurde und sich diese Hoffnungen nicht erfüllt haben".[548] Der Nachweis der Fehlmaßnahme muss zudem vom Steuerpflichtigen regelmäßig „bereits bis zum Ende desjenigen Geschäftsjahres erbracht werden, in dem die Zahlung geleistet wurde".[549]

Mit dem Ansatz eines anteiligen derivativen Geschäftswerts in der Ergänzungsbilanz sind im Übrigen keine spezifischen Probleme verbunden. Zu diesem Ergebnis gelangt auch der BFH in seiner Entscheidung vom 31. Juli 1974, in dem die Behandlung eines Gesamtunternehmenskaufs mit der Übertragung eines Mitunternehmeranteils im Hinblick auf die Bilanzierung des derivativen Geschäftswerts verglichen wird. Das Gericht stellte dabei fest, dass „kein Grund ersichtlich ist, die Übertragung eines Mitunternehmeranteils (...) hinsichtlich eines Geschäftswertanteils anders zu behandeln."[550]

---

545 Vgl. die ausführliche Übersicht bei Arnold, Hans-Joachim: Die Bilanzierung des Geschäfts- oder Firmenwertes in Handels-, Steuer- und Ergänzungsbilanz, a.a.O., S. 38-41.

546 Vgl. Moxter, Adolf: Bilanzrechtliche Probleme beim Geschäfts- oder Firmenwert, a.a.O., S. 853.

547 Vgl. Moxter, Adolf: Bilanzrechtsprechung, a.a.O., S. 274-279; zur Vornahme von Teilwertabschreibungen an nachfolgenden Abschlussstichtagen siehe unten 2. Kapitel E. II. 5).

548 BFH-Urteil vom 9. Februar 1977 I R 130/74, BFHE 121, S. 436.

549 BFH-Urteil vom 9. Februar 1977 I R 130/74, BFHE 121, S. 436.

550 BFH-Urteil vom 31. Juli 1974 I R 226/70, BFHE 113, S. 428-434, h.S. 433.

e) Stufe III: Sofort abzugsfähige Betriebsausgaben

Gelingt es dem Steuerpflichtigen die Vermutung zu widerlegen, dass ein nach der vollständigen Auflösung stiller Reserven in materiellen und immateriellen Einzelwirtschaftsgütern verbleibender Restbetrag in vollem Umfang als anteiliger derivativer Geschäftswert zu betrachten ist, so ist auf Stufe III zu prüfen, ob dieser Teil der Mehranschaffungskosten als sofort abzugsfähige Betriebsausgabe behandelt werden kann.[551] Dies setzt voraus, dass diese Aufwendungen nicht außerbetrieblich veranlasst sind, da solche Zahlungen „steuerlich völlig unberücksichtigt"[552] bleiben.

Ein derartiger Betriebsausgabenabzug kommt allerdings nur für eine eng begrenzte Zahl von Anwendungsfällen in Betracht. Die Rechtsprechung hat diese Möglichkeit bislang nur im Falle des Ausscheidens eines Gesellschafters, d.h. bei einem entgeltlichen Erwerb eines Mitunternehmeranteils durch alle verbleibenden Gesellschafter erwogen, nämlich im Zusammenhang mit Entschädigungszahlungen für ein, im Gesellschaftsvertrag nicht vorgesehenes, vorzeitiges Ausscheiden eines Gesellschafters[553] und bei Zahlungen zur Abfindung eines lästigen Gesellschafters.[554] Konzentriert man sich auf die Behandlung des lästigen Gesellschafters, so ist festzustellen, dass dieser Tatbestand für den in dieser Untersuchung betrachteten Grundfall des entgeltlichen Gesellschafterwechsels, d.h. die Veräußerung eines Mitunternehmeranteils an einen fremden Dritten, schon deshalb keinen sofortigen Betriebsausgabenabzug begründen kann, da der notwendige Lästigkeitsnachweis hier kaum zu erbringen sein wird.

Gleichwohl sei darauf hingewiesen, dass auch im Ausscheidensfall der Sofortabzug von Abfindungszahlungen an lästige Gesellschafter zweifelhaft erscheint. Steuerlich wird ein Mitunternehmer als lästiger Gesellschafter bezeichnet, wenn dieser durch sein Verhalten den Betrieb wesentlich schädigt und sein Ausscheiden aus dem Gesellschafterkreis deshalb im Interesse des Betriebs liegt.[555] Die Lästigkeit des ausscheidenden Gesellschafters muss dabei von den

551 Der BFH wertet diese Beträge als Sonderbetriebsausgaben des Erwerbers. Vgl. BFH-Urteil vom 18. Februar 1993 IV R 40/92, BFHE 171, S. 422-428, h.S. 424; BFH-Urteil vom 30. März 1993 VIII R 63/91, BFHE 171, S. 213-220, h.S. 217. Zu Recht kritisch Reiß, Wolfram: § 15 EStG, a.a.O., E 246, der hierin Ergänzungsbetriebsaufwand sieht.

552 BFH-Urteil vom 29. Oktober 1991 VIII R 148/85, BFHE 167, S. 309-316, h.S. 315.

553 Vgl. Hörger, Helmut: § 16 EStG, a.a.O., Rn. 167. So bislang einzig BFH-Urteil vom 7. Juni 1984 IV R 79/82, BFHE 141, S. 148-154, h.S. 153.

554 Vgl. Meier, Norbert: Übertragung eines Mitunternehmeranteils gegen Abfindung über dem Buchwert des Kapitalkontos – Zur Bestimmung des „angemessenen Unternehmerlohns" im Rahmen der Ermittlung des Geschäftswerts, a.a.O., S. 261.

555 Bereits der RFH setzte sich mit dem „lästigen Gesellschafter" auseinander. Vgl. RFH-Urteil vom 27. April 1938 VI 208/38, RStBl. 1938, S. 662-664, h.S. 663; RFH-Urteil vom 18. Juni 1942 III 146/41, RStBl. 1942, S. 884-887, h.S. 886. Vgl. auch Bise, Wilhelm: Schwierigkeiten mit dem „lästigen Gesellschafter", in: StbJb 1986/87, hrsg. im

Gesellschaftern, die den sofortigen Betriebsausgabenabzug begehren, nach objektiven Gesichtspunkten nachgewiesen werden; die verbleibenden Gesellschafter tragen also die Beweislast.[556] Eindeutige Kriterien, wann ein Gesellschafter als lästig einzustufen ist, existieren nicht; das geschäftsschädigende Verhalten des betreffenden Gesellschafters muss allerdings nicht so gravierend sein, dass es den Tatbestand eines Ausschließungsgrunds i.S.d. § 140 i.V.m. § 133 HGB[557] erfüllt.[558]

Die Rechtsprechung hat in der Vergangenheit, angesichts der hier bestehenden Manipulationsgefahren zu Recht, sehr strenge Anforderungen an den Lästigkeitsnachweis gestellt, d.h. der sofortige Betriebsausgabenabzug wird realiter nur selten zulässig sein.[559] Nochmals betont sei, dass auch dann, wenn es den verbleibenden Gesellschaftern gelingt, die Lästigkeit eines Gesellschafters objektiviert nachzuweisen, ein sofortiger Betriebsausgabenabzug erst nach der vollständigen Auflösung sämtlicher stiller Reserven und dem Ansatz eines Geschäftswerts zulässig ist; die oben skizzierte Abfolge der einzelnen Stufen ist also streng einzuhalten.[560]

Aber auch dann, wenn der Sofortabzug des gesamten Restbetrags ausnahmsweise vom BFH zugelassen würde, wäre dieses Vorgehen aus ökonomischer Sicht zu verwerfen: Setzt man bei den verbleibenden Gesellschaftern ökonomisches Rationalverhalten voraus, so werden diese nur dann einen nicht durch stille Reserven in materiellen/immateriellen Wirtschaftsgütern respektive den anteiligen Geschäftswert erklärbaren Mehrkaufpreis zahlen, sofern sie sich von dem Ausscheiden des lästigen Gesellschafters einen wirtschaftlichen Vorteil in der Gestalt höherer Erträge erhoffen.[561] Mit dem Ausscheiden des lästigen Gesellschaf-

Auftrag des Fachinstituts der Steuerberater, Köln 1987, S. 109-128, h.S. 110 f.; Stuhrmann, Gerd: § 16 EStG, a.a.O., Rn. 93-94, m.w.N.

556 Vgl. Schoor, Walter: Veränderungen im Gesellschafterbestand von Personengesellschaften, a.a.O., S. 160 f.

557 Ein solcher wäre z.B. dann gegeben, wenn der betreffende Gesellschafter Gesellschaftsgelder veruntreut hat, oder unfähig ist die Geschäfte weiterzuführen. Vgl. Westermann, Harry: Personengesellschaftsrecht, 4. Aufl., Köln 1979, S. 289.

558 Vgl. Hörger, Helmut: § 16 EStG, a.a.O., Rn. 165; Schoor, Walter: Veränderungen im Gesellschafterbestand von Personengesellschaften, a.a.O., S. 160.

559 So auch die Einschätzung bei Knobbe-Keuk, Brigitte: Bilanz- und Unternehmenssteuerrecht, a.a.O., S. 904.

560 Vgl. Hörger, Helmut: § 16 EStG, a.a.O., Rn. 165; BFH-Urteil vom 2. Mai 1961 I 33/60 S, BFHE 73, S. 267-272, h.S. 270.

561 Diese Grundannahme hat auch in der Rechtsprechung lange Tradition. Vgl. BFH-Urteil vom 2. Mai 1961 I 33/60 S, BFHE 73, S. 267-272, h.S. 270: „Die spätere Rechtsprechung des Reichsfinanzhofs und die Rechtsprechung des Bundesfinanzhofs gehen bei dem Erwerb eines Anteils an einem Unternehmen ebenso wie bei dem Erwerb jedes anderen Wirtschaftsguts davon aus, daß der Kaufmann für das, was er zahlt, einen Gegenwert erhält, der seinen Aufwendungen entspricht."

ters entfällt die bisherige Behinderung der Geschäftstätigkeit, für die Zukunft sind daher höhere Erträge zu erwarten.[562]

Es ist daher unzutreffend einen derartigen Betrag pauschal als „geldliches Opfer"[563] für das Ausscheiden des lästigen Gesellschafters zu qualifizieren; vielmehr ist auch mit diesem Teilbetrag ein vermögenswerter Vorteil verbunden, dessen Aktivierung sorgfältig zu prüfen ist.[564] Ein eigenständiger Ansatz dieser Vorteilserwartungen wird zu Recht mehrheitlich abgelehnt;[565] systemgerecht erscheint dagegen die Berücksichtigung dieses Vorteils innerhalb des Geschäftswerts. Dies bedeutet aber, dass es sich bei den Zahlungen an einen lästigen Gesellschafter letztlich doch um ein Entgelt für einen Bestandteil des Geschäftswerts handelt.[566] Eine Abspaltung dieser Beträge ist daher unbegründet, vielmehr ist im Sinne der Stufe II der gesamte Restbetrag als derivativer Geschäftswert zu betrachten.

II. Die Fortentwicklung positiver Ergänzungsbilanzen

1) Die Anknüpfung an die steuerbilanzrechtlichen Periodisierungsprinzipien

Wurde im Erwerbszeitpunkt eine positive Ergänzungsbilanz erstellt, in der ein Mehrkaufpreis durch die Auflösung anteiliger stiller Reserven erklärt werden konnte, besteht an nachfolgenden Bilanzstichtagen die Verpflichtung, diese Wertansätze fortzuentwickeln. Das grundsätzliche Erfordernis der Fortentwicklung positiver Ergänzungsbilanzen ist nahezu unumstritten.[567] Lediglich *Marx* vertritt die Auffassung, dass eine Fortentwicklung auf der Ebene der Ergänzungsbilanz überflüssig sei.[568] Er begründet dies allerdings – wenig

---

562 Vgl. auch die Beispiele bei Hommel, Michael: Bilanzierung immaterieller Anlagewerte, a.a.O., S. 84 f. und Wagner, Franz W.; Schlecht, Michael: Zur steuerlichen Behandlung der Abfindung lästiger Gesellschafter, in: StuW, 62. Jg. (1985), S. 108-114, h.S. 110 f.

563 Vgl. Bise, Wilhelm: Schwierigkeiten mit dem „lästigen Gesellschafter", a.a.O., S. 113.

564 Vgl. Hommel, Michael: Bilanzierung immaterieller Anlagewerte, a.a.O., S. 83; Wagner, Franz W.; Schlecht, Michael: Zur steuerlichen Behandlung der Abfindung lästiger Gesellschafter, a.a.O., S. 112 f., rügen insbesondere die Ungleichbehandlung des Ausscheidens lästiger und nichtlästiger Gesellschafter: Entweder erfolgt in beiden Fällen eine Aktivierung oder in beiden Fällen wird der Betriebsausgabenabzug zugelassen.

565 Vgl. Hommel, Michael: Bilanzierung immaterieller Anlagewerte, a.a.O., S. 84, m.w.N.

566 A.A. Hommel, Michael: Bilanzierung immaterieller Anlagewerte, a.a.O., S. 83-85, der hierin lediglich einen originären Geschäftswert sieht, falls die Erhöhung des Geschäftswerts primär durch die eigene Leistungsfähigkeit der Gesellschafter begründet ist.

567 Die Verpflichtung zur Fortentwicklung positiver Ergänzungsbilanzen wird z.B. bestätigt im BFH-Urteil vom 19. Februar 1981 IV R 41/78, BFHE 133, S. 510-513, h.S. 511; BFH-Urteil vom 18. Februar 1993 IV R 40/92, BFHE 171, S. 422-428, h.S. 424. Die Literatur teilt diese Auffassung.

568 Vgl. Marx, Franz Jürgen: Steuerliche Ergänzungsbilanzen, a.a.O., S. 196.

überzeugend – nur mittels einer pauschalen Kritik an der Bruchteilsfiktion und missachtet, dass eine Fortentwicklung der Wertansätze notwendig ist, um im Anwendungsbereich des § 15 Abs. 1 Nr. 2 EStG respektive des § 16 Abs. 1 Nr. 2 EStG zu einer zutreffenden Besteuerung des Erwerbers zu gelangen.[569]

Obgleich damit über die grundsätzliche Verpflichtung zur Fortentwicklung in der Ergänzungsbilanz breites Einvernehmen besteht, variieren die Standpunkte zu konkreten Einzelfragen beträchtlich. Verantwortlich hierfür ist wohl nicht zuletzt auch, dass die Rechtsprechung die einzelnen Streitpunkte bislang kaum behandelt hat.[570]

Stellt man der Detailanalyse wiederum die These voran, dass auch hier die steuerbilanzrechtlichen Prinzipien als Referenzsystem dienen können, so findet man hierfür – wie bereits bei den Ansatzkriterien – Rückhalt in der jüngeren BFH-Rechtsprechung: In seinem Urteil vom 6. Juli 1995 hat der BFH zum Ausdruck gebracht, dass „für die Bewertung in der Ergänzungsbilanz (...) die Bewertungsvorschriften des § 6 EStG"[571] gelten; andere Urteile verweisen im Zusammenhang mit der in der Ergänzungsbilanz vorzunehmenden AfA auf die entsprechende steuerbilanzielle Vorschrift des § 7 EStG.[572] In der Gesamtschau wird die Ergänzungsbilanz damit in vollem Umfang an die Periodisierungsprinzipien der Steuerbilanz, wie sie in den §§ 6, 7 EStG fixiert sind, gebunden.

Zu beachten ist hierbei allerdings, dass die Fortentwicklung der steuerbilanziellen Wertansätze nach herrschender Meinung nicht nur an diesen Vorschriften auszurichten ist, sondern – infolge des Maßgeblichkeitsprinzips – auch an den Periodisierungsprinzipien des GoB-Systems. Auch die steuerrechtliche Folgebewertung ist dem zentralen Anliegen des GoB-Systems verpflichtet, eine willkürarme Lösung des durch die Unmöglichkeit der Totalgewinnbetrachtung ausgelösten Periodisierungsproblems herbeizuführen. Als fundamentales Periodisierungsprinzip innerhalb des GoB-Systems fungiert dabei das Realisationsprinzip: Dadurch dass das Realisationsprinzip den Zeitpunkt der Gewinnrealisation an den Zeitpunkt der Umsatzentstehung bindet, impliziert es, auch die korrespondierenden Aufwendungen erst in diesem Moment zu berücksichtigen, da sich der Gewinn als Differenz aus Erträgen und Aufwendungen be-

---

Siehe ausführlich 2. Kapitel A. II. 3) a) β).

570 So auch Gschwendtner, Hubert: Ergänzungsbilanz und Sonderbilanz II in der Rechtsprechung des Bundesfinanzhofes, a.a.O., S. 821. Die Rechtsprechung hat sich bislang darauf beschränkt, die grundsätzliche Verpflichtung zur Fortentwicklung festzuschreiben.

571 BFH-Urteil vom 6. Juli 1995 IV R 30/93, BFHE 178, S. 176-180, h.S. 178.

572 Vgl. BFH-Urteil vom 18. Februar 1993 IV R 40/92, BFHE 171, S. 422-428, h.S. 424.

stimmt.[573] Vordringliche Zielsetzung steuerbilanzieller Fortentwicklung muss deshalb ein Abbau des durch die einzelnen Bilanzposten verkörperten Einnahmenüberschusspotentials sein, der eine umsatzproportionale Gewinnrealisierung in künftigen Nutzungsjahren ermöglicht.[574] Der hieraus resultierende Grundsatz umsatzproportionaler Aufwandsperiodisierung ist jedoch wegen der teilweise kaum lösbaren Prognoseprobleme nur schwer umsetzbar. Insbesondere die Isolierung von Erträgen für einzelne Wirtschaftsgüter wird objektiviert zumeist nicht durchführbar sein, da sich der Unternehmensertrag aus dem Zusammenwirken einer Vielzahl einzelner Wirtschaftsgüter ergibt und hier starke Interdependenzen bestehen.[575] Nur in Sonderfällen wie z.b. bei Leasing- oder Mietverhältnissen wird die exakte Ertragsprognose gelingen; in der Regel ist man indes gezwungen, in Anwendung des Objektivierungs- und Vereinfachungsprinzips konstante Periodenerträge zu vermuten. Dementsprechend gelten lineare oder degressive Abschreibungen als zweckadäquat.[576]

Es darf allerdings nicht verkannt werden, dass diese fundamentalen Periodisierungsprinzipien in der Steuerbilanz zwar grundsätzliche Geltung beanspruchen können, zugleich aber auch stark zurückgedrängt werden. Verantwortlich hierfür sind die hohen Anforderungen, die das steuerliche Massenverfahren hinsichtlich Objektivierung und Vereinfachung stellt. Bei der Fortentwicklung der Steuerbilanz kommen deshalb häufig Typisierungen zum Einsatz wie z.B. bei der Bindung der betriebsgewöhnlichen Nutzungsdauer eines Wirtschaftsguts an die Vorgaben der amtlichen AfA-Tabellen; zudem zählen bestimmte, besonders ermessensbehaftete AfA-Methoden wie die progressive Methode nicht zu den nach § 7 EStG zulässigen Verfahren.[577] Diese Abweichungen zwischen handels- und steuerrechtlicher Folgebewertung sind jedoch nicht so stark ausgeprägt, dass hieraus eine Zweckdivergenz von Handels- und Steuerbilanz abgeleitet

---

573 Vgl. Moxter, Adolf: Wirtschaftliche Gewinnermittlung und Bilanzsteuerrecht, a.a.O., S. 304-305; Moxter, Adolf: Zur wirtschaftlichen Betrachtungsweise im Bilanzrecht, a.a.O., S. 234; Jäger, Rainer: Grundsätze ordnungsmäßiger Aufwandsperiodisierung, a.a.O., S. 158 f.

574 Vgl. Breidert, Ulrike: Grundsätze ordnungsmäßiger Abschreibungen auf abnutzbare Anlagegegenstände, a.a.O., S. 165.

575 Vgl. Euler, Roland: Zur Verlustantizipation mittels des niedrigeren beizulegenden Wertes und des Teilwertes, in: ZfbF, 43. Jg. (1991), S. 191-212, h.S. 194; Schneider, Dieter: Abschreibungsverfahren und Grundsätze ordnungsmäßiger Buchführung, in: WPg, 27. Jg. (1974), S. 365-376, h.S. 372; Moxter, Adolf: Zur wirtschaftlichen Betrachtungsweise im Bilanzrecht, a.a.O., S. 234.

576 Vgl. Breidert, Ulrike: Grundsätze ordnungsmäßiger Abschreibungen auf abnutzbare Anlagegegenstände, a.a.O., S. 11; Euler, Roland: Das System der Grundsätze ordnungsmäßiger Bilanzierung, a.a.O., S. 216 f.

577 Vgl. Breidert, Ulrike: Grundsätze ordnungsmäßiger Abschreibungen auf abnutzbare Anlagegegenstände, a.a.O., S. 59.

werden könnte;[578] auch das Steuerrecht strebt grundsätzlich und in Sonderfällen, in denen die spezifisch steuerrechtlichen Vorschriften nicht greifen, nach dem Ideal einer umsatzabhängigen Aufwandsperiodisierung.[579] Angesichts der bereits dargestellten Zweckidentität von Ergänzungs- und Steuerbilanz sowie des Verweises des BFH auf die Gültigkeit der Bewertungsvorschriften der §§ 6, 7 EStG hat sich die Ergänzungsbilanz im gleichen Umfang wie die Steuerbilanz an den Periodisierungsprinzipien des GoB-Systems zu orientieren; objektivierungs- und vereinfachungsbedingte Abweichungen hiervon sind nur dann gerechtfertigt, sofern dies durch eine explizite Vorschrift innerhalb der §§ 6, 7 EStG geboten ist.

2) Die Grundsatzantinomie zwischen einheitsbetrachtungsgeprägter Fortentwicklung und sachgerechter Besteuerung

Die zuletzt herausgearbeitete These hat aber bislang in den Auseinandersetzungen mit den in der Ergänzungsbilanz anzuwendenden Periodisierungsgrundsätzen kaum Beachtung gefunden. Vielmehr wird die Diskussion von vielgestaltigen Einzelmeinungen beherrscht, die sich jedoch zumeist auf zwei konträre Grundauffassungen zurückführen lassen: Dabei handelt es sich einerseits um die im Weiteren als einheitsbetrachtungsgeprägte Fortentwicklungskonzeption bezeichnete Vorgehensweise, nach der ergänzungsbilanzielle Periodisierungsentscheidungen in enger Abstimmung mit der Gesellschaftsbilanz zu treffen sind, andererseits um ein Fortentwicklungsverfahren, das primär auf eine sachgerechte Besteuerung des Erwerbers abzielt.

Die einheitsbetrachtungsgeprägte Fortentwicklung zeichnet sich dadurch aus, dass sie den Gedanken der Einheitlichkeit der Personengesellschaft zum Leitbild sämtlicher Periodisierungsprobleme erhebt. Typisch ist hierbei die starke Orientierung an den Vorgaben der Gesellschaftsbilanz; eine eigenständige Fortentwicklung der Ergänzungsbilanz wird als unzulässig betrachtet.[580] Im Unterschied zu oben wird nicht die Adaption der Periodisierungsprinzipien der Steuerbilanz eingefordert, vielmehr richtet sich das Augenmerk vornehmlich auf die konkreten Ausprägungen der in der Gesellschaftsbilanz zur Anwendung gelangten Periodisierungsdeterminanten wie z.B. die Länge der Nutzungsdauer, die

578 Vgl. Jäger, Rainer: Grundsätze ordnungsmäßiger Aufwandsperiodisierung, a.a.O., S. 50. Trotz dieser Unterschiede bleibt die Primärzweckidentität – die Bestimmung eines risikolos entziehbaren Umsatzgewinns – erhalten. Vgl. auch Karrenbauer, Michael: Die Abschreibung im Einkommen- und Bilanzsteuerrecht, Stuttgart 1993, S. 11 f.

579 Vgl. Breidert, Ulrike: Grundsätze ordnungsmäßiger Abschreibungen auf abnutzbare Anlagegegenstände, a.a.O., S. 165.

580 Deutlich z.B. bei Krah, R.: Bedeutung von Ergänzungsbilanzen im Einkommensteuerrecht, in: INF, 18. Jg. (1962), S. 245-246, h.S. 246: „Solange die Gesellschaft besteht, kommt es ausschließlich auf die Hauptbilanz an."

eingesetzte AfA-Methode, die Einstufung eines Wirtschaftsguts als geringwertig i.S.d. § 6 Abs. 2 EStG et cetera. Die Ergänzungsbilanz degeneriert so zu einem weitgehend unselbständigen Rechenwerk, dessen Wertansätze bloßer Reflex der in der Gesellschaftsbilanz getroffenen Periodisierungsentscheidungen sind, obgleich die Ergänzungsbilanz ausschließlich Anschaffungskosten-Teilbeträge verzeichnet, die aus der Perspektive der Gesellschaft unbeachtlich sind.[581] Theoretisches Fundament dieser Sichtweise ist – neben dem Streben nach Vereinfachung und Objektivierung – vor allem die zivilrechtliche Verselbständigung der Personengesellschaft zu einem Gebilde mit relativer Rechtsfähigkeit.[582] Auf steuerrechtlichem Gebiet haben diese Tendenzen insbesondere in der vorübergehend in der Rechtsprechung dominierenden (sehr weit reichenden) Einheitsbetrachtung ihren Niederschlag gefunden.[583] Als Reaktion hierauf mehrten sich in diesem Zeitraum auch die Stimmen, die für eine umfassende Berücksichtigung der Einheit der Personengesellschaft bei der Fortentwicklung der Ergänzungsbilanz eintraten.[584]

Skepsis gegenüber der einheitsbetrachtungsgeprägten Periodisierungskonzeption ist zwischenzeitlich jedoch schon deshalb angebracht, da der BFH in den letzten Jahren von dieser weit gefassten Einheitsbetrachtung abgerückt ist.[585] Der Große Senat hat stattdessen in seinem Beschluss vom 3. Juli 1995 betont, dass der „Grundsatz der Einheit der Personengesellschaft (...) gegenüber dem Gedanken der Vielheit der Gesellschaft zurücktreten müsse, wenn andernfalls eine sachlich zutreffende Besteuerung des Gesellschafters nicht möglich wäre."[586] Die Einheitsbetrachtung ist dadurch auf ihre ursprüngliche Funktion zurückgeführt worden: Es ist sicherzustellen, dass die Gewinnermittlung für die Gesellschaft in einer einheitlichen Bilanz der Gesellschaft und nicht in einzelnen Bilanzen der Gesellschafter erfolgt. Weitergehende Implikationen sind mit der Einheitsbetrachtung jedoch nicht verbunden.[587]

Diese Entscheidung des BFH stärkt die Position der Gegner der einheitsbetrachtungsgeprägten Fortentwicklung, denen bereits zuvor verschiedentlich der Nachweis gelungen war, dass die ausnahmslose Anknüpfung an die Vorgaben der Gesellschaftsbilanz zu Ergebnissen führen kann, die von einer sachgerech-

---

581 Vgl. 2. Kapitel A. II. 2).

582 Siehe oben 2. Kapitel B. II. 2) a) und 2. Kapitel B. II. 6).

583 Siehe detailliert 2. Kapitel B. II. 6).

584 So insbesondere Dreissig, Hildegard: Ergänzungsbilanzen – steuerliche Zweifelsfragen und wirtschaftliche Auswirkungen, a.a.O., S. 234-240; Dreissig, Hildegard: Ausgewählte Probleme bei Ergänzungsbilanzen, a.a.O., S. 959-962; IDW (Hrsg.): Steuerliche Ergänzungs- und Sonderbilanzen, a.a.O., S. 80d.

585 Siehe oben 2. Kapitel B. II. 7).

586 BFH-Beschluss vom 3. Juli 1995 GrS 1/93, BFHE 178, S. 86-98, h.S. 97.

587 Siehe oben 2. Kapitel B. II. 7), 8).

ten Besteuerung des Gesellschafters weit entfernt sind. Am deutlichsten gelingt dies bei der Frage, ob in der Ergänzungsbilanz eine Neuschätzung der Restnutzungdauer möglich ist, falls es zu Aufstockungen bei in der Gesellschaftsbilanz bereits bilanzierten Wirtschaftsgütern kommt.[588] In anderen – weniger offensichtlichen – Fällen wie z.b. bei der Vornahme von AfaA, Teilwertabschreibungen oder Sofortabschreibungen in der Ergänzungsbilanz wurde die Forderung nach einer sachgerechten Besteuerung des Gesellschafters bislang nicht konsequent genug umgesetzt.[589] Es ist zu vermuten, dass die Ursache hierfür in erster Linie in Unsicherheiten darüber zu sehen ist, was unter dem Terminus „sachgerechte Besteuerung" genau zu verstehen ist.[590]

Neben dieser Grundsatzantinomie zwischen einheitsbetrachtungsgeprägter Fortentwicklung und Fortentwicklung mit Rücksicht auf die „sachgerechte Besteuerung" stiften die unterschiedlichen Auffassungen über das Bilanzierungsobjekt der Ergänzungsbilanz und die Frage, wie streng der Wortlaut steuerlicher Periodisierungsvorschriften in der Ergänzungsbilanz auszulegen ist, zusätzliche Verwirrung.[591]

Allgemeine Hinweise, wie der Begriff „sachgerechte Besteuerung" zu konkretisieren und welches Maß an Wortlautorientierung sinnvoll ist, lassen sich wiederum aus dem GoB-System und den hierin niedergelegten Wertungsgrundsätzen gewinnen. Als sachgerecht hat eine Besteuerung demnach dann zu gelten, wenn sie auf einer zutreffenden Messung der wirtschaftlichen Leistungsfähigkeit eines Individuums basiert. Die wirtschaftliche Leistungsfähigkeit eines Unternehmens wird durch die, über das Maßgeblichkeitspostulat dem GoB-System verpflichtete, Steuerbilanz zutreffend gemessen; die (im Wesentlichen) zweckidentische Ergänzungsbilanz bestimmt die zusätzlichen Erfolgsbestandteile damit dann zutreffend, wenn auch diese auf der Grundlage der steuerbilanziellen Periodisierungsprinzipien ermittelt werden.

Sofern Periodisierungsentscheidungen aus dem spezifischen Charakter der Ergänzungsbilanz und unter Vornahme einer strikten Wortlautorientierung abgeleitet werden, gilt es zu berücksichtigen, dass sich die Ergänzungsbilanz in formaler Hinsicht gängigen bilanzrechtlichen Vorstellungen weitgehend entzieht,[592] und dass es sich bei den Regelungen der §§ 6, 7 EStG um Vorschriften

---

588 Siehe ausführlich unten 2. Kapitel E. II. 3) a) α).

589 Vgl. hierzu im Einzelnen 2. Kapitel E. II. 4), 5), 6).

590 Auch Reiß, Wolfram: § 15 EStG, a.a.O., E 251, geht davon aus, dass der Begriff „sachgerechte Besteuerung" zu unbestimmt ist, um hieraus Fortentwicklungsgrundsätze ableiten zu können.

591 Siehe unten hinsichtlich der Anwendbarkeit degressiver AfA in der Ergänzungsbilanz oder der Vornahme von Sofortabschreibungen, 2. Kapitel E. II. 3) a) β) bzw. 2. Kapitel E. II. 6).

592 Siehe oben 2. Kapitel C. III.

handelt, die originär für die Steuerbilanz geschaffen wurden. Aus diesem Grund sind derartige Entscheidungen stets dahingehend zu hinterfragen, ob die hieraus resultierende Bilanzierungsweise mit dem Sinn und Zweck der Vorschrift harmoniert. Als Prüfstein für sämtliche Periodisierungsentscheidungen sind dabei die Wertungsgrundsätze der Steuerbilanz heranzuziehen. Auch in der Ergänzungsbilanz sollte die Summe der objektivierungs- und vereinfachungsbedingten sowie der (potentiellen) ergänzungsbilanzspezifischen Abweichungen von den Periodisierungsprinzipien des GoB-Systems ein Minimum bilden.

3) Die Vornahme der AfA in der Ergänzungsbilanz
a) Die Bestimmung der AfA für bereits bilanzierte Wirtschaftsgüter
α) Die Wahl der Nutzungsdauer

Entfällt ein Teil der aufzuteilenden Mehranschaffungskosten auf abnutzbare Wirtschaftsgüter des Anlagevermögens, so sind diese stillen Reserven nicht nur in der Ergänzungsbilanz ansatzpflichtig, sondern auch an zukünftigen Bilanzstichtagen planmäßig fortzuentwickeln. Dies bereitet keine Probleme, sofern die Restabschreibungsdauer in der Gesellschaftsbilanz mit der Restnutzungsdauer des Wirtschaftsguts übereinstimmt.[593] Die stillen Reserven in der Ergänzungsbilanz sind dann, ausgehend vom Erwerbszeitpunkt des Mitunternehmeranteils, über den gleichen Zeitraum abzuschreiben wie der Restbuchwert des Wirtschaftsguts in der Gesellschaftsbilanz; in beiden Rechenwerken gelangt die gleiche Restnutzungsdauer zum Einsatz.

Kontroversen treten jedoch auf, sobald Restabschreibungsdauer in der Gesellschaftsbilanz und Restnutzungsdauer auseinander fallen. In der Praxis kommt dies häufig vor, da die AfA für ein Wirtschaftsgut zwar nach der betriebsgewöhnlichen Nutzungsdauer zu bemessen ist, zugleich aber die typisierten Angaben der vom BMF veröffentlichten AfA-Tabellen zu berücksichtigen sind. Obgleich den AfA-Tabellen nicht der Rang eines Gesetzes zukommt, haben diese „die Vermutung der Richtigkeit für sich",[594] d.h. Abweichungen sind zu begründen.[595] Da die Nutzungsdauerschätzungen in den AfA-Tabellen zugleich als ausgesprochen vorsichtig beurteilt werden,[596] fördert dies die Bildung stiller

---

593 So auch Wismeth, Siegfried: Ausscheiden aus einer Personengesellschaft gegen Entgelt, in: DB, 29. Jg. (1976), S. 790-795, h.S. 792.

594 FG Baden-Württemberg, Außensenate Freiburg, Urteil vom 27. Mai 1981 II 102/79, EFG 1982, S. 121-122, h.S. 122.

595 Vgl. FG Berlin, Urteil vom 25. September 1985 II 172/82, EFG 1986, S. 389-390, h.S. 389 f.

596 Vgl. Breidert, Ulrike: Grundsätze ordnungsmäßiger Abschreibungen auf abnutzbare Anlagegegenstände, a.a.O., S. 64, m.w.N.; Mathiak, Walter: Rechtsprechung zum Bilanzsteuerrecht, in: DStR, 30. Jg. (1992), S. 449-458, h.S. 455 zur AfA für PKW: „Der Satz bewegt sich offenbar an der unteren Grenze einer vertretbaren Schätzung."

Reserven im materiellen Anlagevermögen, d.h. Restnutzungs- und Restabschreibungsdauer weichen häufig voneinander ab. Als Beleg für die These, die AfA-Tabellen begünstigen die Entstehung stiller Reserven, kann die Entscheidung des BFH vom 26. Juli 1991 angeführt werden, in der die entsprechend der AfA-Tabelle auf vier Jahre festgesetzte Nutzungsdauer für einen PKW als zu niedrig eingestuft wurde.[597] Steht allerdings eindeutig fest, dass die typisierte Nutzungsdauerschätzung der AfA-Tabelle für ein Wirtschaftsgut unzutreffend ist, muss eine nach den Prinzipien der GoB geschätzte Nutzungsdauer Verwendung finden.[598] Nach einer jüngst ergangenen Entscheidung des BFH ist die betriebsgewöhnliche Nutzungsdauer zudem grundsätzlich nach der technischen Nutzungsdauer des Wirtschaftsguts zu bemessen; von einer kürzeren wirtschaftlichen Nutzungsdauer könne nur in Ausnahmefällen ausgegangen werden.[599] Dieses Urteil wird voraussichtlich eine grundlegende Überarbeitung der amtlichen AfA-Tabellen nach sich ziehen; bis dahin sind allerdings die bisherigen AfA-Tabellen weiter zu nutzen.[600]

Im Sinne der einheitsbetrachtungsgeprägten Fortentwicklung soll die Abschreibung der stillen Reserven in der Ergänzungsbilanz in Übereinstimmung mit der im Abschreibungsplan der Gesellschaftsbilanz fixierten Restabschreibungsdauer vorgenommen werden; eine eigenständige Wahl der Nutzungsdauer in der Ergänzungsbilanz soll nicht möglich sein. Begründet wird dies mit dem Schlagwort von der „Einheitlichkeit der Bilanzierung", mit dem scheinbar sowohl die bereits angesprochene ausnahmslose Ausrichtung an der Gesellschaftsbilanz als auch das konkret auf die Abschreibungsbemessung bezogene Prinzip einheitlicher AfA gemeint ist.[601] Zu Letzterem ist anzumerken, dass das

---

597 Vgl. BFH-Urteil vom 26. Juli 1991 VI R 82/89, BFHE 165, S. 378-387, h.S. 383-386. Diese Entscheidung zeigt allerdings, dass es auch in der Steuerbilanz einen gewissen Schätzungsspielraum gibt, da von den AfA-Tabellen abzuweichen ist, wenn bereits im Zugangszeitpunkt erkennbar ist, dass die dort normierte Nutzungsdauer nicht der Realität entspricht. So auch Mathiak, Walter: Rechtsprechung zum Bilanzsteuerrecht, a.a.O., S. 455, der in den AfA-Tabellen „ein brauchbares Hilfsmittel der Schätzung" sieht, „die der vollen Überprüfung durch die Steuergerichte unterliegen."

598 Vgl. Breidert, Ulrike: Grundsätze ordnungsmäßiger Abschreibungen auf abnutzbare Anlagegegenstände, a.a.O., S. 65; Knobbe-Keuk, Brigitte: Bilanz- und Unternehmenssteuerrecht, a.a.O., S. 189.

599 Vgl. BFH-Urteil vom 19. November 1997 X R 78/94, in: DStR, 36. Jg. (1998), S. 198-200, h.S. 199.

600 Vgl. BMF-Schreiben vom 15. Juni 1999 IV D 6 – S 1551 – 45/99, in: DStR, 37. Jg. (1999), S. 1112.

601 Vgl. Dreissig, Hildegard: Ausgewählte Probleme bei Ergänzungsbilanzen, a.a.O., S. 959 f.; Dreissig, Hildegard: Ergänzungsbilanzen – steuerliche Zweifelsfragen und wirtschaftliche Auswirkungen, a.a.O., S. 235; Bitz, Horst: Teilwertabschreibungen in Ergänzungsbilanzen anläßlich eines entgeltlichen Gesellschafterwechsels, a.a.O., S. 394; IDW (Hrsg.): Steuerliche Ergänzungs- und Sonderbilanzen, a.a.O., S. 80d; differenzierend

Prinzip einheitlicher AfA steuerbilanzrechtlich darauf abzielt, die Anwendung unterschiedlicher Nutzungsdauern für die Bestandteile eines einheitlichen Wirtschaftsguts durch die Festlegung „einer fingierten einheitlichen Nutzungsdauer aller Einzelteile"[602] zu verhindern, und dass dies vor allem durch das Vereinfachungsprinzip begründet wird.[603] Für die Abschreibungsbemessung in der Ergänzungsbilanz erscheint der Verweis auf diesen Grundsatz aber verfehlt, weil es hier nicht darum geht, ein einheitliches Wirtschaftgut innerhalb ein und desselben Rechenwerkes fiktiv in seine materiellen Einzelbestandteile zu zerlegen, und diese gesondert abzuschreiben. Entscheidend ist vielmehr, ob man – unter Aufrechterhaltung der Einheitlichkeit dieses Wirtschaftsguts – zu einem späteren Bewertungszeitpunkt in einem zusätzlichen Rechenwerk im Zeitablauf entstandene Bewertungsdifferenzen korrigieren und gesondert fortentwickeln darf.

Die Auswirkungen der einheitsbetrachtungsgeprägten Fortentwicklung seien an einem Beispiel verdeutlicht: Sind bei der Erstellung einer positiven Ergänzungsbilanz beträchtliche stille Reserven in einem Wirtschaftsgut, z.B. einer Maschine, festgestellt worden, das zum Zeitpunkt des Erwerbs des Mitunternehmeranteils über eine Restnutzungsdauer von vier Jahren verfügt, dessen Restabschreibungsdauer gemäß Abschreibungsplan aber nur noch zwei Jahre beträgt, so würde der Gesamtbetrag der stillen Reserven in der Ergänzungsbilanz – entgegen besseren Wissens – über zwei Jahre abgeschrieben. Den aus diesem Wirtschaftsgut resultierenden Erträgen würden damit in den ersten zwei Jahren der verbleibenden Restnutzungsdauer sehr hohe, in den letzten zwei Jahren hingegen überhaupt keine Aufwendungen gegenübergestellt werden – mit entsprechenden Effekten auf die Periodenergebnisse und die zu zahlenden Ertragsteuern.[604]

Werden die Abschreibungen in der Ergänzungsbilanz derart bemessen, entfernt man sich sehr weit von dem Ideal einer umsatzabhängigen Aufwandsperiodisierung. Eine solch starke Abweichung ist aber auch in der von Vereinfachungs- und Objektivierungserwägungen beherrschten Steuerbilanz unbekannt. Zu rechtfertigen wäre dies nur dann, wenn auf der Ebene der Ergänzungsbilanz beachtliche Argumente für dieses Vorgehen sprechen würden. Die oben wiedergegebene formale und zudem zweifelhafte Argumentation mittels des Schlagwortes von der „Einheitlichkeit der Bilanzierung" erscheint indes nicht

---

Wismeth, Siegfried: Ausscheiden aus einer Personengesellschaft gegen Entgelt, a.a.O., S. 792, der eine eigenständige Nutzungsdauerschätzung für zulässig erachtet, wenn es sich um stille Reserven in einem Wirtschaftsgut handelt, das in der Gesellschaftsbilanz bereits vollständig abgeschrieben ist.

602 Moxter, Adolf: Bilanzrechtsprechung, a.a.O., S. 232.

603 Vgl. Moxter, Adolf: Bilanzrechtsprechung, a.a.O., S. 231-234.

604 Diese Verzerrung der Erfolgsperiodisierung bewirkt schlicht eine nicht sachgerechte Besteuerung. Vgl. Regniet, Michael: Ergänzungsbilanzen bei der Personengesellschaft, a.a.O., S. 160, m.w.N.

ausreichend, um die bereits im Zugangszeitpunkt als fehlerhaft erkannte Nutzungsdauerschätzung auch in der Ergänzungsbilanz unverändert fortzuführen. Diese Überlegungen zeigen, dass eine steuerbilanzrechtlichen Wertungsgrundsätzen gerecht werdende Abschreibungsbemessung nur erreicht werden kann, wenn in der Ergänzungsbilanz eine eigenständige Wahl der Nutzungsdauer ermöglicht wird.[605] Bei der Schätzung dieser Nutzungsdauer wird man sich überdies ebenfalls an den Prinzipien des GoB-Systems zu orientieren haben, da die AfA-Tabellen für die Ergänzungsbilanz zumeist unbeachtlich sein werden. Dabei empfiehlt es sich als Argumentationsgrundlage gegenüber den Finanzbehörden auch an dieser Stelle, wie bereits bei der Teilwertermittlung, auf entsprechende Gutachten zurückzugreifen.[606]

Auch der vermittelnde Ansatz von *Ley* ändert nichts an der Einschätzung, dass für die Ergänzungsbilanz eine eigenständige Nutzungsdauerschätzung vorzunehmen ist. *Ley* schlägt vor, in Gesellschafts- und Ergänzungsbilanz zwar die gleiche Restnutzungsdauer anzuwenden, diese aber im Erwerbszeitpunkt aus der Sicht der Gesellschaft neu zu schätzen, sofern dies „nach den Regeln zur Berichtigung von Schätzfehlern bei der Nutzungsdauer" zulässig wäre. Eine Korrektur wäre bei einer im Anschaffungszeitpunkt subjektiv richtigen Schätzung demnach nur möglich, falls „die Schätzung erheblich von der zutreffenden Nutzung abweicht".[607]

Dem ist nicht zuzustimmen. Eine Änderung des Abschreibungsplans der Gesellschaftsbilanz wird nur bei einer Verkürzung der Restnutzungsdauer einhellig befürwortet;[608] hier handelt es sich jedoch um den entgegengesetzten Fall, nämlich die unerwartete Verlängerung der Restnutzungsdauer. Die Berücksichtigung einer Nutzungsdauerverlängerung ist umstritten; im Interesse des Stetigkeitsprinzips spricht vieles dafür, auf eine Änderung des Abschreibungsplans zu verzichten,[609] zumal auch ungeklärt ist, wann von einer „erheblichen Abwei-

---

605 So im Ergebnis auch Regniet, Michael: Ergänzungsbilanzen bei der Personengesellschaft, a.a.O., S. 160; Reiß, Wolfram: § 15 EStG, a.a.O., E 251; Schmidt, Ludwig: § 15 EStG, a.a.O., Rn. 465; Erdweg, Anton: § 16 EStG, a.a.O., Anm. 307.

606 Siehe oben 2. Kapitel E. I. 4) a).

607 Ley, Ursula: Bilanzierungsfragen beim Ausscheiden eines Mitunternehmers und bei Übertragung eines Mitunternehmeranteils, a.a.O., S. 9160 (beide Zitate).

608 Breidert, Ulrike: Grundsätze ordnungsmäßiger Abschreibungen auf abnutzbare Anlagegegenstände, a.a.O., S. 84-105, zeigt indes, dass eine Nutzungsdauerverkürzung systemgerecht durch die Vornahme von AfaA abgebildet werden kann. Siehe unten 2. Kapitel E. II. 4).

609 Für die Berücksichtigung der verlängerten Nutzungsdauer durch eine Verteilung des Restbuchwerts plädiert Werndl, Josef: § 7 EStG, in: Kirchhof/Söhn: Einkommensteuergesetz, Stand: Januar 1999, Heidelberg 1999, B 78; differenzierend die Position von *Drenseck*, der zwar an entsprechender Stelle ebenfalls für eine Neuverteilung des Restbuchwerts eintritt, zuvor aber die Korrektur überhöhter AfA kategorisch ablehnt, sofern

chung" auszugehen ist. Keinesfalls darf das Interesse an einer zutreffenden Abschreibung der in der Ergänzungsbilanz zu verzeichnenden stillen Reserven als Argument für eine Neuschätzung der Restnutzungsdauer auch auf der Ebene der Gesellschaftsbilanz dienen. Ein solches Vorgehen würde die Zielsetzung der Ergänzungsbilanz, Auswirkungen des Gesellschafterwechsels auf die Gesellschaftsbilanz und die nicht beteiligten Altgesellschafter zu vermeiden, verletzen.[610]

β) Die Wahl der AfA-Methode

Hinsichtlich der in der Ergänzungsbilanz anzuwendenden AfA-Methode wird mehrheitlich eine Bindung an die in der Gesellschaftsbilanz eingesetzte AfA-Methode befürwortet.[611] Dies wird zum Teil auch von Autoren gefordert, die eine derartige Verquickung beider Bilanzen bei der Nutzungsdauerwahl ablehnen.[612] Dabei kann es nicht verwundern, dass ein solches Vorgehen von den Vertretern der einheitsbetrachtungsgeprägten Fortentwicklungskonzeption empfohlen wird, fragwürdig erscheint indes die Kombination von eigenständiger Nutzungsdauerwahl und abhängiger AfA-Methodenwahl: Hat man sich für eine dem Postulat sachgerechter Besteuerung verpflichtete, eigenständige, d.h. von den konkreten Vorgaben der Gesellschaftsbilanz unabhängige, Fortentwicklung der Ergänzungsbilanz entschieden, wäre es konsequent, auch für eine autonome Wahl der AfA-Methode zu plädieren.[613]

Der eigentliche Auslöser für dieses inkonsistent erscheinende Vorgehen ist vermutlich in den Unsicherheiten darüber zu erblicken, welche AfA-Methoden in der Ergänzungsbilanz überhaupt zur Anwendung gelangen dürfen. Sieht man

---

die entsprechenden Steuerbescheide nicht mehr geändert werden können. Vgl. Drenseck, Walter: § 7 EStG, a.a.O., Rn. 116 bzw. Rn. 10; so auch BFH-Urteil vom 11. Dezember 1987 III R 266/83, BFHE 152, S. 128-131, h.S. 130; BFH-Urteil vom 4. Mai 1993 VIII R 14/90, BFHE 171, S. 271-275, h.S. 274. *Moxter* betont das Risiko einer Fehleinschätzung und votiert deshalb gegen die Berücksichtigung einer Nutzungsdauerverlängerung, vgl. Moxter, Adolf: Bilanzlehre, Bd. II: Einführung in das neue Bilanzrecht, 3. Aufl., Wiesbaden 1986, S. 55. Die Berücksichtigung einer verlängerten Nutzungsdauer prinzipiell ablehnend auch Heuer, Gerhard: § 7 EStG, in: Herrmann/Heuer/Raupach: Einkommensteuer- und Körperschaftsteuergesetz, 21. Aufl., Köln 1996, Anm. 187.

610 Siehe oben 2. Kapitel A. II. 2), 3).

611 Vgl. IDW (Hrsg.): Steuerliche Ergänzungs- und Sonderbilanzen, a.a.O., S. 80d; Dreissig, Hildegard: Ergänzungsbilanzen – steuerliche Zweifelsfragen und wirtschaftliche Auswirkungen, a.a.O., S. 235.

612 So z.B. Ley, Ursula: Bilanzierungsfragen beim Ausscheiden eines Mitunternehmers und bei Übertragung eines Mitunternehmeranteils, a.a.O., S. 9160; Schmidt, Ludwig: § 15 EStG, a.a.O., Rn. 465.

613 Gegen die Bindung an die AfA-Methode der Gesellschaftsbilanz auch Reiß, Wolfram: § 15 EStG, a.a.O., E 251.

von der Extremposition *Dreissigs* ab, die ohne Ausnahme für eine Übernahme der AfA-Methode der Gesellschaftsbilanz eintritt,[614] so wird ein Methodenwechsel mehrheitlich zumindest dann für zwingend gehalten, wenn stille Reserven auf ein Wirtschaftsgut entfallen, das in der Gesellschaftsbilanz mittels einer die Herstellung voraussetzenden AfA-Methode[615] abgeschrieben wird.[616] Hinter dieser Argumentation steht wohl der Gedanke, dass auf der Ebene der Ergänzungsbilanz, aufgrund des hier erfolgten entgeltlichen Erwerbs i.w.S., ausschließlich Anschaffungskosten, keinesfalls aber Herstellungskosten vorliegen können. Es ist zunächst positiv zu vermerken, dass hier nicht eine in der Gesellschaftsbilanz getroffene Entscheidung unreflektiert auf die Ergänzungsbilanz übertragen wird, sondern die Zweifelsfrage aus der Perspektive der Ergänzungsbilanz gewürdigt wird; zudem ist der Aussage, dass es in der Ergänzungsbilanz nur Anschaffungskosten geben könne, im Grundsatz nicht zu widersprechen.

Zu kritisieren ist allerdings, dass die Argumentation doch sehr formal ausfällt und eine strikte Anknüpfung an den Wortlaut der konkreten steuerbilanziellen Vorschrift voraussetzt. Ob eine solch strenge Wortlautbeachtung tatsächlich zweckadäquat ist, könnte man anzweifeln: Im Zusammenhang mit der dogmatischen Einordnung der Ergänzungsbilanz hat sich gezeigt, dass die Verwirklichung der Primärziele der Ergänzungsbilanz nur erreichbar ist, wenn man von einer Bindung an den exakten Wortlaut von originär für die Steuerbilanz geschaffenen Vorschriften absieht; stattdessen ist eine sinngemäße Anwendung der steuerbilanzrechtlichen Normen, Prinzipien und Wertungsgrundsätze für die Ergänzungsbilanz einzufordern.[617] In diesem Sinne könnte man auch die These aufstellen, dass der Methodenwechsel nicht zwingend ist. Da auf der Ebene der Gesellschaftsbilanz die Anforderungen für die Anwendung einer die Herstellung voraussetzenden AfA-Methode erfüllt sind, erscheint es vertretbar, diese AfA-Methode auch für Aufstockungen auf dieses Wirtschaftsgut in der Ergänzungsbilanz einzusetzen.

Verschiedentlich wird überdies argumentiert, dass auch die Vornahme degressiver Abschreibungen in der Ergänzungsbilanz prinzipiell ausgeschlossen sei.[618] Diese Auffassung stützt sich auf die Überlegung, dass in einer als Wertkorrek-

---

614 Vgl. Dreissig, Hildegard: Ergänzungsbilanzen – steuerliche Zweifelsfragen und wirtschaftliche Auswirkungen, a.a.O., S. 235.

615 So z.B. die degressive Gebäudeabschreibung nach § 7 Abs. 5 EStG.

616 Vgl. Gassner, Bruno; Haug, Wolfgang; Lempenau, Gerhard: Die Personengesellschaft und ihre Gesellschafter, in: DStZ, 65. Jg. (1977), S. 339-348, h.S. 345; Regniet, Michael: Ergänzungsbilanzen bei der Personengesellschaft, a.a.O., S. 161 f.; Reiß, Wolfram: § 15 EStG, a.a.O., E 251; Schmidt, Ludwig: § 15 EStG, a.a.O., Rn. 465.

617 Siehe oben 2. Kapitel C. II. bzw. 2. Kapitel D. I.

618 Vgl. Regniet, Michael: Ergänzungsbilanzen bei der Personengesellschaft, a.a.O., S. 162; Reiß, Wolfram: § 15 EStG, a.a.O., E 251.

turbilanz zu begreifenden Ergänzungsbilanz grundsätzlich keine Wirtschaftsgüter zum Ausweis gelangen. Bei exakter Beachtung des Wortlauts von
§ 7 Abs. 2 EStG folgt hieraus, dass degressive Abschreibungen in der Ergänzungsbilanz nicht vorgenommen werden können, da in § 7 Abs. 2 EStG die
Anschaffung beweglicher Wirtschaftsgüter vorausgesetzt wird.[619] Auch hier ist
die sehr strikte Wortlautorientierung zu rügen. Geht man davon aus, dass
§ 7 Abs. 2 EStG die Vornahme degressiver Abschreibungen ausschließlich wegen des Objektivierungs- und Vereinfachungserfordernisses auf die beweglichen Wirtschaftsgüter des Anlagevermögens begrenzt, so wäre zu überlegen,
wie man diese Restriktion sinngemäß auf die Ergänzungsbilanz übertragen
kann. Dabei gelangt man zu dem Schluss, dass die Anwendung degressiver AfA
in der Ergänzungsbilanz nicht generell unterbunden werden muss: Sind für das
korrespondierende Wirtschaftsgut in der Steuerbilanz der Gesellschaft die Voraussetzungen gemäß § 7 Abs. 2 EStG erfüllt, so droht keine unverhältnismäßige
Ausdehnung des Anwendungsbereichs der degressiven AfA, wenn man die entsprechenden Aufstockungsbeträge in der Ergänzungsbilanz degressiv ab-
schreibt. Degressive Abschreibungen in der Ergänzungsbilanz wären demnach
nur für stille Reserven in beweglichen Wirtschaftsgütern des Anlagevermögens
denkbar;[620] dabei sollten zudem – ebenso wie in der Steuerbilanz – die Ab-
schreibungshöchstgrenzen nach § 7 Abs. 2 EStG nicht überschritten werden.
Nicht nachvollziehbar erscheint allerdings der Gedanke, die Anwendung degressiver Abschreibungen in der Ergänzungsbilanz zusätzlich davon abhängig
zu machen, ob ein degressiver Entwertungsverlauf für die betreffenden stillen
Reserven nachgewiesen werden kann.[621] Da in der Steuerbilanz ein solcher
Nachweis nicht verlangt wird,[622] kann dies auch auf der Ebene der Ergänzungsbilanz nicht als Voraussetzung für die Vornahme degressiver Abschreibungen gelten.

Bei einer sinngemäßen Auslegung der steuerbilanziellen Vorschriften sind daher prinzipiell sämtliche Verfahren der Zeitabschreibung, also lineare und degressive Methode, in der Ergänzungsbilanz einsetzbar; auch gegen eine Leis-
tungsabschreibung in der Ergänzungsbilanz spricht nichts, sofern eine objektivierte Schätzung des leistungsabhängigen Verzehrs der stillen Reserven möglich ist. Zu beachten ist allerdings, dass die Entscheidung, welche AfA-Methode

---

619 Vgl. Regniet, Michael: Ergänzungsbilanzen bei der Personengesellschaft, a.a.O., S. 162;
Reiß, Wolfram: § 15 EStG, a.a.O., E 251.

620 Auch das IDW befürwortet die Anwendbarkeit degressiver Abschreibungen in der Ergänzungsbilanz ausdrücklich. Vgl. IDW (Hrsg.): Steuerliche Ergänzungs- und Sonderbilanzen, a.a.O., S. 80d.

621 So aber Reiß, Wolfram: § 15 EStG, a.a.O., E 251, der in dieser Situation die Anwendung
der degressiven Abschreibung in der Ergänzungsbilanz bejaht, obwohl er sie im Grundsatz ablehnt.

622 Vgl. Moxter, Adolf: Bilanzrechtsprechung, a.a.O., S. 239.

für einen konkreten ergänzungsbilanziellen Wertansatz zulässig ist, nur mittels einer Betrachtung der Eigenschaften des korrespondierenden Wirtschaftsguts in der Steuerbilanz möglich ist. Sind in der Gesellschaftsbilanz für ein Wirtschaftsgut die Voraussetzungen für die Anwendung einer bestimmten AfA-Methode gegeben, so wirkt dieser Befund – ähnlich wie in Teilbereichen der Bilanzansatzentscheidung –[623] bis auf die Ebene der Ergänzungsbilanz fort. Bei der Wahl der AfA-Methode in der Ergänzungsbilanz ist daher von einer vergleichsweise engen Interdependenz von Gesellschafts- und Ergänzungsbilanz auszugehen. Dies gilt jedoch nur für die Prüfung, ob eine bestimmte AfA-Methode für einen ergänzungsbilanziellen Wertansatz überhaupt genutzt werden kann. Innerhalb dieses Rahmens ist – schon um Wertungswidersprüche zu vermeiden – ebenso wie bei der Wahl der Nutzungsdauer, von einer eigenständigen Wahl der AfA-Methode in der Ergänzungsbilanz auszugehen:[624] So ist es z.b. grundsätzlich denkbar, dass ein Wirtschaftsgut des Anlagevermögens in der Gesellschaftsbilanz linear, die entsprechenden stillen Reserven in der Ergänzungsbilanz jedoch degressiv abgeschrieben werden oder umgekehrt. Der oft zitierte Grundsatz der „Einheitlichkeit der Bilanzierung" steht dem jedenfalls, wie bereits bei der Wahl der Nutzungsdauer gezeigt, nicht entgegen.

b) Die Bestimmung der AfA für bislang nicht bilanzierte Wirtschaftsgüter

Die bisherigen Ergebnisse besitzen sowohl für in der Gesellschaftsbilanz bereits bilanzierte als auch für nicht mehr bilanzierte, d.h. bis auf den Erinnerungswert abgeschriebene, materielle oder immaterielle Wirtschaftsgüter Gültigkeit. Kann der geleistete Mehrkaufpreis darüber hinaus auch auf die Existenz bislang nicht bilanzierter Wirtschaftsgüter zurückgeführt werden, so sind diese stillen Reserven ebenfalls in der Ergänzungsbilanz ansatzpflichtig und – sofern als abnutzbar eingestuft – planmäßig fortzuentwickeln. Es ist unzweifelhaft, dass hier eine eigenständige Nutzungsdauer- und AfA-Methodenwahl zu erfolgen hat, zumal der Gesellschaftsbilanz diesbezüglich gar keine Vorgaben entnommen werden können.[625] Da es sich bei den bislang nicht bilanzierten Wirtschaftsgütern insbesondere um immaterielle Wirtschaftsgüter handelt, kann als Abschreibungsmethode, ebenso wie in der Steuerbilanz der Gesellschaft,[626] nur die lineare Methode Verwendung finden.

---

623 Siehe oben 2. Kapitel E. I. 2).

624 So im Ergebnis wohl auch Erdweg, Anton: § 16 EStG, a.a.O., Anm. 307, der generell dafür eintritt, die Abschreibung der Mehrwerte in der Ergänzungsbilanz unabhängig von der Abschreibung der entsprechenden Wirtschaftsgüter bei der Gesellschaft vorzunehmen.

625 Vgl. stellvertretend Regniet, Michael: Ergänzungsbilanzen bei der Personengesellschaft, a.a.O., S. 163.

626 Vgl. Reuleaux, Susanne: Immaterielle Wirtschaftsgüter: Begriff, Arten und Darstellung im Jahresabschluß, a.a.O., S. 108.

Aus der Perspektive der einheitsbetrachtungsgeprägten Fortentwicklung wäre es allerdings konsequent, ein Aktivierungsverbot oder eine Sofortabschreibung für bislang nicht aktivierte Immaterialgüter zu fordern: Da in der Gesellschaftsbilanz diese Posten nicht aktiviert sind, dürften sie auch in der Ergänzungsbilanz nicht berücksichtigt werden. In der Tat wird ein derartiges Vorgehen von den Vertretern der einheitsbetrachtungsgeprägten Periodisierung erwogen, dann aber mit der Begründung verworfen, dass dies eine zu starke Verzerrung des Periodenergebnisses bewirken würde und die Sachgerechtigkeit der Besteuerung so nicht mehr garantiert sei.[627] Diese Inkonsequenz veranschaulicht allerdings die grundlegenden Defizite des Verfahrens.

Gelangt in der Ergänzungsbilanz darüber hinaus auch ein anteiliger Geschäftswert zum Ansatz, so ist dessen Fortentwicklung problemlos, weil hier auf die eindeutige Vorschrift des § 7 Abs. 1 EStG zurückzugreifen ist, der die betriebsgewöhnliche Nutzungsdauer des Geschäftswerts auf 15 Jahre typisiert und damit zugleich die Vornahme linearer Absetzungen vorschreibt.[628] Hiervon ist nur dann abzuweichen, wenn es in Sonderfällen objektive Anhaltspunkte für eine kürzere Nutzungsdauer des Geschäftswerts gibt; denkbar wäre dies z.B. bei dem Erwerb eines Mitunternehmeranteils an einem Unternehmen, das aufgrund gesetzlicher Vorschriften wegen des Auslaufens von Abbaugenehmigungen oder dem In-Kraft-Treten eines Produktionsverbotes nur noch für einen kürzeren Zeitraum lebensfähig ist.[629]

4) Die Vornahme der AfaA in der Ergänzungsbilanz

Keine Beachtung hat das Schrifttum bislang dem Problem geschenkt, ob in der Ergänzungsbilanz auch die Möglichkeit respektive die Verpflichtung zur Berücksichtigung von AfaA besteht. Verantwortlich für dieses Versäumnis mögen die Unklarheiten hinsichtlich Charakter und Funktion der AfaA sein, die sich auch in der oftmals nicht eindeutig vorgenommenen Abgrenzung zwischen

627 Vgl. Dreissig, Hildegard: Ergänzungsbilanzen – steuerliche Zweifelsfragen und wirtschaftliche Auswirkungen, a.a.O., S. 237 f. Dies gilt nach *Dreissig* allerdings nur für bislang nicht bilanzierte Wirtschaftsgüter; entfallen stille Reserven auf in der Gesellschaftsbilanz vollständig abgeschriebene Wirtschaftsgüter, so soll in der Ergänzungsbilanz eine Sofortabschreibung gemäß der Devise „was in der Gesellschaftsbilanz nicht mehr aktiviert ist, kann auch in der Ergänzungsbilanz nicht mehr aktiviert werden", vorgenommen werden. Es mache einen Unterschied, ob es sich um in der Gesellschaftsbilanz nicht oder nicht mehr bilanzierte Wirtschaftsgüter handele. Kritisch Uelner, Adalbert: Ergänzungs- und Sonderbilanzen, a.a.O., S. 155 f., der hier zu Recht die Sachgerechtigkeit der Besteuerung gefährdet sieht. Ausführlicher zu der Sofortabschreibung in der Ergänzungsbilanz siehe unten 2. Kapitel E. II. 6).

628 Vgl. Regniet, Michael: Ergänzungsbilanzen bei der Personengesellschaft, a.a.O., S. 163.

629 Vgl. Breidert, Ulrike: Grundsätze ordnungsmäßiger Abschreibungen auf abnutzbare Anlagegegenstände, a.a.O., S. 182 f.

AfaA und Teilwertabschreibung niederschlagen.[630] Daher liegt die Vermutung nahe, dass Tatbestände, die eigentlich eine AfaA nach sich ziehen würden, bislang auch in der Ergänzungsbilanz eher durch eine Teilwertabschreibung Berücksichtigung fanden. Eine exakte Trennung zwischen beiden Instrumenten ist jedoch auch für die Ergänzungsbilanz vorteilhaft, insbesondere seit der Anwendungsbereich der Teilwertabschreibungen durch das Steuerentlastungsgesetz 1999/2000/2002 begrenzt wurde.[631]

Breidert zeigt in einer detaillierten, die Periodisierungsgrundsätze des GoB-Systems und spezifische steuerliche Vorschriften gleichermaßen beachtenden, Analyse sämtliche Einsatzgebiete der AfaA auf,[632] wobei wegen der hier gebotenen Kürze nur der wohl wichtigste Fall herausgegriffen werden soll, nämlich die Vornahme einer AfaA infolge einer Nutzungsdauerverkürzung. Eine Verkürzung der Nutzungsdauer erfordert demnach immer dann die Vornahme einer AfaA, „wenn die kürzere Nutzungsdauer bei vollkommener Information im Zugangszeitpunkt des Wirtschaftsguts durch eine vorsichtigere Ermittlung der AfA hätte berücksichtigt werden können."[633] Dies gilt unabhängig davon, welche AfA-Methode zum Einsatz gelangt ist; auch die in der Literatur vorherrschende Vorgehensweise, die Nutzungsdauerverkürzung durch eine Verteilung des Restbuchwerts auf die Restnutzungsdauer abzubilden,[634] steht dieser prinzipientreuen Auslegung der AfaA nicht entgegen.[635]

---

630 Vgl. Breidert, Ulrike: Grundsätze ordnungsmäßiger Abschreibungen auf abnutzbare Anlagegegenstände, a.a.O., S. 81-83.

631 Zu den potentiellen Einsatzbereichen der AfaA nach der Neuregelung der Teilwertabschreibungen vgl. Günkel, Manfred; Fenzl, Barbara: Ausgewählte Fragen zum Steuerentlastungsgesetz: Bilanzierung und Verlustverrechnung, a.a.O., S. 652.

632 Eine AfaA ist demnach vorzunehmen, wenn es zu einer Nutzungsdauerverkürzung, einer Einschränkung des Leistungspotentials eines beweglichen, nach der Methode der Leistungs-AfA abgeschriebenen, Wirtschaftsguts oder einem unerwarteten Auftreten von laufenden Ausgaben bei Leistungs-AfA kommt und nach einer anderen AfA-Methode ein niedrigerer Restwert zu Buche stünde. Des Weiteren ist eine AfaA begründet, sofern der erwartete Restverkaufserlös für das Wirtschaftsgut sinkt oder eine nicht aus Steuerspargründen unterlassene Absetzung nachgeholt werden muss. Vgl. Breidert, Ulrike: Grundsätze ordnungsmäßiger Abschreibungen auf abnutzbare Anlagegegenstände, a.a.O., S. 84-105.

633 Breidert, Ulrike: Grundsätze ordnungsmäßiger Abschreibungen auf abnutzbare Anlagegegenstände, a.a.O., S. 85.

634 Vgl. stellvertretend Drenseck, Walter: § 7 EStG, a.a.O., Rn. 115; BFH-Urteil vom 3. Juli 1980 IV R 31/77, BFHE 131, S. 229-234, h.S. 232.

635 Vgl. Breidert, Ulrike: Grundsätze ordnungsmäßiger Abschreibungen auf abnutzbare Anlagegegenstände, a.a.O., S. 86-90. Auch *Eibelshäuser* tritt dafür ein, statt der Restbuchwertverteilung eine nach dem Realisationsprinzip bemessene AfaA vorzunehmen. Vgl. Eibelshäuser, Manfred: Abschreibungen und Realisationsprinzip, in: Handelsbilan-

Die Anwendung der AfaA in der Ergänzungsbilanz sei an einem Beispiel verdeutlicht: Sind stille Reserven in einem Wirtschaftsgut aufgelöst worden, dessen geschätzte Restnutzungsdauer die Restabschreibungsdauer in der Gesellschaftsbilanz überschreitet, so ist dieser Posten in der Ergänzungsbilanz über diese neu geschätzte Restnutzungsdauer abzuschreiben. Hat sich an einem nachfolgenden Abschlussstichtag die Restnutzungsdauer wider Erwarten verkürzt, so ist diese Einschränkung des wirtschaftlichen Nutzungspotentials mittels AfaA zu berücksichtigen, falls die planmäßige AfA unter der Voraussetzung vollkommener Information im Erwerbszeitpunkt vorsichtiger bemessen worden wäre. Übersteigt die revidierte Schätzung der Restnutzungsdauer zum Abschlussstichtag die Restabschreibungsdauer in der Gesellschaftsbilanz, so ist lediglich in der Ergänzungsbilanz eine AfaA vorzunehmen; ist die revidierte Schätzung der Restnutzungsdauer indes sogar geringer als die Restabschreibungsdauer in der Gesellschaftsbilanz, so muss sowohl in der Gesellschafts- als auch in der Ergänzungsbilanz eine AfaA erfolgen.

Die AfaA ist für die Folgebewertung des anteiligen derivativen Geschäftswerts von besonderer Bedeutung:[636] Da die gesetzlich auf 15 Jahre typisierte Nutzungsdauer des Geschäftswerts einen relativ langen Zeitraum umfasst, ist die Wahrscheinlichkeit, dass es hierbei im Zeitablauf zu einer Verkürzung der Nutzungsdauer kommt, vergleichsweise hoch. Eine solche Nutzungsdauerverkürzung ist aber systemgerecht nicht mittels einer Teilwertabschreibung, sondern mittels einer AfaA zu berücksichtigen.[637]

5) Die Vornahme von Teilwertabschreibungen in der Ergänzungsbilanz

Als weiteres Korrektiv der AfA sieht das Gesetz in § 6 Abs. 1 Nr. 1, 2 EStG eine Abschreibung auf den niedrigeren Teilwert vor. Um eine Überschneidung der Teilwertabschreibung mit der AfaA zu vermeiden, sollten Teilwertabschreibungen immer dann erfolgen, wenn ein außerplanmäßiger Vermögenswertverzehr im Sinne des GoB-Systems vorliegt, der nicht durch eine AfaA erfasst werden kann. Dies trifft auf verschlechterte Umsatz- bzw. Ausgabenerwartungen in jeglicher Form zu, falls diese „nicht zu einer Nutzungsdauerverkürzung führen und die AfA des abnutzbaren Anlagegutes nicht leistungsabhängig bemessen wird."[638] Teilwertabschreibungen sind nach neuem Recht allerdings nur noch bei einer dauernden Wertminderung möglich. Zudem muss der Steuer-

zen und Steuerbilanzen, Festschrift für Heinrich Beisse, hrsg. v. Wolfgang Dieter Budde u.a., Düsseldorf 1997, S. 153-169, h.S. 167.

636 Vgl. Moxter, Adolf: Bilanzrechtliche Probleme beim Geschäfts- oder Firmenwert, a.a.O., S. 859.

637 Vgl. Breidert, Ulrike: Grundsätze ordnungsmäßiger Abschreibungen auf abnutzbare Anlagegegenstände, a.a.O., S. 184.

638 Vgl. Breidert, Ulrike: Grundsätze ordnungsmäßiger Abschreibungen auf abnutzbare Anlagegegenstände, a.a.O., S. 153 f.

pflichtige zu jedem Bilanzstichtag den Nachweis erbringen, dass diese Wertminderung nach wie vor Bestand hat; kann er dies nicht, so tritt ein strenges Wertaufholungsgebot in Kraft.[639]

Es ist unbestritten, dass auch in der Ergänzungsbilanz grundsätzlich die Möglichkeit zur Vornahme einer Teilwertabschreibung besteht;[640] unklar ist aber, wann bzw. in welcher Höhe dies zu geschehen hat.[641] Die Auseinandersetzung wird dabei wiederum von dem Fundamentalkonflikt beherrscht, ob man sich bei der Fortentwicklung der ergänzungsbilanziellen Wertansätze an der Gesellschaftsbilanz auszurichten habe oder eine eigenständige Teilwertabschreibung erforderlich sei. Im Sinne einheitsbetrachtungsgeprägter Periodisierung ist eine Teilwertabschreibung vorzunehmen, falls der Teilwert des einheitlichen Wirtschaftsguts (TW) niedriger ist als die Summe der Buchwerte in Gesellschafts- und Ergänzungsbilanz (d.h. TW < BW-Stb + BW-Ergb; nachfolgend als Entscheidungsregel I bezeichnet).[642] Die Gegenmeinung formuliert als Entscheidungsregel, eine Teilwertabschreibung in der Ergänzungsbilanz setze voraus, dass der anteilige Teilwert des einheitlichen Wirtschaftsguts (q * TW) geringer ist als die Summe des anteiligen Buchwerts aus der Steuerbilanz der Gesellschaft und dem Buchwert für dieses Wirtschaftsgut in der Ergänzungsbilanz (d.h. q * TW < q * BW-Stb + BW-Ergb; Entscheidungsregel II).[643]

---

639 Dementsprechend sind auch lang zurückliegende Teilwertabschreibungen zu korrigieren, sofern es zu einer Werterholung gekommen ist. Letztlich sind sämtliche Teilwertabschreibungen im Zeitraum zwischen dem 31. Dezember 1998 und dem Bilanzstichtag der DM-Eröffnungsbilanz zu überprüfen. Im ersten Jahr der Anwendung kann der entsprechende Gewinn gemäß § 52 Abs. 16 EStG zu 4/5 in eine steuerfreie Rücklage eingestellt werden, die in den folgenden vier Perioden erfolgswirksam aufzulösen ist. Zu den Einzelheiten der Neuregelung siehe Günkel, Manfred; Fenzl, Barbara: Ausgewählte Fragen zum Steuerentlastungsgesetz: Bilanzierung und Verlustverrechnung, a.a.O., S. 651-653.

640 Vgl. OFH-Urteil vom 7. Dezember 1949 I 18/48, StuW 1950, Sp. 76-78, h.Sp. 77; Regniet, Michael: Ergänzungsbilanzen bei der Personengesellschaft, a.a.O., S. 163; sowie jüngst BFH-Urteil vom 6. Juli 1995 IV R 30/93, BFHE 178, S. 176-180, h.S. 178 f.

641 Auch in der Vorinstanz des BFH-Urteils vom 6. Juli 1995 (FG Rheinland-Pfalz) wurde „die Frage, ob eine Teilwertabschreibung einheitlich für die Gesellschafts- und Ergänzungsbilanz vorzunehmen sei" offen gelassen. Vgl. BFH-Urteil vom 6. Juli 1995 IV R 30/93, BFHE 178, S. 176-180, h.S. 177. Der BFH befürwortete in dieser Entscheidung zwar die grundsätzliche Zulässigkeit der Teilwertabschreibung in der Ergänzungsbilanz, verzichtete aber auf weitere Hinweise, wie dies zu geschehen habe.

642 Vgl. IDW (Hrsg.): Steuerliche Ergänzungs- und Sonderbilanzen, a.a.O., S. 80d; Dreissig, Hildegard: Ergänzungsbilanzen – steuerliche Zweifelsfragen und wirtschaftliche Auswirkungen, a.a.O., S. 236 f.; Krah, R.: Bedeutung von Ergänzungsbilanzen im Einkommensteuerrecht, a.a.O., S. 246; Uelner, Adalbert: Ergänzungs- und Sonderbilanzen, a.a.O., S. 157.

643 Vgl. Bitz, Horst: Teilwertabschreibungen in Ergänzungsbilanzen anläßlich eines entgeltlichen Gesellschafterwechsels, a.a.O., S. 394; Regniet, Michael: Ergänzungsbilanzen bei

160

Beispiel II des Anhangs verdeutlicht, dass nach Entscheidungsregel I ein weitaus stärkeres Absinken des Teilwerts erforderlich ist als bei Entscheidungsregel II, bevor eine Teilwertabschreibung in der Ergänzungsbilanz erfolgt. Zudem differiert die Höhe der Teilwertabschreibungen auch bei Teilwerten unterhalb des Grenzwertes, für den beide Entscheidungsregeln die Vornahme einer Teilwertabschreibung vorsehen.[644]

Möchte man eine Fortentwicklung der Ergänzungsbilanz im Sinne der allgemeinen Prinzipien erreichen, so wird dies nur durch Anwendung von Entscheidungsregel II ermöglicht. Das Absinken des anteiligen Teilwerts eines Wirtschaftsguts, bei dem im Zuge der Verteilung des Mehrkaufpreises stille Reserven aufgelöst wurden, entspricht aus der Sicht des Erwerbers einem außerplanmäßigen Vermögensverzehr. Es ist den Wertungsgrundsätzen des GoB-Systems und der Steuerbilanz gemäß, diese (dauernde) Wertminderung sofort und in voller Höhe zu erfassen, da auch steuerrechtlich Überbewertungen einzelner Posten zu vermeiden sind.[645] Teilwertabschreibungen gemäß Entscheidungsregel I erfolgen dagegen zu spät und in zu geringem Umfang. Die wiederum ausschließlich formale Begründung dieses Entscheidungskriteriums aus dem Gedankengut der einheitsbetrachtungsgeprägten Periodisierung und die damit einhergehende Missachtung allgemein gültiger Periodisierungsregeln vermag nicht zu überzeugen.

Durch das neue Wertaufholungsgebot ergibt sich zudem, dass bei einer Werterholung nach erfolgter Teilwertabschreibung auch in der Ergänzungsbilanz eine entsprechende Zuschreibung vorzunehmen ist. Im Übrigen führt das Wertaufholungsgebot auf der Ebene der Steuerbilanz der Gesellschaft zu einer entsprechenden erfolgswirksamen Auflösung der korrespondierenden Posten in der Ergänzungsbilanz. Wurde z.B. vor geraumer Zeit eine Teilwertabschreibung auf ein Wirtschaftsgut vorgenommen, kam es aber kurz danach wieder zu einer Werterholung, so wird in der Regel der Teilwertansatz in der Steuerbilanz der Gesellschaft beibehalten worden sein. Ist es danach zu einem entgeltlichen Gesellschafterwechsel mit der Zahlung eines Mehrkaufpreises gekommen, so werden in der Ergänzungsbilanz für den Erwerber Aufstockungen auf dieses Wirtschaftsgut vorgenommen worden sein. Infolge des nunmehr geltenden Wertaufholungsgebots in der Steuerbilanz ist aber auch der korrespondierende Posten in

der Personengesellschaft, a.a.O., S. 163 f.; auch Reiß, Wolfram: § 15 EStG, a.a.O., E 252, der die im Ergebnis äquivalente, aber prägnante Entscheidungsregel formuliert, dass eine Teilwertabschreibung in der Ergänzungsbilanz vorzunehmen ist, „soweit die in der Ergänzungsbilanz dem Wirtschaftsgut zugeordneten stillen Reserven nicht mehr durch die anteilig auf den Gesellschafter entfallenden stillen Reserven im Wirtschaftsgut gedeckt sind."

644 Siehe die vergleichende Gegenüberstellung im Anhang, Beispiel II.
645 Vgl. Breidert, Ulrike: Grundsätze ordnungsmäßiger Abschreibungen auf abnutzbare Anlagegegenstände, a.a.O., S. 151.

der Ergänzungsbilanz erfolgswirksam aufzulösen, um eine Doppelbesteuerung bereits vom Erwerber vergüteter stiller Reserven zu vermeiden. Es bietet sich an, die Auflösung dieser Ergänzungsbilanzposten an die Auflösung der entsprechenden steuerfreien Rücklage in der Steuerbilanz der Gesellschaft zu koppeln, mithin ebenfalls einen Auflösungszeitraum von vier Wirtschaftsjahren zu wählen.

Problemträchtig ist darüber hinaus die Vornahme von Teilwertabschreibungen auf einen anteiligen derivativen Geschäftswert. Trotz des Streits um den Einfluss der Einheitstheorie des BFH[646] erscheint es im Sinne des Realisationsprinzips systemgerecht, einen dauerhaften Rückgang der durch den Geschäftswert verkörperten Umsatzerwartungen mittels einer Teilwertabschreibung zu berücksichtigen. Dies setzt voraus, dass bereits im Zugangsjahr oder auch zu einem späteren Zeitpunkt eine Fehlmaßnahme, d.h. eine Überschätzung des Wertes einzelner Geschäftswertkomponenten in der Relation zu der Höhe des Kaufpreises für den Mitunternehmeranteil, nachgewiesen werden kann.[647] Darüber hinaus ist eine Teilwertabschreibung vorzunehmen, falls die ursprünglich zutreffende Umsatzprognose für den anteiligen Geschäftswert aufgrund eines außergewöhnlichen Ereignisses korrigiert werden muss.[648]

6) Die Vornahme von Sofortabschreibungen in der Ergänzungsbilanz

Richtet man sich bei der Lösung der Fortentwicklungsproblematik an den konkreten Vorgaben der Gesellschaftsbilanz aus, so wird eine Sofortabschreibung in Anlehnung an § 6 Abs. 2 EStG[649] in der Ergänzungsbilanz bereits dann erforderlich, wenn stille Reserven auf ein Wirtschaftsgut entfallen, das in der Gesellschaftsbilanz vollständig abgeschrieben ist, d.h. nur noch mit dem Erinnerungswert zu Buche steht.[650] Die Höhe der auf dieses Wirtschaftsgut entfallenden stillen Reserven soll dabei völlig unwesentlich sein; die Ausrichtung an der Gesellschaftsbilanz hat uneingeschränkten Vorrang. Dass diese Bilanzierungs-

---

646 Ausführlich zum Einfluss der Einheitstheorie des BFH auf die Teilwertabschreibung des Geschäftswerts siehe Breidert, Ulrike: Grundsätze ordnungsmäßiger Abschreibungen auf abnutzbare Anlagegegenstände, a.a.O., S. 185-186.

647 Vgl. Breidert, Ulrike: Grundsätze ordnungsmäßiger Abschreibungen auf abnutzbare Anlagegegenstände, a.a.O., S. 187.

648 Vgl. Breidert, Ulrike: Grundsätze ordnungsmäßiger Abschreibungen auf abnutzbare Anlagegegenstände, a.a.O., S. 187.

649 § 6 Abs. 2 EStG gestattet im Jahr der Anschaffung den Betriebsausgabenabzug in voller Höhe für alle Wirtschaftsgüter, deren Anschaffungs- oder Herstellungskosten 800 DM nicht übersteigen.

650 Hierfür plädiert das IDW (Hrsg.): Steuerliche Ergänzungs- und Sonderbilanzen, a.a.O., S. 80d, sowie Dreissig, Hildegard: Ergänzungsbilanzen – steuerliche Zweifelsfragen und wirtschaftliche Auswirkungen, a.a.O., S. 235.

weise zu einer Periodisierung führt, die nicht mit den allgemeinen Periodisierungsregeln vereinbart werden kann, ist evident.[651]
Gleichfalls zu verwerfen ist die Auffassung, die Sofortabschreibung in der Ergänzungsbilanz sei für all die Wirtschaftsgüter zulässig, die im Zeitpunkt des
Erwerbs in der Gesellschaftsbilanz zwar nicht vollständig abgeschrieben sind,
aber als Folge planmäßiger und/oder außerplanmäßiger AfA mit einem Buchwert von weniger als 800 DM ausgewiesen werden.[652] Die Höhe der stillen
Reserven wird dabei wiederum als unbeachtlich gewertet, auch sehr hohe stille
Reserven gelten demnach als sofort abzugsfähig.

Aus demselben Grund ist der Einschätzung, ein Sofortabzug sei unabhängig
von der Höhe der stillen Reserven vorzunehmen, falls diese auf ein Wirtschaftsgut entfallen, das in der Gesellschaftsbilanz als geringwertig eingestuft
wurde,[653] zu widersprechen. Sind in dem geringwertigen Wirtschaftsgut beträchtliche stille Reserven enthalten, würde die Sofortabschreibung eine nicht
zu duldende Verzerrung des Periodenergebnisses bewirken. Zuzugeben ist
allerdings, dass mit geringwertigen Wirtschaftsgütern nur selten hohe stille Reserven verbunden sein werden, derartige Sonderfälle sind aber denkbar.[654]

Die Mehrzahl der Autoren knüpft an den Sofortabzug in der Ergänzungsbilanz
indes zwei Bedingungen: Es muss sich erstens um ein in der Gesellschaftsbilanz
als geringwertig qualifiziertes Wirtschaftsgut handeln, und zweitens dürfen die
auf das geringwertige Wirtschaftsgut entfallenden stillen Reserven den mit der
Beteiligungsquote gewichteten Betrag von 800 DM nicht überschreiten.[655] Es
werden damit zwei Entscheidungskriterien geprüft, bevor der Sofortabzug aner-

---

651 Ablehnend auch Uelner, Adalbert: Ergänzungs- und Sonderbilanzen, a.a.O., S. 155 f.

652 Bei der Qualifikation eines Wirtschaftsguts als geringwertig ist nicht auf den Zeitpunkt
des Erwerbs des Mitunternehmeranteils abzustellen, sondern auf den (früheren) Zeitpunkt des Erwerbs des angesprochenen Wirtschaftsguts selbst. So IDW (Hrsg.): Steuerliche Ergänzungs- und Sonderbilanzen, a.a.O., S. 80d; Uelner, Adalbert: Ergänzungs-
und Sonderbilanzen, a.a.O., S. 156.

653 Vgl. Dreissig, Hildegard: Ergänzungsbilanzen – steuerliche Zweifelsfragen und wirtschaftliche Auswirkungen, a.a.O., S. 236; Uelner, Adalbert: Ergänzungs- und Sonderbilanzen, a.a.O., S. 156.

654 Denkbar wäre dies z.B. bei Ersatzteilen für eine Maschine, die ursprünglich als geringwertige Wirtschaftsgüter einzustufen waren. Wird die (Serien-)Produktion dieser Ersatzteile infolge des Konkurses des Herstellers eingestellt, möchte das Unternehmen die Maschine aber weiternutzen, so steigen die Wiederbeschaffungskosten (und damit die Teilwerte) dieser Ersatzteile u.U. sprunghaft an, da diese nun nur noch als Sonderanfertigung
erhältlich sind. Hat das Unternehmen diese Ersatzteile noch auf Lager, so haben sich in
diesen ursprünglich als geringwertig zu qualifizierenden Wirtschaftsgütern stille Reserven beachtlichen Umfangs gebildet.

655 Vgl. Schmidt, Ludwig: § 15 EStG, a.a.O., Rn. 468. Beim Erwerb einer 50%-Beteiligung
an einer Mitunternehmerschaft beträgt diese Wertgrenze also 0,5 * 800 DM = 400 DM.

kannt wird – eines auf der Ebene der Gesellschaftsbilanz, eines auf der Ebene der Ergänzungsbilanz.

Analysiert man den mit der Vorschrift des § 6 Abs. 2 EStG verbundenen Sinn und Zweck, so lässt sich diese Regelung auf das in der Steuerbilanz omnipräsente Vereinfachungsprinzip zurückführen. Es soll eine „Entlastung der Bilanz"[656] erreicht werden, indem die „große Masse der geringwertigen Wirtschaftsgüter"[657] nicht bis zu ihrem endgültigen Ausscheiden aus dem Betriebsvermögen in der Bilanz fortgeführt werden muss, sondern für diese bereits im Jahr der Anschaffung eine vollständige Umsatzalimentierung typisiert wird. Das Streben nach einer einfachen, innerhalb gewisser Grenzen aufwandsreduzierten Gewinnermittlung ist auch für die Ergänzungsbilanz zu befürworten. Vergleicht man allerdings die Anforderungen, die an den Sofortabzug in Steuerbilanz und Ergänzungsbilanz gestellt werden, so ist festzustellen, dass diese gemäß des zweigliedrigen Entscheidungskriteriums in der Ergänzungsbilanz weitaus höher sind. Insbesondere dann, wenn nur sehr geringfügige stille Reserven auf ein Wirtschaftsgut entfallen,[658] das in der Gesellschaftsbilanz als nicht geringwertig eingestuft wird, bleibt dem Erwerber der Sofortabzug versagt. Der hohe Aufwand der Nutzungsdauerschätzung, AfA-Methoden-Wahl usw. wird ihm nicht erspart, obgleich es sich nach den Wertungsmaßstäben der Steuerbilanz um eine vernachlässigbare Größe handelt. Für die Ergänzungsbilanz schärfere Maßstäbe anzulegen als für die Steuerbilanz kann aber angesichts der Zweckidentität beider Rechenwerke kaum begründet werden.[659] Dem Vereinfachungsprinzip würde daher besser entsprochen, wenn man sich bei der Entscheidung über den Sofortabzug allein auf die Gegebenheiten in der Ergänzungsbilanz stützen würde. Falls der in der Ergänzungsbilanz aktivierte Posten den anteiligen Grenzwert unterschreitet, sollte daher ein Sofortabzug zugelassen werden, unabhängig davon, ob das Wirtschaftsgut auf der Ebene der Gesellschaftsbilanz als geringwertig gilt.

---

656 Moxter, Adolf: Bilanzrechtsprechung, a.a.O., S. 243.

657 BFH-Urteil vom 19. Januar 1984 IV R 224/80, BFHE 140, S. 270-273, h.S. 272.

658 Dabei müssen die stillen Reserven absolut betrachtet gar nicht so gering sein, dennoch können auch in solchen Fällen auf der Ebene der Ergänzungsbilanz durch die Gewichtung mit der Beteiligungsquote sowie den Auswirkungen des Aufstockungsverfahrens bei nicht vollständiger Vergütung der stillen Reserven Größenordnungen erreicht werden, die unter dem entsprechenden Grenzwert liegen.

659 Dies missachtet auch Regniet, Michael: Ergänzungsbilanzen bei der Personengesellschaft, a.a.O., S. 162, der eine Sofortabschreibung nach § 6 Abs. 2 EStG generell für unzulässig hält. Als Begründung dient eine strenge Beachtung des Wortlauts des § 6 Abs. 2 EStG, der die Anschaffung eines beweglichen Wirtschaftsguts voraussetzt. Da *Regniet* im Erwerb des Mitunternehmeranteils eine Anschaffung des Mitunternehmeranteils als solchen erblickt, fehlt es seines Erachtens an dieser Voraussetzung, die Sofortabschreibung sei deshalb unmöglich.

III. Die Auflösung positiver Ergänzungsbilanzen

Neben der turnusgemäßen Fortentwicklung der Wertansätze der Ergänzungsbilanz sei aus Gründen der Vollständigkeit noch kurz referiert, welche Tatbestände darüber hinaus die Auflösung einzelner Posten oder der gesamten Ergänzungsbilanz rechtfertigen: Einzelne Posten sind aufzulösen, sofern das korrespondierende Wirtschaftsgut infolge von Zerstörung, Verkauf, Tausch, Schenkung o.Ä. aus dem Betriebsvermögen der Gesellschaft ausscheidet. Die gesamte Ergänzungsbilanz muss aufgelöst werden, wenn der Gesellschafter aus der Gesellschaft ausscheidet, der Gesellschafter seine Teilhabe an den stillen Reserven der Gesellschaft verliert oder die Gesellschaft ihre Tätigkeit planmäßig oder infolge Konkurses einstellt.

F. Aufstellung und Fortentwicklung negativer Ergänzungsbilanzen

I. Die Aufstellung negativer Ergänzungsbilanzen im Erwerbszeitpunkt

1) Die ökonomischen Entstehungsursachen eines Minderkaufpreises

Im Rahmen eines entgeltlichen Gesellschafterwechsels kann es auch zu der Vereinbarung eines Minderkaufpreises kommen; von einem Minderkaufpreis spricht man, wenn der Kaufpreis für den Mitunternehmeranteil den Buchwert des anteiligen Betriebsvermögens, mithin den Buchwert des übergehenden Kapitalkontos, unterschreitet. Ökonomisch lässt sich ein Minderkaufpreis wie folgt erklären: Da sich die Grenzpreisbildung im Zuge der Kaufverhandlungen maßgeblich am Ertragswertverfahren ausrichtet, deutet ein Minderkaufpreis vornehmlich auf eine pessimistische Einschätzung der zukünftigen Ertragslage oder auf die Existenz lohnenderer Alternativinvestitionen hin.[660] Käufer und Verkäufer dokumentieren durch den – gemessen an den Buchwerten des anteiligen Betriebsvermögens – zu niedrigen Kaufpreis für den Mitunternehmeranteil, dass eine angemessene Verzinsung des Buchwertes des anteiligen Betriebsvermögens in der Zukunft nicht gewährleistet ist.[661] Dies kann insbesondere auf rein wirtschaftliche Lasten wie z.B. notwendige Investitionen für Rationalisierungsmaßnahmen, Produktinnovationen, eine generell nachteilige Marktentwicklung, ein negatives Image oder eine ineffiziente Organisationsstruktur zurückzuführen sein.[662] Obwohl der Erwerber bei einem isolierten Vergleich von Kaufpreis und Buchwert des anteiligen Betriebsvermögens den Mitunternehmeranteil scheinbar zu einem günstigen Preis erworben hat, kann dies im Erwerbszeitpunkt weder objektiviert noch abschließend beurteilt wer-

---

660 Siehe oben 2. Kapitel E. I. 3) b).

661 Vgl. Moxter, Adolf: Bilanzrechtliche Probleme beim Geschäfts- oder Firmenwert, a.a.O., S. 856.

662 Vgl. Sauer, Otto: Negativer Geschäftswert in der Steuerbilanz, a.a.O., S. 126; ausführlich zu den Enstehungsursachen auch Gießler, Oliver S.: Der negative Geschäftswert in Handels-, Steuer- und Ergänzungsbilanz, Frankfurt/M. u.a. 1996, S. 60.

den. Zwar wird sich ein ökonomisch rational agierender Käufer langfristig von dem Erwerb des Mitunternehmeranteils Erträge erhoffen, ob diese Erträge allerdings de facto realisierbar sind, ist im Erwerbszeitpunkt noch völlig offen.[663] Während die oben angesprochenen Motive für das Zustandekommen eines Minderkaufpreises sowohl bei einem Gesamtunternehmenskauf als auch bei einem Anteilskauf von Bedeutung sein können, ist speziell für den entgeltlichen Gesellschafterwechsel noch eine weitere Ursachenkategorie zu nennen: Die Übernahme einer Mitunternehmerstellung ist mit eingeschränkten Einflussnahme- und Handlungsmöglichkeiten verbunden, die der Anlass für weitere Kaufpreisabschläge sein können. Hiervon ist insbesondere dann auszugehen, wenn der Gesellschaftsvertrag wesentliche Einschränkungen der Handlungsoptionen des eintretenden Gesellschafters, wie z.B. Entnahmebeschränkungen, Buchwertklauseln oder eine langfristige Auszahlung des Abfindungsguthabens beinhaltet. Der Käufer eines Gesamtunternehmens hat darüber hinaus – zumindest theoretisch – auch die Möglichkeit, die vollständige oder partielle Liquidation des Unternehmens einzuleiten. Dagegen verfügt der Erwerber eines Mitunternehmeranteils – gegen den Willen der Altgesellschafter – nicht über diese Handlungsalternative.[664]

2) Die Abbildung eines Minderkaufpreises mittels negativer Ergänzungsbilanzen

Unterschreitet der Kaufpreis den Buchwert des anteiligen Betriebsvermögens, so erleidet der ausscheidende Gesellschafter aus dem Veräußerungsgeschäft einen Veräußerungsverlust. Obwohl dieser Fall vom Gesetz nicht ausdrücklich angesprochen wird, kann ein derartiger Veräußerungsverlust nach herrschender Meinung im vollen Umfang in das Verfahren des Verlustausgleichs und des Verlustrücktrags einbezogen werden.[665]

Aus der Perspektive des eintretenden Gesellschafters handelt es sich bei dem Erwerb eines Mitunternehmeranteils um ein nicht umsatzinduziertes Anschaffungsgeschäft; das Erfolgsneutralitätsprinzip gebietet es, diesen Anschaffungsvorgang erfolgsneutral abzubilden.[666] Dies setzt voraus, dass im Erwerbszeitpunkt die individuellen Anschaffungskosten des Erwerbers steuerbilanzrechtlich fixiert werden. Die Minderanschaffungskosten des Erwerbers

---

663 Vgl. Moxter, Adolf: Bilanzrechtliche Probleme beim Geschäfts- oder Firmenwert, a.a.O., S. 856.

664 Vgl. Sauer, Otto: Negativer Geschäftswert in der Steuerbilanz, a.a.O., S. 127.

665 Vgl. exemplarisch Söffing, Günter: § 16 EStG, a.a.O., Rn. 337 sowie oben 2. Kapitel A. II. 2).

666 Vgl. Breidert, Ulrike: Grundsätze ordnungsmäßiger Abschreibungen auf abnutzbare Anlagegegenstände, a.a.O., S. 197; Euler, Roland: Das System der Grundsätze ordnungsmäßiger Bilanzierung, a.a.O., S. 163.

können jedoch auch hier nur mit Hilfe einer Ergänzungsbilanz erfasst werden, da der neu eintretende Gesellschafter wiederum das steuerliche Kapitalkonto des ausscheidenden Gesellschafters unverändert fortführen muss. Erst durch das Zusammenwirken von Steuerbilanz der Gesellschaft und negativer Ergänzungsbilanz des Gesellschafters gelingt die Abbildung der individuellen Anschaffungskosten.[667]

Darüber hinaus wird hierdurch auch die zutreffende steuerliche Behandlung künftiger Gesellschafterwechsel ermöglicht. Kennzeichnet man die positive Ergänzungsbilanz als ein Instrument zur Vermeidung einer Doppelbesteuerung des Veräußerungsgewinns,[668] so kann man die negative Ergänzungsbilanz als ein Instrument zur Vermeidung einer doppelten steuerlichen Entlastung infolge des Veräußerungsverlusts beschreiben: Der Veräußerungsverlust wirkt für den Veräußerer steuermindernd; würde der Minderkaufpreis nicht mittels einer negativen Ergänzungsbilanz erfasst, könnte sich in der Zukunft bei einem erneuten Gesellschafterwechsel sowie isolierter Betrachtung des steuerlichen Kapitalkontos wiederum die Situation ergeben, dass ein Veräußerungsverlust auftritt. Eine dadurch hervorgerufene erneute steuerliche Entlastung ist aber ebenso systemwidrig wie die Doppelbesteuerung des Veräußerungsgewinns und mittels einer negativen Ergänzungsbilanz zu verhindern.[669] Funktion und Gestalt der negativen Ergänzungsbilanz entsprechen insofern – mit umgekehrtem Vorzeichen – Funktion und Gestalt der positiven Ergänzungsbilanz.

In der Literatur wird allerdings vereinzelt argumentiert, dass ein anderes Vorgehen dann zu erwägen sei, wenn die Vereinbarung eines Minderkaufpreises auf das Verhandlungsgeschick des Käufers oder eine (finanzielle) Zwangslage des Verkäufers zurückgeführt werden könne.[670] In einer derartigen – zumeist als lucky buy bezeichneten – Situation[671] sei eine sofortige Gewinnrealisation ausnahmsweise möglich, falls aus der Perspektive des Käufers von einem quasi-sicheren Gewinn auszugehen sei.[672] Berücksichtigt man allerdings den

---

667 Siehe oben 2. Kapitel A. II. 2), 3).

668 Siehe oben 2. Kapitel A. II. 2), 3).

669 Siehe oben 2. Kapitel A. II. 2), 3).

670 Vgl. Breidert, Ulrike: Grundsätze ordnungsmäßiger Abschreibungen auf abnutzbare Anlagegegenstände, a.a.O., S. 198; Sauer, Otto: Negativer Geschäftswert in der Steuerbilanz, a.a.O., S. 127.

671 Vgl. Ernsting, Ingo: Zur Bilanzierung eines negativen Geschäfts- oder Firmenwerts nach Handels- und Steuerrecht, in: WPg, 51. Jg. (1998), S. 405-421, h.S. 418; Küting, Karlheinz: Ein erneutes Plädoyer für eine Einheitsbesteuerung, in: DB, 43. Jg. (1990), S. 489-497, h.S. 494.

672 Vgl. Hartung, Werner: Negative Firmenwerte als Verlustrückstellungen, in: Handelsbilanzen und Steuerbilanzen, Festschrift für Heinrich Beisse, hrsg. v. Wolfgang Dieter Budde u.a., Düsseldorf 1997, S. 235-249, h.S. 241. Auch Breidert, Ulrike: Grundsätze ordnungsmäßiger Abschreibungen auf abnutzbare Anlagegegenstände, a.a.O., S. 198 hält

Modus der Kaufpreisbildung sowie die Implikationen des Realisationsprinzips, so erscheint es zweifelhaft, ob derartige Sonderfälle überhaupt existieren: Der letztlich vereinbarte Kaufpreis wird maßgeblich von der Ertragswertschätzung für den Mitunternehmeranteil determiniert; diese Ertragswertschätzung wiederum erfolgt auf der Basis zweier subjektiv geschätzter, mit Unsicherheit behafteter Größen, nämlich der zukünftigen anteiligen Erträge sowie des Kapitalisierungszinssatzes.[673] Da sich beide Variablen im Zeitablauf ändern können, kann ein Minderkaufpreis im Erwerbszeitpunkt grundsätzlich nicht – auch nicht in Sonderfällen – als quasi-sicherer Erwerbsgewinn qualifiziert werden, der als Indikator wirtschaftlicher Leistungsfähigkeit die Höhe der Steuerzahlungen des Erwerbers beeinflussen darf. Vielmehr ist für den vollentgeltlichen Gesellschafterwechsel auch bei Vorliegen eines Minderkaufpreises eine strikte Anwendung des Realisationsprinzips zu fordern, d.h. ein Gewinnausweis im Erwerbszeitpunkt ist zu unterbinden.[674]

3) Stille Lasten als Ursache des Minderkaufpreises?

Betrachtet man die Behandlung eines Mehrkaufpreises in der positiven Ergänzungsbilanz auch weiterhin als entsprechend zu modifizierenden Referenzfall für die negative Ergänzungsbilanz, so ergibt sich daraus Folgendes:

In der positiven Ergänzungsbilanz wird versucht, einen Mehrkaufpreis durch Wertberichtigungen auf einzelne Wirtschaftsgüter darzustellen. Durch Aufstockungen soll eine Approximation des mittels des Kaufpreises konkretisierten Ertragswerts durch Substanzwerte erreicht werden; der Mehrkaufpreis wird durch die Auflösung stiller Reserven nachgebildet. Da es in dem von Vorsichts- und Objektivierungsprinzipien geprägten System steuerbilanzieller Gewinnermittlung zudem häufig zu einem Auseinanderfallen von Buchwert und Teilwert einzelner Wirtschaftsgüter, d.h. zur Bildung stiller Reserven kommt, wird dieses Vorhaben zumeist auch gelingen. Darüber hinaus wird mit der Berücksichtigung bislang nicht bilanzierter immaterieller Wirtschaftsgüter und des derivativen Geschäftswerts als Residualgröße die Lücke zwischen substanzabhängiger und ertragsabhängiger Bewertung des Mitunternehmeranteils geschlossen. Gleichwohl wird die hierbei erfolgende Verknüpfung zweier Bewertungsverfahren, nämlich eines Verfahrens der Einzelbewertung und eines Ver-

---

dies nur dann für zulässig, falls der Minderkaufpreis „nach übereinstimmender Beurteilung von Unternehmensveräußerer und -erwerber keine künftigen Belastungen mehr enthält."

673 Siehe oben 2. Kapitel E. I. 3) b).

674 Vgl. Euler, Roland: Das System der Grundsätze ordnungsmäßiger Bilanzierung, a.a.O., S. 163.

fahrens der Gesamtbewertung, mitunter als theoretisch unhaltbar kritisiert.[675] Hierbei wird allerdings missachtet, dass sich dieses Vorgehen durch das ausgeprägte steuerbilanzrechtliche Objektivierungserfordernis rechtfertigen lässt. Dementsprechend müsste die negative Ergänzungsbilanz zunächst darauf abzielen, den Minderkaufpreis durch Wertberichtigungen auf einzelne Wirtschaftsgüter des Betriebsvermögens darzustellen; der Minderkaufpreis müsste durch die Existenz stiller Lasten erklärbar sein. Es ist daher in einem ersten Schritt zu analysieren, welche steuerbilanzrechtlichen Vorschriften die Entstehung stiller Lasten bewirken können:

Auf der Aktivseite können stille Lasten infolge einer Überbewertung positiver Wirtschaftsgüter entstehen. Hierzu kann es nach dem derzeit geltenden Bilanzsteuerrecht jedoch nur noch bei einer vorübergehenden Wertminderung im Anlagevermögen kommen, da derartige Sachverhalte nicht mehr mittels einer Teilwertabschreibung berücksichtigt werden dürfen.[676]

Stille Lasten auf der Passivseite sind dagegen auf Unterbewertungen negativer Wirtschaftsgüter zurückzuführen. Inzwischen gibt es eine vergleichsweise große Anzahl von Vorschriften wie z.B. das (teilweise GoB-widrige) Abzinsungsgebot[677] für bestimmte Verbindlichkeiten und Rückstellungen,[678] die Einschrän-

---

675 Vgl. Möhrle, Martin: Bilanzierung des derivativen Geschäftswertes im Lichte der Investitionstheorie, Hamburg 1999, S. 60; ähnlich Hötzel, Oliver: Unternehmenskauf und Steuern, a.a.O., S. 11.

676 Vgl. Groh, Manfred: Steuerentlastungsgesetz 1999/2000/2002: Imparitätsprinzip und Teilwertabschreibung, in: DB, 52. Jg. (1999), S. 978-984, h.S. 981 f.; Kemper, Nicolas; Beyschlag, Georg: Abkehr von der Maßgeblichkeit – Änderungen des Bilanzsteuerrechts und ihre Auswirkungen auf die Personengesellschaft, a.a.O., S. 737 f.

677 Die Lösung des Problems, welche Bilanzposten einer Abzinsung zugänglich sind und welche nicht, konnte nur einzelfallbezogen, unter Heranziehung der allgemeinen Bilanzrechtsprinzipien, gelöst werden. Vgl. bezüglich der Abzinsung von Verbindlichkeiten insbesondere Moxter, Adolf: Bilanzrechtliche Abzinsungsgebote und -verbote, in: Ertragsbesteuerung, Festschrift für Ludwig Schmidt, hrsg. v. Arndt Raupach u.a., München 1993, S. 195-207, h.S. 202-206; Böcking, Hans-Joachim: Bilanzrechtstheorie und Verzinslichkeit, a.a.O., S. 148-290. Das undifferenzierte neue Abzinsungsgebot für die Steuerbilanz wird diesen Überlegungen nicht gerecht, d.h. ist nicht GoB-adäquat.

678 Betroffen sind unverzinsliche Verbindlichkeiten mit einer Laufzeit von mehr als einem Jahr, sofern es sich nicht um Anzahlungen oder Vorausleistungen handelt, sowie Verbindlichkeitsrückstellungen (unabhängig davon, ob es sich um Geld- oder Sachleistungsverpflichtungen handelt). Diese sind grundsätzlich mit einem Zinssatz von 5,5 v.H. zu diskontieren. Dem bisherigen Recht entsprach es dagegen z.B. Verbindlichkeitsrückstellungen nur dann abzuzinsen, wenn diese einen Zinsanteil enthalten. Vgl. Clemm, Hermann; Nonnenmacher, Rolf: § 253 HGB, in: Beck'scher Bilanz-Kommentar, 3. Aufl., München 1995, Anm. 161, m.w.N. Durch den infolge der Abzinsung zu geringen Ansatz der Verbindlichkeitsrückstellung wird der Periodengewinn zu hoch ausgewiesen, d.h. es kommt zur Besteuerung eines unrealisierten Gewinns sowie zur Bildung stiller Lasten.

kung des Höchstwertprinzips sowie die veränderten Bewertungsgrundsätze für Verbindlichkeiten,[679] die derartige Konsequenzen nach sich ziehen. Zu beachten ist allerdings, dass diese Regelungen erst kürzlich durch das Steuerentlastungsgesetz 1999/2000/2002 kodifiziert wurden.

Darüber hinaus wird die Bildung stiller Lasten auch durch das Objektivierungsprinzip und seine Folgeprinzipien begünstigt. Insbesondere das Außenverpflichtungsprinzip begründet stille Lasten dadurch, dass es den Ansatz der Passiva auf Außenverpflichtungen begrenzt und Innenverpflichtungen wie z.b. unterlassene Marketingaufwendungen oder unterlassene Forschung und Entwicklung damit als grundsätzlich nicht passivierbar gelten.[680] Ebenso kann es infolge des Abschlussstichtagsprinzips, das die Bewertung an die Verhältnisse des Abschlussstichtages bindet,[681] zur Entstehung von stillen Lasten kommen.

Die bisherigen Ausführungen haben gezeigt, dass es vielfältige bilanzsteuerrechtliche Vorschriften gibt, die zur Bildung stiller Lasten in bereits bilanzierten positiven und negativen Einzelwirtschaftsgütern führen können. Überdies können stille Lasten aber auch infolge bilanziell bislang unberücksichtigt gebliebener Faktoren wie z.B. Innenverpflichtungen oder generell negativer Zukunftsaussichten entstehen. Angesichts dessen scheint die Abbildung eines Minderkaufpreises durch die Auflösung stiller Lasten grundsätzlich durchführbar zu sein; bei der sich nun anschließenden Würdigung der Abstockungslösung gilt es diesen Befund zu berücksichtigen.

4) Die Wahrung des Erfolgsneutralitätsprinzips mittels der Abstockungslösung

a) Die systematische Durchführung der Abstockungslösung

Die Rechtsprechung sowie Teile der Literatur gehen traditionell davon aus, dass die Erfolgsneutralität des Anschaffungsvorgangs bei Vorliegen eines Minderkaufpreises mittels der so genannten Abstockungslösung sicherzustellen ist. Die individuellen Anschaffungskosten des Erwerbers sollen durch die Aufnahme eines Minderkapitals in eine negative Ergänzungsbilanz abgebildet werden;

---

679 Bei der Bewertung der Verbindlichkeiten sind nun auch künftige Erträge sowie die Vergangenheitserfahrungen zu berücksichtigen. Ausführlicher zu den neu gefassten Bewertungsgrundsätzen für Verbindlichkeiten vgl. Küting, Karlheinz; Kessler, Harald: Zur geplanten Reform des bilanzsteuerlichen Rückstellungsrechts nach dem Entwurf eines Steuerentlastungsgesetzes 1999/2000/2002, in: DStR, 36. Jg. (1998), S. 1937-1946; Günkel, Manfred; Fenzl, Barbara: Ausgewählte Fragen zum Steuerentlastungsgesetz: Bilanzierung und Verlustverrechnung, a.a.O., S. 653-657.

680 Vgl. Euler, Roland: Das System der Grundsätze ordnungsmäßiger Bilanzierung, a.a.O., S. 154.

681 Vgl. Euler, Roland: Das System der Grundsätze ordnungsmäßiger Bilanzierung, a.a.O., S. 123.

diesem Minderkapital werden dann Abstockungen auf die bereits bilanzierten positiven Wirtschaftsgüter des Betriebsvermögens gegenübergestellt.

Hinter der Abstockungslösung stand ursprünglich tatsächlich die Vorstellung, der Minderkaufpreis könne vollständig auf Fehlbewertungen in der Steuerbilanz der Gesellschaft zurückgeführt werden. So formulierte z.b. der RFH in seinem – allerdings auf den Gesamtunternehmenskauf bezogenen – Urteil vom 15. Oktober 1924: „Die Gesamtlage des Unternehmens, sein Wert als Ganzes, der sich in dem Verkaufspreis des Gesamtunternehmens ausdrückt, wirkt also auf die Bewertung der einzelnen Gegenstände des Betriebsvermögens zurück, und wenn die Summe der Aktiven abzüglich der Passiven den Verkaufswert des Gesamtunternehmens übersteigt, so zeigt das, dass einzelne oder alle Ansätze in der Bilanz falsch sind."[682]

Die traditionelle Abstockungslösung versucht also einen Minderkaufpreis ausschließlich durch Abstockungen auf bereits bilanzierte positive Einzelwirtschaftsgüter zu neutralisieren. Berücksichtigt man die vorangegangenen Überlegungen zu den Entstehungsursachen von stillen Lasten, so ist es offensichtlich, dass auf diese Art und Weise nur ein Teilbetrag der potentiell existenten stillen Lasten zur objektivierungsgeprägten Erklärung eines Minderkaufpreises herangezogen wird: Weder stille Lasten in bereits bilanzierten negativen Einzelwirtschaftsgütern noch stille Lasten infolge bilanziell bislang überhaupt nicht erfasster Sachverhalte werden in das Kalkül einbezogen.

Trotz dieses systematischen Defizits verlangen Rechtsprechung und Teile der Literatur bis heute eine stringente Durchführung des Abstockungsverfahrens. Dies kann jedoch dazu führen, dass in der negativen Ergänzungsbilanz Abstockungen auf bereits bilanzierte positive Wirtschaftsgüter auch dann vorgenommen werden, wenn in dem entsprechenden Wirtschaftsgut überhaupt keine stillen Lasten feststellbar sind. Im Gegensatz dazu sind Aufstockungen auf bereits bilanzierte positive Wirtschaftsgüter in der positiven Ergänzungsbilanz nur zulässig, falls die Existenz stiller Reserven nachweisbar ist.

Dieses willkürliche Vorgehen legt es nahe, nach einer alternativen Bilanzierungsweise zu suchen; dabei bietet sich insbesondere der zusätzliche Ansatz eines entsprechenden Passivums, d.h. eines derivativen negativen Geschäftswerts, an. Tatsächlich hat auch der RFH bereits frühzeitig eine passivische Lösung „durch ein gemeinsames Wertberichtigungskonto"[683] erwogen. Gleichwohl wurde in späteren Entscheidungen des RFH und des BFH durchgängig die Ansicht vertreten, Minderkaufpreise seien ausschließlich durch eine entsprechende Korrektur der Aktiva abzubilden; eine passivische Erfassung des Minderkauf-

---

682 RFH-Urteil vom 15. Oktober 1924 VIe A 174/24, RFHE 15, S. 5-8, h.S. 7.

683 RFH-Urteil vom 15. Oktober 1924 VIe A 174/24, RFHE 15, S. 5-8, h.S. 7.

preises wurde regelmäßig verworfen.[684] Begründet wird dies inzwischen in erster Linie aus dem Anschaffungskostenprinzip: Der Kaufpreis für den Mitunternehmeranteil repräsentiere eine Wertgrenze für die Anschaffungskostensumme der einzelnen Wirtschaftsgüter; daher würde die Bildung eines Passivums in Höhe des Minderkaufpreises (bzw. eines Bruchteiles davon) zu einer unzulässigen Überbewertung der einzelnen Wirtschaftsgüter führen. Die Wirtschaftsgüter seien vielmehr gemäß § 6 Abs. 1 Nr. 7 EStG mit ihren tatsächlichen Anschaffungskosten anzusetzen, d.h. bei Vorliegen eines Minderkaufpreises seien Abstockungen die zwingende Folge. Für die Bildung eines entsprechenden Passivums existiere in den Vorschriften des EStG zudem keinerlei Rechtsgrundlage.[685]

Verschiedene Autoren haben Zustimmung zu der Sichtweise der Rechtsprechung signalisiert,[686] wobei zumeist ebenfalls auf eine strenge Anwendung des Anschaffungskostenprinzips abgestellt wird: „Das Anschaffungskostenprinzip verhindert den Ansatz eines negativen Geschäftswerts"[687], heißt es. Zudem wird oftmals argumentiert, der Kaufpreis für den Mitunternehmeranteil sei als die einzige objektivierte, d.h. marktbestätigte, Größe zu betrachten; alle anderen (bilanziellen) Größen, insbesondere die Teilwerte der Wirtschaftsgüter, werden als unbeachtlich oder willkürbehaftet abqualifiziert.[688] Aus diesem Kaufpreis sind dann im Sinne des Einzelbewertungsprinzips die Anschaffungskosten für die anteiligen Wirtschaftsgüter abzuleiten, was auf der Ebene der Ergänzungsbilanz zu entsprechenden Abstockungen führt.

---

684 Vgl. z.B. RFH-Urteil vom 23. März 1938 VI 704/37, RStBl. 1938, S. 639-640, h.S. 639; RFH-Urteil vom 17. Dezember 1930 VI A 1452/28, RStBl. 1931, S. 254-257, h.S. 254; BFH-Urteil vom 11. Juli 1973 I R 126/71, BFHE 110, S. 402-405, h.S. 404; BFH-Urteil vom 30. Januar 1974 IV R 109/73, BFHE 111, S. 483-485, h.S. 484; BFH-Urteil vom 19. Februar 1981 IV R 41/78, BFHE 133, S. 510-513, h.S. 512.

685 Vgl. insbesondere BFH-Urteil vom 19. Februar 1981 IV R 41/78, BFHE 133, S. 510-513, h.S. 512; bestätigend mit Verweis auf diese Entscheidung BFH-Urteil vom 25. Januar 1984 I R 7/80, BFHE 140, S. 449-456, h.S. 455; BFH-Urteil vom 25. August 1989 III R 95/87, BFHE 158, S. 58-64, h.S. 64.

686 So z.B. Maas, Hans F.: Zur Existenzberechtigung des „negativen Geschäftswerts", in: DB, 27. Jg. (1976), S. 553-554; Siegel, Theodor; Bareis, Peter: Der „negative Geschäftswert" – eine Schimäre als Steuersparmodell?, in: BB, 48. Jg. (1993), S. 1477-1485; Groh, Manfred: Negative Geschäftswerte in der Bilanz, in: Steuerrecht, Verfassungsrecht, Finanzpolitik: Festschrift für Franz Klein, hrsg. v. Paul Kirchhof, Köln 1994, S. 815-826.

687 Groh, Manfred: Negative Geschäftswerte in der Bilanz, a.a.O., S. 818.

688 Vgl. Siegel, Theodor; Bareis, Peter: Der „negative Geschäftswert" – eine Schimäre als Steuersparmodell?, a.a.O., S. 1477 und S. 1488; Pickardt, Natalie: Die Bilanzierung des negativen Geschäfts- oder Firmenwerts in Handels- und Steuerbilanz, in: DStR, 35. Jg. (1997), S. 1095-1100, h.S. 1099.

172

Dabei gelten die anteiligen Wirtschaftsgüter als voll abstockungsfähig; Abstockungen bis in den negativen Bereich werden allerdings nicht diskutiert. Ebenso wird auf die Einhaltung einer Abstockungsreihenfolge, z.b. durch sinngemäße Anwendung der Stufentheorie, verzichtet.[689] In der älteren Rechtsprechung wurden die Abstockungen noch auf das Anlagevermögen begrenzt, um zu verhindern, dass der gewinnmindernde Effekt bereits im ersten Jahr wegen des Abgangs des Umlaufvermögens eintritt.[690] Die jüngere Rechtsprechung geht dagegen von einer Abstockung sämtlicher Wirtschaftsgüter aus.[691] Hinsichtlich des anzuwendenden Abstockungsmaßstabes wird eine gleichmäßige Abstockung der Wirtschaftsgüter, zumeist nach Maßgabe der Teilwerte, vorgeschlagen;[692] im Grundsatz ist hier die gleiche Problematik gegeben wie bei der Verteilung eines Mehrkaufpreises in der positiven Ergänzungsbilanz.[693]

b) Die Problembereiche der Abstockungslösung

Im Detail ungeklärt ist allerdings, ob und wenn ja welche Wirtschaftsgüter aus dem Abstockungsverfahren auszunehmen sind. Auch die Befürworter der Abstockungslösung konzedieren, dass zumindest Bar- und Buchgeld als nicht abstockungsfähig zu betrachten sind: Derartige – nach dem Nominalwertprinzip zu bewertende – Posten wären nach erfolgter Abstockung gemäß des Realisationsprinzips sofort wieder auf ihren ursprünglichen Wert aufzustocken; die hieraus resultierende Ertragsrealisation würde die angestrebte Erfolgsneutralität des Anschaffungsvorgangs zunichte machen.[694]

---

689 Denkbar wäre es zunächst die (aktivierten) immateriellen Wirtschaftsgüter abzustocken, da deren Werthaltigkeit als tendenziell unsicher typisiert wird.

690 Vgl. RFH-Urteil vom 23. März 1938 VI 704/37, RStBl. 1938, S. 639-640, h.S. 639; RFH-Urteil vom 30. November 1938 VI 704/38, RStBl. 1939, S. 251-255, h.S. 251 f. Diese Argumentation weist bereits deutlich auf die Grundproblematik der aktivischen Berücksichtigung eines Minderkaufpreises hin.

691 Vgl. BFH-Urteil vom 11. Juli 1973 I R 126/71, BFHE 110, S. 402-405, h.S. 404; BFH-Urteil vom 19. Februar 1981 IV R 41/78, BFHE 133, S. 510-513, h.S. 512.

692 Vgl. Ossadnik, Wolfgang: Zur Diskussion um den „negativen Geschäftswert", in: BB, 49. Jg. (1994), S. 747-753, h.S. 752.

693 Vgl. die Beispiele bei Kempf, Andreas; Obermann, Achim: Offene Fragen zur Abstockung beim Kauf von Anteilen an Personengesellschaften, a.a.O., S. 546 f., die allerdings die Abstockungslösung nicht korrekt darstellen, da sie eine Abstockung unterhalb der anteiligen Teilwerte für unzulässig halten (dieser These ist prinzipiell allerdings zuzustimmen, siehe unten 2. Kapitel F. I. 4) b)).

694 Vgl. exemplarisch Siegel, Theodor; Bareis, Peter: Der „negative Geschäftswert" – eine Schimäre als Steuersparmodell?, a.a.O., S. 1480 f.; Ossadnik, Wolfgang: Zur Diskussion um den „negativen Geschäftswert", a.a.O., S. 752; Pickardt, Natalie: Die Bilanzierung des negativen Geschäfts- oder Firmenwerts in Handels- und Steuerbilanz, a.a.O., S. 1100.

Der Ausschluss von Bar- und Buchgeld aus dem Abstockungsverfahren ist nach langem Zögern auch vom BFH in der Entscheidung vom 12. Dezember 1996 bestätigt worden. In einem älteren Urteil hatte der BFH dagegen noch die Abstockung auch dieser Posten gefordert,[695] in einer anderen Entscheidung wurde diese Frage ausdrücklich offen gelassen.[696] Eindeutig zu entnehmen ist dem Urteil vom 12. Dezember 1996, dass Bar- und Buchgeld als nicht abstockungsfähig gelten;[697] über die weiteren Implikationen der Entscheidung kann man indes geteilter Meinung sein:

In einer ersten Würdigung hat *Strahl* auf die Feststellung des Gerichts hingewiesen, dass „die Herabsetzung der Buchwerte von Wirtschaftsgütern, die nach dem Nominalwertprinzip zu bewerten sind",[698] nicht in Betracht komme.[699] *Strahl* ist dahingehend zu folgen, dass die vom BFH angeführten Rechtsprechungsverweise keinen Aufschluss darüber geben, welche Gruppe von Wirtschaftsgütern damit genau gemeint ist. Die zitierten Entscheidungen sprechen das Nominalwertprinzip als Kapitalerhaltungskonzeption an; konkret ist hier festgeschrieben, dass Inflationseinflüsse bilanziell unberücksichtigt bleiben müssen.[700] Da dieser Grundsatz aber für sämtliche Wirtschaftsgüter Geltung beanspruchen kann, bleibt unklar, ob neben Bar- und Buchgeld weitere Posten von der Abstockung ausgenommen werden sollen. *Strahl* leitet dann, unter Heranziehung der von *Stüdemann* begründeten Theorie der Nominalrepräsentanten, die These ab,[701] dass u.a. auch bei Forderungen generell von einer Abstockung abzusehen sei.[702]

695 Vgl. BFH-Urteil vom 11. Dezember 1974 II R 20/69, BFHE 115, S. 140-142, h.S. 142.

696 Vgl. BFH-Urteil vom 21. April 1994 IV R 70/92, BFHE 174, S. 413-422, h.S. 418.

697 Vgl. BFH-Urteil vom 12. Dezember 1996 IV R 77/93, BFHE 183, S. 379-385, h.S. 384.

698 BFH-Urteil vom 12. Dezember 1996 IV R 77/93, BFHE 183, S. 379-385, h.S. 384.

699 Vgl. Strahl, Martin: Abzustockende Wirtschaftsgüter bei Abfindung von Mitunternehmern unter Buchwert, in: DStR, 36. Jg. (1998), S. 515-518, h.S. 516.

700 Vgl. BFH-Urteil vom 17. Januar 1980 IV R 156/77, BFHE 130, S. 258-261, h.S. 260 f.; BFH-Urteil vom 8. März 1995 II R 10/92, BFHE 177, S. 132-139, h.S. 135. Grundlegend zum Nominalwertprinzip und Inflationseinflüssen siehe BFH-Urteil vom 14. Mai 1974 VIII R 95/72, BFHE 112, S. 546-567.

701 Nominalrepräsentanten sind demnach „stellvertretende, in allgemein anerkannten Recheneinheiten ausgedrückte Darstellungen realer Güter", stellen also nicht selbst Güter dar, ermöglichen aber eine Verfügungsmacht über reale Güter. Vgl. Stüdemann, Klaus: Allgemeine Betriebswirtschaftslehre, 3. Aufl., München u.a. 1993, Rn. 397 f. *Strahl* interpretiert den Verweis des BFH auf das Nominalwertprinzip im Sinne dieser Theorie der Nominalrepräsentanten. Sämtliche Nominalrepräsentanten sind demnach von der Abstockung auszunehmen. Hierzu zählen insbesondere Bar- und Buchgeld, aber auch Forderungen. Vgl. Strahl, Martin: Abzustockende Wirtschaftsgüter bei Abfindung von Mitunternehmern unter Buchwert, a.a.O., S. 517 f.

702 Voll werthaltige Forderungen werden im Übrigen häufig als nicht abstockungsfähig betrachtet. Vgl. Heurung, Rainer: Der negative Geschäftswert im Bilanzrecht, a.a.O.,

Obwohl der Ausschluss von Forderungen aus dem Abstockungsverfahren grundsätzlich zu begrüßen wäre, könnte man bei einer genauen Betrachtung der Urteilsbegründung auch zu dem Schluss gelangen, der BFH habe lediglich Bar- und Buchgeld von der Abstockung ausnehmen wollen; der Verweis auf das Nominalwertprinzip könnte lediglich als zusätzlicher Begründungshinweis dienen. Darauf deutet vor allem die von *Strahl* ignorierte Aussage des Gerichts hin, dass Bar- und Buchgeld keinen Wertschwankungen unterworfen seien.[703] Bei Forderungen hingegen können Wertschwankungen in Abhängigkeit von der Bonität des Schuldners nicht ausgeschlossen werden. Es ist allerdings zutreffend, dass der BFH in dem entschiedenen Sachverhalt auf die Abstockung einer Forderung verzichtet hat: In dem der Entscheidung zugrunde liegenden Fall, war ein Minderkaufpreis von 464.593,89 DM durch Abstockungen zu verrechnen. Das betroffene Unternehmen verfügte über ein Vorratsgrundstück mit einem Buchwert von 832.307,22 DM, Buch- und Bargeld in Höhe von 424.670,74 DM sowie Forderungen in Höhe von 1.992,72 DM.[704] Hätte der BFH die Abstockungen gleichmäßig auf das Grundstück und die Forderungen verteilt, so wären auf das Grundstück Abstockungen in Höhe von 463.348,21 DM entfallen, auf die Forderungen 1.109,68 DM; tatsächlich nahm der BFH aber in Höhe des gesamten Minderkaufpreises Abstockungen auf das Grundstück vor. Dies mag zwar ein Indiz für die weite Interpretation des Urteils im Sinne *Strahls* sein,[705] könnte aber auch durch die extremen Wertverhältnisse des Sachverhalts motiviert sein. Es bleibt daher fraglich, ob der BFH inzwischen tatsächlich von einem generellen Abstockungsverbot für Forderungen ausgeht.

Gewisse Zweifel an der weiten Urteilsauslegung scheinen darüber hinaus auch dann gerechtfertigt zu sein, wenn man sich vor Augen führt, wie lange die Rechtsprechung benötigt hat, bis zumindest Bar- und Buchgeld aus dem Abstockungsverfahren eliminiert wurden, obgleich dies in der Literatur seit langem einhellig gefordert wird.[706] Es steht zu vermuten, dass die Ursache hierfür nicht etwa in Nachlässigkeit oder einem Mangel an Gelegenheit zu sehen ist, sondern mit der Konzeption des Abstockungsverfahrens in Verbindung steht.[707]

S. 387; Kempf, Andreas; Obermann, Achim: Offene Fragen zur Abstockung beim Kauf von Anteilen an Personengesellschaften, a.a.O., S. 546.

703 Vgl. BFH-Urteil vom 12. Dezember 1996 IV R 77/93, BFHE 183, S. 379-385, h.S. 384.

704 Vgl. BFH-Urteil vom 12. Dezember 1996 IV R 77/93, BFHE 183, S. 379-385, h.S. 380.

705 Vgl. Strahl, Martin: Abzustockende Wirtschaftsgüter bei Abfindung von Mitunternehmern unter Buchwert, a.a.O., S. 516.

706 Vgl. Siegel, Theodor: Zum Geheimnis des „negativen Geschäftswerts", a.a.O., S. 391; Ossadnik, Wolfgang: Zur Diskussion um den negativen Geschäftswert, a.a.O., S. 752, m.w.N.; Moxter, Adolf: Bilanzrechtsprechung, a.a.O., S. 90.

707 Tatsächlich ist die Zahl der Entscheidungen, die sich mit der Behandlung eines Minderkaufpreises, d.h. mit der Abstockungslösung beschäftigt haben, relativ groß. In eine ähnliche Richtung deutet auch die Tatsache, dass das Problem der Abstockung von Buch-

Der wesentliche Unterschied zwischen Bar- und Buchgeld und anderen Wirtschaftsgütern, z.b. einer Maschine oder einem Patent, ist wohl darin zu sehen, dass deren (Nominal-)Wert als gesichert gelten kann;[708] das Realisationsprinzip würde die sofortige Rückgängigmachung einer Abstockung gebieten, da ein entsprechender Ertrag als „so gut wie sicher" zu betrachten ist. Der – nun auch höchstrichterlich anerkannte – Ausschluss dieser Posten aus dem Abstockungsverfahren beschwört aber einen Konflikt mit der inneren Logik des Verfahrens herauf: In seiner Reinform unterstellt das Abstockungsverfahren, dass sich aus dem Kaufpreis für den Mitunternehmeranteil marktbestätigte Anschaffungskosten der anteiligen Wirtschaftsgüter ableiten lassen; auf die nachweisbare Existenz stiller Lasten soll es dabei gerade nicht ankommen.[709] Ist man allerdings gezwungen, bestimmte Wirtschaftsgüter wie Bar- und Buchgeld von dem Abstockungsverfahren wegen ihrer gesicherten Werthaltigkeit auszunehmen, widerspricht dies der Ausgangsthese und schafft zugleich Raum für weitere Ausnahmetatbestände.[710] Abstockungen auf (korrekt bewertete) Wirtschaftsgüter, für die zum Bilanzstichtag ein eindeutiger Börsen- oder Marktpreis ermittelt werden kann, erscheinen dann gleichsam fragwürdig. Selbst wenn man sich in die Argumentation rettet, dass bei diesen Wirtschaftsgütern Wertschwankungen auftreten könnten, bleibt zu überlegen, ob nicht auch hier früher oder später ein Punkt erreicht wird, ab dem es realisationsprinzipadäquat wäre, die Abstockungen wieder rückgängig zu machen, da ein Ertrag „so gut wie sicher" geworden ist. Formalrechtlich mag man dies mit Verweis auf den fehlenden Umsatzakt ablehnen, fokussiert man jedoch auf den Risikostrukturabbau i.S.d. Realisationsprinzips, so nivellieren sich die Grenzen zwischen einer derartigen Situation und der Behandlung von Bar- und Buchgeld.

Dieser Aspekt lässt sich zudem in das grundsätzliche Problem überführen, ob eine Abstockung unter den anteiligen Teilwert eines Wirtschaftsgutes überhaupt zulässig ist. Letztlich markiert diese Streitfrage den Scheidepunkt zwischen den widerstreitenden Literaturmeinungen: Während die Befürworter der Abstockungslösung den anteiligen Teilwerten jegliche Bedeutung absprechen,[711]

---

und Bargeld noch im Urteil vom 21. April 1994 IV R 70/92, BFHE 174, S. 413-422, h.S. 418, ausdrücklich offen gelassen wurde.

708 Vgl. Mujkanovic, Robin: Vermögenskauf einer Unternehmung in der Steuerbilanz, a.a.O., S. 181.

709 Siehe oben 2. Kapitel F. I. 4) a).

710 Ähnlich Hötzel, Oliver: Unternehmenskauf und Steuern, a.a.O., S. 20.

711 So vor allem Siegel, Theodor; Bareis, Peter: Der „negative Geschäftswert" – eine Schimäre als Steuersparmodell?, a.a.O., S. 1477 bzw. S. 1488; auch das BFH-Urteil vom 30. Januar 1974 IV R 109/73, BFHE 111, S. 483-485, h.S. 484 weist darauf hin, dass der Teilwert insofern nachrangig sei; anders aber noch im BFH-Urteil vom 20. März 1962 I 63/61 U, BFHE 74, S. 626-632, h.S. 631, in dem allerdings auch von einer erfolgswirksamen Behandlung des entgeltlichen Gesellschafterwechsels ausgegangen wird.

hält die Gegenmeinung ein Unterschreiten der anteiligen Teilwerte für unmöglich.[712]

Tatsächlich scheint die völlige Außerachtlassung der Teilwertgrenze problemträchtig zu sein. Im Zusammenhang mit der bilanziellen Behandlung des Unternehmenskaufs wurde bereits frühzeitig darauf hingewiesen, dass derart willkürliche Wertansätze eine Verzerrung des Bilanzbildes und eine Beeinträchtigung des Vermögensermittlungsprinzips bewirken, was zugleich auch eine Verzerrung künftiger Abschreibungen und damit künftiger Periodenergebnisse bedeutet.[713] Wenngleich die Störung des Bilanzbildes, zumindest für die Ergänzungsbilanz, unerheblich ist,[714] wiegt der Einfluss auf die Ermittlung des Periodenergebnisses schwer: Die letztlich fiktiven Abstockungen führen früher oder später zu fiktiven Gewinnvereinnahmungen. Dies konfligiert aber mit der Zielsetzung der Ergänzungsbilanz, einen Beitrag zur Ermittlung eines als Indikator wirtschaftlicher Leistungsfähigkeit nutzbaren Gewinns im Rahmen einer grundsätzlich an realen Sachverhalten anknüpfenden Steuerrechtsordnung zu leisten.[715] Man muss die Frage stellen, ob hier nicht „eine – unzulässige – Besteuerung fiktiver Sachverhalte"[716] droht, da nur in „realen Vorgängen, Zuständen und Veranstaltungen (...) die den steuerrechtlichen Eingriff rechtfertigende wirtschaftliche Leistungsfähigkeit der Steuersubjekte zum Ausdruck"[717] kommt. Das Abstockungsverfahren bewirkt damit eine Periodisierung des Minderkaufpreises, die nicht den bilanzsteuerrechtlichen Grundsätzen der Gewinn-

---

712 Vgl. z.B. Geiger, Andreas: Interpretation des negativen Geschäftswerts im Rahmen einer ökonomischen Analyse, in: DB, 49. Jg. (1996), S. 1533-1535, h.S. 1533; Krah, R.: Geschäftswert und ähnliche Wirtschaftsgüter des Gewerbebetriebs, a.a.O., S. 4; Knobbe-Keuk, Brigitte: Bilanz- und Unternehmenssteuerrecht, a.a.O., S. 901; Kempf, Andreas; Obermann, Achim: Offene Fragen zur Abstockung beim Kauf von Anteilen an Personengesellschaften, a.a.O., S. 547.

713 Vgl. Lion, Max: Die Besteuerung des Geschäftswerts, in: StuW, 2. Jg. (1925), Sp. 725-776, h.Sp. 730; Auler, Wilhelm: Der Unternehmungsmehr- und -minderwert in der Bilanz, in: ZfB, 4. Jg. (1927), S. 839-850, h.S. 843; Heinze Gerhard B.; Roolf, Willy: Die Behandlung des negativen Geschäftswerts in der Handels- und Steuerbilanz sowie bei der Einheitsbewertung, in: DB, 29. Jg. (1976), S. 214-218, h.S. 215 f.; Regniet, Michael: Ergänzungsbilanzen bei der Personengesellschaft, a.a.O., S. 154-156; Euler, Roland: Das System der Grundsätze ordnungsmäßiger Bilanzierung, a.a.O., S. 161 f.

714 Auch beim Gesamtunternehmenskauf könnte man im Sinne der Abkoppelungsthese argumentieren, die Verzerrung des Bilanzbildes sei tolerabel; etwaige Informationseinbußen könnten im Anhang kompensiert werden. Vgl. zur Abkoppelungsthese insbesondere Moxter, Adolf: Bilanzlehre, Bd. II: Einführung in das neue Bilanzrecht, a.a.O., S. 62-68.

715 Siehe oben 2. Kapitel D. II.

716 Beisse, Heinrich: Die wirtschaftliche Betrachtungsweise bei der Auslegung der Steuergesetze in der neueren deutschen Rechtsprechung, a.a.O., S. 11.

717 Beisse, Heinrich: Die wirtschaftliche Betrachtungsweise bei der Auslegung der Steuergesetze in der neueren deutschen Rechtsprechung, a.a.O., S. 3.

realisation entspricht.[718] Die Beachtung der Prinzipien der Gewinnrealisation ist indes zwingend, da jegliche Auflösung des im Erwerbszeitpunkt erfolgsneutral fixierten Minderkaufpreises eine Gewinnvereinnahmung nach sich zieht.[719] Aus diesem fundamentalen Mangel des Abstockungsverfahrens ergeben sich überdies weitere Nachteile: Infolge der fiktiven Gewinnvereinnahmungen kann es an der notwendigen Liquidität zur Begleichung der Steuerschulden fehlen; bei einer umsatzgebundenen Gewinnrealisierung im Sinne des Realisationsprinzips ist die Liquidität hingegen (tendenziell) gesichert.[720] Bei einer vergleichenden Betrachtung von Unternehmen mit identischen Ertragssituationen, aber unterschiedlichen Bilanzstrukturen, kann nachgewiesen werden, dass es zu Steuerverschiebungen kommen kann, die den Prinzipien der Gleichmäßigkeit und Gerechtigkeit der Besteuerung widersprechen.[721]

c) Die Modifikation des Abstockungsverfahrens als Lösung?

Die vorstehenden Überlegungen haben gezeigt, dass das traditionelle Abstockungsverfahren schwerwiegende Defizite aufweist; das Verfahren muss daher modifiziert werden. Hierzu bietet es sich an, noch einmal auf die Analyse der Entstehungsursachen von stillen Lasten zurückzugreifen; dabei war festgestellt worden, dass nach dem derzeit geltenden Bilanzsteuerrecht stille Lasten sowohl in bereits bilanzierten positiven als auch in bereits bilanzierten negativen Wirtschaftsgütern entstehen können.[722] Aus diesem Grund ist zunächst zu prüfen, ob ein Minderkaufpreis durch Abstockungen auf positive und Aufstockungen auf negative Wirtschaftsgüter neutralisiert werden kann. Hierbei ist zu beachten, dass der Umfang dieser Abstockungen und Aufstockungen durch den anteiligen Teilwert des jeweiligen Wirtschaftsguts begrenzt wird.[723] Entsprechend des Vorgehens in positiven Ergänzungsbilanzen sollten diese Auf- bzw. Abstockungen gemäß der Relation stiller Lasten vorgenommen werden.[724]

---

718 Vgl. Moxter, Adolf: Bilanzrechtsprechung, a.a.O., S. 89 f.

719 Siehe ausführlich unten 2. Kapitel F. II.

720 Vgl. Moxter, Adolf: Bilanzlehre, Bd. I: Einführung in die Bilanztheorie, a.a.O., S. 114.

721 Vgl. die auf den Gesamtunternehmenskauf bezogenen Beispiele bei Mujkanovic, Robin: Der negative Geschäftswert in der Steuerbilanz des Erwerbers eines Betriebs oder Mitunternehmeranteils, in: WPg, 47. Jg. (1994), S. 522-528, h.S. 525 f.; Gießler, Oliver S.: Der negative Geschäftswert in Handels-, Steuer- und Ergänzungsbilanz, a.a.O., S. 89-91 und S. 109-111.

722 Siehe oben 2. Kapitel F. I. 3).

723 In diesem Sinne auch Hoffmann, Wolf-Dieter: Zur ertragsteuerlichen Behandlung eines negativen Kaufpreises bzw. Geschäftswertes, in: DStR, 32. Jg. (1994), S. 1762-1766, h.S. 1766.

724 Siehe oben 2. Kapitel E. I. 5) c) β).

Dass die Vornahme von Aufstockungen auf bereits bilanzierte negative Wirtschaftsgüter bislang kaum erwogen wurde, erscheint zunächst befremdlich. Erklären lässt sich dies jedoch dadurch, dass es bis zur Einführung des Steuerentlastungsgesetzes 1999/2000/2002 nur vergleichsweise selten zu Unterbewertungen in einzelnen bereits bilanzierten negativen Wirtschaftsgütern kommen konnte.[725] Nach den jüngsten Änderungen im Bilanzsteuerrecht wird jedoch die zusätzliche Vornahme von Aufstockungen auf bereits bilanzierte negative Wirtschaftsgüter nunmehr unumgänglich sein.

Falls auch diese Modifikation des Abstockungsverfahrens nicht ausreicht, um den Minderkaufpreis vollständig abzubilden, gilt es darüber hinaus den Ansatz weiterer, bislang nicht bilanzierter negativer Wirtschaftsgüter in der Ergänzungsbilanz zu prüfen.

Im Schrifttum wurde ein solches Vorgehen, sieht man von einem Sonderfall ab,[726] bisher insbesondere dann erwogen, wenn die Bildung von Rückstellungen einfach vergessen wurde. Hierbei ist allerdings zu bedenken, dass dieser Fall nur wenig realistisch erscheint.[727] Zudem wären vergessene Rückstellungen in der Steuerbilanz der Gesellschaft nachzuholen; die Ergänzungsbilanz würde davon nicht berührt.[728]

Weitaus interessanter ist hingegen die Frage, ob man in der Ergänzungsbilanz auch Rückstellungen ansetzen kann, deren Passivierung in der Steuerbilanz der Gesellschaft untersagt ist.[729]

---

725 Siehe oben 2. Kapitel F. I. 3).

726 *Hartung* schlägt vor dem Minderkaufpreis Sozialplanrückstellungen wegen geplanter Betriebsänderungen gegenüberzustellen; dies sei zulässig, sofern die Betriebsänderung bereits geplant und mit dem Betriebsrat abgesprochen wurde, der neue Eigentümer also nur noch eine geplante Maßnahme vollstreckt. Vgl. Hartung, Werner: Negative Firmenwerte als Verlustrückstellungen, a.a.O., S. 241. Ablehnend dazu Heurung, Rainer: Der negative Geschäftswert im Bilanzrecht, a.a.O., S. 386, da die Unternehmensübertragung per se hier keine Rückstellungspflicht begründen könne.

727 So aber z.B. Siegel, Theodor; Bareis, Peter: Der „negative Geschäftswert" – eine Schimäre als Steuersparmodell?, a.a.O., S. 1484. In dieser Untersuchung wird überdies grundsätzlich davon ausgegangen, dass die Steuerbilanz der Gesellschaft zum Bilanzstichtag ordnungsgemäß erstellt wurde.

728 Auch Reiß, Wolfram: § 15 EStG, a.a.O., E 258, kritisiert, dass eine Verteilung des Minderkaufpreises auf Verbindlichkeiten oder Rückstellungen in der Ergänzungsbilanz wegen des Vorsichtsprinzips nicht in Betracht käme. Die Verbindlichkeiten seien vollständig in der Steuerbilanz der Gesellschaft zu erfassen.

729 So auch Gail, Winfried: Ausgewählte Fragen des Bilanzsteuerrechts, in: StbJb 1982/83, hrsg. im Auftrag des Fachinstituts der Steuerberater, Köln 1983, S. 285-314, h.s. 306; Siegel, Theodor; Bareis, Peter: Der „negative Geschäftswert" – eine Schimäre als Steuersparmodell?, a.a.O., S. 1484, nennen als Beispiele Rückstellungen für Patentverletzungen oder Altlasten.

Dieser Gedanke erscheint auf den ersten Blick abwegig. Angesichts der engen konzeptionellen Verbindung von Steuerbilanz und Ergänzungsbilanz spricht vieles dafür, im Grundsatz davon auszugehen, dass ein steuerbilanzielles Passivierungsverbot bis in die Ergänzungsbilanz fortwirkt.[730]

Auf den zweiten Blick hingegen lassen sich durchaus Argumente für ein solches Vorgehen finden. Die Ergänzungsbilanz ist den allgemeinen steuerbilanzrechtlichen Normen, Prinzipien und Wertungsgrundsätzen unterzuordnen.[731] Aufgrund der Zweckidentität von Handels- und Steuerbilanz bestimmt sich der Umfang der bilanzrechtlich passivierungsfähigen Sachverhalte primär nach Maßgabe des GoB-Systems.[732] Steuerbilanzrechtlich werden allerdings zwei Rückstellungskategorien von der Passivierung ausgenommen: Der BFH verneint einerseits in ständiger Rechtsprechung die Passivierungsfähigkeit von Innenverpflichtungen im Sinne einer „betriebswirtschaftlichen Verpflichtung gegenüber sich selbst"[733]; Aufwandsrückstellungen gemäß § 249 Abs. 2 HGB gelten daher als grundsätzlich nicht passivierungsfähig.[734] Andererseits ist es gemäß § 5 Abs. 4a EStG seit kurzem untersagt, in der Steuerbilanz Drohverlustrückstellungen zu bilden.

Bedenkt man nun, dass der verbleibende Minderkaufpreis zwecks erfolgsneutraler Abbildung des entgeltlichen Gesellschafterwechsels zwingend bilanziell neutralisiert werden muss, so könnte man hier für eine Ausnahmebehandlung plädieren:[735] Ohne den Ansatz bislang nicht bilanzierter negativer Einzelwirtschaftsgüter in der Ergänzungsbilanz wäre der gesamte nach Ab- und Aufstockungen verbliebene Restbetrag als negatives Gesamtwirtschaftsgut, d.h. als negativer derivativer Geschäftswert, zu passivieren.[736] Im Sinne des Einzelbewertungsprinzips sollte aber eine solche Residualbewertung erst dann erfolgen,

---

730 Dieser Position scheint sich in jüngerer Zeit allerdings auch *Siegel* anzunähern, wenn er formuliert: „Jedoch ist es zwar betriebswirtschaftlich und handelsrechtlich falsch, steuerrechtlich aber konsequent, diese Rückstellungen auch beim Erwerber nicht zuzulassen." Vgl. Siegel, Theodor: Zum Geheimnis des „negativen Geschäftswerts", in: StuW, 72. Jg. (1995), S. 390-400, h.S. 391.

731 Siehe oben 2. Kapitel D. I.

732 Siehe oben 2. Kapitel D. II. 1), 2).

733 BFH-Urteil vom 19. Januar 1972 I 114/65, BFHE 104, S. 422-435, h.S. 432.

734 Vgl. Euler, Roland: Das System der Grundsätze ordnungsmäßiger Bilanzierung, a.a.O., S. 154.

735 Bereits für die positive Ergänzungsbilanz wurde eine ähnliche Forderung erhoben: Der Ansatz bislang nicht bilanzierter positiver (immaterieller) Einzelwirtschaftsgüter wurde trotz des nur eingeschränkt funktionsfähigen entgeltlichen Erwerbs befürwortet; der Konflikt zwischen Einzelbewertungsprinzip und Objektivierungsprinzip wurde zugunsten des Einzelbewertungsprinzips gelöst. Siehe oben 2. Kapitel E. I. 3).

736 Ausführlich zur Frage der Passivierungsfähigkeit des negativen derivativen Geschäftswerts siehe unten 2. Kapitel F. I. 5).

wenn keine einzelansatzfähigen Tatbestände mehr vorhanden sind; zudem handelt es sich bei diesem Posten – wie noch im Einzelnen zu zeigen sein wird – um einen passivischen Ausnahmetatbestand.[737] Der Passivierungsumfang dieses negativen Gesamtwirtschaftsgutes sollte daher möglichst gering gehalten werden.

Es ist daher zu überlegen, ob man nicht vor der Passivierung eines negativen derivativen Geschäftswerts in der Ergänzungsbilanz auch bislang nicht erfasste negative Einzelwirtschaftsgüter ansetzen könnte, deren Bilanzierung in der Steuerbilanz untersagt ist. Hierbei kommen jedoch nur die beiden bereits angesprochenen Rückstellungskategorien, nämlich Aufwandsrückstellungen und Drohverlustrückstellungen in Betracht, da diese im Sinne des GoB-Systems als passivierungsfähig gelten. Ein beliebiger Ansatz von negativen Einzelwirtschaftsgütern ist wegen der Bindung der Ergänzungsbilanz an die Prinzipien des GoB-Systems selbstverständlich auszuschließen. Die unterschiedliche handelsrechtliche und steuerbilanzrechtliche Behandlung der Aufwands- und Drohverlustrückstellungen liefert hier jedoch einen gewissen Argumentationsspielraum: Vor dem Hintergrund des hier zu lösenden Bilanzierungsproblems könnte das GoB-System für die Ergänzungsbilanz gegenüber konkreten steuerbilanzrechtlichen Einzelvorschriften vorrangig sein.

Diese These gewinnt überdies an Überzeugungskraft, wenn man hinterfragt, welcher Sinn und Zweck mit der Beschränkung der steuerbilanziellen Rückstellungsbildung verbunden ist.

Das Verbot der Passivierung von Innenverpflichtungen ist insbesondere auf das Objektivierungsprinzip zurückzuführen; der BFH fordert bei der Passivierung von Ausgabenpotentialen grundsätzlich das Vorliegen einer greifbaren Verpflichtung gegenüber Dritten.[738] Da dieses Außenverpflichtungsprinzip jedoch bei dem alternativen Ansatz eines negativen Gesamtwirtschaftsgutes, d.h. des negativen derivativen Geschäftswerts, ebenfalls durchbrochen wird,[739] bietet es sich an, den Ansatz von Innenverpflichtungen in der Ergänzungsbilanz zumindest dann zu erwägen, wenn im Einzelfall tatsächlich konkretisierbare Innenverpflichtungen vorliegen sollten. Gleichwohl sind an die Abgrenzung dieser Innenverpflichtungen nach wie vor hohe Anforderungen zu stellen; ins Unbestimmte zerfließende Innenverpflichtungen sollten auch hier bevorzugt im Rahmen einer Residualgröße, d.h. des negativen derivativen Geschäftswerts, erfasst werden. Daher wird der zusätzliche Ansatz einer Innenverpflichtung mittels einer Aufwandsrückstellung in der Ergänzungsbilanz auf seltene Fälle beschränkt bleiben, erscheint aber zumindest denkbar. Die konkrete Entschei-

737 Siehe unten 2. Kapitel F. I. 5) c) β).

738 Vgl. Euler, Roland: Das System der Grundsätze ordnungsmäßiger Bilanzierung, a.a.O., S. 154.

739 Siehe ausführlich unten 2. Kapitel F. I. 5) c) β).

dung setzt jedoch eine sorgfältige Würdigung des Einzelfalles unter Berücksichtigung des Konfliktes zwischen dem Einzelbewertungs- und dem Objektivierungsprinzip voraus.

Dagegen erscheint die Passivierung einer Drohverlustrückstellung in der Ergänzungsbilanz weitaus häufiger durchführbar zu sein. Der Ausschluss von Drohverlustrückstellungen aus der Steuerbilanz entspricht einem gravierenden Systembruch und lässt sich treffend als das Ergebnis eines „fiskalischen Beutefeldzuges"[740] charakterisieren. Dieses fiskalische Motiv für das Verbot der Drohverlustrückstellung in der Steuerbilanz ist aber hier ohne Bedeutung: Anders als in der Steuerbilanz hätte der zusätzliche Ansatz einer Drohverlustrückstellung in der Ergänzungsbilanz keine Auswirkung auf die Höhe der Steuerzahlungen, da die Erfolgsneutralität des entgeltlichen Erwerbs auf jeden Fall zu gewährleisten ist.[741] Tendenziell würde der Fiskus durch die Passivierung einer Drohverlustrückstellung in der Ergänzungsbilanz sogar besser gestellt, da der Fortbestand dieses Verlustpotentiales zu jedem Bilanzstichtag zu überprüfen wäre; die Drohverlustrückstellung wäre damit auch eventuell bereits frühzeitig ertragswirksam, mithin steuerwirksam, aufzulösen. Verneint man dagegen die Ansatzfähigkeit einer Drohverlustrückstellung, so würden diese Verlustpotentiale wiederum mittels der Residualbewertung im Rahmen des negativen derivativen Geschäftswerts erfasst. Die Fortentwicklung des negativen Geschäftswerts ist jedoch als schwierig zu bezeichnen und wird teilweise nur mittels pauschaler Auflösungsregeln, z.B. entsprechend der Behandlung des positiven derivativen Geschäftswerts über 15 Jahre, erfolgen können.[742] Da die fiskalische Begründung für das steuerbilanzrechtliche Verbot der Drohverlustrückstellungen damit hinfällig ist und diese nach Maßgabe des GoB-Systems zudem eindeutig zu passivieren sind, erscheint der Ansatz von Drohverlustrückstellungen in der Ergänzungsbilanz zwecks Neutralisierung eines verbleibenden Minderkaufpreises vertretbar.[743]

Allerdings wird auch die Summe dieser Modifikationen, d.h. die simultane Vornahme von Abstockungen und Aufstockungen auf bereits bilanzierte positive und negative Einzelwirtschaftsgüter sowie der eventuelle Ansatz zusätzlicher negativer Einzelwirtschaftsgüter, nicht immer eine ursachenadäquate und vollständige Erfassung des Minderkaufpreises erlauben. Wie oben erläutert wurde,

---

740 Moxter, Adolf: Zur Abgrenzung von Verbindlichkeitsrückstellungen und (künftig grundsätzlich unzulässigen) Verlustrückstellungen, in: DB, 50. Jg. (1997), S. 1477-1480, h.S. 1478.

741 Siehe oben 2. Kapitel F. I. 2).

742 Siehe ausführlich unten 2. Kapitel F. II. 2).

743 Der Ansatz einer Drohverlustrückstellung in der Ergänzungsbilanz sollte sich dabei wiederum an den allgemeinen Vorschriften orientieren. Da die Drohverlustrückstellung in der Handelsbilanz zwingend zu bilden ist, kann in der Ergänzungsbilanz des Mitunternehmers maximal ein entsprechender quotaler Ansatz erfolgen.

kann die Vereinbarung eines Minderkaufpreises auch auf Sachverhalte wie nicht passivierte und nicht ausreichend konkretisierbare Innenverpflichtungen (z.b. für unterlassene Forschungs- oder Marketingaufwendungen), negative Zukunftsaussichten, ein schlechtes Image u.Ä. zurückgeführt werden.[744] Derartige stille Lasten können jedoch nur durch den Ansatz eines zusätzlichen, negativen Gesamtwirtschaftsgutes abgebildet werden. Die Höhe dieses Passivpostens ergibt sich als Residuum aus dem Minderkaufpreis abzüglich der in der Ergänzungsbilanz aufgelösten stillen Lasten in einzelnen bereits bilanzierten positiven und negativen Wirtschaftsgütern sowie der eventuell zusätzlich passivierten negativen Einzelwirtschaftsgüter. Diese Ermittlungstechnik ähnelt der Bestimmung des positiven derivativen Geschäftswerts; im Schrifttum hat sich für diesen Passivposten deshalb die Bezeichnung negativer derivativer Geschäftswert etabliert. Ob der Ansatz eines solchen Postens allerdings zulässig ist, ist höchst umstritten und im Folgenden aus der Perspektive der Ergänzungsbilanz zu prüfen.

5) Die Wahrung des Erfolgsneutralitätsprinzips mittels der Passivierungslösung

a) Zur Existenzberechtigung und zum ökonomischen Gehalt des negativen Geschäftswerts

Die Bildung eines Passivums als Alternativverfahren zur Abstockungslösung wurde bereits frühzeitig angeregt.[745] Die Rechtsprechung und die Anhänger der Abstockungslösung ziehen sich dabei oftmals auf den Standpunkt zurück, die Passivierung eines negativen Geschäftswerts sei schon deshalb unzulässig,[746] da im EStG ein derartiges Passivum nicht erwähnt werde.[747] Die massiven Defizite der Abstockungslösung lassen aber eine derartige „Begriffsjurisprudenz"[748] nicht zweckadäquat erscheinen. Im Sinne der wirtschaftlichen Betrachtungsweise und angesichts der Tatsache, dass das Bestehen einer Gesetzeslücke nicht ausgeschlossen werden kann,[749] ist es erforderlich, die Passivierungsfähigkeit eines negativen Geschäftswerts zu untersuchen.

744 Siehe oben 2. Kapitel F. I. 1), 3).

745 So z.B. Lion, Max: Die Besteuerung des Geschäftswerts, a.a.O., S. 730 f.; Auler, Wilhelm: Der Unternehmungsmehr- und -minderwert in der Bilanz, a.a.O., S. 842 f.

746 Der BFH definiert als negativen Geschäftswert den Betrag, „um den der Gesamtwert des Unternehmens – insbesondere wegen seiner ungünstigen Ertragslage – geringer ist als sein Substanzwert." Siehe BFH-Urteil vom 19. Februar 1981 IV R 41/78, BFHE 133, S. 510-513, h.S. 512.

747 Vgl. BFH-Urteil vom 19. Februar 1981 IV R 41/78, BFHE 133, S. 510-513, h.S. 512.

748 Mathiak, Walter: Rechtsprechung zum Bilanzsteuerrecht, in: StuW, 59. Jg. (1982), S. 81-86, h.S. 82.

749 Vgl. Bachem, Rolf Georg: Berücksichtigung negativer Geschäftswerte in Handels-, Steuer- und Ergänzungsbilanz, in: BB, 48. Jg. (1993), S. 967-973, h.S. 971; Breidert,

Zudem haben auch die Befürworter der traditionellen Abstockungslösung anerkennen müssen, dass es Sonderfälle gibt, in denen der Ansatz eines Passivpostens unausweichlich ist:[750] Übersteigt der zu verteilende Minderkaufpreis den Buchwert des anteiligen Betriebsvermögens oder leistet der Veräußerer eine Zuzahlung an den Erwerber, so kann die Erfolgsneutralität des Anschaffungsvorgangs selbst bei vollständiger Abstockung des anteiligen Betriebsvermögens nicht erreicht werden. Spätestens in dieser Situation ist der Ansatz eines entsprechenden Passivums zu prüfen, da hier „unabweisbar ein negativer Geschäftswert in Erscheinung"[751] tritt.

Gleichwohl stehen Teile der Literatur der Passivierung eines negativen Geschäftswerts sehr skeptisch gegenüber: *Siegel/Bareis* etwa äußern neben bilanzrechtlichen Bedenken auch Zweifel an der ökonomischen Existenzberechtigung des negativen Geschäftswerts. Sie argumentieren im Zusammenhang mit einem Gesamtunternehmenskauf, dass ein streng rational handelnder Unternehmer niemals zu einem Preis unterhalb des Liquidationswerts verkaufen würde. Der Unternehmer würde vielmehr bei sinkendem Ertragswert des Unternehmens den Liquidationswert des Eigenkapitals realisieren; ein negativer Geschäftswert könne deshalb gar nicht entstehen.[752]

Diese Einschätzung erweist sich jedoch als nicht haltbar, da weder die strenge Rationalitätsannahme der Realität gerecht wird[753] noch der Liquidationswert in sämtlichen denkbaren Fällen eine Untergrenze für den Ertragswert des Unternehmens bildet.[754] Zudem gehört die Liquidation des Unternehmens in der Re-

Ulrike: Grundsätze ordnungsmäßiger Abschreibungen auf abnutzbare Anlagegegenstände, a.a.O., S. 207; FG Niedersachsen, Urteil vom 24. Oktober 1991 XII 706/84, EFG 1993, S. 15-18, h.S. 17; kritisch Pusecker, Dagmar; Schruff, Lothar: Anschaffungswertprinzip und „negativer Geschäftswert", a.a.O., S. 742.

750 Vgl. BFH-Urteil vom 21. April 1994 IV R 70/92, BFHE 174, S. 413-422, h.S. 418; Pusecker, Dagmar; Schruff, Lothar: Anschaffungswertprinzip und „negativer Geschäftswert", a.a.O., S. 740.

751 Mathiak, Walter: Rechtsprechung zum Bilanzsteuerrecht, in: StuW, 59. Jg. (1982), S. 81-86, h.S. 82. Eine Gewinnvereinnahmung wie sich dies z.B. bei *Siegel/Bareis* andeutet, ist wegen der Geltung des Erfolgsneutralitätsprinzips nicht systemadäquat. Vgl. Siegel, Theodor; Bareis, Peter: Der „negative Geschäftswert" – eine Schimäre als Steuersparmodell?, a.a.O., S. 1482 bzw. S. 1485.

752 Vgl. Siegel, Theodor; Bareis, Peter: Der „negative Geschäftswert" – eine Schimäre als Steuersparmodell?, a.a.O., S. 1477-1479; Siegel, Theodor; Bareis, Peter: Zum „negativen Geschäftswert" in Realität und Bilanz, in: BB, 49. Jg. (1994), S. 317-322, h.S. 317-319.

753 Vgl. Hartung, Werner: Negative Firmenwerte als Verlustrückstellungen, a.a.O., S. 239, m.w.N.

754 Vgl. Helbling, Carl: Unternehmensbewertung und Steuern, 8. Aufl., Düsseldorf 1995, S. 513. Dies ergibt sich insbesondere daraus, dass die Fortführung eines Unternehmens in vielen Situationen, sei es infolge persönlicher, politischer oder finanzieller (z.B. drohen-

gel nicht zu den Handlungsalternativen eines Mitunternehmers; die Entscheidung über die Bilanzierungsfähigkeit eines negativen Geschäftswerts ist daher für den entgeltlichen Gesellschafterwechsel bzw. für die Bilanzierung in der Ergänzungsbilanz von besonderer Relevanz.

Die von *Siegel/Bareis* und anderen Autoren aus dem Anschaffungskostenprinzip abgeleitete Zuordnung aller positiven und negativen Effektivvermögensbeiträge zu den einzelnen Bilanzposten deutet überdies auf eine Bilanzauffassung hin, die mit der Konzeption der Bilanz im Rechtssinne unvereinbar ist: Hier scheint nicht die objektivierungsbedingte Abbildung eines Partialvermögens intendiert; vielmehr sollen die einzelnen Bilanzposten unmittelbar das Effektivvermögen widerspiegeln. Dass damit kein Raum mehr für die Berücksichtigung eines negativen Geschäftswerts als Differenz zwischen Effektiv- und Partialvermögen bleibt, kann nicht verwundern.[755] Berücksichtigt man diese Sachverhalte, so kann an der ökonomischen Existenzberechtigung des negativen Geschäftswerts nicht gezweifelt werden.

Für den Ansatz eines Passivpostens tritt auch *Möhrle* in einer jüngst vorgelegten Untersuchung ein.[756] Auf der Basis einer investitionstheoretisch fundierten Analyse gelangt er allerdings zu dem Ergebnis, dass die im Schrifttum bislang vorherrschende Interpretation, der negative Geschäftswert verkörpere ein Verlustpotential,[757] unzutreffend sei.[758] *Möhrle* begründet dies mittels einer Fallanalyse des Kaufentscheidungsprozesses: Dabei berücksichtigt er als konstante Größen den Kaufpreis P, den Teilreproduktionswert TRW sowie den Vollreproduktionswert VRW der Unternehmung; demgegenüber werden für das Kaufentscheidungskriterium, d.h. den Zukunftserfolgswert der Unternehmung aus Sicht des Käufers ZEW_K, verschiedene Ausprägungen betrachtet. Aus den alternativ denkbaren Fallkonstellationen zieht *Möhrle* u.a. den Schluss, dass ein negativer Geschäftswert im bilanziellen Sinne (hier der Minderkaufpreis) nicht

---

de Aufwendungen für einen Sozialplan) Verpflichtungen unabwendbar ist. Vgl. Flies, Rolf: Gibt es einen „negativen Geschäftswert"?, in: DStR, 35. Jg. (1995), S. 660-665, h.S. 663; Greve, D.: Zur Existenzberechtigung des „negativen Geschäftswerts", in: DB, 29. Jg. (1976), S. 1252.

755 Vgl. Euler, Roland: Das System der Grundsätze ordnungsmäßiger Bilanzierung, a.a.O., S. 160 f.; zustimmend Ernstning, Ingo: Zur Bilanzierung eines negativen Geschäfts- oder Firmenwerts nach Handels- und Steuerrecht, a.a.O., S. 407.

756 Vgl. Möhrle, Martin: Die Bilanzierung des derivativen Geschäftswertes im Lichte der Investitionstheorie, a.a.O., S. 108-110.

757 Vgl. Bachem, Rolf Georg: Berücksichtigung negativer Geschäftswerte in Handels-, Steuer- und Ergänzungsbilanz, a.a.O., S. 968; Euler, Roland: Das System der Grundsätze ordnungsmäßiger Bilanzierung, a.a.O., S. 160; Moxter, Adolf: Bilanzrechtliche Probleme beim Geschäfts- oder Firmenwert, a.a.O., S. 857.

758 Vgl. Möhrle, Martin: Die Bilanzierung des derivativen Geschäftswertes im Lichte der Investitionstheorie, a.a.O., S. 47.

notwendigerweise das Vorliegen eines negativen Geschäftswerts im betriebswirtschaftlichen Sinne voraussetze; vielmehr könne hier auch ein positiver be-
triebswirtschaftlicher Geschäftswert vorliegen, der durch einen Verhandlungsgewinn des Käufers[759] überkompensiert werde.[760]

Ob die von *Möhrle* vorgetragenen Thesen allerdings zur Lösung der bilanziellen
Probleme bei der Passivierung eines negativen Geschäftswerts beitragen, muss
bezweifelt werden. Zu kritisieren ist insbesondere, dass das Objektivierungserfordernis zu wenig beachtet wird. Bei der Veräußerung eines Mitunternehmeranteils (bzw. eines Gesamtunternehmens) sind für einen außenstehenden
Dritten, z.B. für den Fiskus, nur zwei Größen objektiviert bestimmbar, nämlich
der Teilreproduktionswert TRW der Unternehmung und der vereinbarte Kaufpreis. Dagegen ist die exakte Ermittlung des Vollreproduktionswertes VRW der
Unternehmung zumindest schwierig zu nennen, während der Zukunftserfolgswert ZEW_K sogar völlig unbekannt und objektiviert unbestimmbar ist. Daraus
folgt aber, dass die oben skizzierte Aufspaltung des bilanziellen negativen Geschäftswerts in einzelne Komponenten nicht den für die Bilanz im Rechtssinne
erforderlichen Objektivierungsgrad erreicht.

Möhrle selbst räumt im Laufe seiner Untersuchung ein, dass sich die einzelnen
Elemente des negativen Geschäftswertes nicht objektiviert voneinander separie-
ren lassen; er befürwortet daher letztendlich eine Passivierung des gesamten
bilanziellen negativen Geschäftswerts als passiven Ausgleichsposten und nähert
sich damit der auch hier vertretenen Sichtweise wieder an.[761] Diesen passiven
Ausgleichsposten möchte er allerdings als eine „technische Restgröße ohne
ökonomischen Gehalt"[762] verstanden wissen. *Möhrle* begründet dies damit, dass
ein ausschließlich nach Zahlungsüberschüssen strebender Erwerber „maximal
den aus seiner Sicht ermittelten Zukunftserfolgswert der Unternehmung"[763] ver-
güten würde. Aus dem Erwerb der Unternehmung resultiere daher keine
schlechtere Verzinsung des eingesetzten Kapitals als aus der Realisierung der
günstigsten alternativen Investition, sofern „die der Ermittlung des Zukunftser-

---

759 Der Verhandlungsgewinn des Käufers entspricht dem Differenzbetrag zwischen ZEW_K
und P; dabei gilt stets $ZEW_K > P$.

760 Vgl. Möhrle, Martin: Die Bilanzierung des derivativen Geschäftswertes im Lichte der
Investitionstheorie, a.a.O., S. 45-48; Möhrle, Martin: Ökonomische Interpretation und
bilanzielle Behandlung eines negativen derivativen Geschäftswertes, in: DStR, 37. Jg.
(1999), S. 1414-1420, h.S. 1417 f.

761 Vgl. Möhrle, Martin: Die Bilanzierung des derivativen Geschäftswertes im Lichte der
Investitionstheorie, a.a.O., S. 138-150.

762 Möhrle, Martin: Die Bilanzierung des derivativen Geschäftswertes im Lichte der Investitionstheorie, a.a.O., S. 144.

763 Möhrle, Martin: Die Bilanzierung des derivativen Geschäftswertes im Lichte der Investitionstheorie, a.a.O., S. 47.

folgswerts zugrundeliegenden Erwartungen tatsächlich"[764] eintreten. Ein Verlust des Erwerbers sei daher bei ausschließlichem Gewinnstreben rational nicht erklärbar.[765]

Der Schwachpunkt dieser Argumentation liegt darin, dass hierbei explizit und implizit von sicheren Erwartungen ausgegangen wird. Diese Prämisse ist aber wenig hilfreich, da es der Bilanz im Rechtssinne gemäß des Vorsichtsprinzips vielmehr entspricht, von unsicheren Erwartungen auszugehen. Da die Bilanz im Rechtsinne zur Ermittlung eines vorsichtig ermittelten Umsatzgewinns als Grundlage der Ertragsbesteuerung dient, kann gerade nicht davon ausgegangen werden, dass „die der Ermittlung des Zukunftserfolgswerts zugrundeliegenden Erwartungen tatsächlich"[766] eintreten. Insofern sieht sich der Erwerber im Erwerbszeitpunkt auch bei ausschließlichem Gewinnstreben sehr wohl von einem potentiellen Verlust im Sinne einer Minderverzinsung des eingesetzten Kapitals bedroht. Ob sich seine Erwartungen erfüllen werden, kann im Erwerbszeitpunkt nicht mit Sicherheit beurteilt werden; die Tatsache, dass sich Käufer und Verkäufer auf einen den Buchwert des anteiligen Betriebsvermögens unterschreitenden Kaufpreis geeinigt haben, deutet überdies auf ein erhöhtes Risikopotential hin. Berücksichtigt man ferner, dass bei einem Unternehmens- oder Anteilserwerb nur der Kaufpreis und der Teilreproduktionswert TRW bekannt und intersubjektiv nachprüfbar sind, erscheint es systemgerecht, einen Minderkaufpreis, der nicht durch stille Lasten in bilanzierten positiven und negativen Einzelwirtschaftsgütern erklärt werden kann, mittels eines negativen Geschäftswerts abzubilden; dieser negative Geschäftswert repräsentiert dabei bilanziell bislang nicht erfasste negative Einflussfaktoren wie Innenverpflichtungen, ungünstige Zukunftsaussichten usw.

b) Die Passivierungsfähigkeit des negativen Geschäftswerts in der Ergänzungsbilanz

Die Passivierungsfähigkeit des negativen Geschäftswerts wird zumeist vor dem Hintergrund eines Gesamtunternehmenskaufs erörtert. Liegt hingegen ein Anteilskauf vor und ist über den Ansatz eines negativen Geschäftswerts in einer Ergänzungsbilanz zu befinden, so wird mitunter die Auffassung vertreten, dass dies auf der Ebene der Ergänzungsbilanz problemlos möglich sei: Da die Ergänzungsbilanz keine Wirtschaftsgüter, sondern lediglich Wertkorrekturposten enthalte, handele es sich nicht um eine „normale" Bilanz. Die Prüfung der

---

764 Möhrle, Martin: Die Bilanzierung des derivativen Geschäftswertes im Lichte der Investitionstheorie, a.a.O., S. 47 f.

765 Vgl. Möhrle, Martin: Die Bilanzierung des derivativen Geschäftswertes im Lichte der Investitionstheorie, a.a.O., S. 48.

766 Vgl. Möhrle, Martin: Die Bilanzierung des derivativen Geschäftswertes im Lichte der Investitionstheorie, a.a.O., S. 47 f.

Passivierungsfähigkeit des negativen Geschäftswerts sei daher entbehrlich, d.h. der negative Geschäftswert könne in der Ergänzungsbilanz bedenkenlos Berücksichtigung finden.[767]

Wie bereits ausführlich erörtert wurde, greift eine solche Argumentation aber zu kurz, da auch die Ergänzungsbilanz wesentliche Kennzeichen der Bilanz im Rechtssinne in sich vereint.[768] Die Etablierung eines Sonderrechts für die Ergänzungsbilanz ist weder erforderlich noch zulässig noch erlaubt der ambivalente Charakter der Ergänzungsbilanz die Deduktion eines entsprechenden Normensystems. Da die Ergänzungsbilanz einen nicht kodifizierten Bestandteil steuerbilanzieller Gewinnermittlung repräsentiert, ist diese den allgemeinen steuerbilanzrechtlichen Prinzipien unterzuordnen; ein negativer Geschäftswert kann auch in der Ergänzungsbilanz nur passiviert werden, wenn ein derartiges Passivum nach Maßgabe des GoB-Systems berücksichtigungsfähig ist.[769]

In der Literatur wird allerdings auch die Position vertreten, dass gerade in der Ergänzungsbilanz die Passivierung eines negativen Geschäftswerts unmöglich sei. *Siegel/Bareis* argumentieren, dass in einer Ergänzungsbilanz nur Wertkorrekturen zu in der Steuerbilanz der Gesellschaft respektive der Gesamtbilanz der Mitunternehmerschaft enthaltenen positiven und negativen Wirtschaftsgütern ausgewiesen werden könnten; ein eigenständiger Ansatz eines negativen Geschäftswerts in der Ergänzungsbilanz sei deshalb ausgeschlossen. In diesem Gedanken sehen *Siegel/Bareis* eine weitere Stütze ihrer Grundthese, dass ein negativer Geschäftswert weder existent noch bilanzierbar sei.[770] Die Widerlegung dieser Sichtweise fällt indes leicht: Auch originär geschaffene immaterielle Wirtschaftsgüter des Anlagevermögens werden in der Steuerbilanz der Gesellschaft bzw. der Gesamtbilanz der Mitunternehmerschaft nicht ausgewiesen; ihre ergänzungsbilanzielle Erfassung in der Folge eines Mitunternehmeranteilskaufs ist aber anerkannt.[771] Ein Ansatz in der Gesamtbilanz der Mitunternehmerschaft bildet daher keine conditio sine qua non für die Berücksichtigung eines entsprechenden Postens in der Ergänzungsbilanz.

Insgesamt ist daher davon auszugehen, dass die Passivierung eines negativen Geschäftswerts in der Ergänzungsbilanz zulässig ist, falls ein derartiges Passi-

---

767 Eine derartige Argumentation findet sich z.B. bei Knobbe-Keuk, Brigitte: Bilanz- und Unternehmenssteuerrecht, a.a.O., S. 901; Regniet, Michael: Ergänzungsbilanzen bei der Personengesellschaft, a.a.O., S. 155; differenzierend Gießler, Oliver S.: Der negative Geschäftswert in Handels-, Steuer- und Ergänzungsbilanz, a.a.O., S. 182-188.

768 Siehe oben 2. Kapitel C. II. 3) und 2. Kapitel D.

769 Dies lässt sich auch daraus folgern, dass der BFH zur Normierung des Bilanzansatzes in der Ergänzungsbilanz auf die Ansatzprinzipien des GoB-Systems verweist. Siehe 2. Kapitel E. I. 1) a).

770 Vgl. Siegel, Theodor; Bareis, Peter: Der „negative Geschäftswert" – eine Schimäre als Steuersparmodell?, a.a.O., S. 1482.

771 Siehe oben 2. Kapitel E. I. 3) c), d).

vum nach den Normen und Prinzipien der Bilanz im Rechtssinne angesetzt werden darf.

c) Die Passivierungsfähigkeit des negativen Geschäftswerts in der Bilanz im Rechtssinne

α) Erfassbarkeit des negativen Geschäftswerts als Verbindlichkeit, Rückstellung, RAP?

Bei der Beurteilung der Ansatzfähigkeit des negativen Geschäftswerts, ist zunächst zu prüfen, ob der negative Geschäftswert unter einem der üblichen steuerbilanziellen Passivposten, d.h. Verbindlichkeiten, Rückstellungen oder RAP, erfasst werden kann:

Als passiver RAP i.S.d. § 5 Abs. 5 Satz 1 EStG sind Einnahmen vor dem Abschlussstichtag zu qualifizieren, soweit sie Ertrag für eine bestimmte Zeit nach diesem Tag darstellen. Begriffsnotwendig ist dabei, dass die Einnahmen – in Form von Zahlungsmittelzugängen oder sonstigen Vermögensmehrungen – aus zeitbezogenen gegenseitigen Leistungspflichten resultieren.[772] Hinsichtlich eines Anteilskaufs sind die beiderseitigen Leistungsverpflichtungen der Vertragsparteien aber auf den Erwerbszeitpunkt begrenzt; die Erfassbarkeit des negativen Geschäftswerts als passiver RAP wird damit unmöglich.[773]

Die Berücksichtigung des negativen Geschäftswerts als gewisse oder ungewisse Verbindlichkeit setzt das Vorliegen einer wirtschaftlichen Vermögensbelastung voraus. Hierbei muss es sich um eine Verpflichtung gegenüber Dritten handeln; reine Innenverpflichtungen als „betriebswirtschaftliche Verpflichtung gegen sich selbst"[774] gelten nicht als passivierungsfähig. Erst eine Außenverpflichtung, die überdies mit einer gewissen objektivierten Mindestwahrscheinlichkeit eintreten muss, vermag die Passivierungspflicht zu begründen.[775] Damit lässt sich – ohne auf die Konkretisierung der Verbindlichkeitskriterien im Detail eingehen zu müssen –[776] auch die Berücksichtigung des negativen Geschäftswerts als Verbindlichkeit respektive Verbindlichkeitsrückstellung verwerfen: Der ne-

---

772 Vgl. Breidert, Ulrike: Grundsätze ordnungsmäßiger Abschreibungen auf abnutzbare Anlagegegenstände, a.a.O., S. 206; Moxter, Adolf: Bilanzrechtsprechung, a.a.O., S. 151-153.

773 Vgl. Breidert, Ulrike: Grundsätze ordnungsmäßiger Abschreibungen auf abnutzbare Anlagegegenstände, a.a.O., S. 206; zustimmend Pusecker, Dagmar; Schruff, Lothar: Anschaffungswertprinzip und „negativer Geschäftswert", a.a.O., S. 738 f.

774 BFH-Urteil vom 19. Januar 1972 I 114/65, BFHE 104, S. 422-435, h.S. 432.

775 Vgl. Moxter, Adolf: Bilanzrechtsprechung, a.a.O., S. 82-85.

776 Zu einer ausführlicheren Darstellung vgl. Breidert, Ulrike: Grundsätze ordnungsmäßiger Abschreibungen auf abnutzbare Anlagegegenstände, a.a.O., S. 204 f.

gative Geschäftswert setzt sich vornehmlich aus Innenverpflichtungen zusammen, das Außenverpflichtungsprinzip bleibt daher unerfüllt.[777]
In der bisher geführten Diskussion um den negativen Geschäftswert wurde zudem häufig geprüft, ob man diesen als eine Art Drohverlustrückstellung berücksichtigen könnte.[778] Tatsächlich ist eine gewisse Nähe des negativen Geschäftswerts zu dem Anwendungsbereich einer Drohverlustrückstellung nicht zu leugnen; die Passivierung einer Drohverlustrückstellung zur Abbildung eines negativen Geschäftswerts scheitert aber daran, dass eine Drohverlustrückstellung lediglich Partialverluste aus einem konkreten schwebenden Geschäft, nicht aber drohende Gesamtverluste, die im allgemeinen Geschäftsrisiko begründet sind, erfassen darf.[779] Zudem setzt die Drohverlustrückstellung ein schwebendes, d.h. beiderseitig unerfülltes, Geschäft voraus. Der Unternehmens- bzw. Anteilskauf ist aber im Erwerbszeitpunkt abgeschlossen, d.h. ein schwebendes Geschäft ist nicht gegeben.[780] Zwar weist *Hartung* zutreffend darauf hin, dass dem negativen Geschäftswert sehr wohl der Charakter eines Partialverlustes zuzuerkennen sei, sofern es sich nicht um einen Unternehmenserwerb zwecks Neugründung handelt, missachtet aber das Fehlen eines schwebenden Geschäfts. Insofern kann er mit seiner Argumentation, der negative Geschäftswert könne als Verlustrückstellung passiviert werden, da Art. 20 Abs. 1 der 4. EG-Richtlinie in § 249 Abs. 1 HGB nicht korrekt, d.h. zu eng, wiedergegeben werde, nicht überzeugen.[781]

β) Der negative Geschäftswert als passivischer Ausnahmetatbestand

Nach den bisherigen Ausführungen ist es nicht möglich, den negativen Geschäftswert mit Hilfe der regelmäßig zur Verfügung stehenden steuerbilanziel-

777 Vgl. Euler, Roland: Das System der Grundsätze ordnungsmäßiger Bilanzierung, a.a.O., S. 161; Ernsting, Ingo: Zur Bilanzierung eines negativen Geschäfts- oder Firmenwerts nach Handels- und Steuerrecht, a.a.O., S. 414.

778 Die enge Verbindung zwischen negativem Geschäftswert und Drohverlustrückstellung betonen bereits Heinze, Gerhard B.; Roolf, Willy: Die Behandlung des derivativen negativen Geschäftswerts in der Handels- und Steuerbilanz sowie bei der Einheitsbewertung, a.a.O., S. 216. In jüngerer Zeit wurde diese Auffassung insbesondere von Bachem, Rolf Georg: Berücksichtigung negativer Geschäftswerte in Handels-, Steuer- und Ergänzungsbilanz, a.a.O., S. 969 f., betont und eine Passivierung des negativen Geschäftswerts als Quasi-Rückstellung befürwortet. Ähnlich auch Küting, Karlheinz: Ein erneutes Plädoyer für eine Einheitsbesteuerung, a.a.O., S. 494.

779 Vgl. Heurung, Rainer: Der negative Geschäftswert im Bilanzrecht, a.a.O., S. 385; Euler, Roland: Der Ansatz von Rückstellungen für drohende Verluste aus schwebenden Dauerrechtsverhältnissen, in: ZfbF, 42. Jg. (1990), S. 1036-1056, h.S. 1045.

780 Vgl. Breidert, Ulrike: Grundsätze ordnungsmäßiger Abschreibungen auf abnutzbare Anlagegegenstände, a.a.O., S. 206; Pusecker, Dagmar; Schruff, Lothar: Anschaffungswertprinzip und „negativer Geschäftswert", a.a.O., S. 739.

781 Vgl. Hartung, Werner: Negative Firmenwerte als Verlustrückstellungen, a.a.O., S. 237 f.

len Passivposten zu erfassen. Bei einer streng formaljuristischen Perspektive wäre die angestrebte Passivierung des negativen Geschäftswerts damit (zunächst) gescheitert.

Vergegenwärtigt man sich jedoch noch einmal das zu lösende Bilanzierungsproblem, wird man sich mit diesem Ergebnis nicht zufrieden geben können. Das Erfolgsneutralitätsprinzip gebietet die erfolgsneutrale Behandlung des Anteilskaufs; die Vereinnahmung unrealisierter Gewinne ist zu unterbinden.[782] Die (traditionelle) Abstockungslösung ist zwar theoretisch in der Lage, die Erfolgsneutralität des Anschaffungsvorgangs sicherzustellen, stößt aber sehr schnell an ihre konzeptionellen Grenzen, da häufig Abstockungen über die Teilwertgrenze hinaus erforderlich sein werden;[783] ein derart willkürliches Vorgehen bildet jedoch einen Fremdkörper in einem auf Objektivierung angewiesenen rechtsstaatlichen Steuersystem. Die hier drohende Beeinträchtigung des Vermögensermittlungsprinzips sowie die Verzerrung der als Indikator wirtschaftlicher Leistungsfähigkeit fungierenden Periodenerfolge bestätigen ebenfalls den systemfremden Charakter der Abstockungslösung.[784] Das Verfahren versagt überdies vollends, sobald der Minderkaufpreis das vorhandene Abstockungspotential übersteigt oder eine Zuzahlung geleistet wird.[785]

Da auch bei der zusätzlichen Vornahme von Aufstockungen auf bereits bilanzierte negative Wirtschaftsgüter sowie der fallweisen zusätzlichen Passivierung von Rückstellungen vielfach nicht eine vollständige Kompensation des Minderkaufpreises erreicht werden kann,[786] scheint insbesondere das Realisationsprinzip für eine Passivierungslösung zu sprechen. Unterstützung findet diese These auch durch das Imparitätsprinzip, dem es gemäß ist, die durch den negativen Geschäftswert verkörperten potentiellen finanziellen Belastungen zwecks systemadäquater Erfassung und Fortführung mittels eines Passivums abzubilden.[787] Die Defizite der Abstockungslösung sowie die eindeutigen Implikationen fundamentaler Leitprinzipien wie Realisations- und Imparitätsprinzip machen es deshalb erforderlich, den negativen Geschäftswert als passivischen Ausnahmetatbestand zu behandeln,[788] obgleich insbesondere das fehlende

---

782 Vgl. Moxter, Adolf: Bilanzrechtliche Probleme beim Geschäfts- oder Firmenwert, a.a.O., S. 857.

783 Siehe oben 2. Kapitel F. I. 4) a), b).

784 Siehe oben 2. Kapitel F. I. 4) b).

785 Siehe oben 2. Kapitel F. I. 5) a).

786 Siehe oben 2. Kapitel F. I. 4) c).

787 Vgl. Euler, Roland: Das System der Grundsätze ordnungsmäßiger Bilanzierung, a.a.O., S. 163 f.

788 Vgl. Moxter, Adolf: Bilanzrechtliche Probleme beim Geschäfts- oder Firmenwert, a.a.O., S. 861. Einen passivischen Ausnahmetatbestand im Sinne eines bilanzrechtlichen aliuds bzw. eines Postens sui generis sehen auch Gießler, Oliver S.: Der negative Geschäftswert in Handels-, Steuer- und Ergänzungsbilanz, a.a.O., S. 156; Pusecker,

Außenverpflichtungsprinzip gegen eine Passivierung spricht. Es ist davon auszugehen, dass die gesetzlichen Regelungen lückenbehaftet sind und deshalb ein
Analogieschluss von der steuerlichen Aktivierungspflicht des positiven Geschäftswerts auf die steuerliche Passivierungspflicht des negativen Geschäftswerts notwendig ist.[789]

γ) Zum Passivierungsumfang des negativen Geschäftswerts

Nachdem die Passivierungsfähigkeit des negativen Geschäftswerts grundsätzlich befürwortet wurde, gilt es noch zu entscheiden, in welchem Umfang hier
Passivierungen vorzunehmen sind. Aus dem Ausnahmecharakter des negativen
Geschäftswerts folgt, dass eine Passivierung erst dann zulässig sein wird, wenn
keine stillen Lasten mehr vorhanden sind, die durch Abstockungen bereits bilanzierter positiver Wirtschaftsgüter und durch Aufstockungen bereits bilanzierter negativer Wirtschaftsgüter abgebildet werden können; zusätzlich gilt es im
Einzelfall den Ansatz bislang nicht erfasster negativer Einzelwirtschaftsgüter,
d.h. eine zusätzliche Passivierung von Rückstellungen, zu prüfen. Der negative
Geschäftswert ist also, wie bereits oben angedeutet, ebenfalls als eine Art
Residualgröße zu begreifen.[790]

Eine pauschale Passivierung des gesamten Minderkaufpreises als negativer Geschäftswert ist daher genauso abzulehnen wie der Vorschlag, einen negativen
Geschäftswert erst dann zu passivieren, wenn der Minderkaufpreis den Buchwert der anteiligen Wirtschaftsgüter übersteigt bzw. eine Zuzahlung vom Verkäufer an den Erwerber geleistet wurde.[791] Eine derartige Zwischenlösung
negiert die Defizite des Abstockungsverfahrens und bleibt daher inkonsequent.

Diskutieren könnte man allerdings die Vornahme einer begrenzten, pauschalen
Abstockung bei den Wirtschaftsgütern, deren Teilwert nur innerhalb eines gewissen Ermessensintervalls ermittelt werden kann. Systemgerechter wäre es
allerdings, derartige Erwägungen bereits bei der Erstellung der Steuerbilanz der
Gesellschaft zu berücksichtigen und hier eine entsprechend vorsichtige Bewertung vorzunehmen. Die Zugrundelegung unterschiedlicher Teilwerte in Steuer-
und Ergänzungsbilanz würde eine – weder begründbare noch objektiviert

---

Dagmar; Schruff, Lothar: Anschaffungswertprinzip und „negativer Geschäftswert",
a.a.O., S. 740 f.

789 Vgl. für das Handelsrecht Breidert, Ulrike: Grundsätze ordnungsmäßiger Abschreibungen auf abnutzbare Anlagegegenstände, a.a.O., S. 206-208; Ernstning, Ingo: Zur
Bilanzierung eines negativen Geschäfts- oder Firmenwerts nach Handels- und Steuerrecht, a.a.O., S. 415 f.

790 Siehe oben 2. Kapitel F. I. 4) c).

791 In diesem Sinne aber Pusecker, Dagmar; Schruff, Lothar: Anschaffungswertprinzip und
„negativer Geschäftswert", a.a.O., S. 740.

bestimmbare – differierende Gewichtung des Vorsichtsprinzips in beiden Rechenwerken bedeuten.

Erhöhte Aufmerksamkeit verdient jedoch die These, dass in einer negativen Ergänzungsbilanz auch stille Reserven aufgelöst werden können. *Regniet* führt hierzu ein Beispiel an, in dem ein Minderkaufpreis zwar durch die Passivierung eines negativen Geschäftswerts in einer negativen Ergänzungsbilanz abgebildet, zugleich aber eine Vollauflösung stiller Reserven vorgenommen wird; eine nähere Begründung für dieses Vorgehen fehlt allerdings.[792]

Anhand eines anderen Beispiels lässt sich jedoch zeigen, dass diese Bilanzierungsweise mit erheblichen Nachteilen verbunden ist: Ein Unternehmen mit einem Ertragswert von 1000 GE verfüge über ein Betriebsvermögen mit einem Buchwert von 1000 GE; der Teilwert des Betriebsvermögens betrage hingegen 1500 GE. Der Ertragswert dieses Unternehmens ist also geringer als der Substanzwert seines Betriebsvermögens zu Teilwerten; eine derartige Situation ist z.B. bei schlechten Zukunftsaussichten denkbar. Wird nun ein Mitunternehmeranteil an einem derartigen Unternehmen veräußert, so würde der „faire Wert" des Mitunternehmeranteils dem Buchwert des anteiligen Betriebsvermögens entsprechen.

Nimmt man nun ferner an, dass der tatsächliche Kaufpreis zufalls- oder verhandlungsbedingt geringfügig höher oder geringer ist, als dieser „faire Wert", so führt dies zu kaum erklärbaren Ergebnissen: Übersteigt der Kaufpreis den anteiligen Buchwert, so wäre eine positive Ergänzungsbilanz für den Erwerber zu erstellen, in der in Höhe des (geringfügigen) Mehrkaufpreises eine begrenzte Auflösung stiller Reserven erfolgt. Liegt hingegen ein geringfügiger Minderkaufpreis vor, wäre eine negative Ergänzungsbilanz zu bilden, in der der Minderkaufpreis durch Abstockungen bzw. Aufstockungen und/oder Passivierung eines negativen Geschäftswerts zu erfassen wäre; zudem hätte in dieser negativen Ergänzungsbilanz nach *Regniet* eine Vollauflösung sämtlicher stiller Reserven zu erfolgen.

Angesichts der wirtschaftlich nahezu identischen Sachverhalte sind die völlig unterschiedlichen Periodisierungskonsequenzen, die aus dieser Bilanzierungsweise resultieren, nicht zu rechtfertigen. Zumindest ist aber einzugestehen, dass auf diese Art und Weise Steuergestaltungsüberlegungen Vorschub geleistet wird: Der Erwerber hätte hier ein erhebliches Interesse daran, einen geringfügigen Minderkaufpreis auszuhandeln; missbräuchliche Nebenabreden wären daher kaum zu verhindern. Um diese Ungleichbehandlung wirtschaftlich vergleichbarer Sachverhalte bzw. einen potentiellen Missbrauch zu unterbinden, sollte auf die zusätzliche Auflösung stiller Reserven in negativen Ergänzungsbilanzen verzichtet werden. Diese Forderung fügt sich überdies harmonisch in das

---

792 Vgl. Regniet, Michael: Ergänzungsbilanzen bei der Personengesellschaft, a.a.O., S. 153 f.

bereits zuvor gefundene Ergebnis ein, dass die Ergänzungsbilanz zwar nach einer fallweisen Erklärung bzw. bilanziellen Darstellung eines Mehr-/Minderkaufpreises trachtet, nicht aber das Ziel verfolgt, eine umfassende Neubewertung des Betriebsvermögens aus der Sicht des Erwerbers zu erreichen.[793]

II. Die Fortentwicklung negativer Ergänzungsbilanzen

1) Die Fortentwicklung einzelner Abstockungen und Aufstockungen

Ebenso wie positive Ergänzungsbilanzen sind auch negative Ergänzungsbilanzen an nachfolgenden Bilanzstichtagen fortzuentwickeln.[794] Wurden in der negativen Ergänzungsbilanz abnutzbare positive Wirtschaftsgüter abgestockt, so sind diese planmäßig fortzuentwickeln; im Schrifttum wird hierbei von einer Bindung an die Restabschreibungsdauer und die AfA-Methode der Steuerbilanz der Gesellschaft ausgegangen. Aus der Perspektive des Erwerbers soll dadurch ein zutreffender Periodenaufwand erreicht werden; der zu hohe Aufwand in der Gesellschaftsbilanz soll durch die gewinnerhöhende Auflösung der Abstockungen in der Ergänzungsbilanz korrigiert werden.[795]

Diese Position vermag jedoch angesichts der oben begründeten Verpflichtung einer weitgehend eigenständigen Fortentwicklung der Ergänzungsbilanz nicht zu überzeugen.[796] Entspricht z.B. die in der Gesellschaftsbilanz zum Einsatz kommende Restabschreibungsdauer für ein Wirtschaftsgut nicht der tatsächlichen Restabschreibungsdauer, so sollten auch die Abstockungen in der negativen Ergänzungsbilanz über diese tatsächliche Abstockungsdauer aufgelöst werden. Bedenkt man allerdings, dass stille Lasten in positiven Wirtschaftsgütern nach neuem Recht nur noch bei vorübergehenden Wertminderungen denkbar sind,[797] so wird deutlich, dass die Fortentwicklungsproblematik bei positiven Wirtschaftsgütern in der Zukunft kaum noch eine Rolle spielen wird.

Sofern auch Aufstockungen auf negative Wirtschaftsgüter vorgenommen wurden, werden diese regelmäßig zum Erfüllungszeitpunkt des korrespondierenden

---

793 Siehe oben 2. Kapitel E. I. 5) b) β). Aus dem gleichen Grund sollte auch auf eine Auflösung stiller Lasten in positiven Ergänzungsbilanzen verzichtet werden. Die fehlende Begrenzungsregel steht dem auch hier entgegen, wenngleich man gemäß des Grundsatzes imparitätischer Objektivierung auf den ersten Blick die gegenteilige Lösung favorisieren mag.

794 Vgl. BFH-Urteil vom 19. Februar 1981 IV R 41/78, BFHE 133, S. 510-513, h.S. 511; BFH-Urteil vom 21. April 1994 IV R 70/92, S. 413-422, h.S. 417; BFH-Urteil vom 28. September 1995 IV R 57/94, BFHE 179, S. 84-88, h.S. 86.

795 Vgl. Regniet, Michael: Ergänzungsbilanzen bei der Personengesellschaft, a.a.O., S. 167; Reiß, Wolfram: § 15 EStG, a.a.O., E 265.

796 Siehe oben 2. Kapitel E. II.

797 Siehe oben 2. Kapitel F. I. 3).

negativen Wirtschaftsguts in der Steuerbilanz der Gesellschaft gewinnerhöhend aufzulösen sein; in diesem Fall ist daher von einer engen Bindung der ergänzungsbilanziellen Fortentwicklung an die Vorgaben der Gesellschaftsbilanz auszugehen.

Zusätzlich passivierte Aufwands- oder Drohverlustrückstellungen sind – gemäß der allgemeinen Prinzipien – dann aufzulösen, wenn die entsprechende wirtschaftliche Belastung de facto eingetreten ist oder der Grund für die Bildung der Rückstellungen entfallen ist.

2) Die Fortentwicklung des negativen Geschäftswerts

Die Art und Weise wie ein negativer Geschäftswert fortzuentwickeln ist, wird ebenfalls sehr kontrovers diskutiert. Da jede Auflösung des negativen Geschäftswerts einer Gewinnrealisation entspricht, hat man sich hierbei prinzipiell an den Grundsätzen der Gewinnrealisation zu orientieren. Eine Auflösung des negativen Geschäftswerts ist damit immer dann angezeigt, wenn objektiviert festgestellt werden kann, dass die Ursachen, die zur Bildung des negativen Geschäftswerts, mithin zur Vereinbarung eines Minderkaufpreises geführt haben, nicht mehr bestehen.[798]

Im Schrifttum wird allerdings angezweifelt, dass eine objektivierte Prüfung des Fortbestandes des negativen Geschäftswerts möglich ist. Daher wird zum Teil empfohlen, den negativen Geschäftswert erst bei der Veräußerung oder der Liquidation des Unternehmens aufzulösen, da nur anhand des Veräußerungspreises bzw. des Liquidationserlöses beurteilt werden könne, ob der negative Geschäftswert noch existiert oder nicht.[799]

Diese Lösung kann allerdings wegen der hier sehr einseitigen Prinzipiengewichtung nicht überzeugen: Das Vorsichts- und das Objektivierungsprinzip erfahren hier eine sehr starke Beachtung; dies geht aber zulasten des Prinzips wirtschaftlicher Betrachtungsweise.[800] Dem Prinzip wirtschaftlicher Betrachtungsweise ist es indes gemäß, den negativen Geschäftswert bereits dann gewinnwirksam aufzulösen, wenn die Motive, die die Passivierung des negativen Geschäftswerts begründet haben, entfallen sind. In solchen Fällen ist eine vollständige oder partielle Auflösung des negativen Geschäftswerts bereits vor der Veräußerung oder Liquidation des Unternehmens vorzunehmen.

---

798 Vgl. Moxter, Adolf: Bilanzrechtliche Probleme beim Geschäfts- oder Firmenwert, a.a.O., S. 858.

799 Vgl. Heinze, Gerhard B.; Roolf, Willy: Die Behandlung des derivativen Geschäftswerts in der Handels- und Steuerbilanz sowie bei der Einheitsbewertung, a.a.O., S. 217; Mujkanovic, Robin: Der negative Geschäftswert, a.a.O., S. 528.

800 Vgl. Euler, Roland: Das System der Grundsätze ordnungsmäßiger Bilanzierung, a.a.O., S. 162-164.

Um an nachfolgenden Abschlussstichtagen überprüfen zu können, ob die für die Entstehung des negativen Geschäftswerts verantwortlichen Tatbestände noch gegeben sind, sollte im Erwerbszeitpunkt schriftlich festgelegt werden, auf welche Motive der negative Geschäftswert zurückzuführen ist.[801] Vielfach wird es so möglich sein, objektiviert über den Fortbestand der durch den negativen Geschäftswert widergespiegelten Belastungen zu befinden.[802] Erweist sich diese Prüfung wegen erheblicher Schätz- und Zurechnungsprobleme jedoch tatsächlich als undurchführbar, erscheint es geboten, auf pauschale Auflösungsregeln zurückzugreifen: Als zu undifferenziert ist allerdings der Vorschlag einzustufen, den negativen Geschäftswert pauschal nach Maßgabe der an nachfolgenden Bilanzstichtagen eintretenden Verluste aufzulösen.[803] Zwischen der Entstehung dieser Verluste und dem negativen Geschäftswert muss keine Verbindung bestehen, vielmehr indizieren die eingetretenen Verluste den Fortbestand des negativen Geschäftswerts.[804] Die hier unter Umständen drohende sehr schnelle ertragswirksame Auflösung des negativen Geschäftswerts ist daher vor dem Hintergrund des Vorsichts- und des Objektivierungsprinzips abzulehnen. Die Implikationen des Prinzips wirtschaftlicher Betrachtungsweise, des Vorsichts- und des Objektivierungsprinzips finden dagegen ausreichende Beachtung, wenn man – entsprechend der typisierungsgeprägten Folgebewertung des positiven Geschäftswerts – eine Auflösung des negativen Geschäftswerts über 15 Jahre vornimmt.[805]

Kempf/Obermann haben zudem jüngst eine auf den Erkenntnissen der Investitionstheorie basierende Fortentwicklungskonzeption vorgestellt, wonach der negative Geschäftswert in Höhe der Differenz zwischen tatsächlichem Gewinn und einem Normalgewinn aufzulösen ist; auch Mindergewinne können hier eine Auflösung des negativen Geschäftswerts begründen. Dieses Verfahren sei an einem Beispiel erläutert: A zahlt für den Erwerb eines Mitunternehmeranteils einen Kaufpreis von 300 GE; der Buchwert des zu übernehmenden steuerlichen Kapitalkontos betrage 500 GE. Die Kaufpreisfindung erfolgte mittels des Ertragswertverfahrens; die zukünftig erwarteten nachhaltigen Überschüsse wurden

---

801 Vgl. Gießler, Oliver S.: Der „passive Ausgleichsposten" in der Bilanz – nichts anderes als ein negativer Geschäftswert?, a.a.O., S. 702.

802 Vgl. Ernstning, Ingo: Zur Bilanzierung eines negativen Geschäfts- oder Firmenwerts nach Handels- und Steuerrecht, a.a.O., S. 420; Moxter, Adolf: Bilanzrechtliche Probleme beim Geschäfts- oder Firmenwert, a.a.O., S. 858.

803 Vgl. Bachem, Rolf Georg: Berücksichtigung negativer Geschäftswerte in Handels-, Steuer- und Ergänzungsbilanz, a.a.O., S. 970.

804 Vgl. Euler, Roland: Das System der Grundsätze ordnungsmäßiger Bilanzierung, a.a.O., S. 164.

805 Vgl. Euler, Roland: Das System der Grundsätze ordnungsmäßiger Bilanzierung, a.a.O., S. 163.

dabei mit einem Kalkulationszinsfuß von 10 v.H. diskontiert. Als Ergebnis hieraus resultierte exakt der später auch vereinbarte Kaufpreis von 300 GE.

Unterstellt man ferner, dass der Minderkaufpreis im Erwerbszeitpunkt in voller Höhe als negativer Geschäftswert zu passivieren ist, so muss an nachfolgenden Abschlussstichtagen über die Folgebewertung dieses Postens entschieden werden. *Kempf/Obermann* stellen hierzu nun die Überlegung an, dass aus der Perspektive des A bei einem übernommenen Kapitalkonto mit Buchwert 500 GE und einem Kalkulationszinsfuß von 10 v.H. ein Normalgewinn von 50 GE p.a. angemessen wäre. Unterschreitet der tatsächliche Gewinnanteil des A diesen Normalgewinn, so entspricht dieser Differenzbetrag der bereits im Erwerbszeitpunkt mit der Passivierung des negativen Geschäftswerts antizipierten Minderverzinsung des steuerlichen Kapitalkontos. In Höhe des Differenzbetrags zwischen Normalgewinn und tatsächlichem Gewinn ist der negative Geschäftswert daher ertragswirksam aufzulösen. Setzt man das obige Beispiel fort, wäre also bei einem tatsächlichen Gewinn von 30 GE eine ertragswirksame Auflösung des negativen Geschäftswerts in Höhe von 20 GE vorzunehmen.[806]

Kempf/Obermann weisen allerdings selbst auf die mangelnde Praktikabilität des Verfahrens hin: Treten z.b. keine Mindergewinne ein, so wäre der negative Geschäftswert bis zur Liquidation bzw. Veräußerung des Unternehmens(-anteils) beizubehalten.[807] Darüber hinaus ist zu kritisieren, dass auch diese Methode dem Objektivierungserfordernis nicht gerecht wird. Für den Fiskus sind beide Einflussgrößen des Ertragswertverfahrens, also die geschätzten zukünftigen Erträge und der Kalkulationszinsfuß, unbekannt und nicht nachprüfbar.[808] Hieraus ergeben sich erhebliche Manipulationsgefahren, da durch eine entsprechende Wahl dieser beiden Variablen die Fortentwicklung des negativen Geschäftswerts in das Belieben des Steuerpflichtigen gestellt wird. Der Vorschlag von *Kempf/Obermann* ist daher ungeeignet; die Fortentwicklung des negativen Geschäftswerts hat nach den oben skizzierten Kriterien zu erfolgen.

III. Die Auflösung negativer Ergänzungsbilanzen

Die Auflösungstatbestände für die negative Ergänzungsbilanz stimmen mit denjenigen der positiven Ergänzungsbilanz überein: Einzelne Posten der negativen Ergänzungsbilanz sind aufzulösen, sofern das korrespondierende Wirtschaftsgut durch Verkauf, Tausch, Zerstörung o.Ä. aus dem Betriebsvermögen des Unternehmens ausscheidet. Die negative Ergänzungsbilanz ist beispielswei-

---

806 Vgl. Kempf, Andreas; Obermann, Achim: Offene Fragen zur Abstockung beim Kauf von Anteilen an Personengesellschaften, a.a.O., S. 546 f.

807 Vgl. Kempf, Andreas; Obermann, Achim: Offene Fragen zur Abstockung beim Kauf von Anteilen an Personengesellschaften, a.a.O., S. 546 f.

808 Siehe oben 2. Kapitel F. I. 5) a).

se dann vollständig aufzulösen, wenn der Erwerber seinen Mitunternehmeranteil veräußert oder das Unternehmen seine Geschäftstätigkeit einstellt.[809]

G. Ergänzungsbilanzen in doppelstöckigen Mitunternehmerschaften

Als Gesellschafter einer Personengesellschaft können nicht nur natürliche Personen und Kapitalgesellschaften auftreten, sondern auch Personenhandelsgesellschaften; in der Regel sind diese dann auch als Mitunternehmer i.S.d. § 15 Abs. 1 Nr. 2 EStG zu qualifizieren.[810] Die Erstellung von Ergänzungsbilanzen in derartigen doppelstöckigen Mitunternehmerschaften weist jedoch einige Besonderheiten auf, die abschließend kurz analysiert werden sollen.

Zur Veranschaulichung der hier bestehenden Problematik wird wiederum auf ein Beispiel zurückgegriffen: Eine Obergesellschaft in der Rechtsform einer KG verfüge über eine Beteiligung an einer anderen KG, die nachfolgend als Untergesellschaft bezeichnet wird. Veräußert nun ein Gesellschafter der Obergesellschaft seinen Mitunternehmeranteil zu einem Kaufpreis, der höher ist als der Buchwert seines steuerlichen Kapitalkontos, so sind die Mehranschaffungskosten des Erwerbers in einer positiven Ergänzungsbilanz zu fixieren. Enthält sowohl das Betriebsvermögen der Ober- als auch das der Untergesellschaft stille Reserven, gibt es hierzu zwei Bilanzierungsalternativen: Entweder erstellt man lediglich eine Ergänzungsbilanz auf der Ebene der Obergesellschaft oder aber man bildet zwei Ergänzungsbilanzen, nämlich eine für die Ober- und eine für die Untergesellschaft.

Bedenkt man, dass die Aufstellung einer Ergänzungsbilanz nur dann zulässig ist, wenn der eintretende Gesellschafter an den stillen Reserven des Gesamthandsvermögens beteiligt ist, und teilt man ferner die Ansicht, dass ein Obergesellschafter als lediglich mittelbar Beteiligter nicht (direkt) an dem Gesellschaftsvermögen der Untergesellschaft beteiligt ist, so wäre es folgerichtig, lediglich auf der Ebene der Obergesellschaft eine Ergänzungsbilanz zu erstellen.[811] Eine derartige Ergänzungsbilanz würde auf der Passivseite ein Mehrkapi-

---

809 Vgl. Groh, Manfred: Probleme der negativen Ergänzungsbilanz, a.a.O., S. 147.

810 Im Zivilrecht ist es heute unumstritten, dass eine Personenhandelsgesellschaft als Gesellschafter einer anderen Personengesellschaft auftreten kann; in der Vergangenheit war dies allerdings durchaus strittig. Es sei aber betont, dass nach gegenwärtig herrschender Auffassung nur Personenhandelsgesellschaften als Gesellschafter anerkannt werden, nicht aber eine GbR. Erklären lässt sich dies daraus, dass die GbR im Rechtsverkehr einen geringeren Grad der Verselbständigung aufweist als die Personenhandelsgesellschaften. Dies zeigt sich bereits darin, dass die Vorschrift des § 124 HGB für die GbR keine Geltung besitzt. Vgl. Groh, Manfred: Sondervergütungen in der doppelstöckigen Personengesellschaft, a.a.O., S. 879 f., mit ausführlichen Verweisen auf entsprechende BGH-Urteile und das gesellschaftsrechtliche Schrifttum.

811 Vgl. Söffing, Andreas: Fremdbestimmte Steuerwirkungen bei doppelstöckigen Personengesellschaften, in: DStZ, 81. Jg. (1993), S. 587-591, h.S. 590. Diese These

tal in Höhe des gesamten Mehrkaufpreises verzeichnen, dem auf der Aktivseite einerseits Aufstockungen auf Wirtschaftsgüter der Obergesellschaft und andererseits ein Posten „Beteiligungsmehrwert" der Untergesellschaft gegenübergestellt werden.[812]

Obgleich der Grundgedanke zunächst durchaus plausibel erscheint,[813] zeigt sich die Untauglichkeit dieser Vorgehensweise daran, dass hierbei ein eigenständiger Ausweis der Beteiligung an der Untergesellschaft in der Ergänzungsbilanz erforderlich wird. Dem Mitunternehmeranteil bzw. der Beteiligung kommt indes keine selbständige steuerliche Bedeutung zu; es handelt sich dabei, wie oben gezeigt, nicht um ein steuerliches Wirtschaftsgut.[814] Um auch in diesem Spezialfall eine eigenständige Bilanzierung der Beteiligung zu umgehen, müssen für den neu eingetretenen Gesellschafter deshalb zwei separate Ergänzungsbilanzen aufgestellt werden, in denen die erforderlichen Aufstockungen auf die Wirtschaftsgüter der Ober- und Untergesellschaft getrennt ausgewiesen werden.[815]

Ernsthaft zu diskutieren ist indes, auf welcher Ebene die Ergänzungsbilanz für die Untergesellschaft zu führen ist, da die Ergänzungsbilanzen hier u.U. zum Auslöser fremdbestimmter Steuerwirkungen werden können. Grundsätzlich sollten sich Erfolgsbeiträge aus der Fortentwicklung einer Ergänzungsbilanz nur auf die Steuerbelastung desjenigen Gesellschafters auswirken, für den die

---

fand – vorübergehend – auch Unterstützung in dem bereits angesprochenen BFH-Beschluss vom 25. Juli 1991 GrS 7/89, BFHE 163, S. 1-24, der, basierend auf der Diskussion um die partielle Steuersubjektivität/Teilrechtsfähigkeit, den Personengesellschaften eine Art Abschirmwirkung zuerkannte (siehe oben 2. Kapitel B. II. 5)). *Söffing* argumentiert ferner, die als Reaktion auf diese Entscheidung ergangene Gesetzesänderung, die zur Gleichstellung mittelbarer und unmittelbarer Mitunternehmer führte, sei nur als Fiktion zu betrachten, begründe aber keine Gesellschafterstellung des mittelbar Beteiligten.

812 Vgl. Best, Michael: Durchstockung bei Erwerb von Anteilen an doppelstöckigen Personengesellschaften, in: DStZ, 79. Jg. (1991), S. 418-420, h.S. 418.

813 So scheint z.B. *Schmidt* eine Gleichstellung mittelbarer und unmittelbarer Mitunternehmer durchaus als gegeben zu erachten. Vgl. Schmidt, Ludwig: § 15 EStG, a.a.O., Rn. 471.

814 Siehe oben 2. Kapitel C. II.

815 Vgl. Best, Michael: Durchstockung bei Erwerb von Anteilen an doppelstöckigen Personengesellschaften, a.a.O., S. 419; Groh, Manfred: Sondervergütungen in der doppelstöckigen Personengesellschaft, a.a.O., S. 881; Schmidt, Ludwig: Steuerrechtliche Gewinnermittlung und -zurechnung bei doppelstöckigen Personengesellschaften – Versuch einer Bestandsaufnahme für die Praxis –, in: Bilanzrecht und Kapitalmarkt: Festschrift für Adolf Moxter, hrsg. v. Wolfgang Ballwieser u.a., Düsseldorf 1994, S. 1109-1125, h.S. 1119; Seibold; Felix: Zur Anwendung des § 15 a EStG bei doppelstöckigen Personengesellschaften, in: DStR, 36. Jg. (1998), S. 438-442, h.S. 439 f.

Ergänzungsbilanz aufgestellt wurde;[816] auf die Steuerzahlungen der übrigen Gesellschafter sollte die Fortentwicklung der Ergänzungsbilanz hingegen keinen Einfluss nehmen. Genau dies ist aber hinsichtlich der Bemessung der Gewerbeertragsteuer nicht garantiert: § 7 GewStG verweist zur Ermittlung des Gewerbeertrags auf die Gewinnermittlungsvorschriften des EStG. Da nach herrschender Meinung auch Gewinne bzw. Verluste aus potentiell bestehenden Ergänzungsbilanzen bei der Bestimmung des Gesamtgewinns der Mitunternehmerschaft zu berücksichtigen sind, nehmen diese Ergänzungsbilanzen auch Einfluss auf die Höhe des Gewerbeertrags und damit auf die Höhe der von der Gesellschaft zu zahlenden Gewerbesteuer.[817] Wurde infolge eines entgeltlichen Gesellschafterwechsels z.b. eine positive Ergänzungsbilanz erforderlich, bewirkt das hieraus entstehende zusätzliche Abschreibungspotential eine Verminderung des Gewerbeertrags und der entsprechenden Steuerzahlung; hiervon profitieren, ohne dass dies sachlich zu rechtfertigen wäre, sämtliche Gesellschafter der Personengesellschaft.[818]

Obgleich die Einbeziehung der Ergebnisse aus Ergänzungs- und Sonderbilanzen in die Ermittlung des Gewerbeertrags oftmals kritisiert wurde,[819] hat das Verfahren nach wie vor Bestand. Die Entstehung derartiger fremdbestimmter Steuerwirkungen kann jedoch durch zivilrechtliche Gestaltungsmaßnahmen vermieden werden: Der Gesellschaftsvertrag sollte deshalb entsprechende Ausgleichsvereinbarungen enthalten, die die Altgesellschafter zu Kompensationszahlungen an den neu eingetretenen Gesellschafter verpflichten, sofern durch die Ergänzungsbilanz Steuerminderungen verursacht wurden. Enthält der Gesellschaftsvertrag keine derartigen Regelungen, hat der neue Gesellschafter allerdings keine zivilrechtlichen Erstattungsansprüche gegenüber den Altgesellschaftern.[820]

---

816 Vgl. Prinz, Ulrich; Thiel, Uwe: Zur Anbindung von Ergänzungsbilanzen bei mehrstufigen Personengesellschaften, in: FR, 74. Jg. (1992), S. 192-195, h.S. 193; Groh, Manfred: Sondervergütungen in der doppelstöckigen Personengesellschaft, a.a.O., S. 881.

817 Vgl. Authenrieth, Karlheinz: Gewerbesteuerliche Auswirkungen von Ergänzungs- und Sonderbilanzen, in: DStZ, 76. Jg. (1988), S. 120-125, h.S. 123-125.

818 Die (seltener auftretende) Erstellung negativer Ergänzungsbilanzen führt indes zu einer Erhöhung der Gewerbeertragsteuerzahlungen, die dann von der Gesamtheit der Gesellschafter zu tragen wären.

819 Zweifel an diesem Vorgehen ergeben sich insbesondere aus dem Objektsteuercharakter der Gewerbesteuer, der dem Einbezug von gesellschafterbezogenen Bilanzen wie Ergänzungs- und Sonderbilanz entgegen steht. Vgl. insbesondere Knobbe-Keuk, Brigitte: Die gesellschaftsvertragliche Gewinnverteilung und die Gewerbesteuerbelastung bei Personengesellschaften, in: StuW, 62. Jg. (1985), S. 382-389, h.S. 384 bzw. S. 388; a.A.: Authenrieth, Karlheinz: Gewerbesteuerliche Auswirkungen von Ergänzungs- und Sonderbilanzen, a.a.O., S. 122 f.

820 Vgl. Authenrieth, Karlheinz: Gewerbesteuerliche Auswirkungen von Ergänzungs- und Sonderbilanzen, a.a.O., S. 123-125; IDW (Hrsg.): Steuerliche Ergänzungs- und Sonderbilanzen, a.a.O., S. 80m. A.A.: Knobbe-Keuk, Brigitte: Die gesellschaftsvertragliche

In einer doppelstöckigen Mitunternehmerschaft tritt zusätzlich der Effekt ein, dass der Gesellschafterwechsel in der Obergesellschaft auch die Gewerbeertragsteuerzahlungen der Untergesellschaft determiniert, falls die Ergänzungsbilanz auf der Ebene der Untergesellschaft erstellt wird. Da wohl kaum davon auszugehen ist, dass der Gesellschaftsvertrag der Untergesellschaft Ausgleichsvereinbarungen betreffend fremdbestimmter Steuerwirkungen, die durch das Verhalten mittelbar Beteiligter induziert wurden, enthält, scheint dieses unbefriedigende Ergebnis nicht korrigierbar zu sein. Als einen zumindest theoretisch gangbaren Ausweg aus diesem Dilemma ist der Vorschlag zu werten, die für die Untergesellschaft zu erstellende Ergänzungsbilanz auf der Ebene der Obergesellschaft zu führen.[821] Voraussetzung hierfür wäre allerdings ein reibungsloser Informationsfluss zwischen Unter- und Obergesellschaft, um eine periodengerechte Fortentwicklung der Ergänzungsbilanz garantieren zu können sowie die Einräumung eines entsprechenden Wahlrechts vonseiten der Finanzverwaltung.[822]

Gewinnverteilung und die Gewerbesteuerbelastung bei Personengesellschaften, a.a.O., S. 383, die hier grundsätzlich von zivilrechtlichen Ausgleichsansprüchen ausgeht.

821 Auf diese Art und Weise würde auch die Einblicknahme der Untergesellschaft in die bei der Obergesellschaft getroffenen Abfindungsvereinbarungen begrenzt. Vgl. Prinz, Ulrich; Thiel, Uwe: Zur Anbindung von Ergänzungsbilanzen bei mehrstufigen Personengesellschaften, in: FR, 74. Jg. (1992), S. 192-195, h.S. 194; zustimmend Ley, Ursula: Bilanzierungsfragen beim Ausscheiden eines Mitunternehmers und bei Übertragung eines Mitunternehmeranteils, a.a.O., S. 9157 f.

822 Vgl. Prinz, Ulrich; Thiel, Uwe: Zur Anbindung von Ergänzungsbilanzen bei mehrstufigen Personengesellschaften, a.a.O., S. 194 f.

Thesenförmige Zusammenfassung

(1) Ergänzungsbilanzen anlässlich eines entgeltlichen Gesellschafterwechsels sind stets dann erforderlich, wenn der Kaufpreis des Mitunternehmeranteils von dem Buchwert des zu übernehmenden Kapitalkontos abweicht. Bei den Ergänzungsbilanzen handelt es sich um nicht kodifizierte Rechenwerke, über deren konzeptionelle Erklärung, Aufstellung und Fortentwicklung kontroverse Auffassungen bestehen.

(2) Angesichts der fehlenden gesetzlichen Fundierung der Ergänzungsbilanzen ist es nicht verwunderlich, dass diese für unterschiedliche Zielsetzungen instrumentalisiert werden. Der materielle Nutzen der neu entwickelten Einsatzgebiete bleibt mitunter allerdings fraglich. Zudem ist eine strenge begriffliche Trennung zwischen den einzelnen Ergänzungsbilanzen anzumahnen; Bilanzierungsgrundsätze sollten nicht unbedacht zwischen den einzelnen heterogenen Ergänzungsbilanzen übertragen werden.

(3) Die Primärziele der Ergänzungsbilanzen anlässlich eines entgeltlichen Gesellschafterwechsels sind die Fixierung und Fortentwicklung individueller Mehr- bzw. Minderanschaffungskosten. Dies ist einerseits erforderlich, um die Erfolgsneutralität des Anschaffungsvorgangs zu garantieren; andererseits gelingt es nur so, eine systemgerechte Besteuerung des Veräußerungsgewinns-/verlust bzw. des laufenden Gewinns/Verlusts aus einer Mitunternehmerschaft zu erreichen. Auf der Ebene der Ergänzungsbilanz muss dazu letztlich der Modus steuerbilanzrechtlicher Gewinnermittlung nachgebildet werden. Sofern den Ergänzungsbilanzen im Schrifttum noch weitere Aufgaben zugeordnet werden, wie z.B. die Wahrung einer konstanten Relation der Gesellschafterkonten, handelt es sich um Sekundärziele, die bei Verwirklichung der Primärziele automatisch miterfüllt werden.

(4) Ergänzungsbilanzen sind Elemente des Systems der Mitunternehmerschaftsbesteuerung. Folglich werden diese in erheblichem Maße von den Entwicklungen auf diesem Gebiet geprägt; insbesondere die unterschiedlichen Auffassungen über das Bilanzierungsobjekt der Ergänzungsbilanz wurden von den wechselnden Leitbildern der Mitunternehmerschaftsbesteuerung beeinflusst. Das gegenwärtig gültige System ist durch die Vornahme einer gestuften Gewinnermittlung sowie einer neuerdings enger gefassten Einheitsbetrachtung gekennzeichnet. Vor dem Hintergrund dieses Besteuerungssystems sind drei Erklärungskonzepte zu diskutieren: Dabei handelt es sich erstens um die These, die Ergänzungsbilanz verzeichne ideelle Anteile an den Wirtschaftsgütern des Gesellschaftsvermögens und zweitens um die Auffassung, in der Ergänzungsbilanz würde der Mitunternehmeranteil selbst abgebildet. Als drittes Konzept ist die Interpretation der Ergänzungsbilanz als Wertkorrekturbilanz zu prüfen.

(5) Die ersten beiden Erklärungskonzepte werden dem allgemeinen bilanzsteuerrechtlichen Begriffsverständnis nicht gerecht, da die Ergänzungsbilanz in bei-

den Fällen keine steuerlichen Wirtschaftsgüter ausweist. Dieser Befund spricht dafür, auf eine Erklärung der Ergänzungsbilanz mittels konventioneller bilanzrechtlicher Begriffe zu verzichten und die Ergänzungsbilanz als reine Wertkorrekturbilanz zu begreifen. Hieraus darf aber nicht gefolgert werden, dass generell von einer Sonderstellung der Ergänzungsbilanz auszugehen ist, da eine systemgerechte Fixierung und Fortentwicklung der individuellen Anschaffungskosten auf diese Weise nicht erreicht werden kann. Die Interpretation der Ergänzungsbilanz als Wertkorrekturbilanz muss daher restriktiv ausgelegt werden.

(6) Es ist vielmehr zu beachten, dass auch die Ergänzungsbilanz den allgemeinen steuerbilanzrechtlichen Prinzipien verpflichtet ist: Ergänzungsbilanz und Steuerbilanz verfügen letztlich über identische Aufgabenstellungen; beiden geht es um die objektivierte Lösung von Ansatz-, Bewertungs- und Periodisierungsproblemen. Die Ergänzungsbilanz als ein nicht kodifiziertes Rechenwerk muss dabei auf die für die Steuerbilanz geltenden Grundsätze zurückgreifen. Diese Forderung lässt sich zudem damit begründen, dass die Erreichung der Primärziele der Ergänzungsbilanz die Nachbildung des steuerbilanzrechtlichen Gewinnermittlungsmodus voraussetzt; dies kann jedoch nur gelingen, wenn auch in der Ergänzungsbilanz die allgemeinen steuerbilanzrechtlichen Normen, Prinzipien und Wertungsgrundsätze angewendet werden. Darüber hinaus ist die Ergänzungsbilanz auch deshalb den allgemeinen bilanzsteuerrechtlichen Gewinnermittlungsgrundsätzen zu unterwerfen, weil die durch die Ergänzungsbilanz bestimmten Erfolgsbestandteile Einfluss auf den als Indikator wirtschaftlicher Leistungsfähigkeit dienenden Gewinn nehmen.

(7) Die Beurteilung der Ansatzproblematik hat deshalb unter Orientierung an den allgemeinen Ansatzgrundsätzen zu erfolgen. Für die bereits in der Gesellschaftsbilanz bilanzierten Wirtschaftsgüter ist die Ansatzentscheidung in der Ergänzungsbilanz als derivativ zu bezeichnen. Aufstockungen können hier zumeist ohne Bedenken vorgenommen werden; die Wirtschaftsgutqualifikation in der Gesellschaftsbilanz wirkt bis in die Ergänzungsbilanz fort. Hinsichtlich der bislang noch nicht bilanzierten Wirtschaftsgüter ist hingegen auf der Ebene der Ergänzungsbilanz eine originäre Ansatzentscheidung zu treffen: Es ist darüber zu befinden, welche wirtschaftlichen Vorteile in der Ergänzungsbilanz einzelansatzfähig sind, und welche lediglich im Rahmen des derivativen Geschäftswerts Berücksichtigung finden können. Erschwert wird diese Entscheidung dadurch, dass für den Anteilskauf nur von einem beschränkt funktionsfähigen entgeltlichen Erwerb auszugehen ist. Es bietet sich an, die hieraus resultierenden Zweifelsfragen auch in der Ergänzungsbilanz unter Rückgriff auf die rechtliche Absicherung eines wirtschaftlichen Vorteils zu lösen. Einzelansatzfähig sind demnach Rechte sowie rein wirtschaftliche Güter mit mittelbarer rechtlicher Absicherung. Rein wirtschaftliche Güter mit lediglich faktischer Absicherung bzw. rein wirtschaftliche Güter, die dem Unternehmen ohne sein Zutun zugefallen sind, können nur innerhalb des derivativen Geschäftswerts erfasst werden.

(8) In der Auseinandersetzung zwischen der traditionellen und der modifizierten Stufentheorie sind dem traditionellen Verfahren hinsichtlich der Beachtung bilanzrechtlicher Grundwertungen Vorteile zuzuerkennen. Auch hinsichtlich der Frage, nach welchem Maßstab Aufstockungen in der Ergänzungsbilanz vorgenommen werden sollten, ist für die Beibehaltung des traditionellen Vorgehens, d.h. der Aufstockung nach Maßgabe der Relation stiller Reserven, zu plädieren. Aufstockungen nach Maßgabe der Teilwerte erweisen sich als nicht generell einsetzbar; das aus der Behandlung des Gesamtunternehmenskaufs ableitbare Aufteilungsverfahren führt zu einer Art fiktiven Neubewertung des Gesellschaftsvermögens aus der Sicht des Erwerbers. Hieraus können nicht bilanzzweckadäquate Periodisierungswirkungen resultieren, die als Indikator wirtschaftlicher Leistungsfähigkeit ungeeignet sind.

(9) Der Konflikt zwischen einheitsbetrachtungsgeprägter Fortentwicklungskonzeption und sachgerechter Besteuerung kann angesichts der Einschränkung der Einheitsbetrachtung und bei der Anwendung der allgemeinen Prinzipien aufgelöst werden. Die Fortentwicklung der Ergänzungsbilanzen ist ebenfalls an den allgemeinen Grundsätzen auszurichten. Dies impliziert u.a. eine eigenständige Wahl der Nutzungsdauer, eine eigenständige Teilwertabschreibung sowie – mit Einschränkungen – auch eine eigenständige AfA-Methodenwahl. Darüber hinaus ist auch die Nutzung der AfaA für die Ergänzungsbilanz zu fordern; das Entscheidungskriterium zur Sofortabschreibung in der Ergänzungsbilanz sollte ebenfalls unabhängig von der Gesellschaftsbilanz gehandhabt werden.

(10) Die negative Ergänzungsbilanz wird von der Diskussion um die Bilanzierungsfähigkeit des negativen Geschäftswerts beherrscht. Die von Rechtsprechung und Teilen der Literatur befürwortete traditionelle Abstockungslösung kann zu willkürlichen Periodenergebnissen führen und bildet einen Fremdkörper in einer grundsätzlich an realen Sachverhalten anknüpfenden Steuerrechtsordnung. Eine systemgerechte Behandlung eines Minderkaufpreises setzt daher zunächst eine vorsichtige Bewertung der positiven und negativen Wirtschaftsgüter des Gesellschaftsvermögens und die Vornahme entsprechender Ab- bzw. Aufstockungen unter Beachtung der jeweiligen Teilwertgrenze voraus; zusätzlich ist im Einzelfall ein Ansatz bislang nicht erfasster negativer Einzelwirtschaftsgüter, insbesondere im Rahmen einer Aufwands- bzw. Drohverlustrückstellung, zu prüfen. Verbleibt dennoch ein nicht verteilbarer Restbetrag, so ist auch in der Ergänzungsbilanz ein negativer Geschäftswert als passivischer Ausnahmetatbestand anzusetzen. Die im Schrifttum gegen die Passivierung eines negativen Geschäftswerts angeführten allgemeinen und ergänzungsbilanzspezifischen Argumente lassen sich widerlegen.

Anhang

Beispiel I: Wirkungsweise der Aufstockungs-/Aufteilungsverfahren

Die nachfolgenden sechs Beispiele sollen die Wirkungsweise der Stufentheorie, der modifizierten Stufentheorie sowie unterschiedlicher Aufstockungsmaßstäbe (Relation der stillen Reserven, Relation der Teilwerte) illustrieren. Darüber hinaus wird auch die Verteilung eines Mehrkaufpreises mit Hilfe des Aufteilungsverfahrens dargestellt. Die Beispiele befassen sich dabei ausschließlich mit der Verteilung eines Mehrkaufpreises, d.h. beziehen sich auf die Erstellung positiver Ergänzungsbilanzen.[1]

Der formale Aufbau ist bei allen Beispielen identisch:

In der ersten Hauptspalte der Tabelle werden jeweils die grundlegenden Parameter des betrachteten Falls, nämlich die Anschaffungskosten des Mitunternehmeranteils, der Buchwert des Kapitalkontos sowie der zu verteilende Mehrkaufpreis angegeben. Darüber hinaus werden als Kontrollgrößen für die Stufentheorie/modifizierte Stufentheorie jeweils die stillen Reserven in bilanzierten und nicht bilanzierten Wirtschaftsgütern aufgegliedert; als Kontrollgrößen für das Aufteilungsverfahren dienen die Summe der Teilwerte (ohne Forderungen, Bank und Kasse) sowie die Relation aus den Anschaffungskosten des Mitunternehmeranteils und dieser Teilwertsumme. In den Fällen 1-5 wird lediglich die Höhe der Anschaffungskosten für den Mitunternehmeranteil variiert; Fall 6 beinhaltet hingegen weitergehende Modifikationen.

Die zweite Hauptspalte enthält die Bilanzansätze der Wirtschaftsgüter des betrachteten Unternehmens. Dabei werden die anteiligen Buchwerte (BW), die anteiligen Teilwerte (TW) sowie die anteiligen stillen Reserven (TW-BW) für sämtliche Wirtschaftsgüter ausgewiesen.

Die dritte Hauptspalte zeigt die Ergebnisse, die sich nach der Stufentheorie ergeben. Dabei wird zwischen der Stufentheorie Version I. und der Stufentheorie Version II. differenziert: Bei Version I. werden die Aufstockungen nach dem Verhältnis der stillen Reserven ermittelt, bei Version II. hingegen nach dem Anteil des Teilwerts des Wirtschaftsguts an der Summe der Teilwerte derjenigen Wirtschaftsgüter, die stille Reserven enthalten.

In der vierten Hauptspalte wird die Aufteilung des Mehrkaufpreises nach der modifizierten Stufentheorie wiedergegeben. Die Unterscheidung zwischen Version I. und II. erfolgt hier nach den gleichen Kriterien wie bei der Stufentheorie.

In der letzten Hauptspalte werden die Wertansätze dargestellt, die sich bei Anwendung des Aufteilungsverfahrens ergeben.

---

[1] Die unterschiedlichen Verfahren werden im Text ausführlich im 2. Kapitel E. I. 5) c) erläutert.

Die für die Stufentheorie, für die modifizierte Stufentheorie und das Aufteilungsverfahren ermittelten Werte repräsentieren stets die in einer Ergänzungsbilanz vorzunehmenden Aufstockungen (positive Werte) bzw. Abstockungen (negative Werte). Es wird auf zwei Nachkommastellen gerundet, alle Angaben erfolgen in TDM.

Die Berechnungsweise wird nachstehend auf der Basis der Annahmen des Falls 1 für das Wirtschaftsgut „Grundstück" verdeutlicht:

Stufentheorie Version I.:

MEKP * (St. Res.-Grdst./St. Res.-bil. WG)
= 80 * (50/200)
= 20

MEKP:	Mehrkaufpreis
St. Res.-Grdst.:	anteilige stille Reserve des Grundstücks
St. Res.-bil. WG:	anteilige stille Gesamtreserve in sämtlichen bilanzierten Wirtschaftsgütern

Stufentheorie Version II.:

MEKP * (TW-Grdst./TW-Summe A)
= 80 * (200/625)
= 25,60

MEKP:	Mehrkaufpreis
TW-Grdst.:	anteiliger Teilwert des Grundstücks
TW-Summe A:	Summe der anteiligen Teilwerte aller bilanzierter Wirtschaftsgüter, bei denen der anteilige Teilwert den anteiligen Buchwert übersteigt

Modifizierte Stufentheorie Version I.:

MEKP * (St. Res.-Grdst./St. Res.-WG)

= 80 * (50/250)

= 16

MEKP:	Mehrkaufpreis
St. Res.-Grdst.:	anteilige stille Reserve des Grundstücks
St. Res.-WG:	anteilige stille Reserven in bilanzierten und nicht bilanzierten Wirtschaftsgütern

Modifizierte Stufentheorie Version II.:

MEKP * (TW-Grdst./TW-Summe B)

= 80 * (200/675)

= 23,70

MEKP:	Mehrkaufpreis
TW-Grdst.:	anteiliger Teilwert des Grundstücks
TW-Summe B:	Summe der anteiligen Teilwerte aller Wirtschaftsgüter, bei denen der anteilige Teilwert den anteiligen Buchwert übersteigt

Aufteilungsverfahren:

Faktor

= AK-MU/Teilwert-Summe

= 580/750

= 0,77

TW-Grdst. * Faktor

= 200 * 0,77

= 154,67

Dieser Wert entspricht den Anschaffungskosten für das Grundstück aus der Sicht des Erwerbers. Der Differenzbetrag zwischen dem anteiligen Buchwert des Grundstücks und diesen fiktiven Anschaffungskosten ergibt dann den Ansatz in der Ergänzungsbilanz, hier 154,67 ./. 150 = 4,67

AK-MU:	Anschaffungskosten des Mitunternehmeranteils
Teilwert-Summe:	Summe der Teilwerte ohne Kasse, Bankguthaben, Forderungen sowie ohne Geschäftswert
TW-Grdst.:	anteiliger Teilwert des Grundstücks

Fall 1

Mehrkaufpreis < Stille Reserven in bilanzierten Wirtschaftsgütern

		Bilanzposten:	BW	TW	(TW-BW)	Stufentheorie		Modifizierte Stufentheorie		Aufteilungs- verfahren
						I.	II.	I.	II.	
		Anlagevermögen:								
		Patent	25	25	0	0,00	0,00	0,00	0,00	-5,67
Anschaffungskosten des Mitunternehmeranteils (AK-MU):	580	Grundstück	150	200	50	20,00	25,60	16,00	23,70	4,67
Buchwert des Kapitalkontos:	500	Gebäude	75	150	75	30,00	19,20	24,00	17,78	41,00
Mehrkaufpreis:	80	Maschinen	100	125	25	10,00	16,00	8,00	14,81	-3,33
		Wertpapiere	25	25	0	0,00	0,00	0,00	0,00	-5,67
		Umlaufvermögen:								
Kontrollgrößen für Stufentheorie/modifizierte Stufentheorie:		RHB	25	35	10	4,00	4,48	3,20	4,15	2,07
Stille Reserven in bilanzierten Wirtschaftsgütern:	200	Unfertige Erzeugnisse	75	115	40	16,00	14,72	12,80	13,63	13,93
Stille Reserven in nicht bilanzierten Wirtschaftsgütern:	50	Fertige Erzeugnisse	25	25	0	0,00	0,00	0,00	0,00	-5,67
Summe:	250	Forderungen	35	35	0	0,00	0,00	0,00	0,00	0,00
		Bank	50	50	0	0,00	0,00	0,00	0,00	0,00
		Kasse	15	15	0	0,00	0,00	0,00	0,00	0,00
Kontrollgrößen für Aufteilungsverfahren:		**Bislang nicht bilanziert:**								
Teilwert-Summe (ohne Forderungen, Bank, Kasse):	750	Auftragsbestand	0	20	20	0,00	0,00	6,40	2,37	15,47
AK-MU (580) / Teilwert-Summe (750):	0,77	Immaterialgut	0	30	30	0,00	0,00	9,60	3,56	23,20
		Restbetrag (GFW):				0,00	0,00	0,00	0,00	0,00
		Summe:				80,00	80,00	80,00	80,00	80,00

Fallparameter:

Stufentheorie: Partielle Auflösung der stillen Reserven in bilanzierten Wirtschaftsgütern; unterschiedliche Wertansätze bei Version I. und II.

Modifizierte Stufentheorie: Partielle Auflösung der stillen Reserven in bilanzierten und nicht bilanzierten Wirtschaftsgütern; unterschiedliche Wertansätze bei Version I. und II.

Aufteilungsverfahren: Simultane Vornahme von Aufstockungen und Abstockungen bei sämtlichen bilanzierten und nicht bilanzierten Wirtschaftsgütern; Abstockungen bei Wirtschaftsgütern ohne stille Reserven (z.B. Patent) bzw. bei Wirtschaftsgütern mit zu geringen stillen Reserven (z.B. Maschinen).

XLVI

Fall 2
Mehrkaufpreis = Stille Reserven in bilanzierten Wirtschaftsgütern

Fallparameter:
- Anschaffungskosten des Mitunternehmeranteils (AK-MU): 700
- Buchwert des Kapitalkontos: 500
- Mehrkaufpreis: 200

Kontrollgrößen für Stufentheorie/modifizierte Stufentheorie:
- Stille Reserven in bilanzierten Wirtschaftsgütern: 200
- Stille Reserven in nicht bilanzierten Wirtschaftsgütern: 50
- Summe: 250

Kontrollgrößen für Aufteilungsverfahren:
- Teilwert-Summe (ohne Forderungen, Bank, Kasse): 750
- AK-MU (700) / Teilwert-Summe (750): 0,93

Bilanzposten	BW	TW	(TW-BW)	Stufentheorie I	Stufentheorie II	Modifizierte Stufentheorie I	Modifizierte Stufentheorie II	Aufteilungsverfahren
Anlagevermögen:								
Patent	25	25	0	0,00	0,00	0,00	0,00	-1,67
Grundstück	150	200	50	50,00	50,00	40,00	59,26	36,67
Gebäude	75	150	75	75,00	75,00	60,00	44,44	65,00
Maschinen	100	125	25	25,00	25,00	20,00	37,04	16,67
Wertpapiere	25	25	0	0,00	0,00	0,00	0,00	-1,67
Umlaufvermögen:								
RHB	25	35	10	10,00	10,00	8,00	10,37	7,67
Unfertige Erzeugnisse	75	115	40	40,00	40,00	32,00	34,07	32,33
Fertige Erzeugnisse	25	25	0	0,00	0,00	0,00	0,00	-1,67
Forderungen	35	35	0	0,00	0,00	0,00	0,00	0,00
Bank	50	50	0	0,00	0,00	0,00	0,00	0,00
Kasse	15	15	0	0,00	0,00	0,00	0,00	0,00
Bislang nicht bilanziert:								
Auftragsbestand	0	20	20	0,00	0,00	16,00	5,93	18,67
Immaterialgut	0	30	30	0,00	0,00	24,00	8,89	28,00
Restbetrag (GFW):				0,00	0,00	0,00	0,00	0,00
Summe:				200,00	200,00	200,00	200,00	200,00

Stufentheorie: Volle Auflösung der stillen Reserven in bilanzierten Wirtschaftsgütern; identische Wertansätze bei Version I. und II.

Modifizierte Stufentheorie: Partielle Auflösung der stillen Reserven in bilanzierten und nicht bilanzierten Wirtschaftsgütern; unterschiedliche Wertansätze bei Version I. und II.; bei "Grundstück" und "Maschinen" kommt es bei Version II. zu einem Ansatz über dem anteiligen Teilwert.

Aufteilungsverfahren: Simultane Vornahme von Aufstockungen und Abstockungen bei sämtlichen bilanzierten und nicht bilanzierten Wirtschaftsgütern.

Fall 3
Mehrkaufpreis < Stille Reserven in bilanzierten und nicht bilanzierten Wirtschaftsgütern

Bilanzposten		BW	TW	(TW-BW)	Stufentheorie		Modifizierte Stufentheorie		Aufteilungs- verfahren
					I.	II.	I.	II.	
Anlagevermögen:									
Patent		25	25	0	0,00	0,00	0,00	0,00	-0,83
Grundstück		150	200	50	50,00	50,00	45,00	66,67	43,33
Gebäude		75	150	75	75,00	75,00	67,50	50,00	70,00
Maschinen		100	125	25	25,00	25,00	22,50	41,67	20,83
Wertpapiere		25	25	0	0,00	0,00	0,00	0,00	-0,83
Umlaufvermögen:									
RHB		25	35	10	10,00	10,00	9,00	11,67	8,83
Unfertige Erzeugnisse		75	115	40	40,00	40,00	36,00	38,33	36,17
Fertige Erzeugnisse		25	25	0	0,00	0,00	0,00	0,00	-0,83
Forderungen		35	35	0	0,00	0,00	0,00	0,00	0,00
Bank		50	50	0	0,00	0,00	0,00	0,00	0,00
Kasse		15	15	0	0,00	0,00	0,00	0,00	0,00
Bislang nicht bilanziert:									
Auftragsbestand		0	20	20	10,00	10,00	18,00	6,67	19,33
Immaterialgut		0	30	30	15,00	15,00	27,00	10,00	29,00
Restbetrag (GFW)					0,00	0,00	0,00	0,00	0,00
Summe:					225,00	225,00	225,00	225,00	225,00

Fallparameter:
Anschaffungskosten des Mitunternehmeranteils (AK-MU): 725
Buchwert des Kapitalkontos: 500
Mehrkaufpreis: 225

Kontrollgrößen für Stufentheorie/modifizierte Stufentheorie:
Stille Reserven in bilanzierten Wirtschaftsgütern: 200
Stille Reserven in nicht bilanzierten Wirtschaftsgütern: 50
Summe: 250

Kontrollgrößen für Aufteilungsverfahren:
Teilwert-Summe (ohne Forderungen, Bank, Kasse): 750
AK-MU (725) / Teilwert-Summe (750): 0,97

Stufentheorie: Volle Auflösung der stillen Reserven in bilanzierten Wirtschaftsgütern; partielle Auflösung stiller Reserven in nicht bilanzierten Wirtschaftsgütern; identische Wertansätze bei Version I. und II.

Modifizierte Stufentheorie: Partielle Auflösung der stillen Reserven in bilanzierten und nicht bilanzierten Wirtschaftsgütern; unterschiedliche Wertansätze bei Version I. und II., bei "Grundstück " und "Maschinen" kommt es bei Version II. zu einem Ansatz über dem anteiligen Teilwert.

Aufteilungsverfahren: Simultane Vornahme von Aufstockungen und Abstockungen bei sämtlichen bilanzierten und nicht bilanzierten Wirtschaftsgütern.

Fall 4

Mehrkaufpreis = Stille Reserven in bilanzierten und nicht bilanzierten Wirtschaftsgütern

		BW	TW	(TW-BW)	Stufentheorie I.	Stufentheorie II.	Modifizierte Stufentheorie I.	Modifizierte Stufentheorie II.	Aufteilungsverfahren
Fallparameter:									
Anschaffungskosten des Mitunternehmeranteils (AK-MU):	750								
Buchwert des Kapitalkontos:	500								
Mehrkaufpreis:	250								
Bilanzposten:									
Anlagevermögen:									
Patent		25	25	0	0,00	0,00	0,00	0,00	0,00
Grundstück		150	200	50	50,00	50,00	50,00	50,00	50,00
Gebäude		75	150	75	75,00	75,00	75,00	75,00	75,00
Maschinen		100	125	25	25,00	25,00	25,00	25,00	25,00
Wertpapiere		25	25	0	0,00	0,00	0,00	0,00	0,00
Umlaufvermögen:									
RHB		25	35	10	10,00	10,00	10,00	10,00	10,00
Unfertige Erzeugnisse		75	115	40	40,00	40,00	40,00	40,00	40,00
Fertige Erzeugnisse		25	25	0	0,00	0,00	0,00	0,00	0,00
Forderungen		35	35	0	0,00	0,00	0,00	0,00	0,00
Bank		50	50	0	0,00	0,00	0,00	0,00	0,00
Kasse		15	15	0	0,00	0,00	0,00	0,00	0,00
Bislang nicht bilanziert:									
Auftragsbestand		0	20	20	20,00	20,00	20,00	20,00	20,00
Immaterialgut		0	30	30	30,00	30,00	30,00	30,00	30,00
Restbetrag (GFW):					0,00	0,00	0,00	0,00	0,00
				Summe:	250,00	250,00	250,00	250,00	250,00
Kontrollgrößen für Stufentheorie/modifizierte Stufentheorie:									
Stille Reserven in bilanzierten Wirtschaftsgütern:	200								
Stille Reserven in nicht bilanzierten Wirtschaftsgütern:	50								
Summe:	250								
Kontrollgrößen für Aufteilungsverfahren:									
Teilwert-Summe (ohne Forderungen, Bank, Kasse):	750								
AK-MU (750) / Teilwert-Summe (750):	1,00								

Stufentheorie: Volle Auflösung der stillen Reserven in bilanzierten und nicht bilanzierten Wirtschaftsgütern; identische Wertansätze bei Version I. und II.

Modifizierte Stufentheorie: Volle Auflösung der stillen Reserven in bilanzierten und nicht bilanzierten Wirtschaftsgütern; identische Wertansätze bei Version I. und II.

Aufteilungsverfahren: Es werden nur noch Aufstockungen vorgenommen.

Besonderheit: Stufentheorie, modifizierte Stufentheorie und Aufteilungsverfahren liefern identische Ergebnisse; Ansatz sämtlicher Wirtschaftsgüter mit dem anteiligen Teilwert.

Fall 5

Mehrkaufpreis > Stille Reserven in bilanzierten und nicht bilanzierten Wirtschaftsgütern

Fallparameter:
- Anschaffungskosten des Mitunternehmeranteils (AK-MU): 770
- Buchwert des Kapitalkontos: 500
- Mehrkaufpreis: 270

Bilanzposten:	BW	TW	(TW-BW)	Stufentheorie I.	Stufentheorie II.	Modifizierte Stufentheorie I.	Modifizierte Stufentheorie II.	Aufteilungs-verfahren
Anlagevermögen:								
Patent	25	25	0	0,00	0,00	0,00	0,00	0,00
Grundstück	150	200	50	50,00	50,00	50,00	50,00	50,00
Gebäude	75	150	75	75,00	75,00	75,00	75,00	75,00
Maschinen	100	125	25	25,00	25,00	25,00	25,00	25,00
Wertpapiere	25	25	0	0,00	0,00	0,00	0,00	0,00
Umlaufvermögen:								
RHB	25	35	10	10,00	10,00	10,00	10,00	10,00
Unfertige Erzeugnisse	75	115	40	40,00	40,00	40,00	40,00	40,00
Fertige Erzeugnisse	25	25	0	0,00	0,00	0,00	0,00	0,00
Forderungen	35	35	0	0,00	0,00	0,00	0,00	0,00
Bank	50	50	0	0,00	0,00	0,00	0,00	0,00
Kasse	15	15	0	0,00	0,00	0,00	0,00	0,00
Bislang nicht bilanziert:								
Auftragsbestand	0	20	20	20,00	20,00	20,00	20,00	20,00
Immaterialgut	0	30	30	30,00	30,00	30,00	30,00	30,00
Restbetrag (GFW):				20,00	20,00	20,00	20,00	20,00
Summe:				270,00	270,00	270,00	270,00	270,00

Kontrollgrößen für Stufentheorie/modifizierte Stufentheorie:
- Stille Reserven in bilanzierten Wirtschaftsgütern: 200
- Stille Reserven in nicht bilanzierten Wirtschaftsgütern: 50
- Summe: 250

Kontrollgrößen für Aufteilungsverfahren:
- Teilwert-Summe (ohne Forderungen, Bank, Kasse): 750
- AK-MU (770) / Teilwert-Summe (750): 1,03

Stufentheorie: Volle Auflösung der stillen Reserven in bilanzierten und nicht bilanzierten Wirtschaftsgütern; identische Wertansätze bei Version I. und II.

Modifizierte Stufentheorie: Volle Auflösung der stillen Reserven in bilanzierten und nicht bilanzierten Wirtschaftsgütern; identische Wertansätze bei Version I. und II.

Aufteilungsverfahren: Es werden nur noch Aufstockungen vorgenommen.

Besonderheit: Stufentheorie, modifizierte Stufentheorie und Aufteilungsverfahren liefern identische Ergebnisse; Ansatz sämtlicher Wirtschaftsgüter mit dem anteiligen Teilwert; es verbleibt ein Restbetrag, der in der Regel als Geschäftswert zu betrachten ist.

Fall 6

Spezialfall: Proportionale Relation von Buchwerten und Teilwerten

Bilanzposten		BW	TW	(TW-BW)	Stufentheorie		Modifizierte Stufentheorie		Aufteilungsverfahren
					I.	II.	I.	II.	
Anlagevermögen:									
Patent		25	27,5	2,5	2,50	2,50	2,50	2,50	2,50
Grundstück		150	165	15	15,00	15,00	15,00	15,00	15,00
Gebäude		75	82,5	7,5	7,50	7,50	7,50	7,50	7,50
Maschinen		100	110	10	10,00	10,00	10,00	10,00	10,00
Wertpapiere		25	27,5	2,5	2,50	2,50	2,50	2,50	2,50
Umlaufvermögen:									
RHB		25	27,5	2,5	2,50	2,50	2,50	2,50	2,50
Unfertige Erzeugnisse		75	82,5	7,5	7,50	7,50	7,50	7,50	7,50
Fertige Erzeugnisse		25	27,5	2,5	2,50	2,50	2,50	2,50	2,50
Forderungen		35	35	0	0,00	0,00	0,00	0,00	0,00
Bank		50	50	0	0,00	0,00	0,00	0,00	0,00
Kasse		15	15	0	0,00	0,00	0,00	0,00	0,00
Bislang nicht bilanziert:									
Auftragsbestand		0	10	10	10,00	10,00	10,00	10,00	10,00
Immaterialgut		0	15	15	15,00	15,00	15,00	15,00	15,00
Restbetrag (GFW):					60,00	60,00	60,00	60,00	60,00
				Summe:	135,00	135,00	135,00	135,00	135,00

Fallparameter:

Anschaffungskosten des Mitunternehmeranteils (AK-MU):	635	
Buchwert des Kapitalkontos:	500	
Mehrkaufpreis:	135	
Kontrollgrößen für Stufentheorie/modifizierte Stufentheorie:		
Stille Reserven in bilanzierten Wirtschaftsgütern:	50	
Stille Reserven in nicht bilanzierten Wirtschaftsgütern:	25	
Summe:	75	
Kontrollgrößen für Aufteilungsverfahren:		
Teilwert-Summe (ohne Forderungen, Bank, Kasse):	575	
AK-MU (635) / Teilwert-Summe (575):	1,10	

Stufentheorie: Volle Auflösung der stillen Reserven in bilanzierten Wirtschaftsgütern; identische Wertsätze bei Version I. und II.

Modifizierte Stufentheorie: Volle Auflösung der stillen Reserven in bilanzierten und nicht bilanzierten Wirtschaftsgütern; identische Wertsätze bei Version I. und II.

Aufteilungsverfahren: Ausschließlich Aufstockungen auf sämtliche Wirtschaftsgüter.

Besonderheiten: Identische Relation der Buch- und Teilwerte führt zu identischen Ergebnissen bei allen Verfahren, sofern AK des MU-Anteils/Teilwert-Summe >= 1.

Beispiel II: Entscheidungsregeln zur Teilwertabschreibung im Vergleich

Untenstehendes Beispiel verdeutlicht die Wirkung der unterschiedlichen Entscheidungsregeln zur Bemessung der Teilwertabschreibung in der Ergänzungsbilanz.[1] Dem Beispiel liegt die Erstellung einer positiven Ergänzungsbilanz zugrunde; die Beteiligungsquote q des Mitunternehmers beträgt 50 v.H.

Entscheidungsregel I geht davon aus, dass hierzu ein Vergleich zwischen dem Teilwert des einheitlichen Wirtschaftsguts (TW) und der Summe der Buchwerte in der Steuerbilanz der Gesellschaft und der Ergänzungsbilanz (BW-Stb + BW-Ergb) zu erfolgen habe.

Entscheidungsregel II nimmt hingegen einen Vergleich zwischen dem anteiligen Teilwert des einheitlichen Wirtschaftsguts (q * TW) und der Summe aus anteiligem Buchwert in der Steuerbilanz der Gesellschaft und dem Buchwert dieses Wirtschaftsguts in der Ergänzungsbilanz (q * BW-Stb + BW-Ergb) vor.

Betrachtet wird ein einzelnes Wirtschaftsgut. Fall A beschreibt eine Situation, in der es zu einer Vollauflösung der stillen Reserven in der Ergänzungsbilanz gekommen ist; Fall B geht von einer partiellen Auflösung aus. Fall C beschäftigt sich mit der Auswirkung einer sukzessiven Teilwertabschreibung an nachfolgenden Bilanzstichtagen. Ergebnis ist jeweils die in der Ergänzungsbilanz vorzunehmende Teilwertabschreibung (TW-Ab).

	TW	TW	Entscheidungsregel I BW-Stb + BW-Ergb	TW-Ab	q * TW	Entscheidungsregel II q * BW-Stb + BW-Ergb	TW-Ab
Fall A	80						
TW sinkt auf...	70	70	(20 + 30) = 50	0	(0,5 * 70) = 35	(0,5 * 20 + 30) = 40	5
	60	60	(20 + 30) = 50	0	(0,5 * 60) = 30	(0,5 * 20 + 30) = 40	10
BW-Stb = 20	45	45	(20 + 30) = 50	5	(0,5 * 45) = 22,5	(0,5 * 20 + 30) = 40	17,5
BW-Ergb = 30	20	20	(20 + 30) = 50	30	(0,5 * 20) = 10	(0,5 * 20 + 30) = 40	30
	10	10	(20 + 30) = 50	40	(0,5 * 10) = 5	(0,5 * 20 + 30) = 40	35
	0	0	(20 + 30) = 50	50	(0,5 * 0) = 0	(0,5 * 20 + 30) = 40	40
Fall B	80						
TW sinkt auf...	70	70	(20 + 20) = 40	0	(0,5 * 70) = 35	(0,5 * 20 + 20) = 30	0
	60	60	(20 + 20) = 40	0	(0,5 * 60) = 30	(0,5 * 20 + 20) = 30	0
BW-Stb = 20	45	45	(20 + 20) = 40	0	(0,5 * 45) = 22,5	(0,5 * 20 + 20) = 30	7,5
BW-Ergb = 20	20	20	(20 + 20) = 40	20	(0,5 * 20) = 10	(0,5 * 20 + 20) = 30	20
	10	10	(20 + 20) = 40	30	(0,5 * 10) = 5	(0,5 * 20 + 20) = 30	25
	0	0	(20 + 20) = 40	40	(0,5 * 0) = 0	(0,5 * 20 + 20) = 30	30
Fall C	80						
TW sinkt erst auf...	45	45	(20 + 20) = 40	0	0,5 * 45 = 22,5	(0,5 * 20 + 20) = 30	7,5
dann auf...	20	20	(20 + 20) = 40	20	0,5 * 20 = 10	(0,5 * 20 + 12,5) = 22.5	12,5
BW-StB = 20							
BW-Ergb = 20/12,5							

---

[1] Ausführliche Erläuterung im Text siehe 2. Kapitel E. II. 5).

Dieter Bögenhold (Hrsg.)

Kleine und mittlere Unternehmen im Strukturwandel – Arbeitsmarkt und Strukturpolitik

Frankfurt/M., Berlin, Bern, Bruxelles, New York, Oxford, Wien, 2000.
243 S., zahlr. Tab.
Strukturwandel und Strukturpolitik. Bd. 2
Herausgegeben von Wolfram Elsner
ISBN 3-631-36316-8 br. DM 74.–*

In der Reihe nationaler und internationaler Maßnahmen zur Ankurbelung von Wachstum und Beschäftigung besitzt die Förderung kleiner und mittlerer Unternehmen und insbesondere von beruflicher Selbständigkeit und Unternehmensgründungen einen zentralen Stellenwert. Bei aller Euphorie muß freilich auch auf ernüchternde Tatbestände hingewiesen werden. Der Band beschäftigt sich in interdisziplinärer Perspektive mit unterschiedlichen wirtschafts-, sozial- und strukturpolitischen und sozioökonomischen Aspekten der Thematik. „Arbeit in und von KMU's", „Selbständige und Unternehmensgründungen" und „Entrepreneurship und Industrie- und Strukturpolitik" sind die Kapitel, unter die sich die Beiträge von namhaften Wirtschafts- und Sozialwissenschaftlern rangieren.

Frankfurt/M · Berlin · Bern · Bruxelles · New York · Oxford · Wien
Auslieferung: Verlag Peter Lang AG
Jupiterstr. 15, CH-3000 Bern 15
Telefax (004131) 9402131
*inklusive Mehrwertsteuer
Preisänderungen vorbehalten

Peter Lang · Europäischer Verlag der Wissenschaften